여호수아 40일 묵상

약속의 땅으로 들어가라!

Step into the Promised Land!

유요한 목사 성서강해 5

여호수아 40일 묵상
약속의 땅으로 들어가라!
Step into the Promised Land!

2022년 6월 1일 처음 펴냄

지은이 | 유요한
펴낸이 | 김영호
펴낸곳 | 도서출판 동연
등   록 | 제1-1383호(1992년 6월 12일)
주   소 | 서울시 마포구 월드컵로 163-3
전   화 | 02-335-2630
팩   스 | 02-335-2640
이메일 | h-4321@daum.net

Copyright ⓒ 유요한, 2022

ISBN 978-89-6447-807-3 04230
ISBN 978-89-6447-582-9 (유요한 목사 성서강해 시리즈)

약속의 땅으로 들어가라!

Step into the Promised Land!

유요한 지음

동연

여호수아 40일 묵상

하나님은 이 세상을 구원하는 일을 혼자서 얼마든지 하실 수 있습니다. 그렇지만 결코 그렇게 하지 않으십니다. 믿음의 사람들을 불러내어 그들과 함께 일하십니다. 하나님은 아브라함을 '믿음의 조상'으로 불러내시고 그를 통해서 이삭과 야곱으로 이어지는 '믿음의 가문'을 세우십니다. 그 후손들은 출애굽 사건의 주인공이 됩니다. 성경은 이들을 가리켜 '하나님의 백성'(the people of God)이라 부릅니다.

하나님 백성의 탄생기(誕生記)

'출애굽기'는 하나님의 백성이 탄생하는 기록입니다. 그들은 인간의 역사 속에 개입하신 하나님의 권능을 통해서 이집트 왕조의 압제로부터 구원받습니다. 그 이후에 시내산으로 가서 계약을 맺음으로써 하나님과 특별한 관계에 들어갑니다. 그리고 하나님이 가르쳐주신 방식대로 하나님을 예배하기 시작합니다. 그렇게 하나님의 백성은 '구원공동체'와 '계약공동체'와 '예배공동체'로 출발합니다.

그러나 그들은 약속의 땅에 곧바로 들어가지 못했습니다. 하나님의 본래 약속대로라면 '일 년 안'에 들어가야 하는데 말입니다(출 23:29). 실제로 시내산에서 가데스 바네아까지는 불과 열 하룻길입니다(신 1:2). 가나안 땅의 문턱까지 가는 것은 그다지 어렵지 않았습니다. 그렇지만 결국에는 들어가지 못하고 40년의 광야 생활을 모두 채워야 했습니다. 과연 무엇이 문제였을까요? 가나안 원주민의 저항이 그만큼 거셌기 때문일까요?

아닙니다. 그들 자신의 탐욕에 스스로 발목이 잡힌 것입니다. 처음에는 '고단한 삶'에 대한 불평으로 시작되었습니다. 그 불평은 '경제적인 탐욕'의 원망으로 자라났고, 급기야 '정치적인 탐욕'에 사로잡힌 지도층에 의해 쿠데타로 발전했습니다. 그들은 모세를 제거하고 '한 지휘관'을 세워 이집트로 돌아가려고 했습니다(민 14:4). 그것은 그들을 파라오의 압제에서 구원해내신 하나님에 대한 배역(背逆)이었습니다. 모세의 간절한 중보로 하나님의 심판을 겨우 피하기는 했지만, 40년 광야 생활의 벌을 면할 수는 없었습니다(민 14:33).

이집트에서 학대받던 히브리인들이 하나님의 백성으로 빚어지는 출애굽기의 이야기는 흘러간 과거의 역사이면서 동시에 지금도 여전히 반복되고 있는 역사입니다. 오늘날에도 수많은 사람이 하나님의 부름에 응답하여 이집트를 떠나 약속의 땅으로 출발합니다. 매 시대 새로운 믿음의 공동체가 만들어집니다. 그러나 그들 모두 약속의 땅으로 들어가는 건 아닙니다. 불필요하게 광야를 헤매고 돌아다니는 경우가 훨씬 더 많습니다. 세상에 대한 미련과 노예근성을 완전히 버리지 못한 탓입니다.

사람들은 광야 생활에 특별한 의미를 붙이기도 합니다. 신앙의 성숙을 위해서는 광야 생활의 훈련이 꼭 필요하다고 하면서 말입니다. 물론 그렇게 볼 수도 있습니다. 문제는 출애굽 세대 60만 명 중에서 갈렙과 여호수아를 제외한 그 누구도 약속의 땅에 들어가지 못했다는 사실입니다. 40년 광야 생활은 훈련받는 기간이 아니라 벌 받는 기간이었습니다. 그것이 성경의 가르침입니다.

그들은 광야에서 하나님의 은혜를 체험하기도 했습니다. 하나님이 내려주시는 만나를 매일 먹었고, 때로는 메추라기 고기를 먹기도 했습니다. 반석에서 솟아나는 물을 마시기도 했습니다. 척박한 광야에서 살아남는다는 것 자체가 놀라운 기적입니다. 그러나 그의 백성을 향한 하나님의 기대는 그렇게 광야에서 생존하는 것이 아니라, 약속의 땅에 들어가는 것입니다. 그런 의미에서 모세가 이끄는 '출애굽 세대'는 실패했다고 말해야 합니다.

하나님 백성의 성공기(成功記)

약속의 땅에 들어가는 일에 성공한 사람들은 여호수아가 이끄는 '광야 세대'였습니다. 그렇다고 광야 세대가 앞선 출애굽 세대보다 훨씬 더 훌륭한 믿음을 가졌으리라 지레짐작하지는 마십시오. 오랜 광야 생활이 그들을 그만큼 더 성숙시켰으리라 추측하지는 마십시오. 약속의 땅은 완벽하게 준비된 사람들만 들어갈 수 있는 곳이 아닙니다. 오히려 하나님이 주시는 기회를 놓치지 않는 사람이 들어가는 곳입니다.

그 차이는 단 한 걸음입니다. 출애굽 세대는 기회가 주어졌을 때 그 한 걸음을 내딛지 못했습니다. 그래서 40년 세월을 광야에서 방황하며 허비해야 했습니다. 그러나 광야 세대는 기회가 주어졌을 때 믿음의 걸음을 과감하게 내디뎠습니다. 그들이 그렇게 용기를 낼 수 있었던 이유가 무엇일까요? 이전보다 상황이 좋아졌기 때문일까요? 광야 생활을 통해서 '하나님의 군대'로서 충분히 단련되었기 때문일까요?

아닙니다. 상황은 이전보다 훨씬 더 나빠졌습니다. 오랜 광야 생활에 그들의 몸과 마음은 지칠 대로 지쳐 있었습니다. 그렇다면 도대체 무엇이 달라진 것일까요? 하나님의 말씀을 대하는 그들의 태도가 달라졌습니다.

여호수아에게 하나님은 다음과 같이 명령하셨습니다.

> 내 종 모세가 죽었으니 이제 너는 이 모든 백성과 더불어 일어나 이 요단을 건너 내가 그들 곧 이스라엘 자손에게 주는 그 땅으로 가라(수 1:2).

여호수아는 하나님의 말씀에 즉시 순종합니다. "이제 너는 일어나라!"(Now you arise!)는 말씀에 순종하여 벌떡 일어납니다. "이 요단을 건너라!"(Cross over this Jordan!)는 말씀에 순종하여 당시 홍수로 범람하고 있던 요단강에 먼저 발을 내디딥니다. 그리고 "그 땅으로 가라!"(Step into the land!)는 말씀에 순종하여 모든 백성을 이끌고 가나안 땅으로 들어갑니다. 그 나머지 일들은 하나님이 다 해결하셨습니다.

지금도 마찬가지입니다. 상황을 저울질하고 있거나 문제를 분석하고 있는 동안에는 그 누구도 약속의 땅에 들어가지 못합니다. 필요한 자격을 갖춘 후에 들어가겠다고 하는 사람치고 실제로 약속의 땅을 밟게 되는 경우란 거의 없습니다. 단지 하나님의 말씀에 귀를 기울이고 그 말씀에 담겨 있는 약속을 붙들고 믿음으로 순종하는 사람들이 약속의 땅에 들어갈 수 있습니다.

우리가 평생이라는 시간을 들인다고 하더라도 약속의 땅에 들어갈 만큼 충분한 자격을 갖출 수 없습니다. 물론 약속의 땅에 들어가는 게 전부는 아닐 겁니다. 그 안에서 하나님의 백성답게 살아야 합니다. 구원공동체로서, 계약 공동체로서, 예배공동체로서 실제로 살아내는 또 다른 숙제가 남아 있습니다. 그러나 어떻게든 일단 들어가고 볼 일입니다. 그래야 하나님의 백성으로서 살아갈 기회가 생기지 않겠습니까.

그런 의미에서 우리는 '여호수아'를 제대로 묵상할 필요가 있습니다. 여호수아와 광야 세대가 어떻게 약속의 땅으로 들어갈 수 있었는지 주의 깊게 살펴보아야 합니다. 그들과 함께 역사의 현장에 들어가서 우리의 두 발로 직접 약속의 땅을 밟아보아야 합니다. 그러면 우리는 알게 될 것입니다. 하나님의 말씀에 온전히 순종하여 따르는 것이 성공의 유일한 답이라는 사실을….

하나님 백성 삼부작(三部作)

'하나님 백성' 시리즈의 첫걸음은 『출애굽기 40일 묵상』이었습니다. "내 백성을 보내라!"(Let My People Go!)라는 제목으로 이미 출판되었습니다. 그다음에 이어지는 말씀이 『여호수아 40일 묵상』, "약속의 땅으로 들어가라!"(Step into the Promised Land!)입니다. 이는 "계약 백성답게 살아가라!"(Live like the People of the Covenant!)는 『사사기 40일 묵상』으로 이어져서 삼부작을 완성하게 될 것입니다.

이 세 권에는 하나님 백성의 초기 실험과정이 담겨 있습니다. 하나님 백성의 정체성을 알기 원한다면 우리는 '출애굽기'를 묵상해야 합니다. 그들이 약속의 땅에 성공적으로 들어간 이유를 알기 원한다면 우리는 '여호수아'를 묵상해야 합니다. 그리고 그들이 결국 약속의 땅에서 쫓겨난 이유를 알기 원한다면 우리는 '사사기'를 묵상해야 합니다. 그러면 마지막 순간까지 하나님의 백성답게 살아갈 수 있는 하늘의 지혜를 얻게 될 것입니다.

'40일 묵상'은 말 그대로 40일 동안 말씀을 묵상하도록 만들어졌다는 뜻입니다. 한꺼번에 해치우듯이 읽지 말고 하루에 한 단원씩 꾸준히 읽어나가십시오. 무엇이든 시간을 충분히 들여야 무르익게 되어 있습니다. 물론 40일은 절대로 짧지 않은 시간입니다. 그러나 우리가 앞으로 살아가야 할 평생의 신앙생활을 생각해보면 얼마든지 투자할만한 가치가 있습니다. 광야 생활을 끝내고 약속의 땅으로 들어가기를 원하는 모든 분에게 여호수아 말씀 묵상이 조금이라도 도움이 되기를 간절히 소망합니다.

2022년 3월 6일
여호수아 40일 묵상의 길을 시작하며
그리스도의 종 한강중앙교회 담임목사 유요한

말씀 묵상을 위한 팁

저는 한 지역 교회(a local church)를 섬기는 목회자입니다. 교회 안에서 목회자가 감당해야 할 많은 사역이 있지만, 그중에서 가장 중요한 것은 뭐니 뭐니 해도 '말씀 사역'일 것입니다. 지금까지 그 수를 헤아릴 수 없을 만큼 많은 설교를 해오면서 얼마나 많은 시행착오를 겪어왔는지 모릅니다. 말씀을 묵상하고 설교를 준비하는 일은 언제나 힘에 부치는 압박이었습니다.

그러던 어느 날 설교에 대한 새로운 원칙을 발견하게 되었습니다. 이 원칙은 성경을 대하는 자세와 말씀을 묵상하는 태도를 근본적으로 바꾸어놓았습니다.

"성경이 말하게 하라!"(Let the Bible Speak!)

그동안 저는 성경을 하나님의 말씀이라 고백하면서도, 성경이 직접 말하게 하지는 않았습니다. 오히려 시대적인 상황 속에서 또는 성도들의 현실 속에서 직면하고 있는 여러 가지 문제들에 대한 답을 성경에서 찾으려고 해왔습니다. 설교는 제가 찾은 근사한 답을 전하는 통로였습니다. 그러다 보니 새로운 설교를 만들어 내는 일이 점점 더 힘들어질 수밖에요. 그렇게 성경을 열심히 두리번거린다고 해서 말씀 묵상의 깊이가 더해지는 것도 아니었습니다. 성경 본문은 단지 필요에 따라서 취사선택하는 대상이고, 많은 경우에 미리 정해놓은 답을 증명하기 위한 수단으로 사용되었기 때문입니다.

그러던 저에게 "성경이 말하게 하라!"는 가르침이 아프게 부딪혀왔습니다. 그리고 그 앞에 무릎 꿇었습니다. 그렇습니다. 성경의 주인공은 하나님이십니다. 하나님은 지금도 성경을 통해서 우리에게 말씀하고 싶어 하십니다. 하나님이 우리의 목적을 달성하기 위한 수단이 아니듯이, 성경 또한 우리의 필요를 채우는 수단으로 사용하면 안 됩니다. 겸손하게 하나님의 말씀 앞에서야 합니다. 그리고 그 말씀에 귀를 기울여야 합니다.

따라서 저와 같은 설교자가 해야 할 일은 '성경을 잘 해석하여 전하는 것'이 아니라 '성경이 직접 말하게 하는 것'이어야 합니다. 성도들이 성경 본문에 대한 설교자의 해석을 듣게 할 것이 아니라, 성경이 말하려고 하는 메시지를 들을 수 있도록 도와주어야 합니다. 그러기 위해서 우선 성도들이 성경을 충분히 읽게 해야 합니다. 성경 이야기가 어렵게 느껴지지 않도록 해야 합니다. 그러면 하나님이 말씀하십니다. 그 말씀이 삶을 변화시킵니다.

어떻게 성경이 말하게 할 것인가 씨름하던 중에 제 나름대로 한 가지 방법을 터득하게 되었습니다. 그것은 바로 '성경을 성경으로 풀이하는 것'입니다. 이는 흔히 알고 있는 것처럼 신약이나 구약의 다른 부분의 말씀을 가져다가 본문에 대한 이해를 높이는 그런 방식이 아닙니다. 오히려 한 본문에 대한 여러 가지 성경의 번역을 직접 읽으면서 비교해 보는 것입니다.

성경 번역 그 자체에 이미 뜻풀이가 담겨 있기 때문에 그것을 자세히 들여다보는 것만으로도 본문의 메시지를 어느 정도 파악할 수 있습니다. 저는 '개역개정판 성경'을 주로 사용하지만, 그 외에도 한글로 번역된 다른 성경들을 반드시 참조합니다. 예전에는 '공동번역'과 '새번역'을 많이 읽었는데, 요즘에는 '메시지 성경'을 더 많이 읽고 있습니다.

필요한 경우에는 히브리어나 헬라어 원어 성경을 찾아보기도 하지만, 대부분은 영어 성경을 활용합니다. 제가 주로 활용하는 번역은 NIV(New International Version), KJB(King James Bible), NASB(New American Standard Bible), AMP(Amplified Bible), CEV(Contemporary English Version), ESV(English Standard Version), MSG(The Message) 등입니다. 그 외에도 사용 가능한 여러 가지 번역을 참조합니다.

그러다 보니까 한 본문을 묵상할 때에 저는 최소한 10개 정도의 번역을 읽게 됩니다. 특히 영어 성경은 그 어순이 성경의 원어와 거의 일치하고 있기 때문에 우리말 성경으로는 잘 드러나지 않는 메시지의 강조점을 발견하는 데 큰 도움이 됩니다. 물론 반드시 이렇게 해야 성경의 메시지를 발견할 수 있다고 주장하려는 것은 아닙니다.

저는 말씀을 묵상할 때마다 다음과 같은 원칙에 충실하려고 애써 왔습니다.

1. 성경을 직접 충분히 읽게 하자

성경 본문을 가능한 한 많이 기록해 놓았습니다. 여러분이 따로 성경을 찾으실 필요가 없을 정도입니다. 다른 내용은 그냥 눈으로 읽어가더라도 성경 본문이 나오면 반드시 소리를 내어 읽어 주십시오. 자신의 목소리가 귀에 들리도록 소리 내어 읽으면 그만큼 더 잘 이해가 되고 또한 은혜가 됩니다.

2. 본문을 잘 이해하게 하자

가능한 한 쉽게 본문의 내용을 이해할 수 있도록 애를 썼습니다. 필요한 부분에서는 영어 성경이나 다른 번역을 인용하기도 했습니다. 혹시라도 성경의 원어인 히브리어나 헬라어 또는 영어가 자주 인용되는 것에 거부감을 느끼는 분들이 있다면, 본문의 의미를 보다 잘 설명하기 위한 저의 선한 의도를 생각하여 널리 이해해주시기 바랍니다.

3. 목회자의 묵상이 먼저다

목회자가 성도들을 가르치려고만 하면 그 설교는 딱딱한 강의가 되기 쉽습니다. 목회자는 말씀을 가르치는 교사이기 전에 먼저 말씀을 묵상하는 사람이어야 합니다. 본문에 담겨 있는 메시지의 영적인 의미들을 깨닫고 그것을 먼저 자신에게 적용하려고 해야 합니다. 제가 말씀을 묵상하면서 받은 은혜를 성도들과 함께 솔직하게 나누려고 애를 썼습니다.

이것이 말씀을 묵상하는 유일한 방법이라고 말할 수는 없습니다. 단지 이 방법은 제게 주어진 목회의 자리에서 말씀을 붙들고 치열하게 살아온 삶을 통해 얻은 열매입니다. 이 묵상이 누군가에게 하나님의 메시지를 발견하는 통로로 사용되기를 소망합니다.

차 례

약속의 땅으로

읽을 말씀: 여호수아 1:1-18; 신명기 1:19-33

새길 말씀: 내 종 모세가 죽었으니 이제 너는 이 모든 백성과 더불어 일어나 이 요단을 건너 내가 그들 곧 이스라엘 자손에게 주는 그 땅으로 가라(수 1:2).

　　성경에는 하나님에 대한 공동의 체험으로 출발한 신앙공동체의 이야기가 기록되어 있습니다. 구약성경은 출애굽 사건과 시내산 계약을 통해서 만들어진 하나님의 백성, '이스라엘'의 이야기입니다. 신약성경은 예수 그리스도의 십자가 사건을 통해서 새롭게 만들어진 하나님의 백성, '교회'의 이야기입니다. 따라서 '하나님의 백성'은 성경 전체를 관통하는 주제어이며, 동시에 신약과 구약을 하나로 묶어주는 핵심이라 하겠습니다.

　　이와 관련하여 제가 특별히 주목하는 세 권의 책이 있습니다. '출애굽기'와 '여호수아'와 '사사기'입니다. '출애굽기'는 하나님의 백성이 인류의 역사 속에 등장하는 과정을 증언합니다. 그러나 모세가 이끄는 출애굽 세대(Exodus Generation)는 가나안 땅에 들어가는 일에 실패하지요. '여호수아'는 그로부터 40년이 흐른 후에 광야 세대(Wilderness Generation)가 약속의 땅으로 들어가서 정착하는 과정을 증언합니다. 그리고 '사사기'는 약속의 땅에서 하나님의 백성답게 사는 일에 실패하는 가나안 세대(Canaan Generation)의 모습을 증언합니다.

저는 이 세 권의 책을 묶어서 하나님 백성의 '초기 실험과정'이라고 부릅니다. 성경은 그들의 성공과 실패를 있는 그대로 진술합니다. 광야 세대는 성공했지만, 출애굽 세대와 가나안 세대는 실패했습니다. 그 나머지 이스라엘의 역사를 통해서도 우리는 같은 일이 계속 반복되는 것을 확인할 수 있습니다. 성공보다는 실패하는 세대의 이야기를 더 많이 접하게 됩니다. 그 이유가 무엇일까요? '하나님의 백성'이라는 정체성이 분명하지 않았기 때문입니다. 이집트의 압제로부터 그들을 구원해내신 하나님의 기대와 목적을 제대로 헤아리지 못한 탓입니다.

세 가지 정체성

우리는 이미 출애굽기 묵상을 통해서 하나님의 백성, 이스라엘이 태생적으로 가지고 있는 세 가지 정체성에 대해서 분명히 알게 되었습니다. 구원공동체, 계약공동체, 예배공동체가 바로 그것입니다.

이스라엘은 단순히 아브라함과 이삭과 야곱으로 이어지는 혈연관계로만 설명할 수 없습니다. 그들만 이집트에서 구원받은 것이 아니기 때문입니다. 그들과 더불어 수많은 잡족(雜族)이 함께 탈출합니다(출 12:38). 아니, 엄밀하게 말해서 야곱의 후손도 본래 잡족 중의 하나였습니다. 그들은 제국의 변두리를 떠돌아다니던 하피루, 즉 히브리인이었습니다(신 26:5). 이집트에 들어와 있던 다른 하피루와 함께 학대받았고 함께 구원받은 것입니다. 그와 같은 공동의 경험을 통해서 하나님의 백성, 이스라엘이 탄생한 것이지요.

그 중심에는 물론 그와 같은 떠돌이를 '내 백성'(My People)으로 불러주신 '히브리인의 하나님'이 계셨습니다(출 5:1, 3). 만일 하나님이 인간의 역사 속에 직접 개입하셔서 이집트 왕국에서 학대받던 히브리인을 구원하지 않으셨다면, '하나님의 백성'은 이 세상에 등장하지 못했을 것입니다. 그러니까 이스라엘은 하나님의 은혜로 구원받은 사람들의 공동체를 가리키는 말입니다. 하나님의 백성은 처음부터 혈연공동체가 아니라, 신앙공동체요 구원공동체로 출발한 것입니다.

그런데 구원받은 것이 전부는 아닙니다. 그다음에 그들은 흩어지지 않고 모두 시내산으로 갑니다. 그곳에 머물면서 하나님으로부터 십계명과 계약법을 받습니다. 그것을 통해서 인간의 죄로 인해 어그러진 창조 질서를 다시 회복함으로써 이 세상을 구원하려는 하나님의 계획을 알게 됩니다. 그들을 부르신 하나님의 목적이 무엇인지, 하나님의 백성으로서 어떻게 살아가야 하는지를 배웁니다. 그런 후에 피 뿌림과 식탁 교제에 참여하여 계약을 맺고 하나님과 특별한 관계에 들어갑니다. 그렇게 이스라엘은 구원공동체에서 계약공동체로 나아갔습니다.

이제 한 걸음이 더 남았습니다. 그것은 바로 예배공동체가 되는 일입니다. 예배는 하나님 백성의 정체성을 드러내는 처음이자 마지막 걸음입니다. 이 일을 위해서 하나님은 모세를 시내산 위로 불러서 증거 돌판을 주시면서 성막 예배에 대해서 자세히 가르쳐주십니다. 물론 금송아지 사건으로 인해 심각한 위기를 겪기도 했지만, 결국에는 두 번째 돌판을 받고 본격적으로 성막을 제작합니다. 그리고 마침내 성막을 완성하고 예배를 드리기 시작함으로써 출애굽공동체는 예배공동체로 나아갔던 것입니다.

이 세 가지 정체성은 시대와 지역과 규모를 불문하고 하나님을 믿고 따르는 모든 신앙공동체의 운명을 결정하는 가장 중요한 이슈입니다. 하나님 백성으로서 성공과 실패가 바로 여기에 달려 있습니다. 성경에 기록된 역사와 그 이후 기독교의 역사를 통해서 수많은 신앙공동체가 등장합니다. 더러는 성공했고 대부분은 실패하고 말았습니다. 그만큼 하나님 백성의 정체성을 지킨다는 것은 쉽지 않은 문제입니다.

출애굽 세대의 반응

하나님 백성의 초기 실험과정에서 우리는 정체성의 문제와 함께 또 다른 한 가지 중요한 문제를 만나게 됩니다. 그것은 바로 '약속의 땅'으로 들어가는 일입니다.

가나안 땅은 아브라함과 이삭과 야곱을 통해서 하나님이 그들의 후손에게 주시겠다고 거듭해서 약속하신 땅입니다(창 12:7, 26:3, 28:13). 이집트에서 탈출한 사람들과 시내산 계약을 맺기 전에 하나님은 그들을 '일 년 안에' 그 땅에 들어가게 해주시겠다고 분명히 말씀하셨습니다(출 23:29). 따라서 약속의 땅은 그들의 선택 사항이 아닙니다. 하나님의 백성이라면 반드시 들어가야 합니다.

그러나 모세가 이끄는 출애굽 세대는 결국 약속의 땅에 들어가지 못하고 불필요한 40년의 세월을 광야에서 보내게 되지요. 가나안의 문턱까지 갔지만, 약속의 땅에 들어가는 일에는 실패하고 말았던 것입니다. 무엇이 문제였을까요? 무엇이 잘못되었기에 그들의 소중한 인생을 광야에서 허비해야 했을까요?

반면 여호수아가 이끄는 광야 세대는 약속의 땅에 들어가는 일에 성공합니다. 이전보다 상황이 좋아졌기 때문일까요? 아니면 오랜 광야 생활을 통해서 '하나님의 군대'로서 충분히 단련되었기 때문일까요? 아닙니다. 상황은 이전보다 훨씬 더 나빠졌습니다. 그들의 몸과 마음은 오랜 광야 생활로 인해서 지칠 대로 지쳐 있었습니다. 그렇다면 출애굽 세대와 광야 세대의 차이는 무엇이었을까요?

하나님의 말씀을 대하는 태도에 차이가 있었습니다. 그렇습니다. 하나님 백성의 정체성은 하나님 말씀에 대한 반응으로 증명되어야 합니다. 약속의 땅으로 들어가라는 하나님의 명령에 출애굽 세대와 광야 세대는 서로 다른 반응을 보였던 것입니다. 바로 그것이 40년이라는 세월을 꼬박 채우며 거친 광야에서 하루하루 생존하는 인생과 젖과 꿀이 흐르는 약속의 땅으로 들어가는 인생의 차이를 만들어낸 것입니다.

먼저 하나님의 명령에 대한 출애굽 세대의 반응부터 살펴보겠습니다. 그들이 시내산(호렙산)을 출발하여 가나안 땅의 문턱인 가데스 바네아에 이르렀을 때의 일입니다. 하나님은 모세를 통해서 당신의 뜻을 분명히 알려주셨습니다.

> 너희의 하나님 여호와께서 이 땅을 너희 앞에 두셨은즉 너희 조상의 하나님 여호와께서 너희에게 이르신 대로 올라가서 차지하라. 두려워하지 말라. 주저하지 말라…
> (신 1:21).

이에 대한 메시지 성경의 풀이가 훨씬 더 실감이 납니다.

> 보십시오. 하나님 여러분의 하나님께서 여러분 앞에 이 땅을 선물로 두셨습니다. 어서 가서 그 땅을 차지하십시오. 하나님 여러분 조상의 하나님께서 그 땅을 여러분에게 주시겠다고 약속하셨습니다. 그러니 두려워하지 마십시오. 낙심하지 마십시오
> (신 1:21, 메시지).

하나님의 명령은 분명합니다. "어서 가서 그 땅을 차지하라!"(Go ahead and take it now) 이것저것 계산하거나 살펴보려고 하지 말고 곧바로 가나안 땅으로 들어가라는 명령입니다. 들어가기만 하면 그 땅을 선물로 받을 수 있다는 약속입니다. 그러나 그들은 하나님의 명령에 즉시 순종하지 않습니다. 오히려 먼저 정탐꾼을 보내서 살펴보자고 역제안을 합니다(신 1:22). 어떤 상황인지 그들의 눈으로 직접 확인해 보아야 안심할 수 있다는 것입니다.

그 결과를 우리는 잘 압니다. 정탐하러 올라가기 전부터 결론은 이미 내려진 상태였습니다. 민수기 평행 본문(민 13)에서 확인할 수 있듯이, 그들은 가나안 땅에 들어갈 방법을 찾으러 가지 않았습니다. 오히려 가나안 땅에 들어가지 못할 이유를 찾으러 갔습니다. 그래서 미리 내려놓은 결론에 맞추

어 사실을 왜곡합니다. 그들이 목격했다고 하는 거인족은 헤브론에 사는 3명에 불과했습니다(민 13:22). 그런데도 마치 가나안 주민이 모두 아낙 자손인 것처럼 과장합니다. 그러면서 자신을 메뚜기 같다고 비하하지요(민 13:33).

그들은 미리 짜놓은 각본에 따라서 모세를 제거하고 그를 대신할 지도자를 세우려고 했습니다(민 14:4). 만일 그때 하나님이 개입하지 않으셨다면 모세와 아론은 물론이고 그들을 두둔하던 여호수아와 갈렙까지 모두 돌에 맞아 죽었을 것입니다. 그들의 불신앙과 불순종에 대한 벌로 40년의 광야 생활이 선고되었고(민 14:34), 출애굽 세대는 그렇게 광야에서 소멸하는 인생을 살게 되었던 것입니다.

광야 세대의 반응

이번에는 하나님의 명령에 대한 광야 세대의 반응을 살펴보겠습니다. 하나님은 여호수아에게 다음과 같이 명령하셨습니다.

> 내 종 모세가 죽었으니 이제 너는 이 모든 백성과 더불어 일어나 이 요단을 건너 내가 그들 곧 이스라엘 자손에게 주는 그 땅으로 가라(수 1:2).

"내가 이스라엘 자손에게 주는 그 땅으로 가라!"(Step into the land that I am giving to the people of Israel) 광야 세대에 주신 하나님의 명령은 40년 전에 출애굽 세대에 주신 명령과 조금도 달라지지 않았습니다. 그러나 상황은 훨씬 더 나빠졌습니다.

우선 '모세'가 죽었습니다. 모세가 누구입니까? 이집트에서 학대받던 히브리인을 해방하여 인도하여 낸 위대한 지도자입니다. 손에 잡은 지팡이 하나로 홍해를 가르고 반석에서 물이 솟아나게 한 능력자입니다. 필요할 때마다 하나님의 뜻을 그의 백성에게 전해준 대언자입니다. 모세 없는 출애굽공동체는 감히 생각할 수도 없는 일입니다. 모세가 살아있을 때도 약속의 땅에 들어가지 못했는데, 하나님은 '모세가 죽었으니' 들어가라고 하십니다.

또한 '이 모든 백성과 더불어' 가야 합니다. 이들이 누구입니까? 어중이떠중이 하피루입니다. 오랜 세월 이집트에서 노예로 살아온 사람들입니다. 불과 40년 전에야 겨우 자유의 몸이 되었고 지난 40년 동안은 척박한 광야에서 하루하루 생존해 온 초라한 행색의 유랑민입니다. 변변한 무기도 갖추지 못했고 제대로 된 훈련도 받지 못했습니다. 그런데 하나님은 그들을 모두 데리고 중무장한 군사들이 지키고 있는 가나안 땅으로 들어가라 하십니다.

게다가 요단강을 건너가야 합니다. 지금 요단강에는 홍수가 나서 강물이 범람하고 있었습니다. 그 물의 깊이를 헤아릴 수도 없습니다. 한두 사람이라면 혹시 모르겠지만 모든 백성을 이끌고 요단강을 건넌다는 건 사실상 불가능한 일입니다. 이런 경우에는 강물이 줄어들 때까지 그저 기다리는 것이 상책입니다. 그러나 하나님은 이제(now) 요단강을 건너라고 하십니다. 지금 당장 행동하라고 하십니다.

만일 하나님이 40년 전에 이렇게 명령하셨다면 출애굽 세대가 과연 어떤 반응을 보였을까요? 여호수아는 하나님의 말씀에 한마디의 의문도 달지 않습니다. 하나님이 주신 명령을 즉각적으로 실행에 옮깁니다.

> 10이에 여호수아가 그 백성의 관리들에게 명령하여 이르되 진중에 두루 다니며 그 백성에게 명령하여 이르기를 양식을 준비하라. 11사흘 안에 너희가 이 요단을 건너 너희의 하나님 여호와께서 너희에게 주사 차지하게 하시는 땅을 차지하기 위하여 들어갈 것임이니라 하라(수1:10-11).

더욱 놀라운 것은 여호수아의 명령을 받은 광야 세대의 반응입니다. 그들은 여호수아와 조금도 다르지 않습니다.

16그들이 여호수아에게 대답하여 이르되 당신이 우리에게 명령하신 것은 우리가 다 행할 것이요 당신이 우리를 보내시는 곳에는 우리가 가리이다··· 18누구든지 당신의 명령을 거역하며 당신의 말씀을 순종하지 아니하는 자는 죽임을 당하리니 오직 강하고 담대하소서(수 1:16, 18).

여호수아는 하나님의 명령을 받아서 그대로 전합니다. 그 일에 조금도 주저함이 없습니다. 광야 세대는 여호수아의 명령을 하나님의 명령으로 받아들입니다. 상황을 저울질하거나 문제를 분석하느라 시간을 허비하지 않습니다. 즉시 순종하여 따릅니다. 그렇게 여호수아는 광야 세대를 이끌고 약속의 땅으로 들어갑니다. 그리고 그 나머지 일들은 하나님이 모두 해결하십니다. 약속의 땅에 들어가는 일은 이처럼 하나님의 말씀에 대한 반응에 달려 있습니다.

그렇다면 우리에게 '약속의 땅'은 어디일까요? 많은 사람이 '약속의 땅'을 오해합니다. 가장 흔한 오해가 '천국'의 모형 정도로 생각하는 것입니다. 그래서 '요단'은 죽음을 상징하고, '가나안'은 죽어서 가는 '내세'(來世)를 상징한다고 생각하지요. 또는 '약속의 땅'을 하나님의 백성이 마땅히 정복해야 할 권리가 있는 '땅'으로 오해합니다. 지금 팔레스타인에서 유대인과 팔레스타인 사람들 사이에 갈등이 계속되고 있는 것도 바로 이 때문입니다.

하나님 백성으로서 우리가 들어가야 할 '약속의 땅'은 단지 죽고 난 후에 들어가는 천국이 아닙니다. 또는 이른바 '땅 밟기'를 통해서 우상 숭배자를 모두 몰아내고 점령해서 차지해야 하는 지구상의 어떤 땅을 의미하지도 않습니다. 그런 오해들 때문에 여호수아 말씀을 통해서 하나님의 백성에게 지금도 여전히 말씀하고 계시는 생생하고 중요한 메시지를 자꾸 놓치게 되는 것입니다.

우리는 분명히 알고 있어야 합니다. '약속의 땅'이란 하나님의 약속을 붙잡고 그의 말씀에 온전히 순종하며 살아가는 '삶의 자리'입니다. 여호수아 시대의 하나님 백성에게 그곳은 분명 '가나안 땅'이었습니다. 그들의 삶의 현장이었기 때문입니다. 그렇지만 우리에게 '약속의 땅'은 지금 우리가 숨쉬며 살아가고 있는 삶의 현장입니다. 우리가 하나님의 약속을 붙잡고 치열하게 그 말씀에 순종할 때, 우리가 두 발을 딛고 살아가는 바로 이곳이 우리에게 허락해 주시는 '약속의 땅'이 되는 것입니다.

오늘부터 40일 동안 우리는 여호수아가 광야 세대 이스라엘 백성을 이끌고 약속의 땅으로 들어가던 여정을 따라서 구석구석 다녀보려고 합니다. 그들이 어떻게 약속의 땅으로 들어갈 수 있었는지 주의 깊게 살펴보려고 합니다. 그러면서 우리는 알게 될 것입니다. 하나님 말씀에 대한 우리의 반응이 성공과 실패를 결정한다는 사실을….

'약속의 땅'은 멀리서 구경하는 곳이 아닙니다. 실제로 들어가야 하는 곳입니다. 여호수아 말씀을 묵상하는 가운데 우리가 들어가야 할 '약속의 땅'이 어디인지, 어떻게 들어갈 수 있는지 하늘의 지혜를 얻게 되기를 간절히 소망합니다.

묵상 질문: 그동안 나는 '약속의 땅'을 무엇이라 생각했는가?

오늘의 기도: 이번 여호수아 40일 묵상을 통해서 하나님의 백성에게 주신 '약속의 땅'이 우리에게도 있음을 깨닫게 하옵소서. 그 땅에 들어갈 기회가 주어질 때 조금의 망설임 없이 믿음의 발걸음을 내디딜 수 있게 하옵소서. 그리하여 하나밖에 없는 인생을 광야에서 허비하는 자가 아니라, 우리를 창조하신 하나님의 뜻과 기대에 걸맞게 살아내는 자가 되게 하옵소서. 예수님의 이름으로 기도합니다. 아멘.

제 1 막

요단을 건너
약속의 땅으로

| 여호수아 1–5장 |

모세의 수종자

읽을 말씀: 여호수아 1:1-2

새길 말씀: 여호와의 종 모세가 죽은 후에 여호와께서 모세의 수종자 눈의 아들 여호수 아에게 말씀하여 이르시되…(수 1:1).

하나님은 혼자서 일하지 않으십니다. 언제나 사람을 부르시고 또한 세우 셔서 그를 통해 일하십니다. 성경이 바로 그 증거입니다. 태초에 천지와 그 안에 거하는 생명체를 창조하는 일은 물론 하나님 혼자서 하셨습니다. 그것 을 제외하고 언제나 사람을 통해서 일해오셨습니다. 이집트에서 학대받던 히브리인을 구원해내실 때 하나님은 모세를 세우셔서 일하셨습니다. 그리고 이제 40년 광야 생활을 마치고 약속의 땅으로 들어갈 때 하나님은 여호수아 를 세우십니다.

오늘 우리는 모세의 후계자로 여호수아를 선택하여 세우시는 이야기를 살펴보려고 합니다.

모세의 죽음

모세는 출애굽 사건의 일등 공신입니다. 만일 모세라는 걸출한 인물이 없었다면 출애굽공동체는 만들어지지 못했을지 모릅니다. 그러나 모세는 안타깝게도 약속의 땅으로 들어가지는 못했습니다. 죽기 전에 가나안 땅을 먼 발치에서 바라보았을 뿐입니다.

그런데 그것을 무슨 큰일이라도 되는 듯이 생각하는 분들이 더러 있습니다. 게다가 모세가 가나안에 들어가지 못한 이유가 지팡이로 반석을 두 번친 것에 대해서 하나님이 책망하신 일과 관련이 있다는 사실(민 20:10-12)을 알고 나면 더욱 흥분하게 됩니다. "하나님도 정말 너무 하시지. 어떻게 그런 사소한 이유로 모세 같은 사람을 약속의 땅에 들어가지 못하게 하셨을까?"하고 분개하기도 합니다.

그것은 사실 '약속의 땅'을 '천국'의 모형으로 생각하기 때문에 생겨난 오해입니다. 마치 천국에 들어가지 못한 것처럼 생각하니까 모세가 약속의 땅에 들어가지 못했다는 사실이 못내 아쉬운 것입니다. 하나님이 모세와 아론에게 선언하신 말씀은 정확하게 이렇습니다. "너희는 이 회중을 내가 그들에게 준 땅으로 인도하여 들이지 못하리라"(민 20:12). 그런데 이 말씀은 그들의 사명이 '여기까지'라는 선언이지, 그들이 받아야 할 '형벌'에 대한 선고가 아닙니다.

모세와 출애굽 세대는 처음부터 공동 운명체였습니다. 본래 하나님의 계획은 모세가 출애굽 세대와 함께 약속의 땅에 들어가는 것이었지만, 이제는 달라졌습니다. 출애굽 세대는 그들의 불순종으로 인해 광야에서 소멸하게 되어 있습니다(민 14:35). 그렇다면 모세도 그들과 운명을 같이 해야 합니다. 광야 생활을 하는 동안 출애굽 세대를 잘 이끄는 것이 모세의 사명입니다. 이제 광야 세대가 약속의 땅으로 들어가야 할 때가 되었습니다. 그래서 하나님은 모세를 불러 가신 것입니다.

실제로 모세는 병들어서 죽게 된 것이 아니었습니다.

모세가 죽을 때 나이 백이십 세였으나 그의 눈이 흐리지 아니하였고 기력이 쇠하지 아니하였더라(신 34:7).

"눈이 흐리지 않았다"를 메시지 성경은 "눈빛이 날카로웠다"(His eyesight was sharp. MSG)라고 표현합니다. 무슨 뜻입니까? 여전히 정신이 또렷하고 총기(聰氣)가 있었다는 뜻입니다. 또한 "기력이 쇠하지 않았다"를 메시지 성경은 "그의 발걸음이 스프링처럼 통통 튀었다"(He still walked with a spring in his step. MSG)로 풀이합니다. 그가 비록 120세 노인이었지만 육체적으로나 정신적으로 아무런 문제가 없었던 것입니다.

그런데 갑작스럽게 죽음을 맞이합니다. 하나님이 불러 가신 것입니다. 왜 그렇게 갑작스럽게 불러가셨을까요? 그에게 맡기신 사명이 끝났기 때문입니다. 따라서 모세가 가나안 땅에 들어가지 못하고 죽은 것을 무언가 해야 할 일을 다 하지 못한 것처럼 아쉬워하면 안 됩니다. 모세는 하나님의 벌을 받아서 약속의 땅에 들어가지 못한 게 아닙니다. 그가 해야 할 일을 다 했기에 하나님이 불러 가신 것입니다.

이 대목에서 우리는 '성공한 인생'에 대해서 생각해볼 필요가 있습니다. 어떤 사람을 '성공한 인생'이라 말할 수 있을까요? 세상은 돈을 많이 벌거나 출세하면 성공한 인생이라고 말할 겁니다. 오래오래 살면서 부귀영화를 누리면 성공한 인생이라고 할 겁니다. 그러나 성경은 하나님이 맡기신 사명을 다한 사람을 성공한 인생이라고 말합니다. 하나님이 그를 통해 계획하신 일들을 완성하면 성공한 사람입니다.

누구든지 자기 몫의 사명이 있습니다. 그것을 잘 감당하면 하나님 앞에 성공한 인생입니다. 이러한 진리에 대해서 바울은 고린도 교회에 보낸 편지에서 다음과 같이 말했습니다.

6나는 심었고 아볼로는 물을 주었으되 오직 하나님은 자라나게 하셨나니 7그런즉

심는 이나 물 주는 이는 아무것도 아니로되 오직 자라나게 하시는 하나님뿐이니라
(고전 3:6-7).

정말 그렇습니다. 심는 사명이 있는 사람은 심는 일을 잘하면 됩니다. 물 주는 사명이 있는 사람은 물을 잘 주면 됩니다. 그러나 심는 사람이나 물 주는 사람이 곡식을 자라게 하는 것은 아니지요. 오직 하나님만이 그렇게 하실 수 있습니다. 하나님은 때를 따라서 이런 사람, 저런 사람을 사용하여 하나님의 나라를 일구어가십니다. 우리는 그 사실을 겸허하게 인정할 수 있어야 합니다.

그런데 내가 심었기 때문에 내가 반드시 물을 주어야 하고 그 열매도 기어코 내가 거두어야 한다고 고집한다면, 그것은 하나님이 주신 마음이 아닙니다. 정말 부끄럽지만, 하나님의 일을 한다고 하면서 인간적인 정욕으로 그 일을 수행하는 사람이 참 많이 있습니다. 그래서 사사로운 욕심으로 세운 목표를 달성해야 성공했다고 생각합니다. 아닙니다. 하나님이 보실 때 그것은 결코 성공한 인생이 아닙니다.

모세는 하나님의 백성을 이집트에서 인도해내는 사명을 잘 수행했습니다. 그리고 광야 생활 40년 동안 그들을 잘 이끌었습니다. 그것으로 충분히 성공한 인생입니다. 육체적으로나 정신적으로 아직 건강한 모세를 데려가신 것은, 하나님의 백성을 약속의 땅으로 들어가게 하는 새로운 계획이 있었기 때문입니다. 하나님은 그 일에 적합한 새로운 지도자를 세우셨습니다. 그가 바로 여호수아였습니다.

모세의 후계자

그런데 왜 하필 여호수아일까요? 열두 명의 정탐꾼 중에 긍정적인 보고를 했던 사람은 여호수아만이 아니었습니다. 갈렙도 있었습니다. 이 두 사람이 출애굽 세대로서 약속의 땅에 들어갈 수 있었던 유일한 생존자들입니다. 나이나 인품이나 인생의 경험을 볼 때, 여호수아보다는 갈렙이 모세의 뒤를 이을 지도자로 적격입니다. 그런데 하나님은 갈렙이 아니라 여호수아를 선택하셨습니다. 그 이유가 무엇이었을까요?

오늘 본문에서 우리는 그 이유를 발견할 수 있습니다.

여호와의 종 모세가 죽은 후에 여호와께서 모세의 수종자 눈의 아들 여호수아에게 말씀하여 이르시되…(수 1:1).

여기에서 모세와 여호수아에게 각각 붙여진 호칭을 눈여겨보십시오. 모세는 '여호와의 종'이라고 되어 있지만, 여호수아는 '모세의 수종자'라고 합니다. 수종자(隨從者)란 본래 '뒤를 좇아다니며 섬기는 사람'이란 뜻입니다. 이에 해당하는 히브리어는 에베드(ebed)입니다. 에베드는 남의 밑에서 종살이하는 노예(slave)를 가리키는 말입니다.

영어 성경은 에베드를 참모(aide, NIV), 종(servant, NASB), 비서(assistant, MSG) 혹은 대신(minister, AMP) 등으로 다양하게 번역합니다. 아무튼 여호수아는 모세의 종이 되어서 늘 그림자처럼 모세를 수행하며 섬기는 역할을 하던 사람이었습니다.

그렇다면 여호수아가 모세를 극진히 섬겼기에 모세의 뒤를 이을 후계자로 선정되었을까요? 여호수아의 섬김을 기특하게 생각했던 모세의 의지가 결정적인 역할을 했던 것일까요? 아닙니다. 여호수아를 세우신 분은 하나님이십니다. 모세에게 잘 보였기에 후계자가 된 것이 아닙니다. 여호수아가 모세를 그렇게 극진하게 섬겼던 이유가 있었습니다. 모세가 '하나님의 종'이었기 때문입니다.

하나님과 모세, 여호수아의 관계를 잘 설명하는 말씀이 여호수아 11장입니다.

여호와께서 그의 종 모세에게 명령하신 것을 모세는 여호수아에게 명령하였고 여호수아는 그대로 행하여 여호와께서 모세에게 명하신 모든 것을 하나도 행하지 아니한 것이 없었더라(수 11:15).

모세의 수종자로서 여호수아가 한 일은 가려운 부분을 긁어주는 정도가 아닙니다. 모세는 하나님의 명령을 여호수아에게 그대로 전달했고, 여호수아는 모세에게 받은 명령을 그대로 행했습니다. 그렇게 함으로써 여호수아는 결과적으로 하나님의 말씀에 순종했습니다. 따라서 '하나님의 종 모세'라는 말과 '모세의 수종자 여호수아'라는 말은 사실상 같은 의미입니다. 모두 하나님의 명령을 따라서 온전히 순종했기 때문입니다.

순종의 사람

모세의 수종자로서 여호수아는 하나님이 세우신 권위 앞에 철저하게 순종했습니다. 이것은 40년간의 광야 생활을 통해서 출애굽 세대가 보여 왔던 불신앙이나 불순종의 모습과는 아주 대조적입니다. 심지어 모세의 가장 측근이었던 아론과 미리암조차도 때로 모세를 공개적으로 비난하며 대들었지요. 그러나 여호수아는 달랐습니다. 그는 언제나 모세를 하나님의 종으로 인정하고 온전히 그에게 순종했습니다.

성경에 기록된 여호수아의 흔적을 살펴보면, 초지일관 모세를 겸손하게 섬기는 수종자의 모습을 확인할 수 있습니다. 여호수아가 성경에 제일 먼저 등장하는 대목은 바로 아말렉 족속과 전쟁이 벌어질 때입니다.

8그 때에 아말렉이 와서 이스라엘과 르비딤에서 싸우니라. 9모세가 여호수아에게 이르되 우리를 위하여 사람들을 택하여 나가서 아말렉과 싸우라. 내일 내가 하나님의 지팡이를 손에 잡고 산꼭대기에 서리라. 10여호수아가 모세의 말대로 행하여 아말렉과 싸우고…(출 17:8-10a).

시내산을 얼마 남겨두지 않았을 때, 시나이반도에서 강도질을 일삼으며 살던 아말렉 족속의 기습 공격을 받게 됩니다. 그러자 모세는 여호수아에게 나가서 싸우라고 명령합니다. 당시에 그들은 오합지졸이었습니다. 훈련된 군사도 없었고, 변변한 무기도 없었습니다. 그런 상태로 호전적인 아말렉 족속과 싸우러 나간다는 건 사실상 자살행위나 다름없었습니다. 그렇지만 여호수아는 한 마디 불평 없이 '모세의 말대로 행하여' 아말렉과 싸웁니다. 그리고 모세의 기도와 합작하여 대승을 거두게 됩니다.

바로 이때부터 여호수아는 모세의 수종자가 되었습니다. 여호수아가 전쟁에 나가서 잘 싸웠기 때문인가요? 아닙니다. 모세의 명령에 '즉시' 순종했기 때문입니다. 그런데 그는 왜 모세에게 그렇게 순종했을까요? 왜냐면 모세의 명령은 하나님에게서 나온 것이기 때문입니다. 그는 모세의 명령에 순종함으로써 하나님의 명령에 순종했던 것입니다.

여호수아가 등장하는 그다음 장면은 모세가 시내산에 올라가는 대목입니다. 모세는 하나님의 명령을 받고 그의 부하 여호수아를 데리고 시내산으로 올라갑니다(출 24:13). 그들이 산에 오르자 구름이 산을 덮습니다. 하나님의 영광이 임한 것입니다. 그리고 일곱째 날에 하나님은 구름 속에서 모세를 부르십니다. 그렇게 모세는 구름으로 들어가서 밤낮으로 40일을 지내면서 하나님으로부터 성막 예배에 대한 가르침과 증거 돌판을 받습니다. 그 이야기가 출애굽기 24장부터 31장까지 길게 기록되어 있습니다.

자, 그렇게 모세가 하나님과 지내는 동안 여호수아는 어디에 있었을까요? 시내산에 남아 있었습니다. 거기서 무엇을 했을까요? 무작정 모세를 기다렸습니다. 모세가 증거 돌판을 들고 나타났을 때 여호수아는 시내산 위에서 그를 기다리고 있었습니다(출 32:17). 이게 바로 진정한 수종자의 모습입니다. 모세가 그를 찾을 때를 대비해 여호수아는 언제나 그 자리에 기다리고 있었던 것입니다. 그런 사람을 하나님은 사용하십니다.

그런데 우리는 어떻게 합니까? 우리가 아쉬울 때는 열심히 하나님을 찾습니다. 그러나 정작 하나님이 우리를 찾으실 때는 그 자리에 없습니다. 그게 무슨 뜻인지 아십니까? 말로는 하나님을 믿는다고 하지만 실제로는 하나님의 수종자가 되려고 하지 않고 오히려 하나님을 우리의 수종자로 삼으려고 하는 것입니다. 그것이야말로 참으로 무례한 행동이 아닐 수 없습니다.

지도자의 영

여호수아는 모세가 살아있는 동안에 철저히 '모세의 수종자'로 살았습니다. 그것이 하나님을 잘 섬기는 그의 방식이었습니다. 여호수아는 결국 모세의 뒤를 잇는 후계자로 하나님의 선택을 받게 됩니다. 그 장면이 민수기 27장에 나옵니다.

> 18여호와께서 모세에게 이르시되 눈의 아들 여호수아는 그 안에 영이 머무는 자니 너는 데려다가 그에게 안수하고 19그를 제사장 엘르아살과 온 회중 앞에 세우고 그들의 목전에서 그에게 위탁하여 20네 존귀를 그에게 돌려 이스라엘 자손의 온 회중을 그에게 복종하게 하라(민 27:18-20).

하나님은 여호수아를 가리켜서 '그 안에 영이 머무는 자'라고 하십니다. 이 부분을 NIV 성경은 '지도자의 영이 있는 사람'(a man in whom is the spirit of leadership)이라고 표현합니다. 그러면서 모세에게 명령하십니다. "그에게 안수하여… '네 존귀'를 그에게 돌리라." 여기에서 존귀는 '권위'(authority)를 의미합니다. 모세가 가진 권위가 무엇입니까? '하나님의 종'으로서 하나님의 백성을 약속의 땅으로 인도하는 권위입니다. 그러니까 모세의 뒤를 잇는 후계자로 여호수아를 세우라는 명령입니다.

자, 그렇다면 하나님은 왜 여호수아를 모세의 후계자로 세우셨습니까? 무엇 때문에 그를 '지도자의 영이 있는 사람'이라고 하셨습니까? 그는 '순종의 사람'이었기 때문입니다. 하나님이 원하시는 '지도자의 영'은 바로 '순종'입니다. 왜 순종이 그렇게 중요할까요? 왜냐면 여호수아에게 주어진 사명, 즉 '약속의 땅'에 들어가는 일을 감당하기 위해서는 하나님의 말씀에 '절대순종'하는 것이 필요했기 때문입니다.

그렇습니다. 진정한 리더십(leader-ship)은 팔로워십(follower-ship)으로부터 시작됩니다. 하나님의 말씀에 잘 따르는 사람이 하나님의 백성을 잘 인도할 수 있습니다. 약속의 땅은 하나님의 약속을 붙잡고 그 말씀에 순종하며 살아가는 삶의 자리라고 했습니다. 하나님의 말씀에 철저하게 순종하는 것이 약속의 땅에 들어가서 하나님의 약속이 현실이 되는 은혜를 체험할 수 있는 유일한 비결입니다.

출애굽 세대의 특징은 불순종과 불신앙이었습니다. 그들이 만일 순종했더라면 광야 생활은 1년으로 충분했을 것입니다. 그러나 그들은 순종하지 않았습니다. 사사건건 하나님께 불평하고 원망했고, 하나님이 친히 세워주신 하나님의 종 모세의 권위에 대적했습니다. 그러니 어떻게 약속의 땅에 들어갈 수 있겠습니까? 그래서 40년의 광야 생활을 채우게 된 것입니다. 그러는 동안 여호수아와 갈렙을 제외하고 모두 광야에서 죽었던 것입니다.

이제 새로운 광야 세대를 이끌고 약속의 땅으로 들어가야 할 때가 되었습니다. 그 과업을 수행할 적임자가 누구이겠습니까? 바로 '순종의 사람' 여호수아였습니다. 그래서 하나님은 여호수아를 하나님의 백성을 약속의 땅으로 인도하는 차세대 지도자로 세우신 것입니다. 하나님의 종인 모세에게 철저하게 순종할 수 있었다면, 그는 또한 하나님께 철저하게 순종할 수 있을 것이기 때문입니다.

실제로 여호수아는 평생토록 온전히 하나님께 순종했습니다. 그리고 하나님은 여호수아의 생애 마지막에 그의 호칭을 바꾸어주십니다.

²⁹이 일 후에 여호와의 종 눈의 아들 여호수아가 백십 세에 죽으매 ³⁰그들이 그를
그의 기업의 경내 딤낫 세라에 장사하였으니…(수 24:29-30).

처음에 여호수아는 '모세의 수종자'였습니다. 그러나 그는 마침내 '여호
와의 종'이 되었습니다. 여호수아는 하나님의 기대에 어긋남이 없이 끝까지
순종의 사람으로 살았던 것입니다. 그런 의미에서 '하나님의 종'이라는 호칭
은 우리가 받을 수 있는 최고의 칭찬입니다.

지금도 하나님은 '순종의 사람'을 찾고 계십니다. 하나님은 '인기'가 아니
라 '인격'을 보십니다. '성공'이 아니라 '성품'을, '능력'이 아니라 '순종'을 살
피십니다. 진정한 의미에서 하나님의 종을 찾고 계십니다. 그리고 그들을 약
속의 땅에 들어가게 하십니다. 따라서 우리는 "약속의 땅으로 들어가라!"라
고 쓰고 "순종의 사람이 되라!"라고 읽어야 합니다.

만일 우리가 그동안 하나님의 말씀에 온전히 순종하지 못했다면 이 시간
진심으로 회개해야 합니다. 그리고 이제부터 어떤 상황 속에서도 '순종의 사
람'으로 살기로 작정해야 합니다. 그래야 우리도 약속의 땅으로 들어갈 수
있습니다.

묵상 질문: 나는 과연 '순종의 사람'이라 할 수 있는가?
오늘의 기도: 그동안 우리는 하나님의 말씀을 조용히 듣기보다는 우리의 요구
를 아뢰기에 바빴습니다. 하나님의 말씀에 순종해야 하는 이유를 찾기보다는
순종하지 못할 이유를 찾으려고만 했습니다. 이제부터라도 순종의 사람으로
살기를 원합니다. 하나님이 말씀하시면 즉시 순종하여 따르게 하옵소서. 그
러나 우리의 결심만으로는 부족하오니, 성령님 우리를 도와주옵소서. 예수
님의 이름으로 기도합니다. 아멘.

명령과 약속

읽을 말씀: 여호수아 1:3-4

새길 말씀: 3내가 모세에게 말한 바와 같이 너희 발바닥으로 밟는 곳은 모두 내가 너희에
게 주었노니 4곧 광야와 이 레바논에서부터 큰 강 곧 유브라데강까지 헷
족속의 온 땅과 또 해 지는 쪽 대해까지 너희의 영토가 되리라(수 1:3-4).

여호수아는 순종의 사람이었습니다. 그는 언제나 순종할 준비가 되어 있
었습니다. '하나님의 종' 모세의 수종자로서 여호수아는 모세의 명령에 순종
할 만반의 준비를 하고 있었습니다. 그는 모세의 입에서 말이 떨어지기 무섭
게 즉시 순종했습니다. 모세가 특별한 말을 하지 않을 때도 항상 가까운 거리
에 대기하면서 모세의 필요를 채울 준비를 하고 있었습니다.

여호수아의 순종은 '사람'에 대한 순종이 아니라 '하나님의 종'에 대한
순종이었고, 그것은 결국 '하나님'에 대한 순종이라고 했습니다. 마침내 하나
님은 여호수아의 순종을 '지도자의 영'(the spirit of leadership)이라고 확인해
주시면서, 모세의 뒤를 잇는 하나님 백성의 지도자로 세워주셨습니다.

하나님이 여호수아를 모세의 후계자로 세우신 이유는 분명합니다. 여호
수아는 '순종의 사람'이었기 때문입니다. 약속의 땅에 들어가기 위해서 가장

필요한 것이 바로 하나님의 말씀에 대한 절대 순종이었기 때문입니다.

순종의 장애물

그러나 아무리 순종의 영을 가지고 있던 여호수아라고 하더라도, 하나님의 부르심에 온전히 순종하는 것은 여전히 두렵고 떨리는 일이었습니다. 그가 늘 순종하며 살았던 위대한 지도자 모세를 대신해서 하나님의 백성을 약속의 땅으로 인도해야 하는 책임은 정말 막중한 부담이었습니다. 가나안 땅에 살고 있던 일곱 족속은 지난 40년 동안 더욱 강해졌습니다. 반면 이스라엘의 출애굽 세대는 거의 다 죽고 이제 광야 세대만 남아 있습니다. 긴 광야 생활로 인해 지칠 대로 지쳐 있는 무리입니다.

이들을 데리고 어떻게 가나안으로 들어갈 수 있을 것인가? 주어진 상황을 보고, 앞에 놓여 있는 장애물을 보고, 자기 자신을 보면 그 어떤 해답도 나오지 않습니다. 그럴 때 두려움이 생겨납니다. 하나님의 말씀에 순종하기는 해야 하는데, 아무리 궁리해보아도 하나님의 말씀에 순종할 수 없는 상황입니다. 이것이 바로 여호수아가 놓여 있던 현실이었습니다.

우리도 이런 현실에 놓일 때가 참 많이 있습니다. 하나님의 말씀에 마땅히 순종해야 한다는 것은 너무나 잘 알고 있습니다. 그럴 때 젖과 꿀이 흐르는 약속의 땅으로 들어갈 수 있다는 것도 잘 압니다. 그렇지만 실제로는 순종하며 살지 못합니다. 거기에는 물론 그럴듯한 이유가 있습니다. 나름대로 정당한 변명거리가 있습니다. 문제는 하나님의 말씀에 순종하지 않고서는 그 누구도 약속의 땅에 들어갈 수 없다는 사실입니다.

출애굽 세대를 보십시오. 그들은 40년 전에 약속의 땅에 들어갈 절호의 기회를 잡았습니다. 그렇지만 결국 들어가지 못했습니다. 순종하지 못했기 때문입니다. 상황이 조금 더 나아지면 그때는 순종할 수 있을까요? 더 나아지는 상황은 오지 않습니다. 더 나빠지지만 않아도 다행입니다.

그렇다면 어떻게 해야 할까요? 하나님의 말씀에 온전하게 순종하지 못하도록 방해하는 장애물을 어떻게 뛰어넘을 수 있을까요? 주어진 상황과 조건에 대한 두려움을 극복하고 어떻게 약속의 땅으로 들어가는 행동을 취할 수 있을까요? 우리가 오늘 묵상할 내용입니다.

하나님의 명령

하나님이 여호수아에게 말씀하시는 내용을 주의 깊게 살펴보면, '명령'과 함께 반드시 '약속'이 주어지고 있다는 사실을 발견하게 됩니다. 이 점을 알아차리는 것이 매우 중요합니다. 여호수아가 두려움을 극복하고 하나님의 말씀에 따라 순종할 수 있는 근거가 되었기 때문입니다. 우선 하나님의 명령을 살펴보겠습니다.

> 내 종 모세가 죽었으니 이제 너는 이 모든 백성과 더불어 일어나 이 요단을 건너 내가 그들 곧 이스라엘 자손에게 주는 그 땅으로 가라(수 1:2).

여기에서 우리는 하나님이 주시는 세 가지 명령을 발견합니다. 하나님은 여호수아에게 **"이제 너는 일어나라!"**(Now you arise)고 하십니다.

지금 그들은 모세의 죽음을 슬퍼하고 있습니다. 앞 장에서 살펴보았듯이, 모세는 120세가 되었지만 '눈이 흐리지 않고 기력이 쇠하지 않은' 아주 건강한 몸이었습니다(신 34:7). 그런데 어느 날 갑작스럽게 하나님이 모세를 데려가셨습니다. 물론 모세의 사명이 끝났기 때문이지만, 갑작스러운 모세의 죽음은 남겨진 이스라엘 백성에게 큰 충격이 되었을 것입니다. 특별히 모세의 수종자로 늘 그림자처럼 섬기던 여호수아에게는 더더욱 그랬을 것입니다.

사람들은 죽음을 애통할 때에 땅에 주저앉습니다. 머리에 재를 뒤집어쓰고 곡을 합니다. 마치 더는 살아갈 희망이 없는 것처럼 그렇게 슬퍼합니다. 어쩌면 그것이 자연스러운 일인지 모릅니다. 그렇지만 하나님은 여호수아에게 "일어나라"고 하십니다. "내 종 모세가 죽었으니 이제 너는 일어나라!"

모세의 죽음과 여호수아의 사명은 그렇게 맞닿아있습니다. 모세가 죽었으니 이제는 네가 일어날 차례라는 것입니다. 죽은 이에 대한 슬픔보다 하나님이 새롭게 이루어가실 계획에 초점을 맞추라는 뜻입니다. 그렇습니다. 과거 지향적인 사람은 슬픔에 주저앉아 있지만, 미래 지향적인 사람은 다시 일어납니다. 그런 사람이 약속의 땅에 들어갈 수 있습니다.

하나님은 여호수아에게 **"이 요단을 건너라!"**(Cross over this Jordan)고 하십니다.

요단강은 장애물 중의 장애물입니다. 당시 요단강은 홍수가 나서 범람하고 있었습니다. 물론 출애굽 사건 초기에 만났던 홍해와는 비교할 수 없겠지만, 범람하는 요단강이 만들어내는 두려움은 홍해와 거의 같은 수준입니다. 요단강을 건넌다는 것은 장애물과 그것에 대한 두려움을 극복한다는 뜻입니다. 장애물을 넘어서지 않고 약속의 땅에 편하게 들어갈 수 있는 다른 길은 없습니다.

그런데 사람들은 장애물을 만나면 우선 피하려고 합니다. 돌아서 가는 길을 찾으려고 합니다. 그러나 하나님의 명령은 '건너가는'(cross over) 것입니다. 정면으로 돌파하는 것입니다. 그들은 이미 홍해가 갈라져서 마른 땅으로 건너본 경험이 있습니다. 그들의 노력이나 수고로 그런 이적을 체험한 것이 아닙니다. 하나님이 모세를 통해서 그 일을 이루셨습니다. 그렇다면 요단강을 건너라는 말씀은 무슨 뜻인가요? 하나님이 그렇게 하시겠다는 뜻입니다. 믿음으로 장애물을 넘는 사람이 약속의 땅에 들어갈 수 있습니다.

마지막으로 하나님은 여호수아에게 **"그 땅으로 들어가라!"**(Step into the land!) 고 하십니다. 그것도 '이 모든 백성과 더불어'(you and all this people) 들어가라 하십니다.

40년 전 가데스 바네아에서 가나안에 들어가려고 했을 때, 그들은 먼저 선발대를 보내서 정탐하게 했습니다. 물론 표면상의 명분은 가나안의 정세를 신중하게 잘 살피고 가능한 방법을 모색하기 위해서였습니다. 그런데 결과적으로 바로 그 선발대로 인해서 가나안에 들어가지 못했습니다. 12명 중에서 10명이 부정적인 보고를 했기 때문입니다.

이번에 하나님은 그 일을 반복하고 싶지 않으셨습니다. 그래서 '이 모든 백성과 더불어' 들어가라고 하신 것입니다. 모든 백성이 한꺼번에 요단강을 건너서 일단 그 땅으로 들어가야 한다고 명령하신 것입니다. 약속의 땅은 희생을 각오한 몇몇 사람의 헌신으로 들어갈 수 있는 곳이 아닙니다. 같이 들어가거나 아니면 같이 들어가지 못하거나 둘 중의 하나입니다.

앞으로 살펴보겠지만, 요단 동편에 이미 자리 잡은 르우벤 지파와 갓 지파와 므낫세 반 지파에게 그 나머지 지파와 함께 요단강을 건너 들어가도록 여호수아가 요청한 이유도 바로 그 때문입니다(수1:12-15). 약속의 땅은 팔짱 끼고 구경하는 곳이 아닙니다. 공동체적인 책임을 함께 질 때 주어지는 땅입니다.

하나님의 약속

아무리 하나님이 이렇게 명령하셨다고 하더라도, 실제로 그 명령에 순종하는 것은 또 다른 이야기입니다. 우리가 하나님의 말씀대로 순종하지 못하는 이유가 무엇입니까? 하나님의 말씀이 무엇인지 몰라서입니까? 아닙니다. 알면서도 순종하지 못합니다. 왜 그렇습니까? 그 말씀에 순종할 수 없게 하는 현실적인 문제들이 너무나도 많이 있어서 우리의 발목을 잡기 때문입니다.

요단강의 넘실대는 물이 하나님의 명령을 순종하지 못하게 합니다. 가나안 땅에 살고 있던 일곱 족속이 또한 순종하지 못하게 합니다. 자신의 현재 형편을 생각해보면 하나님의 말씀에 순종한다고 해서 달라질 것이 별로 없어 보입니다. 그런 여러 가지 현실적인 두려움과 장애물을 극복하지 않고서는 하나님의 말씀에 온전하게 순종할 수 없는 것입니다.

감사하게도 하나님은 그들의 연약함을 이미 다 알고 계셨습니다. 그래서 '명령'과 함께 '약속'의 말씀을 해주십니다.

> 3내가 모세에게 말한 바와 같이 너희 발바닥으로 밟는 곳은 모두 내가 너희에게 주었노니 4곧 광야와 이 레바논에서부터 큰 강 곧 유브라데강까지 헷 족속의 온 땅과 또 해 지는 쪽 대해까지 너희의 영토가 되리라(수 1:3-4).

여기에서 우리가 눈여겨보아야 할 말씀이 있습니다. 그것은 바로 "너희 발바닥으로 밟는 곳은 모두 내가 너희에게 주었다"는 말씀입니다. "내가 너희에게 주겠다"(I will give you)가 아닙니다. "내가 너희에게 주었다"(I have given to you)입니다. 다시 말해서 '미래형'이 아니라 '완료형'입니다. 이것은 오직 성경에서만 찾아볼 수 있는 아주 독특한 용법입니다.

그들은 아직 가나안에 들어가지 않았습니다. 그러니 아직 그 땅을 밟아보지도 못한 상태입니다. 그런데 하나님은 그 땅을 "너희에게 주었다"고 선언하십니다. 이것이 바로 '약속'입니다. 하나님의 약속이 얼마나 확실한지, 이미 이루어진 거나 다름없다는 말씀입니다. 우리는 이와 같은 하나님의 약속을 믿을 수 있습니까?

여호와 하나님의 말씀은 곧 현실입니다. 천지창조 때에 "빛이 있으라 하시니 빛이 있었다"(창1:3)라고 했습니다. 하나님이 말씀하시자마자 그 말씀이 곧 현실이 된 것입니다. 하나님은 언제나 그런 방식으로 일하십니다. 말씀하시고 그 말씀을 이루십니다. 따라서 하나님이 약속하셨다면 그 약속은 반드시 이루어지게 되어 있습니다.

그런데 "내가 너희에게 주었다"고 말씀하신 이유가 있습니다. 그것은 이미 오래전에 아브람에게 약속하신 말씀이기 때문입니다.

> 13여호와께서 아브람에게 이르시되 너는 반드시 알라. 네 자손이 이방에서 객이 되어

그들을 섬기겠고 그들은 사백 년 동안 내 자손을 괴롭히리니 14그들이 섬기는 나라를 내가 징벌할지며 그 후에 네 자손이 큰 재물을 이끌고 나오리라(창 15:13-14).

하나님이 이 말씀을 하실 때가 언제였습니까? 아브람이 아직 이삭을 낳기 전입니다. 그런데 그에게 수많은 자손이 생길 것이라고 하십니다. 그뿐만이 아니라 그 자손들이 이집트에서 4백 년 동안 종살이를 하게 될 것이라 말씀하십니다. 그 후에 큰 재물을 이끌고 나오게 될 것이라고 하십니다.

우리는 이 말씀이 그대로 이루어졌다는 사실을 잘 알고 있습니다. 하나님의 말씀은 때로 현실성이 없어 보이기도 합니다. 그러나 그것이 하나님의 말씀이라면 언젠가 반드시 이루어진다는 것을 우리는 알아야 합니다. 그래서 하나님은 아브람에게 "너는 반드시 알라!"(Know for certain!)고 말씀하신 것입니다.

이뿐만이 아닙니다. 하나님은 아브람과 계약을 맺으시면서 '약속의 땅'에 대해서도 말씀하셨습니다.

그날에 여호와께서 아브람과 더불어 언약을 세워 이르시되 내가 이 땅을 애굽 강에서부터 그 큰 강 유브라데까지 네 자손에게 주노니…(창 15:18).

오늘 본문에서 여호수아에게 하신 말씀과 똑같습니다. 자, 그렇다면 이게 무슨 뜻입니까? 이집트의 종살이와 출애굽 사건이 하나님의 말씀처럼 그대로 성취되었다면, '약속의 땅'에 대한 말씀 역시 그대로 성취될 것이 분명합니다. 그것은 너무나도 확실한 일입니다. 그렇기에 "내가 너희에게 주었다"고 완료형으로 말씀하신 것입니다.

따라서 우리가 하나님의 말씀에 온전히 순종하기 위해서는 하나님의 '명령에 담겨 있는 약속'을 볼 줄 알아야 합니다. 그 약속을 굳게 붙잡아야 합니다. 그럴 때 우리가 하나님의 말씀에 온전히 순종할 수 있게 되고, 실제로 하나님의 약속이 우리의 현실이 되는 놀라운 은혜를 맛볼 수 있는 것입니다.

그런데 우리는 어떻습니까? 하나님의 약속보다 우리의 현실에 더 민감합니다. 우리가 직면하고 있는 문제와 어려움을 분석하고 염려하느라 모든 에너지를 쏟아버립니다. 그래서 정작 하나님이 이루실 일들을 믿음으로 바라볼 여력이 없어집니다. 그래서 약속의 땅으로 나아가지 못하고, 두려워하고 주저앉고 자꾸 과거로 돌아가려고 합니다. 그러다가 결국 허송세월하게 되는 것입니다. 그것이 지난 40년간 출애굽 세대의 광야 생활이었습니다.

이제는 '불신앙'과 '불순종'이라는 이 악순환의 고리를 과감하게 끊어버려야 합니다. 하나님의 약속을 붙잡고 하나님의 명령에 순종하며 앞으로 나아가야 합니다. 상황이 호전될 때까지 기다린다고 해서 문제가 해결되는 것이 아닙니다. 모든 때(timing)는 하나님이 정하십니다. 하나님의 말씀을 받았을 바로 그때가 우리에게 가장 적절한 때입니다.

여호수아는 주어진 상황이나 앞에 놓여 있는 장애물이나 자기 자신에게서 문제의 해답을 찾으려고 하지 않았습니다. 오직 하나님의 약속을 붙잡고 두려움을 극복했습니다. 하나님의 명령에 순종하기로 했습니다. 그는 모세의 죽음에 슬퍼하며 그냥 주저앉아 있지 않고 일어섰습니다. 그는 요단강이라는 문제를 회피하지 않고 정면 돌파하여 건너기로 했습니다. 하나님의 백성이 모두 함께 약속의 땅에 들어갈 수 있도록 동기를 부여했습니다. 그리고 마침내 '약속의 땅'으로 들어갔던 것입니다!

우리에게 현실적인 어려움이 많이 있습니다. 약속의 땅에 들어가지 못하도록 우리의 발목을 붙잡는 문제들이 있습니다. 그것으로 인해 마음에 두려움이 있고, 그것으로 인해 하나님의 말씀에 온전히 순종하지 못합니다. 그러나 우리가 알아야 할 것이 있습니다. 이 세상에 문제없이 살아가는 사람은 하나도 없다는 사실입니다. 그 문제를 하나님 말씀에 순종하지 못하는 핑곗거리로 삼으면 안 됩니다. 문제 뒤에 숨어 있으면 안 됩니다.

여호와 하나님은 우리가 직면하고 있는 어떤 문제보다 훨씬 더 크고 훨씬 더 위대하신 분입니다. 하나님을 바라보기 시작하면 문제가 더는 문제가 되지 않습니다. 그러나 우리가 하나님을 등지고 문제를 바라보기 시작하면 그 어디에서도 하나님은 보이지 않을 것입니다. 문제는 눈덩이처럼 자꾸만 커지게 될 것입니다. 그리고 그곳은 어둠이 지배하는 죽음의 땅이 될 것입니다.

'순종의 사람' 여호수아에게도 두려움이 있었습니다. 그러나 그는 하나님의 명령 속에 담겨 있는 하나님의 약속을 붙들기로 했습니다. 그랬더니 하나님의 말씀에 온전히 순종할 수 있게 되었습니다. 우리 모두 이와 같은 믿음을 가지고 하나님께서 우리에게 말씀하시는 '약속의 땅'으로 들어갈 수 있기를 간절히 소원합니다.

묵상 질문: 오늘 말씀을 통해서 내가 발견한 하나님의 약속은 무엇인가?

오늘의 기도: 하나님의 명령은 언제나 하나님의 약속을 동반하고 있다는 말씀에 큰 위로를 받습니다. 그동안 우리에게 주어진 상황이나 우리 자신에게서 문제의 해답을 찾으려고 했던 어리석음을 용서하여 주옵소서. 이제부터 눈을 들어 하나님을 바라보게 하시고, 약속의 말씀을 붙들고 순종하며 나아가게 하옵소서. 그리하여 우리 앞에 놓여 있는 약속의 땅에 들어가게 하옵소서. 예수님의 이름으로 기도합니다. 아멘.

형통한 삶의 원칙

읽을 말씀: 여호수아 1:5-9

새길 말씀: 오직 강하고 극히 담대하여 나의 종 모세가 네게 명령한 그 율법을 다 지켜
행하고 우로나 좌로나 치우치지 말라. 그리하면 어디로 가든지 형통하리
니…(수 1:7).

'순종의 사람' 여호수아에게도 두려움이 있었습니다. 그는 하나님의 '명
령' 속에 담겨 있는 '약속'을 발견하면서 그 두려움을 극복할 수 있었습니다.
그래서 하나님의 말씀을 듣고 묵상하는 것이 우리의 신앙생활에 얼마나 중요
한지 모릅니다. 특별히 마음에 두려움과 절망이 엄습해 올 때, 우리는 의도적
으로 하나님의 말씀 앞에 자꾸 서야 합니다.

그런데 실제로는 어떻습니까? 하나님의 말씀에 귀를 기울이기보다는 오
히려 사람들의 말에 따라서 마음이 왔다 갔다 합니다. 문제에 사로잡혀 그것
을 곱씹어 묵상하느라 영적인 에너지를 다 써버립니다. 그러는 가운데 문제
는 눈덩이처럼 불어나고, 그에 비례하여 두려움도 점점 더 커져서 마침내
우리가 감당할 수 없을 정도가 됩니다. 그러다가 결국에는 약속의 땅에 들어

가 보지도 못하고 방황하며 살다가 일생을 마치는 것입니다.

그것이 지난 40년간 출애굽 세대의 광야 생활이었습니다. 여호수아는 그것을 반복하지 않기로 했습니다. 약속의 땅으로 들어가라는 하나님의 명령에 절대 순종하기로 했습니다. 오늘 우리가 묵상하는 본문은 그와 같은 여호수아의 결심을 더욱 단단하게 만들어준 하나님의 말씀입니다.

하나님과 함께하는 삶

그런데 이는 단순히 여호수아를 격려하기 위해서 주신 말씀이 아닙니다. 여기에는 하나님의 백성이 약속의 땅에 들어갈 수 있는 세 가지 원칙과 비결이 담겨 있습니다. 그 첫 번째는 바로 '하나님과 함께하는 삶'입니다.

> **네 평생에 너를 능히 대적할 자가 없으리니 내가 모세와 함께 있었던 것같이 너와 함께 있을 것임이라. 내가 너를 떠나지 아니하며 버리지 아니하리니…(수 1:5).**

"네 평생에 너를 당해 낼 자가 아무도 없을 것이다." 이 말씀을 들으면 없던 용기도 생겨날 것 같습니다. 그러나 그보다 더 중요한 말씀이 뒤에 나옵니다. "내가 모세와 함께 있었던 것같이 너와 함께 있을 것이다." 우리에게 아주 익숙한 내용입니다.

에서를 피해서 도망하고 있던 야곱에게 하나님은 "내가 너와 함께 있어 어디로 가든지 너를 지키겠다"(창 28:15)고 약속하셨습니다. 모세를 부르실 때도 "내가 반드시 너와 함께 있으리라"(출 3:12)고 말씀하셨습니다. 포도주 틀에 숨어서 몰래 밀을 타작하고 있던 기드온에게 하나님의 사자가 나타나서 "여호와께서 너와 함께 계시도다"(삿 6:12)라고 말했습니다.

시편 23편에서 다윗은 "사망의 음침한 골짜기를 지나갈 때도 주님께서 나와 함께 하신다"고 노래했습니다. 성경 곳곳에서 이처럼 함께하시겠다는 하나님의 약속을 접하게 됩니다. 그 말씀을 읽을 때마다 큰 위로를 받게 되고 살아갈 용기를 얻게 됩니다. 여호수아도 분명히 이 말씀으로 큰 힘을 얻었을 것입니다.

그러나 여호수아에게 주신 말씀은 그냥 잘 싸워서 이기라고 격려해주는 단순한 '응원가'가 아닙니다. 오히려 앞으로 벌어질 전쟁에서 이길 수 있는 특별한 공식이 이 속에 담겨 있습니다. 약속의 땅에서 벌어지는 전쟁은 이스라엘 군대와 가나안 족속의 군대가 대결하는 것이 아닙니다. 하나님께서 그 땅을 당신의 백성에게 선물로 주시는 과정입니다. 그러므로 그 전쟁의 주인 공은 여호수아나 이스라엘 백성이 아니라 여호와 하나님이십니다.

자, 그렇다면 "내가 너와 함께 하겠다"라는 말씀은 무슨 뜻일까요? "내가 옆에서 도와줄 테니, 용감하게 나가서 잘 싸워!"라는 의미가 아닙니다. 오히려 "이제부터 내가 싸울 테니 너는 내 곁에서 내가 시키는 대로 순종하기만 해!"라는 의미입니다. 그러니까 여호수아가 나가서 싸우지만 실제로는 하나님이 싸워주시는 것입니다. 이것이 바로 '함께하시는 하나님'의 약속입니다.

그게 전부가 아닙니다. 여기에 구체적인 내용이 덧붙여집니다. "너를 떠나지도 너를 버리지도 않겠다"(I will never leave you nor forsake you. NIV). 이 말씀 속에는 한때 출애굽 세대와의 결별을 선언하셨던 마음 아픈 기억이 담겨 있습니다. 이른바 '금송아지 사건' 때의 일입니다. 이스라엘 백성에게 크게 실망하셨던 하나님이 이렇게 선언하셨지요.

너희를 젖과 꿀이 흐르는 땅에 이르게 하려니와 나는 너희와 함께 올라가지 아니하리 니 너희는 목이 곧은 백성인즉 내가 길에서 너희를 진멸할까 염려함이니라(출 33:3).

하나님은 그들과 함께 올라가지 않겠다고 하십니다. 그도 그럴 것이 하나님과 계약을 맺자마자 금송아지 신을 만들어놓고 그 앞에서 난잡한 파티를 벌였습니다. 앞으로 기회만 생기면 그 일이 반복될 것이 뻔한데, 그러다가는 그들을 정말 진멸해야 하는 일이 벌어질지도 모릅니다. 그러니 차라리 그들과 함께 올라가지 않겠다고 선언하신 것입니다. 물론 모세의 간곡한 요청에 마음을 돌이키기는 하셨지만, 똑같은 일이 광야 세대에 벌어지지 말라는 법은 없습니다.

그래서 하나님은 여호수아에게 미리 자신의 다짐을 밝히시고 있는 것입니다. '떠난다'(leave)는 말은 함께하지 않겠다는 뜻이고 '버린다'(forsake)는 말은 하나님의 백성으로 인정하지 않겠다는 뜻입니다. 그런 불상사가 생기지 않도록 하나님이 자신을 스스로 구속해두신 것입니다. 그렇습니다. 여호수아와 광야 세대가 약속의 땅에 들어갈 수 있었던 것은 그들의 믿음이 완벽하거나 대단했기 때문이 아닙니다. 이와 같은 하나님의 굳은 의지와 결심이 없었다면 그 일은 불가능했습니다.

약속의 땅에 들어가려면 하나님이 싸우시게 해야 합니다. 하나님을 빼놓고 자신의 힘과 지략을 앞세워서 싸우려고 하면 반드시 지게 되어 있습니다. 따라서 "내가 너와 함께 하겠다"는 약속은 사실상 '하나님과 함께하는 삶'으로 그들을 초대하시는 말씀입니다. 하나님의 백성은 어떤 경우에도 하나님보다 앞서려고 해서는 안 됩니다. 오히려 하나님이 앞장서게 해야 합니다. 그리고 그들은 하나님의 말씀에 철저하게 순종하며 따라야 합니다. 바로 그것이 약속의 땅에 들어가는 첫 번째 비결입니다.

말씀에 순종하는 삶

그다음 두 번째 원칙은 바로 '말씀에 순종하는 삶'입니다.

> ⁶강하고 담대하라. 너는 내가 그들의 조상에게 맹세하여 그들에게 주리라 한 땅을 이 백성에게 차지하게 하리라. ⁷오직 강하고 극히 담대하여 나의 종 모세가 네게 명령한 그 율법을 다 지켜 행하고 우로나 좌로나 치우치지 말라…(수1:6-7a).

여기에서 "강하고 담대하라"라는 말씀이 거듭 반복됩니다. 이는 여호수아에게 두려워하는 마음이 있었다는 의미입니다. 새번역 성경은 이를 "굳세고 용감하여라!"로 번역합니다. 메시지 성경은 "힘을 내어라! 용기를 내어라!"로 풀이합니다. 전쟁터에 나가는 군인에게 정말 필요한 것은 성능 좋은 최신식 무기가 아닙니다. 강하고 담대한 마음입니다. "죽으면 죽으리라!"라는 각오로 용감하게 싸우는 군대가 결국 승리하게 되어 있습니다.

그런데 지금 하나님은 그런 뜻으로 이 말씀을 하신 것일까요? 여호수아의 마음에 있는 두려움을 보시고 그를 책망하거나 자극을 주려고 하신 말씀일까요? 아닙니다. 이것은 여호수아에게 주시는 특별한 '가르침'입니다.

한번 생각해보십시오. 강하고 담대하게 되려면 어떻게 해야 할까요? 매일 10km를 달리고 팔굽혀 펴기 100번씩 하면서 육체를 단련시키면 강해질 수 있을까요? 아니면 용감하게 만들어주는 청심환 같은 알약이 있어서, 그것을 꾸준히 복용하면 담대하게 될 수 있을까요? 그리고 이렇게 "강하고 담대하라!" 명령한다고 해서 두려움에 사로잡혀 있던 사람이 갑자기 굳세고 용감한 사람으로 바뀔 수 있을까요?

앞에서 언급한 것처럼 이 말씀은 단지 여호수아의 마음에 용기를 북돋아주려는 '응원가'가 아닙니다. 이것은 아주 중요한 가르침이요 지시입니다. 7절에 그 답이 기록되어 있습니다. "오직 강하고 극히 담대하여 나의 종 모세가 네게 명령한 그 율법을 다 지켜 행하고 우로나 좌로나 치우치지 말라"(7a).

이 말씀을 주의 깊게 살펴보십시오. 왜 강하고 담대해야 합니까? 대적과 '싸워 이기기' 위해서가 아닙니다. 율법을 '다 지켜 행하기' 위해서입니다. 우로든 좌로든 율법에서 조금이라도 벗어나는 다른 곁길로 가지 않기 위해서입니다. 다시 말해서 하나님의 말씀에 온전히 순종하기 위해서 힘을 내야하고 용기를 내야 한다는 것입니다. 약속의 땅에 들어간 후에 어떤 일을 만나게 되더라도 오직 하나님의 말씀에 따라야 한다는 것입니다.

가나안은 하나님의 백성에게 오래전에 주시기로 약속된 땅입니다. 이미 주어진 선물입니다. 들어가서 선물의 포장을 뜯기만 하면 됩니다. 그러나 그러기 전에 약속의 땅에서 치러야 할 전쟁이 있습니다. 그 전쟁은 가나안 족속과의 물리적인 싸움이 아닙니다. 하나님의 말씀에 순종할 것인가 불순종할 것인가의 영적인 싸움입니다. 만일 하나님의 말씀에 순종한다면 실제로 약속의 땅이 선물로 주어졌다는 사실을 두 눈으로 직접 확인하게 될 것입니다. 그렇지만 만일 순종하지 않는다면 그 땅을 차지하지 못하게 될 것입니다.

이것은 단지 여호수아 시대에만 적용되는 법칙이 아닙니다. 약속의 땅은 언제나 누구에게나 그런 곳입니다. 말씀에 순종하면 은혜의 선물로 주어지고, 말씀에 순종하지 않으면 쫓겨나야 하는 그런 땅입니다. 그 이후의 이스라엘 역사가 이를 증언하지 않습니까? 그렇기에 마음을 강하게 하고 담대하게 해야 합니다. 하나님의 말씀에 순종한다는 것은 말처럼 쉽지 않은 일이기 때문입니다.

무엇보다 세상의 관습과 풍조가 그들을 유혹할 것입니다. 그럴듯하게 보이는 넓은 길, 다른 길, 좋은 길을 만나게 될 것입니다. 그때도 여호수아처럼 "오직 나와 내 집은 여호와를 섬기겠노라!"(수 24:15)라고 담대히 선포하려면, 마음을 강하게 하여 하나님의 말씀에 온전히 순종해야 합니다. 하나님의 말씀을 따르는 일에 있어서 우로나 좌로나 치우침이 없어야 합니다. 그것이 약속의 땅에서 승리하는 비결입니다.

어디서든 형통한 삶

마지막 세 번째 원칙은 '어디서든 형통한 삶'입니다.

7… 그리하면 어디로 가든지 형통하리니 8이 율법책을 네 입에서 떠나지 말게 하며 주야로 그것을 묵상하여 그 안에 기록된 대로 다 지켜 행하라. 그리하면 네 길이 평탄하게 될 것이며 네가 형통하리라(수 1:7b-8).

"어디로 가든지 형통하리라"라는 말씀을 싫어할 사람은 이 세상에 아마 하나도 없을 것입니다. 문제는 '형통'에 대한 이해가 서로 다르다는 사실입니다. NASB 성경은 이를 성공(success)으로 번역합니다. 물론 누구나 성공하기를 바랍니다. 그러나 지금 하나님께서 여호수아에게 말씀하시는 '형통'이 과연 사람들이 기대하는 그런 '성공'일까요? 그런 의미에서 우리말 성경이 '형통'으로 번역한 것은 참 잘한 일이라는 생각입니다.

그 이유는 '형통'(亨通)의 사전적인 뜻풀이가 '온갖 일이 뜻대로 됨'이기 때문입니다. 그런데 여기에서 '뜻대로'가 누구의 뜻을 가리킬까요? 누구의 뜻대로 되어야 과연 '형통'이라 할 수 있을까요? 대개는 '자기의 뜻대로' 되는 것을 형통이라고 생각합니다. 그러나 성경에서 말하는 형통은 '사람의 뜻대로'가 아니라 '하나님의 뜻대로' 모든 일이 이루어지는 것을 의미합니다.

모세의 죽음을 살펴보면서 우리는 '성공한 인생'이 무엇인지 생각해보았지요. 그때 '성공한 인생'이란 하나님이 맡기신 사명을 끝까지 잘 감당한 사람이라고 했습니다. 여기서도 마찬가지입니다. 무엇이 '형통한 삶'입니까? 내가 바라는 대학에 합격하고, 내가 바라는 직장에 취직하고, 내가 바라는 배우자를 만나서, 내가 바라는 만큼 소유하면서, 내가 바라는 만큼 오래 사는 게 형통한 삶일까요? 아닙니다. 하나님의 뜻대로 이루어지는 것이 진정한 의미에서 형통한 삶입니다.

그래서 그냥 "형통하리라"라고 약속하지 않으시고 "어디로 가든지 형통하리라"라고 말씀하신 것입니다. 요셉을 한번 보십시오. 그는 친형제들에게 배신당해서 노예가 되어 이집트로 팔려 갔지만, 거기에서 형통한 자가 되었습니다.

묵상 질문: 오늘 묵상한 세 가지 원칙 중에서 나의 삶에 당장 적용해야 할 것은 무엇인가?

오늘의 기도: 하나님의 함께하심을 위해서 기도하기는 했지만, 하나님과 함께 하는 삶을 위해서는 미처 기도하지 못했습니다. 굳세고 용감해야 한다는 건 알았지만, 그것이 하나님의 말씀에 순종하기 위해서라는 사실은 미처 깨닫지 못했습니다. 내 뜻대로 형통한 삶을 원했지, 하나님의 뜻대로 어디서든 형통 한 삶에 대해서는 미처 생각하지 못했습니다. 부족한 우리를 긍휼히 여겨주 옵소서. 마땅히 품을 생각을 품게 하시고 이제부터 하나님의 백성답게 살아 가게 하옵소서. 예수님의 이름으로 기도합니다. 아멘.

두 가지 준비

읽을 말씀: 여호수아 1:10-18; 민수기 32:1-32

새길 말씀: ¹⁰이에 여호수아가 그 백성의 관리들에게 명령하여 이르되 ¹¹진중에 두루 다니며 그 백성에게 명령하여 이르기를 양식을 준비하라. 사흘 안에 너희가 이요단을 건너 너희의 하나님 여호와께서 너희에게 주사 차지하게 하시는 땅을 차지하기 위하여 들어갈 것임이니라 하라(수 1:10-11).

　　모세의 갑작스러운 죽음은 이스라엘 백성에게 큰 충격이 되었지만, 동시에 그것은 그들을 향한 하나님의 새로운 계획이 시작됨을 알리는 신호탄이 되었습니다. 40년간의 오랜 기다림 끝에 마침내 약속의 땅으로 들어가는 일이 시작된 것입니다. 하나님은 '순종의 사람' 여호수아를 이미 모세의 후계자로 세우셨고, 그에게 안수하심으로 미리 그 일을 준비시키셨습니다(신 34:9).

　　그러나 나름대로 준비해왔다고 하더라도 막상 일이 닥쳐오면 제대로 준비되지 않은 모습을 발견하게 됩니다. 여호수아도 모세가 죽고 난 후에 하나님의 백성을 이끌기에는 자신이 아직 충분하지 않다는 사실을 깨닫게 되었습니다. 여호수아의 마음에 있는 두려움을 아시고, 하나님은 그에게 말씀하셨습니다. 구체적인 명령과 함께 약속을 확인시켜주셨고, 실제로 약속의 땅에 들어가서 형통하게 살 수 있는 세 가지 원칙에 대해서도 자세히 가르쳐주셨습니다. 지금까지 우리가 살펴본 내용입니다.

자, 이제 공은 여호수아에게 넘어왔습니다. 하나님의 말씀에 순종하여 요단강을 건너 약속의 땅으로 들어가는 일을 실행해야 할 책임이 이제 여호수아에게 주어진 것입니다. 그렇다고 해서 무작정 요단강을 건널 수는 없습니다. 어떤 일에든 순서가 있고 그에 따른 구체적인 준비가 필요한 법입니다. 여호수아는 하나님의 말씀에 순종하여 약속의 땅으로 들어가기 위해서 두 가지 준비가 필요하다는 걸 발견합니다.

모든 백성의 준비

첫 번째는 모든 백성을 준비시키는 일이었습니다. 여호수아 혼자 들어가는 것이라면 문제 될 것이 없습니다. 그러나 하나님은 분명히 "이 모든 백성과 더불어 들어가라"(수 1:2)라고 말씀하셨습니다. 자, 그렇다면 모든 백성에게 하나님의 명령을 알리고 실제로 들어갈 수 있도록 준비를 시켜야 합니다.

> 10이에 여호수아가 그 백성의 관리들에게 명령하여 이르되 11진중에 두루 다니며 그 백성에게 명령하여 이르기를 양식을 준비하라. 사흘 안에 너희가 이 요단을 건너 너희의 하나님 여호와께서 너희에게 주사 차지하게 하시는 땅을 차지하기 위하여 들어갈 것임이니라 하라(수 1:10-11).

여호수아는 우선 백성의 관리들(the officers of the people)을 소집하여 구체적인 명령을 내립니다. 이들은 어떤 사람이었을까요? '관리들'은 행정적인 일을 처리하는 사람입니다. 그런데 잘 이해가 되지 않습니다. 당장 가나안에 들어가면 원주민들과 한바탕 전쟁을 치러야 합니다. 상식적으로는 행정 관리를 소집할 것이 아니라 군대의 지휘관들을 소집해서 준비를 시켜야 합니다.

그렇다면 어떻게 된 일일까요? 여호수아 시대에는 군대조직이 없었던 것일까요? 아닙니다. 시내산을 출발하기 전에 모세는 인구조사를 통해서 이스라엘 12지파를 군대조직의 진영으로 재편성했습니다. 민수기 31장에 보면 각 지파에서 천 명씩 뽑아서 만이천 명을 무장시켜서 미디안 족속과의 전쟁에 투입하기도 했습니다. 현대적인 의미의 전문성을 갖춘 군대는 아니라고 하더라도, 전쟁을 치를 수 있는 군대조직을 나름대로 갖추고 있었던 것입니다.

만일 여호수아가 처음부터 이 조직을 활용할 생각이었다면, 얼마든지 그렇게 할 수도 있었을 것입니다. 그러나 그러지 않았습니다. 여호수아는 행정 관리들을 소집하여 약속의 땅에 들어갈 준비를 하게 합니다. 여기에는 약속의 땅에서 벌어지는 전쟁은 오직 여호와 하나님께 달려 있다는 신앙고백이 담겨 있습니다. 그 땅은 하나님으로부터 선물로 받는다는 믿음이 군사 조직이 아니라 행정조직을 동원하여 모두 함께 들어가는 일을 준비하게 했던 것입니다.

이와 같은 믿음은 관리들을 보내서 백성에게 전달하게 한 명령에서도 잘 드러납니다. "양식을 준비하라." 만일 전쟁을 염두에 두고 있었다면, 양식이 아니라 무기를 준비하도록 해야 합니다. 그리고 노약자들은 일단 제외하고 빠릿빠릿한 장정들을 먼저 선발하여 보내는 것이 더 효율적입니다. 하지만 여호수아는 양식을 준비하라고 합니다. 모든 백성이 사흘 안에 함께 들어가야 하기 때문입니다. 지금까지 그들은 요단 동쪽의 모압 평지에서 한동안 머물렀습니다. 여기도 지낼만한데, 이제 모든 짐을 싸서 약속의 땅으로 들어갈 준비를 시키고 있는 것입니다.

이와 같은 여호수아의 행동은 조금은 무모하게 보일지 모릅니다. 노약자들을 자칫 전쟁의 위험에 빠뜨리게 할 수도 있습니다. 그러나 이것은 하나님께서 여호수아에게 말씀하신 내용을 잘 이해하고 있는 믿음의 행동이었습니다. 여호수아는 강하고 담대하게 그 말씀에 온전히 순종했던 것입니다.

모든 지파의 참여

두 번째 준비는 요단강 동쪽 지역에 정착한 지파들을 참여시키는 일이었습니다.

> [12]여호수아가 또 르우벤 지파와 갓 지파와 므낫세 반 지파에게 말하여 이르되 [13]여호와의 종 모세가 너희에게 명령하여 이르기를 너희의 하나님 여호와께서 너희에게 안식을 주시며 이 땅은 너희에게 주시리라 하였나니 너희는 그 말을 기억하라 (수 1:12-13).

여호수아는 르우벤 지파와 갓 지파, 므낫세 반 지파 사람들을 따로 불러모으고 말합니다. "여호와의 종 모세가 너희에게 명령한 것을 기억하라." 이 지파들은 이미 요단강 동쪽 지역에 자리를 잡고 정착했습니다. 모세가 살아 있을 동안에 그렇게 허락을 받은 것입니다. 아직 땅을 분배받지 못한 다른 지파들이야 요단강을 건너가야 하겠지만, 이들은 사실 가나안 땅에 들어가기 위해서 굳이 애쓸 필요가 없습니다. 그런 사람들에게 여호수아는 모세의 명령을 상기시키고 있는 것입니다.

이것 역시 "이 모든 백성과 더불어 들어가라"(수 1:2)라는 말씀과 상관관계가 있습니다. 약속의 땅은 이스라엘 백성이 함께 들어가야 하는 곳입니다. 요단강 동편에 이미 정착한 지파들도 약속의 땅에 함께 들어가서 하나님이 주신 선물을 확인하는 과정에 참여해야 할 공동체적인 책임이 있습니다.

그렇다면 요단 동편에 정착한 지파들과 모세 사이에 실제로 어떤 일들이 있었던 것일까요? 모세가 그들에게 명령한 것은 구체적으로 어떤 내용이었을까요? 그것을 이해하기 위해서 우리는 이곳 모압 광야로 오기까지 이스라엘 백성의 이동 경로를 살펴볼 필요가 있습니다. 그 이야기는 민수기에 자세히 기록되어 있습니다.

39년 전 '가데스 바네아'에 도착한 후에 모세는 열두 명의 정탐꾼을 보냈습니다(민 13:2). 그들 중의 열 명이 부정적인 보고를 했습니다. 그것이 이스라엘 백성들을 낙심하게 했고, 결국 그들은 쿠데타를 일으켜 모세를 제거하고 이집트로 돌아가려고 했지요(민 14:4). 그에 대한 심판으로 그들은 40년을 꼬박 채우면서 광야에서 허송세월하게 되었습니다(민 14:34). 이 기간에 그들이 지낸 곳은 가데스 바네아를 중심으로 한 주변의 광야였습니다.

세월이 흐른 후에 모세는 이스라엘 백성을 이끌고 에돔을 지나서 요단 동편으로 가려고 했습니다. 그러나 에돔 왕이 허락하지 않아서 홍해 인근의 에시온 게벨까지 다시 내려와서 우회하여 올라가지 않을 수 없었습니다. 이것으로 인해 마음이 상한 백성들은 크게 원망하였고, 그 유명한 '놋뱀 사건'이 벌어집니다(민 21:4-9).

산 넘어 산이라고 에돔과의 대결을 피해서 멀리 돌아왔지만, 이번에는 '모압'과 '암몬'과 '바산'이 그들을 막아섰습니다. 모세는 그 지역을 그냥 통과하려고 했지만, 그들이 막아서는 바람에 불가피하게 전쟁이 벌어집니다. 그리고 결국 아모리 왕 시혼과 바산 왕 옥을 격퇴하고 요단 동편의 넓은 땅을 정복하게 되었습니다(민 21:21-35).

그리고 난 후에 문제가 생깁니다. 다른 지파들에 비해서 가축 떼를 많이 가지고 있던 르우벤 자손과 갓 자손들이 목축하기에 적합한 요단 동편의 땅에 그냥 정착하여 살겠다고 요구한 것입니다. 물론 얼마든지 그럴 수 있습니다. 그러나 문제는 그렇게 요구하는 그들의 진짜 속마음입니다.

또 이르되 우리가 만일 당신에게 은혜를 입었으면 이 땅을 당신의 종들에게 그들의 소유로 주시고 우리에게 요단강을 건너지 않게 하소서(민 32:5).

보이십니까? 그들은 요단강을 건너지 않게 해달라고 합니다. 아모리 왕 시혼과 바산 왕 옥과의 전쟁에 이스라엘 모든 지파가 함께 참여했습니다.

그래서 함께 얻은 땅에 자기들은 편안히 눌러앉아서, 다른 지파들이 요단강을 건너서 가나안 땅으로 들어갈 때 동행하지 않겠다는 것입니다. 이들의 요구에 모세가 노발대발한 것은 극히 자연스러운 일이 아닐 수 없습니다.

> 6모세가 갓 자손과 르우벤 자손에게 이르되 너희 형제들은 싸우러 가거늘 너희는 여기 앉아 있고자 하느냐. 7너희가 어찌하여 이스라엘 자손에게 낙심하게 하여서 여호와께서 그들에게 주신 땅으로 건너갈 수 없게 하려 하느냐…. 15너희가 만일 돌이켜 여호와를 떠나면 여호와께서 다시 이 백성을 광야에 버리시리니 그리하면 너희가 이 모든 백성을 멸망시키리라(민 32:6-7, 15).

약속의 땅은 하나님의 백성이 함께 들어가야 하는 곳입니다. 다른 지파들이 정착할 때까지 함께 연대하는 책임을 져야 합니다. 자신들이 정착할 곳이 마련되었다고 팔짱 끼고 구경하고 있으면 다른 지파들이 그들을 어떻게 생각하겠습니까? 그들에 대해서 실망하고 낙심할 수밖에 없습니다. 그로 인해 다른 지파들이 만일 하나님께서 주신 약속의 땅으로 들어가지 못한다면, 그 책임은 누구에게 돌아갈까요? 연대의 책임에서 손을 떼버린 그들에게 돌아가게 되어 있습니다. 하나님이 그들을 가만히 두실 리가 없습니다.

공동체의 연대 책임을 외면하는 것은 하나님을 떠나는 것이나 마찬가지라는 모세의 경고에 결국 르우벤 자손과 갓 자손들은 고집을 꺾고 모세의 타협안을 받아들이게 됩니다. 바로 그 자리에 여호수아와 모든 지파의 수령들이 함께 있었습니다.

> 28이에 모세가 그들에 대하여 제사장 엘르아살과 눈의 아들 여호수아와 이스라엘 자손 지파의 수령들에게 명령하니라. 29모세가 그들에게 이르되 갓 자손과 르우벤 자손이 만일 각각 무장하고 너희와 함께 요단을 건너가서 여호와 앞에서 싸워서 그 땅이 너희 앞에 항복하기에 이르면 길르앗 땅을 그들의 소유로 줄 것이니라. 30그러

나 만일 너희와 함께 무장하고 건너지 아니하면 그들은 가나안 땅에서 너희와 함께 땅을 소유할 것이니라(민 32:28-30).

자, 이때까지는 그 어디에도 므낫세 지파가 등장하지 않습니다. 그런데 그다음 이야기를 읽어보면 어느 틈엔가 므낫세의 아들 중에서 마길의 자손과 야일의 자손이 길르앗 북쪽의 땅을 정복하고 은근슬쩍 요단 동쪽에 정착하기로 하였습니다(민 32:39-42). 그렇게 해서 두 지파와 므낫세의 반(半) 지파가 요단 동쪽 지역에 자리를 잡게 된 것입니다.

백성의 순종

여호수아는 모세와 요단 동편 지파들 사이에 어떤 이야기가 오갔는지 생생하게 기억하고 있는 장본인입니다. 모세가 그들에게 명령한 것과 그들이 모세에게 맹세한 내용에 대해서도 잘 알고 있었습니다. 그래서 그들을 따로 불러서 모세의 명령을 상기시켰던 것입니다. 이것은 "이 모든 백성과 더불어 그 땅으로 들어가라"(수 1:2)라고 말씀하신 하나님의 명령에 온전히 순종하기 위한 여호수아의 지혜로운 행동이었습니다.

다행스럽게도 이들은 여호수아의 명령에 순순히 따랐습니다.

16그들이 여호수아에게 대답하여 이르되 당신이 우리에게 명령하신 것은 우리가 다 행할 것이요 당신이 우리를 보내시는 곳에는 우리가 가리이다. 17우리는 범사에 모세에게 순종한 것 같이 당신에게 순종하려니와 오직 당신의 하나님 여호와께서 모세와 함께 계시던 것 같이 당신과 함께 계시기를 원하나이다. 18누구든지 당신의 명령을 거역하며 당신의 말씀을 순종하지 아니하는 자는 죽임을 당하리니 오직 강하고 담대하소서(수 1:16-18).

그들은 여호수아의 리더십을 온전히 인정했습니다. 그리고 모세에게 순종했듯이 여호수아의 명령에도 순종하겠다고 약속합니다. 그들은 이렇게 말합니다. "무엇이든지 하라 하면 하고, 어디든지 가라 하면 가겠습니다"(Everything you commanded us, we'll do. Wherever you send us, we'll go. MSG). 그것이 바로 순종입니다.

순종에는 어떤 조건도 붙이면 안 됩니다. 하고 싶은 것만 하고, 가고 싶은 곳에만 가겠다고 고집하니까 결국 약속의 땅에 들어가지 못합니다. 때를 정하는 것도 마찬가지입니다. 순종하더라도 나중에 하겠다고 그러는 것은 '불완전한 순종'입니다. 그리고 불완전한 순종은 반드시 불순종으로 나아가게 되어 있습니다. 어느 신앙공동체든 하나님이 허락하신 약속하신 땅으로 들어가기 위해서는 먼저 이처럼 하나님의 말씀에 온전히 순종하는 공동체로 그 체질이 바뀌어야 합니다.

여기에서 우리 눈을 사로잡는 것은 요단 동쪽 지파 자손들이 여호수아에게 "오직 당신의 하나님이 당신과 함께 계시기를 원한다"라고 하면서 "오직 강하고 담대하소서"라고 말하고 있는 대목입니다. 그들의 말은 하나님이 여호수아에게 가르쳐주신 형통한 삶의 비결과 정확하게 일치합니다. 앞 장에서 우리가 이미 살펴본 내용입니다. 그렇다면 무슨 뜻입니까? 요단 동쪽 지파들의 입을 통해서 하나님은 재차 당신의 말씀을 확인시켜주고 계신 것입니다.

그렇습니다. 하나님 백성의 지도자로서 여호수아에게 가장 필요한 것은 '하나님과 함께하는 삶'입니다. 강하고 담대하게 '하나님의 말씀에 순종하는 삶'입니다. 그럴 때 신앙공동체를 이끌어가는 강력한 리더십이 생겨납니다. 지도자가 자신의 능력이나 지략을 앞세우려고 하지 않고, 오직 하나님을 앞세우며 나아간다면 이스라엘 백성은 그를 신뢰하며 따르게 되어 있습니다.

약속의 땅은 결코 혼자서 들어갈 수 있는 곳이 아닙니다. 신앙공동체가 함께 들어가야 합니다. 여기에는 물론 지도자의 리더십이 중요합니다. 그러나 그 리더십(leader-ship)은 하나님의 말씀에 절대 순종하는 팔로워십(follower-ship)에서 출발해야 합니다. 여호수아는 하나님의 말씀을 따르는 일에 앞장섰고, 광야 세대는 여호수아를 본받아 하나님의 말씀에 순종했습니다. 그렇게 그들은 함께 약속의 땅에 들어갈 준비가 되었던 것입니다.

약속의 땅으로 들어가기를 원하는 모든 신앙공동체는 이것을 꼭 명심해야 합니다. 제아무리 대단한 실력과 믿음을 가진 지도자가 이끈다고 하더라도, 신앙공동체가 함께 하나님의 말씀에 온전히 순종하지 않는 한 약속의 땅에 들어가지 못합니다. 모세가 이끌던 출애굽 세대가 그랬습니다.

하나님의 말씀에 순종하지 못해서 하루하루 광야에서 생존하다 끝나버리는 출애굽 세대가 되시렵니까 아니면 말씀에 온전히 순종하여 젖과 꿀이 흐르는 약속의 땅으로 들어가는 광야 세대가 되시렵니까? 그것은 하나님 말씀에 대한 우리의 순종 여부에 달려 있습니다.

묵상 질문: 약속의 땅에 들어가기 위해서 지금 내가 준비해야 할 것이 있다면?
오늘의 기도: 그동안 우리는 조용히 혼자 신앙생활 하는 것을 좋아했습니다. 그래도 괜찮으리라 생각해왔습니다. 그러나 약속의 땅은 혼자서 들어가는 곳이 아니라는 말씀에 큰 도전을 받습니다. 만일 그것이 하나님의 뜻이라면 어떤 조건도 붙이지 않고 온전히 순종하여 따르게 하옵소서. 강하고 담대하게 하나님의 말씀에 절대 순종하는 지도자와 더불어 담대히 믿음의 발걸음을 옮기는 공동체가 되게 하옵소서. 그리하여 약속의 땅에 함께 들어가는 복을 누리게 하옵소서. 예수님의 이름으로 기도합니다. 아멘.

라합과 두 정탐꾼

읽을 말씀: 여호수아 2:1-11; 히브리서 11:31

새길 말씀: 8또 그들이 눕기 전에 라합이 지붕에 올라가서 그들에게 이르러 9말하되 여호와께서 이 땅을 너희에게 주신 줄을 내가 아노라. 우리가 너희를 심히 두려워하고 이 땅 주민들이 다 너희 앞에서 간담이 녹나니…(수 2:8-9).

약속의 땅에 들어가라는 하나님의 명령을 받은 여호수아는, 요단강을 건너기 위한 구체적인 준비를 시작했습니다. 제일 먼저 군대 지휘관들이 아니라 행정 관리들을 동원하여 모든 백성에게 양식을 준비하게 했습니다. 약속의 땅이란 군사력으로 정복할 수 있는 곳이 아니라는 여호수아의 믿음을 볼 수 있는 대목입니다.

그다음에 여호수아는 요단 동편에 이미 정착해 있던 르우벤, 갓, 므낫세 반 지파들을 모아 모세가 그들에게 명령한 것을 상기시켰습니다. 그러면서 다른 지파들과 함께 요단을 건너도록 설득했습니다. 약속의 땅은 하나님의 백성이 모두 함께 참여하지 않으면 받지 못하는 선물이기 때문입니다.

정탐꾼 두 사람

그렇게 해서 요단을 건널 준비를 하는 동안 여호수아는 비밀리에 또 다른 한 가지 일을 진행하고 있었습니다. 그것은 정탐꾼을 보내서 여리고를 살펴보게 하는 일이었습니다.

> **눈의 아들 여호수아가 싯딤에서 두 사람을 정탐꾼으로 보내며 이르되 가서 그 땅과 여리고를 엿보라 하매 그들이 가서 라합이라 하는 기생의 집에 들어가 거기서 유숙하더나···(수 2:1).**

싯딤(Shittim)은 요단강을 사이에 두고 여리고성과 서로 마주 보고 있는 곳입니다. 직선 거리상으로는 불과 16km 정도밖에 떨어지지 않습니다. 이스라엘 백성이 요단을 건너기 위해서 모두 싯딤에 집합하기로 했던 것으로 보입니다. 거기에서 여호수아는 두 사람을 미리 정탐꾼으로 보내서 여리고 주변을 살펴보게 하였던 것입니다.

우리말에는 잘 표현되고 있지 않지만, 히브리어 원문에는 "정탐꾼을 몰래 보냈다"라고 되어 있습니다. 그래서 NIV 성경은 몰래(secretly)라는 말을 삽입합니다. 정탐꾼은 본래 비밀스럽게 활동하는 사람입니다. 거기에다 '몰래' 또는 '비밀스럽게'라는 단어를 더하는 것은 마치 우리말 '역전앞'이나 '새신랑'처럼 불필요한 말을 중복하는 것처럼 보입니다. 그러나 여기에는 아주 특별한 의미가 담겨 있습니다.

오래전 가데스 바네아에서 12명의 정탐꾼을 보내던 장면을 생각해보십시오. 그때 12명은 이스라엘 열두 지파에서 한 사람씩 뽑힌 사람들이었습니다. 말하자면 각 지파를 대표하는 사람들이었습니다. 여호수아는 에브라임 지파의 대표로 참여했었지요. 이들은 물론 가나안 땅에서는 비밀스럽게 활동했지만, 이스라엘 백성에게는 비밀이 아니었습니다. 이들이 40일 동안 가나안을 정탐하고 돌아올 때까지 학수고대하며 기다렸습니다. 그리고 우리가 잘 알고 있듯이 이들의 부정적인 견해가 이스라엘 백성을 낙심하게 했고, 결과적으로 가나안 땅에 들어가지 못했던 것입니다.

여호수아는 현장에서 그 일을 직접 겪은 사람입니다. 정탐꾼의 사사로운 견해가 공동체에 얼마나 나쁜 영향을 끼치는지 경험하여 잘 알고 있었습니다. 그래서 두 명의 정탐꾼만 보냈던 것입니다. 사실 정탐꾼의 주요 임무는 전쟁에서의 승리 가능성을 판단하는 것이 아닙니다. 단지 객관적인 정보를 수집하기만 하면 됩니다. 승리의 가능성을 판단하는 것은 지휘관의 몫입니다.

하나님의 백성, 이스라엘의 지휘관은 누구입니까? 하나님이십니다. 여호수아는 하나님으로부터 그 땅을 주시겠다는 약속과 그 땅으로 들어가라는 명령을 받았습니다. 약속의 땅에 들어가는 것은 이제 그 누구도 변경할 수 없는 기정사실입니다. 그러나 어떤 길이 있는지, 지형은 어떻게 되어 있는지, 그 성에 사는 사람들은 얼마나 되는지 등등의 구체적인 정보를 알아둘 필요는 있습니다. 그 일에 두 명의 정탐꾼이면 충분했던 것이지요.

또한 여호수아는 정탐꾼을 보내는 일을 이스라엘 백성에게 '비밀'이 되도록 했습니다. 그것은 40년 전의 일을 반복하고 싶지 않았기 때문입니다. 그래서 여호수아는 비밀리에 정탐꾼을 직접 선발하여 보냈던 것입니다. 이들의 이름이 성경에 기록되지 않은 것이나 후에 이들이 돌아와서 오직 여호수아에게만 개인적으로 보고하는 장면(수 2:23)을 통해서 우리는 이 일이 아주 비밀스럽게 진행되었음을 확인할 수 있습니다.

여호수아는 참으로 지혜로운 사람이었습니다. 공개적으로 처리할 일이 있고, 비밀스럽게 진행할 일이 있습니다. 그것을 잘 분별하는 것이 바로 지혜입니다. '열심히 하는 것'보다 '제대로 잘 되게 하는 것'이 더 중요합니다. 여기에는 하나님이 주신 지혜가 필요합니다. 모세에게 안수를 받을 때 여호수아는 "지혜의 영이 충만하였다"(신 34:9)고 했습니다. 하나님을 경외하는 것이 지혜의 출발이라 했습니다. 여호수아는 하나님이 주신 지혜를 지금 사용하고 있는 것입니다.

기생의 집

아무튼 이들 두 명의 정탐꾼은 여리고성과 그 주변을 정탐하는 비밀 임무를 가지고 떠났습니다. 그들이 여리고성에서 하룻밤 묵게 된 곳은 공교롭게도 '라합이라 하는 기생 집'이었습니다. 기생(妓生)이란 술자리에서 흥을 돋우는 일을 하는 여자를 가리키는 말입니다. 대부분의 영어 성경은 이를 매춘부(a prostitute)로 번역합니다.

하필이면 이런 기생 집에 머물 생각을 했을까요? 아마도 자신의 신분을 감추기에 좋은 장소라고 판단해서 그랬을 것입니다. 그러나 기대와는 다르게 그들의 신분은 즉시 노출되어 쫓기는 신세가 됩니다.

> 2어떤 사람이 여리고 왕에게 말하여 이르되 보소서 이 밤에 이스라엘 자손 중의 몇 사람이 이 땅을 정탐하러 이리로 들어왔나이다. 3여리고 왕이 라합에게 사람을 보내어 이르되 네게로 와서 네 집에 들어간 그 사람들을 끌어내라. 그들은 이 온 땅을 정탐하러 왔느니라(수2:2-3).

두 사람의 정탐꾼이 도대체 어떻게 처신했기에 이렇게 금방 발각될 수 있었을까요? 이들이 라합의 집에 묵은 지 얼마 지나지도 않았는데 그곳에 이스라엘의 정탐꾼이 들어왔다는 첩보가 왕에게 즉시 보고되고 있으니 말입니다. 어떻게 그런 일이 가능했을까요? 이것은 틀림없이 초보 정탐꾼의 미숙한 일 처리 때문일 것입니다.

그런데 다른 한편으로 생각해보면 여리고 왕과 여리고 사람들이 이스라엘 사람의 움직임에 잔뜩 신경을 곤두세우고 있었다는 증거이기도 합니다. 지금 요단강 건너편에는 수백만의 이스라엘 백성이 모여 있습니다. 언제라도 요단강을 건너서 여리고성을 치러올지 모르는 일입니다. 이미 그런 흉흉한 소문이 나돌고 있습니다. 그래서 라합의 집처럼 외부인들이 묵을 가능성이 많은 곳에 특별 명령을 내려두었던 것입니다. 조금이라도 낯선 사람들을 보면 즉시 신고하도록 했던 것이지요.

4그 여인이 그 두 사람을 이미 숨긴지라. 이르되 과연 그 사람들이 내게 왔었으나 그들이 어디에서 왔는지 나는 알지 못하였고 5그 사람들이 어두워 성문을 닫을 때쯤 되어 나갔으니 어디로 갔는지 내가 알지 못하나 급히 따라가라. 그리하면 그들을 따라잡으리라 하였으나 6그가 이미 그들을 이끌고 지붕에 올라가서 그 지붕에 벌여 놓은 삼대에 숨겼더라(수 2:4-6).

왕이 보낸 체포조가 도착하기도 전에 라합은 한술 더 떠서 두 사람을 '이미' 지붕에 숨겨두었다고 합니다. 이게 무슨 뜻입니까? 처음부터 라합은 이들이 이스라엘 정탐꾼임을 알고 있었다는 뜻입니다! 그런데도 그들을 숨겨주었던 것이지요. 그리고 왕이 보낸 체포조가 들이닥쳤을 때는 적극적으로 거짓말을 함으로써 위기에 빠진 그들의 생명을 구해주었던 것입니다.

라합의 믿음

왜 그랬을까요? 무엇 때문에 라합은 정탐꾼을 도와주고 있는 것일까요? 그것은 사실 라합에게 아주 위험한 일이었습니다. 자신의 동족 여리고 사람을 배신하는 행위이기 때문입니다. 혹시라도 거짓말이 발각되면 죽음을 면할 길이 없습니다. 그런데도 목숨을 걸고 적국의 정탐꾼을 도와준 이유가 무엇이었을까요? 그다음 말씀에서 알게 됩니다.

8또 그들이 눕기 전에 라합이 지붕에 올라가서 그들에게 이르러 9말하되 여호와께서 이 땅을 너희에게 주신 줄을 내가 아노라. 우리가 너희를 심히 두려워하고 이 땅 주민들이 다 너희 앞에서 간담이 녹나니…(수 2:8-9).

그렇습니다. 라합은 여호와 하나님을 믿었던 것입니다! "여호와께서 이 땅을 너희에게 주신 줄을 내가 아노라"(I know that the LORD has given you this land. NIV). 라합은 하나님이 이 땅을 이스라엘 백성에게 '주신 줄을 안다'고 합니다. '주실 줄'이 아닙니다. 미래형이 아니라 완료형입니다. '주실지도 모른다'가 아니라 '이미 주셨다는 것을 안다!'입니다.

어디에서 많이 들어보던 말투 아닙니까? 그렇습니다. 하나님이 여호수아에게 약속하신 말씀에서 우리가 이미 살펴본 내용입니다. "내가 모세에게 말한 바와 같이 너희 발바닥으로 밟는 곳은 모두 내가 너희에게 주었노니…"(수 1:3). 놀랍게도 라합의 입을 통해서 여호수아에게 하신 하나님의 말씀을 다시 듣고 있는 것입니다.

그런데 라합이 어떻게 그것을 알게 되었을까요?

> 10이는 너희가 애굽에서 나올 때에 여호와께서 너희 앞에서 홍해 물을 마르게 하신 일과 너희가 요단 저쪽에 있는 아모리 사람의 두 왕 시혼과 옥에게 행한 일 곧 그들을 전멸시킨 일을 우리가 들었음이니라. 11우리가 듣자 곧 마음이 녹았고 너희로 말미암아 사람이 정신을 잃었나니 너희의 하나님 여호와는 위로는 하늘에서도 아래로는 땅에서도 하나님이시니라(수 2:10-11).

라합은 이스라엘 백성이 이집트에서 탈출할 때 일어난 홍해 사건에 대해서도 잘 알고 있었습니다. 그런데 사건의 개요를 그냥 알고 있는 정도가 아닙니다. 여호와 하나님께서 그 일을 행하셨다고 굳게 믿었습니다. 그래서 "여호와께서 너희 앞에서 홍해 물을 마르게 하셨다"라고 말합니다. 게다가 요단 동쪽에서 벌어진 전쟁도 잘 알고 있었습니다. 그러면서 라합은 선언합니다. 여호와 하나님만이 하늘과 땅에 유일하신 진짜 하나님이라고 말입니다.

라합은 단지 소문을 들었을 뿐이지만, 이스라엘 백성을 가나안 땅으로 인도하여 오시는 여호와 하나님이야말로 진짜 하나님이라는 사실을 확실히 믿었습니다. 하나님이 여리고성을 포함하여 모든 가나안 땅을 이스라엘 백성에게 주실 것도 알았습니다. 그런 하나님에게 대적하다가는 죽는 길밖에 없습니다. 그렇다면 어떻게 할 것인가? 구원받을 길은 오직 하나, 하나님 편에 서는 것입니다. 라합은 이스라엘의 정탐꾼을 도와줌으로써 자신의 믿음을 표현했던 것입니다.

라합은 정말 대단한 믿음을 가진 사람입니다. 라합의 이야기는 이른바 '믿음의 장'이라고 알려진 히브리서 11장에 소개가 될 정도로 아주 유명한 믿음의 본보기가 되었습니다.

믿음으로 기생 라합은 정탐꾼을 평안히 영접하였으므로 순종하지 아니한 자와 함께 멸망하지 아니하였도다(히 11:31).

이 문장의 앞뒤를 살펴보면 그 유명한 믿음의 사람들 명단이 길게 기록되어 있습니다. 바로 앞에 '모세'가 나오고(히 11:24) 그다음이 '라합'입니다. '여호수아'의 이름은 그 어디에도 등장하지 않습니다. 여호수아가 믿음의 사람이 아니기 때문이 아닙니다. 그만큼 라합의 믿음이 대단하다는 뜻입니다.

그런데 라합의 믿음을 설명하면서 히브리서 기자는 "순종하지 아니하는 자와 함께 멸망하지 않았다"라고 말합니다. 왜 뜬금없이 순종을 언급하고 있을까요? 라합의 이야기에서 순종으로 설명할 수 있는 부분이 있었던가요? 그리고 나머지 여리고 사람들은 왜 '순종하지 않아서' 멸망했다고 할까요? 아직 그 답은 나오지 않았습니다. 다음 장에서 계속 찾아보도록 하겠습니다.

지금까지 여호수아 말씀을 묵상해오면서 신앙과 순종, 불신앙과 불순종이 서로 다른 말이 아니라는 사실을 알게 되었습니다. '약속의 땅'은 힘이 있는 사람이 점령해서 차지하는 땅이 아니라, 오직 말씀에 순종하는 사람에게 선물로 주어지는 땅입니다. 따라서 '약속의 땅'은 이스라엘 백성에게만 주어지는 것이 아닙니다. 하나님의 말씀에 순종하는 사람이라면, 다시 말해서 하나님을 믿는 사람이라면 얼마든지 하나님의 백성이 될 수 있고 또한 약속의 땅에서 살 수 있습니다. 그 대표적인 예가 바로 기생 라합이었던 것입니다.

오늘 말씀에서 우리는 "사람의 실패가 곧 하나님의 실패는 아니다"라는 메시지를 발견합니다. 사실 두 사람의 정탐꾼은 제대로 일을 하지 못했습니다. 그들은 여호수아의 선택을 받을 정도로 신실한 사람이었는지는 모르지만, 정탐꾼의 일을 하기에는 아직 준비되지 않은 초보였음이 분명합니다. 제아무리 여리고 사람들이 신경을 곤두세우고 있었다고 하더라도 어떻게든 들키지 않고 임무를 감당해야 합니다. 그런데 여리고성에 들어가자마자 곧바로 발각되고 말았으니 주어진 임무에 실패한 것이지요.

그러나 하나님은 그 실패를 성공으로 바꾸셨습니다. 그들에게 주어진 임무에는 실패했지만, 아이러니하게도 그것을 통해서 오히려 하나님의 일하심을 확인할 수 있었습니다. 이스라엘 백성에게 여리고성을 넘겨주시기 위해서 하나님이 직접 일하고 계신다는 사실을 알게 되었던 것입니다. 두 정탐꾼은 돌아오자마자 자신들이 보고 들은 이야기를 여호수아에게 보고합니다.

> 또 여호수아에게 이르되 진실로 여호와께서 그 온 땅을 우리 손에 주셨으므로 그 땅의 모든 주민이 우리 앞에서 간담이 녹더이다 하더라(수 2:24).

이에 대한 메시지 성경의 풀이가 아주 실감이 납니다.

> 하나님께서 온 땅을 우리에게 주셨습니다. 그곳 사람들 모두가 우리 때문에 겁에 질려 있습니다(수 2:24, 메시지).

우리말로는 분명하게 번역되지 않았지만, 정탐꾼의 보고는 "예스!"(Yes!)라는 감탄사로 시작합니다. "그렇습니다! 하나님이 그 모든 땅을 우리에게 주셨습니다!" 그 사실을 확인하고 돌아온 것이 그들에게는 너무나 감격스러운 일이었던 것입니다.

그들은 정탐꾼 업무에는 보기 좋게 실패했습니다. 그러나 이 보고를 한 것으로 그들의 역할은 충분히 해냈습니다. 우리의 실패는 결코 부끄러운 일이 아닙니다. 그 실패를 통해서 하나님의 일하심을 볼 수만 있다면, 그것으로도 얼마든지 감사할 수 있습니다. 중요한 것은 우리의 성공이나 실패가 아니라 하나님의 뜻이 이루어지는 것입니다. 그렇기에 실패했다고 하더라도 또다시 하나님의 말씀에 순종할 수밖에 없는 것입니다.

성경의 주인공은 하나님이십니다. 여호수아도, 기생 라합도, 두 정탐꾼도 모두 하나님이 사용하시는 통로일 뿐입니다. 우리의 인생도 마찬가지입니다. 지금까지 하나님의 일에 나름대로 최선을 다해왔지만, 돌이켜보면 성공한 일보다는 실패한 일이 더 많았습니다. 그러나 우리는 실패해도 하나님은 실패하지 않으십니다. 하나님은 우리의 실패를 통해서도 여전히 이 세상의 구원을 위해 일하는 분이십니다. 그러니 실패할 것을 두려워할 필요가 없습니다. 그저 겸손하게 하나님의 말씀에 순종하며 하루하루 살아갈 뿐입니다.

묵상 질문: 나에게 가장 큰 위로와 용기를 준 말씀은 무엇인가?

오늘의 기도: 우리의 부족함과 연약함을 잘 아시면서도 여전히 우리를 사용하시는 하나님을 찬양합니다. 우리에게 주어진 일에 언제나 최선을 다하게 하시되 그 결과에 우쭐대거나 낙심하지 않게 하옵소서. 우리의 성공과 실패를 통해서 일하시는 분은 오직 하나님이심을 믿음으로 고백하게 하시고, 늘 겸손하게 하나님의 말씀에 순종하며 살아가게 하옵소서. 예수님의 이름으로 기도합니다. 아멘.

창문에 맨 붉은 줄

읽을 말씀: 여호수아 2:12-24

새길 말씀: 17그 사람들이 그에게 이르되 네가 우리에게 서약하게 한 이 맹세에 대하여
우리가 허물이 없게 하리니 18우리가 이 땅에 들어올 때에 우리를 달아 내린
창문에 이 붉은 줄을 매고 네 부모와 형제와 네 아버지의 가족을 다 네 집에
모으라(수 2:17-18).

기생 라합은 비록 소문을 통해서 듣게 되었지만, 이스라엘 백성을 인도하
고 계시는 여호와 하나님을 온전히 믿었습니다. 여호와 하나님이 하늘과 땅
에 유일한 진짜 하나님이시며, 그 하나님께서 여리고를 포함한 모든 가나안
땅을 이스라엘 백성에게 넘겨주셨다고 확신했습니다. 그래서 그녀는 이스라
엘의 두 정탐꾼이 자기 집에 묵게 되었을 때, 자발적으로 나서서 그들을 숨겨
주고 보호해주었던 것입니다.

이와 같은 라합의 모습에서 우리는 생존을 위한 그녀의 절박한 몸짓을
읽을 수 있습니다. 여호와 하나님께서 이루어 가시는 일에 맞서서 대적하다
가는 결국 죽음에 이를 수밖에 없다는 두려움이 적국 이스라엘의 정탐꾼을
도와줌으로써 하나님을 선택하게 했던 것입니다.

라합의 절박함

라합의 절박한 심정은 오늘 본문에 잘 표현되어 있습니다.

> ¹²그러므로 이제 청하노니 내가 너희를 선대하였은즉 너희도 내 아버지의 집을 선대하도록 여호와로 내게 맹세하고 내게 증표를 내라. ¹³그리고 나의 부모와 나의 남녀 형제와 그들에게 속한 모든 사람을 살려 주어 우리 목숨을 죽음에서 건져내라(수2:12-13).

"우리 목숨을 죽음에서 건져내라!"(Deliver our lives from death! ESV) 이 말에서 우리는 라합이 얼마나 간절하게 자신과 가족의 목숨을 구해달라고 떼를 쓰는지 알 수 있습니다. 그런데 라합이 이렇게 애걸복걸하고 있는 대상은 사실 이스라엘의 일개 정탐꾼입니다. 그것도 서툴기 그지없는 초보들입니다. 그런데도 라합은 모든 식구의 목숨이 마치 그들의 결정에 달린 것처럼 매달려서 간청합니다.

지금 라합은 만에 하나라도 이스라엘 백성이 여리고성을 점령할지도 모르는 불확실한 때를 대비하여 미리 생명 보험을 들어놓고 있는 것이 아닙니다. 라합이 볼 때 여리고성 점령은 번복될 수 없는 기정사실이었습니다. 그녀는 이스라엘의 정탐꾼을 만난 것을 특별한 기회라고 생각했습니다. 그래서 목숨을 건지기 위해서 그 기회를 놓치지 않으려고 애쓰고 있는 것입니다.

라합은 정탐꾼에게 단지 맹세하는 말뿐만 아니라, 무엇인가 확실한 '증표'(a sure sign)를 달라고 요구합니다. 그런데 그들이 라합에게 줄 수 있는 증표가 무엇일까요? 아무 생각 없이 왔는데 그 자리에서 갑작스럽게 무슨 증표를 줄 수 있을까요? 궁리하는 동안 우선 정탐꾼들은 맹세하는 말부터 건넵니다.

그 사람들이 그에게 이르되 네가 우리의 이 일을 누설하지 아니하면 우리의 목숨으로 너희를 대신할 것이요 여호와께서 우리에게 이 땅을 주실 때에는 인자하고 진실하게 너를 대우하리라(수 2:14).

그들은 비밀을 지킨다는 전제하에 라합과 그의 가족을 살려주겠다고 맹세합니다. '우리의 목숨으로 너희를 대신할 것'이라는 말을 NIV 성경은 "우리 목숨이 곧 당신 목숨이라"(Our lives for your lives!)고 표현합니다. 즉, 자신의 목숨을 걸고서라도 약속한 것은 반드시 지키겠다는 것이지요.

이렇게 맹세하기는 했지만, 라합에게 줄 수 있는 마땅한 증표는 여전히 생각나지 않았습니다. 그러자 라합은 더 보채지 않고 일단 그들을 탈출시키기로 합니다.

15라합이 그들을 창문에서 줄로 달아내리니 그의 집이 성벽 위에 있으므로 그가 성벽 위에 거주하였음이라. 16라합이 그들에게 이르되 두렵건대 뒤쫓는 사람들이 너희와 마주칠까 하노니 너희는 산으로 가서 거기서 사흘 동안 숨어 있다가 뒤쫓는 자들이 돌아간 후에 너희의 길을 갈지니라(수 2:15-16).

지금 여리고성은 통행금지 상태였습니다. 이스라엘의 정탐꾼을 체포하려는 사람들은 라합이 말한 대로 성문 밖으로 급히 달려 나갔고, 모든 성문은 굳게 닫혀있었습니다. 마침 라합의 집은 '성벽 위에' 있었습니다. 아마도 좁은 도시 안에 거주지역이 부족해지자 사람들이 성벽 위에까지 집을 짓고 살았던 모양입니다. 라합은 성 바깥쪽으로 난 창문에 줄을 달아내려 그들을 탈출시키려고 했습니다.

그리고 안전하게 도망가는 방법을 일러줍니다. 곧바로 요단강 쪽으로 가지 말고 일단 산에 가서 숨어 있으라는 겁니다. 이 지역의 산들은 석회암이어서 자연 동굴이 곳곳에 있습니다. 그곳에 숨어서 그들을 체포하려는 사람들이 허탕 치고 여리고성으로 돌아가기를 기다렸다가 그때 도망가라고 조언한 것이지요. 만일 라합이 이처럼 주도면밀하게 도와주지 않았다면, 이스라엘의 초보 정탐꾼들은 틀림없이 잡히고 말았을 것입니다.

구원의 증표

아무튼 창문에 매 놓은 줄을 잡고 탈출하려고 하던 순간 정탐꾼들은 라합에게 줄 수 있는 한 가지 증표를 발견합니다.

> 18우리가 이 땅에 들어올 때에 우리를 달아 내린 창문에 이 붉은 줄을 매고 네 부모와 형제와 네 아버지의 가족을 다 집에 모으라. 19누구든지 네 집 문을 나가서 거리로 가면 그의 피가 그의 머리로 돌아갈 것이요 우리는 허물이 없으리라. 그러나 누구든지 너와 함께 집에 있는 자에게 손을 대면 그의 피는 우리의 머리로 돌아오려니와…
> (수 2:18-19).

그 증표는 바로 '붉은 줄'이었습니다. 정탐꾼을 달아 내린 '줄'과 라합이 창문에 매어 둔 붉은 줄을 별개로 취급하는 성서학자들도 있습니다. 전자는 말 그대로 밧줄(rope)이지만 후자는 붉은색 스카프(scarf) 정도로 생각하는 것이지요. 그렇지만 굳이 그런 식으로 구분할 필요는 없다고 봅니다. '이 붉은 줄'은 정탐꾼을 달아 내린 밧줄을 의미합니다.

문제는 붉은색으로 물들인 밧줄을 사람들이 사용하지 않는다는 사실입니다. 당시에는 붉은색으로 염색을 하려면 큰 비용이 들어갔을 것입니다. 그러니 '붉은색 밧줄'을 제작한다는 것은 상식적으로 맞지 않는 이야기입니다. 그 때문에 학자들은 별개로 보려고 했던 것이지요.

그러나 그렇다고 해서 정탐꾼이 자신의 목에 매고 있던 '빨간 마후라'를 라합에게 건네주었다던가, '기생 라합'의 집은 '홍등가'였으니 그것을 상징하는 빨간색 스카프가 많이 있었을 것이라든가 하는 식으로 설명하려고 하는 것은 오히려 구원과 생명의 '증표'로서 '붉은 줄'이 가지고 있는 신앙적인 의미를 정확하게 짚어내지 못하는 해석입니다.

이스라엘 정탐꾼들이 죽음의 날에 구원받는 '증표'로서 '붉은 줄'을 생각하게 된 것은 그들이 생생하게 경험한 일이 있었기 때문입니다. 그것이 무엇입니까? 바로 이집트에서 탈출하던 날 경험했던 '유월절'입니다. '유월절'(踰越節)을 영어로는 '패스오버'(passover)라고 하는데, 이는 '넘어간다'라는 뜻입니다. 잘 아는 대로 하나님이 이집트에 내린 열 가지 재앙 중에서 가장 마지막 재앙이 바로 초태생의 죽음이었지요. 하나님은 그 죽음을 피할 수 있는 길을 가르쳐 주셨습니다.

그 내용이 출애굽기 12장에 자세하게 기록되어 있습니다.

> 21모세가 이스라엘 모든 장로를 불러서 그들에게 이르되 너희는 나가서 너희의 가족대로 어린 양을 택하여 유월절 양으로 잡고 22우슬초 묶음을 가져다가 그릇에 담은 피에 적셔서 그 피를 문 인방과 좌우 설주에 뿌리고 아침까지 한 사람도 자기 집 문밖에 나가지 말라. 23여호와께서 애굽 사람들에게 재앙을 내리려고 지나가실 때에 문 인방과 좌우 문설주의 피를 보시면 여호와께서 그 문을 넘으시고 멸하는 자에게 너희 집에 들어가서 너희를 치지 못하게 하실 것임이니라(출 12:21-23).

이와 같은 첫 번째 유월절 장면은 두 정탐꾼이 라합에게 이야기해준 내용과 똑같습니다. 다른 것이 하나 있다면 '문설주에 피를 뿌리는 것'과 '붉은 줄을 창문에 매다는 것'의 차이 정도입니다. 그러나 상징적인 의미는 완전히 일치합니다. 그것이 바로 죽음의 날에 구원과 생명을 얻을 수 있도록 하나님이 직접 가르쳐주신 방법이었습니다!

라합의 순종

자, 그렇다면 '붉은 줄'은 어떻게 만들었을까요? 정탐꾼을 달아 내린 그 줄에 짐승의 피를 적시면 됩니다. 물론 성경 어디에도 실제로 그랬다는 기록은 없지만, 그럴 개연성은 충분히 있습니다. 라합은 주저하지 않고 정탐꾼의 말대로 따릅니다. 그들이 무사히 빠져나가자마자 즉시 붉은 줄을 만들어 창문에 매달아 둡니다.

라합이 이르되 너희의 말대로 할 것이라 하고 그들을 보내어 가게 하고 붉은 줄을 창문에 매니라(수 2:21).

창문은 성 바깥쪽으로 나 있는 것이기 때문에 외부에서만 볼 수 있습니다. 따라서 두 정탐꾼이 여리고성을 탈출하여 산으로 가면서 라합이 창문에 매어 놓은 붉은 줄을 직접 확인했을 것입니다. 그리고 그들은 사흘 후에 여호수아에게 돌아가서 자신들이 겪은 모든 일을 그대로 보고했습니다(수 2:23). 물론 라합의 집 창문에 매어 놓은 '붉은 줄'에 대해서도 빼놓지 않고 이야기했을 것입니다.

얼마 후에 여리고성을 함락하는 장면에서 이스라엘 백성은 매일 한 번씩 엿새 동안 그 성 주위를 돌았습니다. 그러면서 그들은 무엇을 보았을까요? 바로 성벽 위의 어느 집 창문에 매여 있는 '붉은 줄'을 보았을 것입니다. 그것은 라합과 그의 가족에게는 구원과 생명의 '증표'였지만, 여리고를 정복하려고 하는 이스라엘 백성에게는 승리의 확신을 주는 '증표'가 되었던 것입니다.

앞 장에서 우리는 히브리서 기자가 라합의 믿음을 칭찬하면서 "순종하지 아니하는 자와 함께 멸망하지 않았다"(히 11:31)라고 말한 부분을 살펴보았습니다. 그러면서 왜 뜬금없이 '순종'을 언급하고 있는지 궁금하게 생각했습니다. 그 답이 바로 여기에 있습니다. 붉은 줄을 만들어서 창문에 매달아 놓은 것이 바로 라합의 순종입니다.

일곱째 날 이스라엘 백성의 함성과 함께 여리고성 성벽이 무너졌습니다. 이때 라합의 집이 있는 쪽의 성벽은 안전한 상태였을 것입니다.

> 22여호수아가 그 땅을 정탐한 두 사람에게 이르되 그 기생의 집에 들어가서 너희가 그 여인에게 맹세한 대로 그와 그에게 속한 모든 것을 이끌어 내라 하매 23정탐한 젊은이들이 들어가서 라합과 그의 부모와 그의 형제와 그에게 속한 모든 것을 살렸 으므로 그가 오늘까지 이스라엘 중에 거주하였으니 이는 여호수아가 여리고를 정탐 하려고 보낸 사자들을 숨겼음이었더라(수 6:22-23).

여호수아는 정탐꾼들이 라합에게 한 맹세를 그대로 성취해 줍니다. 죽음의 날에 하나님의 구원이 라합과 그의 가족들에게 임한 것입니다. 그뿐만이 아닙니다. 그날부터 라합은 아예 이스라엘 백성과 함께 살기 시작했습니다. 이제 당당히 구원받은 하나님의 백성이 되어 이스라엘 공동체 안으로 들어오게 된 것입니다. 과거에는 이방인으로, 기생으로 '여리고성'에 얽혀 살았지만, 이제는 하나님 백성의 일원으로 '약속의 땅'에 살게 된 것입니다.

그 후의 라합 이야기를 우리는 잘 압니다. 그는 이스라엘 사람과 결혼하여 다윗 왕의 가문과 메시아의 계보에 그 이름을 올리게 되었습니다.

> 5살몬은 라합에게서 보아스를 낳고 보아스는 룻에게서 오벳을 낳고 오벳은 이새를 낳고 6이새는 다윗 왕을 낳으니라…(마 1:5-6a).

라합은 살몬과 결혼하여 보아스를 낳습니다. 그렇게 다윗 왕의 증조할머니가 됩니다. 그리고 먼 훗날 다윗의 가문에서 예수 그리스도께서 태어나십니다. 라합의 부끄러운 과거를 생각해보면 정말 놀라운 반전이 아닐 수 없습니다. 여리고성의 멸망과 함께 죽을 수밖에 없었던 인생이 극적으로 구원받은 것만으로도 정말 고마운데, 메시아의 계보에 이름을 올리게 되었으니 말입니다.

그런데 '라합'과 결혼한 '살몬'이라는 사람이 과연 누구였을까 궁금해집니다. 학자들은 여리고를 정탐하러 갔던 두 명 중의 하나였을 것으로 추측합니다. 그 주장을 굳이 반박할 필요는 없습니다. 재미있는 것은 살몬(Salmon)이라는 이름이 히브리어 살마(salmah)에서 나왔는데, 그 뜻이 덮개(a wrapper) 또는 장막(a mantle)이라는 사실입니다.

여리고의 기생 라합을 아내로 맞아들인 살몬과 아주 잘 어울리는 이름의 뜻입니다. 그는 분명 '덮어주는 사람'이었음에 틀림없습니다. '살몬'은 하나님을 믿고 구원받은 사람이라면 과거를 불문하고 사랑으로 덮어주는 아름다운 본보기가 되었습니다. 그 사랑으로 인해 라합은 하나님의 백성, 이스라엘 공동체 안으로 완전히 녹아 들어가게 된 것이지요.

그렇습니다. 약속의 땅은 선택받은 소수만 들어가는 배타적인 공간이 아닙니다. 약속의 땅은 과거의 일에 더는 발목을 잡히지 않는 곳입니다. 약속의 땅은 하나님을 믿음으로 구원받은 사람이라면 누구든지 들어갈 수 있는 곳입니다. 약속의 땅은 하나님의 말씀에 순종하여 살아감으로써 참다운 자유를 누리는 곳입니다. 하나님은 약속의 땅에서 구원과 생명의 선물을 풍성하게 맛보라고 우리를 초대하셨습니다.

기생 라합이 구원받을 수 있었다면 우리도 얼마든지 구원받을 수 있습니다. 라합이 창문에 매어 놓은 붉은 줄은 죽음의 날에 구원받는 증표입니다. 그것은 출애굽 사건의 유월절과 예수 그리스도 십자가 사건을 이어주는 연결 고리입니다. 바로 그런 이유로 히브리서 기자는 내로라하는 믿음의 사람들 명단에 '라합'을 당당히 포함했던 것입니다.

우리 마음의 창문에 구원의 증표인 붉은 줄이 매어져 있습니까? 우리 죄를 해결하기 위해서 오신 하나님의 어린 양 예수 그리스도의 피에 적신 붉은 밧줄이 매어져 있습니까? 우리가 약속의 땅에 들어가서 살 수 있는 길은 오직 하나입니다. '믿음의 순종'입니다. 라합은 믿음의 순종으로 구원을 받았습니다. 우리도 얼마든지 그렇게 구원받을 수 있습니다.

묵상 질문: 하나님 백성이 결코 배타적인 모임이 될 수 없는 이유는 무엇인가?
오늘의 기도: 약속의 땅으로 우리를 초대하시는 하나님 아버지, 감사합니다.
믿음의 순종으로 구원받았던 라합처럼, 우리도 예수 그리스도를 믿음으로 구
원받아 약속의 땅에 들어가는 복을 누리게 하옵소서. 이제부터 하나님의 백
성으로서 오직 하나님의 의를 앞세우게 하시고, 하나님의 사랑으로 서로를
덮어주며 살아가게 하옵소서. 예수님의 이름으로 기도합니다. 아멘.

여호수아 묵상 8

언약궤를 따르라!

읽을 말씀: 여호수아 3:1-6

새길 말씀: 백성에게 명령하여 이르되 너희는 레위 사람 제사장들이 너희 하나님 여호와의 언약궤 메는 것을 보거든 너희가 있는 곳을 떠나 그 뒤를 따르라(수 3:3).

　‘약속의 땅’은 죽은 후에 가는 천국이 아니라고 했습니다. 또한 ‘약속의 땅’은 우리의 힘 가지고 우리 마음대로 점령할 수 있는 그런 땅이 아니라고 했습니다. 오히려 하나님의 약속을 붙잡고 하나님의 말씀에 온전히 ‘순종할 때’에 들어갈 수 있는 땅이요, 그럴 때 하나님이 약속하신 은혜의 선물을 그곳에서 실제로 확인할 수 있게 된다고 했습니다.

　하나님이 모세의 수종자 여호수아를 후계자로 세우신 것은 그가 바로 ‘순종의 사람’이었기 때문입니다. 하나님은 여호수아에게 요단을 건너 약속의 땅으로 들어가라는 명령과 함께 약속의 말씀을 주셨습니다. 그리고 약속의 땅에서 형통하게 살아가는 세 가지 원칙에 대해서도 말씀해주셨습니다.

　여호수아는 그 말씀에 순종하여 요단강을 건너서 가나안 땅으로 들어가기 위한 구체적인 준비를 시작했습니다. 한편으로는 행정 관리들을 동원하여 모든 백성에게 양식을 준비하게 했습니다. 또한 요단 동편에 이미 정착해 있던 르우벤, 갓, 므낫세 반 지파들을 따로 모아서 모세의 명령을 상기시키며 다른 지파들과 함께 요단강을 건너갈 수 있도록 설득했습니다.

그와 동시에 두 정탐꾼을 비밀리에 보내서 여리고를 살피고 오게 했습니다. 그런데 그들은 여리고성에 들어가던 첫날에 그만 발각되고 맙니다. 만일 기생 라합의 도움이 아니었다면 어떻게 되었을지 모릅니다. 그들은 주어진 임무에는 실패했습니다. 그렇지만 하나님이 일하고 계시는 현장을 체험할 수 있었습니다. 가나안 땅을 선물로 주시기 위해서 어떻게 준비하고 계시는지 두 눈으로 확인하고 돌아옵니다.

그리고 여호수아에게 다음과 같이 보고합니다.

> **또 여호수아에게 이르되 진실로 여호와께서 그 온 땅을 우리 손에 주셨으므로 그 땅의 모든 주민이 우리 앞에서 간담이 녹더이다 하더라**(수 2:24).

여기에서도 우리는 성경에서만 찾아볼 수 있는 아주 독특한 '완료형' 용법을 발견할 수 있습니다. 이스라엘 백성은 아직 가나안 땅에 들어가지 않은 상태입니다. 그런데 여리고를 정탐하고 온 그들은 단언하여 말합니다. "여호와께서 그 온 땅을 우리 손에 주셨습니다!"(The LORD has surely given the whole land into our hands. NIV) 앞으로 주실 것이라는 '미래형 확신'이 아닙니다. 이미 주셨다는 '완료형 확신'입니다.

이것은 하나님이 여호수아에게 친히 약속하신 말씀이었고(수 1:3), 라합의 입을 통해서 정탐꾼들이 재차 확인했던 고백이었습니다(수 2:9). 이와 같은 보고를 접한 여호수아는 약속에 땅에 들어가는 것을 주저할 이유가 하나도 없었습니다. 이제 들어가기만 하면 됩니다.

요단강 앞에서

여호수아는 그다음 날 아침 일찍이 일어나서 모든 이스라엘 백성과 함께 요단강을 향해 출발합니다.

또 여호수아가 아침에 일찍이 일어나서 그와 모든 이스라엘 자손들과 더불어 싯딤에서 떠나 요단에 이르러 건너가기 전에 거기서 유숙하니라(수 3:1).

싯딤(Shittim)에서 요단강까지는 직선거리로 불과 8km 정도밖에 되지 않습니다. 성인 남자의 걸음으로 걷는다면 그리 긴 시간이 소요되지 않을 것입니다. 그러나 어린아이를 포함해서 모든 백성이 함께 이동해야 합니다. 거기에다가 짐들을 운반해야 하고, 가축들도 데리고 가야 합니다. 아무리 아침 일찍 서둘러서 출발했다고 하더라도 저녁 무렵이나 되어서야 겨우 요단강 근처에 도착하게 되었을 것입니다. 자연스럽게 그곳에서 하룻밤을 묵을 수밖에 없었겠지요.

그런데 그다음 말씀을 읽어보면 하루만 유숙한 게 아니라, 사흘 동안이나 거기에 머물러 있었습니다(수 3:2). 아니, 이왕에 가나안 땅에 들어가기로 했으면 하루라도 빨리 요단강을 건너갈 것이지, 왜 그렇게 사흘씩이나 미적거리고 있었던 것일까요?

우선 요단강을 건너는 게 그리 만만한 일이 아니었기 때문입니다. 아니, 만만하지 않은 정도가 아닙니다. 당시 요단강을 건너는 것은 사실 아주 위험 천만한 일이었습니다. "요단이 곡식 거두는 시기에는 항상 언덕에 넘쳤다"(수 3:15)고 하는데, 지금이 바로 요단강이 범람하던 그 시기였던 것입니다. 평상시에는 강폭이 약 30m 정도이지만, 봄철에 범람할 때에는 50~60m로 넓어지고, 물살도 아주 빨라진다고 합니다.

물론 아무리 그래도 수영을 잘하는 사람들은 얼마든지 헤엄쳐서 건널 수 있습니다. 실제로 여리고성을 정탐했던 두 사람이 '강을 건너'(수 2:23) 돌아왔다고 하는 것을 보니까, 그들 역시 수영을 잘하는 사람들이었던 것 같습니다. 그러나 보통 사람은 감히 엄두를 낼 수 없습니다. 게다가 아이들과 그 많은 짐과 가축 떼를 데리고 한꺼번에 요단강을 건넌다고 하는 것은 거의 불가능한 일입니다.

그러니까 지난 사흘 동안 이스라엘 백성은 범람하고 있는 요단강을 쳐다보고 지냈던 것입니다. 그러면서 무슨 생각을 했을까요? 자기들 힘으로는 도무지 이 강을 건널 수 없다는 사실을 절감했을 것입니다. 어떤 사람은 40년 전 이집트에서 탈출할 때 홍해에 가로막혀서 이러지도 저러지도 못했던 장면을 떠올렸을지 모릅니다. "하나님은 왜 하필 강물이 범람하는 이때를 골라서 굳이 요단강을 건너라고 하시는 것일까?" 하는 의문을 갖게 되었을 것입니다.

그러나 광야 세대는 출애굽 세대와 달랐습니다. 그들 중에 불평하거나 원망하는 사람은 한 사람도 없었습니다. 요단강이 홍해보다는 그래도 조금 수월하게 보였기 때문일까요? 아닙니다. 물론 그 규모는 홍해와 감히 비교할 수 없겠지만, 요단강이 만들어내는 두려움과 절망은 홍해와 같은 수준이었습니다. 아니, 요단강이 오히려 더 큰 두려움을 만들어냈을지도 모릅니다.

왜냐면 홍해는 뒤에서 추격해 오는 파라오의 군사들을 따돌리지 못하게 하는 장애물이었을 뿐입니다. 일단 홍해를 건너가기만 하면 구원을 받습니다. 그러나 요단강은 어떻습니까? 자신의 힘으로 건너기도 불가능하지만, 어찌해서 건너간다고 하더라도 그다음에 더 큰 문제가 기다리고 있습니다. 가나안 일곱 족속이 그들을 기다리고 있었던 것입니다! 이런 경우를 '산 넘어 산'이라고 하지요.

그들은 하나님의 말씀에 순종하여 여기까지 왔습니다. 그런데 그들 자신의 힘으로 도무지 감당할 수 없는 엄청난 문제를 만난 것입니다. 그리고 이 문제가 끝이 아닌 겁니다. 그러면 어떻게 해야 할까요? 돌아갈 수 있는 다른 길을 찾아야 할까요? 아니면 이대로 포기하고 말까요? 아닙니다. 그럴 때도 하나님의 약속을 붙잡고 그 말씀에 온전히 순종해야 합니다. 그것이 진정한 믿음입니다. 그래야 문제를 넘어서서 하나님이 예비해 놓으신 '약속의 땅'으로 성큼 들어갈 수 있습니다.

언약궤를 앞세우는 삶

지난 사흘 동안 아무 말 없이 지내던 여호수아는 드디어 행정 관리들을 동원하여 백성들에게 하나님의 명령을 전달합니다.

> 사흘 후에 관리들이 진중으로 두루 다니며 백성에게 명령하여 이르되 너희는 레위 사람 제사장들이 너희 하나님 여호와의 언약궤 메는 것을 보거든 너희가 있는 곳을 떠나 그 뒤를 따르라(수 3:2-3).

하나님의 명령은 제사장들이 언약궤 메는 것을 보거든 그 뒤를 따르라는 것입니다. 이 대목에서 우리는 40년 전 홍해 앞에 있던 출애굽 세대와 지금 요단강 앞에 있는 광야 세대 사이의 한 가지 결정적인 차이가 있다는 사실을 발견하게 됩니다. 바로 언약궤(the ark of the covenant)입니다. 홍해 앞에 섰을 때는 제사장이나 언약궤가 없었지만, 요단강 앞에 섰을 때는 제사장과 언약궤가 있었던 것입니다.

이처럼 언약궤를 앞장세우는 것은 하나님이 여호수아에게 가르쳐주신 형통한 삶의 원칙 중의 하나였습니다. 기억나십니까? 하나님은 여호수아에게 "내가 너와 함께 하겠다"(수 1:5)라고 하시면서 이 전쟁의 주인공은 여호수아나 이스라엘 백성들이 아니라 여호와 하나님이라고 그러셨지요. 그러니까 약속의 땅에서의 전쟁은 이스라엘 백성이 잘 싸우도록 하나님이 옆에서 조금 도와주시는 정도가 아닙니다. 오히려 하나님이 앞장서서 싸우시고, 이스라엘 백성은 그 뒤를 따르면서 시키는 대로 하면 됩니다.

지금 여호수아가 군대의 지휘관이나 군인들이 앞장서게 하지 않고, 제사장들이 언약궤를 메고 앞장서게 하는 것은 바로 그런 뜻입니다. 언약궤는 하나님의 임재, 즉 하나님이 이스라엘 백성과 함께하시는 증거이기 때문입니다. 약속의 땅에서는 하나님이 앞장서서 싸우시도록 해야 합니다. 약속의 땅에 들어갈 때도 역시 마찬가지입니다. 그들의 힘으로는 불가능하지만, 하나님을 앞세우면 불가능한 일은 없습니다.

'하나님의 임재'가 전부가 아닙니다. 언약궤는 이스라엘 백성의 죄를 용서하시는 곳이기도 합니다. 언약궤를 덮고 있는 뚜껑 부분을 속죄소(출 25:17)라고 부르는 이유입니다. 전통적으로 유대인들은 7월 10일을 속죄일로 지켜 왔는데(레 23:27-28), 이날 대제사장이 지성소 안에 들어가서 이 속죄소에 피를 뿌리면서 이스라엘 공동체의 죄를 용서해달라고 기도했습니다.

여기에는 언약궤 안에 보관하게 하신 세 가지 물품과 밀접한 관계가 있습니다. 첫 번째는 '아론의 싹 난 지팡이'입니다.

여호와께서 또 모세에게 이르시되 아론의 지팡이는 증거궤 앞으로 도로 가져다가 거기 간직하여 반역한 자에 대한 표징이 되게 하여 그들로 내게 대한 원망을 그치고 죽지 않게 할지니라(민 17:10).

이 이야기는 당파를 만들어서 제사장 아론의 권위에 도전하던 고라 일당들이 하나님의 심판을 받아 죽게 된 사건을 배경으로 하고 있습니다(민 16:1-25). 하나님은 아론의 권위를 세워주시기 위해서 오직 아론의 지팡이에만 싹이 나고 꽃이 피어 살구 열매가 열리게 하셨지요. 그러니까 아론의 지팡이는 사실 이스라엘 백성의 원망하는 못된 습관과 관계가 있는 것입니다.

그 외에도 '만나를 담은 항아리'와 '언약의 돌판들'이 언약궤 속에 있었는데(히 9:4), 이것들도 모두 이스라엘 백성의 불순종과 관련이 있습니다. 만나는 본래 안식일에는 거둘 수 없게 되어 있었습니다. 그런데 어떤 사람들은 안식일에 거두러 나갔다가 얻지 못했지요. 그것을 보시고 하나님은 "어느 때까지 내 율법을 지키지 않겠느냐?"(출 16:28)고 책망하시면서, 항아리에 만나 한 오멜을 담아 대대로 간직하라고 말씀하셨습니다(출 16:33).

십계명이 새겨진 '언약의 돌판들'도 마찬가지입니다. 하나님이 주신 첫번째 돌판은 모세가 내던져 깨뜨렸는데, 그것은 시내산에서 금송아지를 만들어놓고 절했던 이스라엘 백성 때문이었습니다. 그것으로 인해 그때 얼마나 많은 사람이 목숨을 잃었습니까? 그리고 나서 두 번째 돌 판을 다시 만들어서 언약궤 속에 넣어 간직해 두었던 것입니다.

그러니까 아론의 지팡이나 만나를 담은 항아리나 십계명 돌판 모두 이스라엘 백성의 불순종이나 불신앙의 증거물이었습니다. 언약궤는 이와 같은 불순종과 불신앙의 증거들을 속죄소로 덮어서 가린 것입니다. 그리고 매년 속죄일마다 속죄소에 피를 뿌려 이스라엘 백성의 죄에 대해서 용서를 구하게 하셨던 것입니다. 왜냐면 불순종과 불신앙의 죄는 언제라도 고개를 들 수 있기 때문입니다.

자, 그렇다면 요단강을 건너기 위해서 언약궤를 앞장세우게 하신 이유가 무엇입니까? 물론 '하나님의 임재'를 앞세운다는 뜻도 있지만, 그와 동시에 불신앙과 불순종을 덮어주시는 '하나님의 은혜'를 앞세우고 들어가야 한다는 뜻입니다. 그리고 이제 약속의 땅에서는 똑같은 일이 반복되지 않도록 오직 하나님의 말씀에 순종하겠다는 다짐을 하라는 뜻입니다. 하나님의 말씀에 순종하지 않고서는 그 누구도 약속의 땅에 들어갈 수가 없고, 어찌하여 들어간다고 하더라도 거기에서 계속 살아남을 수 없기 때문입니다.

백성이 준비할 일

아무튼 언약궤가 움직이기 시작하면 이스라엘 백성은 모두 그 뒤를 따르기만 하면 됩니다. 그러나 그러기 전에 백성이 주의해야 할 사항과 준비해야 할 일이 있습니다.

> 그러나 너희와 그 사이 거리가 이천 규빗쯤 되게 하고 그것에 가까이하지는 말라. 그리하면 너희가 행할 길을 알리니 너희가 이전에 이 길을 지나보지 못하였음이니라 하니라(수 3:4).

주의해야 할 일은 언약궤와 적당한 거리를 두는 것입니다. 이천 규빗(cubit)은 제법 먼 거리입니다. 물론 이 말씀을 문자적으로 받아들일 필요는 없습니다. 오히려 언약궤를 메고 가는 제사장들보다 앞서지 말라는 뜻으로 이해하면 됩니다. 그런데 그렇게 거리를 두어야 하는 이유가 무엇일까요? 메시지 성경이 잘 표현합니다.

> … 그러면 갈 길이 분명히 보일 것입니다. 이 길은 여러분이 한 번도 가본 적이 없는 길입니다(메시지).

이것은 신앙적인 열정이 지나쳐서 하나님보다 앞서려고 하거나 경쟁심으로 인해 다른 사람보다 앞서려고 하는 것을 경계하는 말씀입니다. 먼저 들어가겠다고 나서면 안 된다는 이야기입니다. 방향이나 속도는 하나님이 결정하십니다. 하나님의 백성은 하나님이 가자는 대로 따라가는 사람이어야 합니다. 언약궤보다 앞서면 그 길이 보이지 않습니다. 한 번도 가본 적이 없는 길을 가면서 마치 다 아는 것처럼 나서면 안 된다는 것입니다.

그다음에 그들이 준비해야 할 일은 자신을 성결하게 하는 것입니다.

> 여호수아가 또 백성에게 이르되 너희는 자신을 성결하게 하라. 여호와께서 내일 너희 가운데에 기이한 일들을 행하시리라(수 3:5).

시내산에서 계약을 맺기 전에 하나님은 이스라엘 백성에게 똑같은 요구를 하셨습니다. "성결하게 하며 옷을 빨게 하고 준비하게 하라"(출 19:10)고 말씀하셨습니다. 그러나 '성결'은 단순히 몸을 씻거나 옷을 빠는 행위를 가리키지 않습니다. 어떤 특별한 일을 앞두고 자신의 마음을 가다듬는 걸 의미합니다. 여호수아의 말처럼 이제 하나님께서 '기이한 일'을 행하실 텐데, 그것을 기대하며 준비하라는 것이지요.

이제 마지막으로 여호수아는 제사장들에게 명령합니다.

> 여호수아가 또 제사장들에게 말하여 이르되 언약궤를 메고 백성에 앞서 건너라 하매 곧 언약궤를 메고 백성에 앞서 나아가니라(수 3:6).

제사장들은 언약궤를 메고 백성보다 앞서 건너야 합니다. 홍수가 나서 물이 범람하고 있는 요단강으로 들어가야 합니다. 맨몸으로도 균형을 잡기 힘든데, 그 무거운 언약궤를 메고 다른 제사장들과 함께 물속으로 들어가라는 겁니다. 그것도 이스라엘 백성이 다 지켜보는 앞에서 그래야 합니다. 목숨을 걸지 않으면 안 되는 일입니다. 아무리 하나님의 명령이라지만 이 말씀에 과연 순종할 수 있었을까요? 다음 장에서 계속해서 살펴보겠습니다.

우리는 약속의 땅에 들어가서 구원공동체와 계약공동체와 예배공동체의 정체성을 지키면서 하나님을 섬기며 살도록 부름을 받은 하나님의 백성입니다. 따라서 우리는 언약궤를 앞세우고 살아야 합니다. 오직 '하나님의 임재'와 '하나님의 은혜'를 앞세우고 순종하며 따라가야 합니다. 그러면 우리가 살아가는 삶의 자리가 약속의 땅으로 변하는 놀라운 일을 목격하게 될 것입니다.

묵상 질문: 나는 하나님의 임재와 하나님의 은혜를 앞세우고 있는가?

오늘의 기도: 광야 세대가 약속의 땅으로 들어가는 길목에 요단강이 놓여 있듯이, 지금 우리 앞에도 범람하는 요단강이 놓여 있습니다. 그러나 이곳으로 인도하신 분이 하나님이시고, 건너가라 명령하신 분도 하나님이기에 오직 말씀에 순종하여 믿음의 발걸음을 내딛습니다. 앞장서는 사람 뒤따르는 사람이 있겠지만, 그 누구도 구경꾼이 되지 않게 하시고 우리 모두 약속의 땅에 함께 들어가게 하옵소서. 예수님의 이름으로 기도합니다. 아멘.

광야 세대의 순종

읽을 말씀: 여호수아 3:7-17; 출애굽기 14:1-31

새길 말씀: 여호와의 언약궤를 멘 제사장들은 요단 가운데 마른 땅에 굳게 섰고 그
모든 백성이 요단을 건너기를 마칠 때까지 모든 이스라엘은 마른 땅으로 건
너갔더라(수 3:17).

출애굽 여정의 시작과 끝에서 우리는 물을 건너고 있는 '두 이스라엘 백
성'을 만나게 됩니다. 그 하나는 모세의 인도를 따라서 홍해를 건너는 '출애
굽 세대'요, 다른 하나는 여호수아의 인도를 따라서 요단강을 건너는 '광야
세대'입니다. 두 세대가 경험한 사건은 결과적으로 물이 갈라지는 놀라운 기
적이 일어난다는 점에서 아주 비슷하지만, 문제를 대하는 태도나 그 문제를
해결해 나가는 방식에 있어서 전혀 다른 모습을 보여줍니다.

두 세대는 기본적으로 하나님의 명령에 대한 순종에서 큰 차이를 보입니
다. 약속의 땅으로 들어가라는 하나님의 명령에 그들은 서로 다른 반응을
보였습니다. 그것이 40년 동안 광야에서 소멸해가는 세대와 젖과 꿀이 흐르
는 약속의 땅으로 성큼 들어가는 세대로 나뉘게 했습니다. 두 세대의 차이는
자신의 힘으로 해결할 수 없는 장애물인 홍해와 요단강 앞에서 더욱 확연하

게 드러납니다.

요단강 앞에 서 있는 광야 세대에게 하나님은 "언약궤 뒤를 따르라!"(수 3:3)고 명령하셨습니다. '언약궤'는 하나님의 임재와 은혜를 상징합니다. 이스라엘 백성 가운데 계시는 하나님, 그들의 불신앙과 불순종을 속죄소로 덮으시고 용서하시는 하나님을 앞세우고 들어가라는 뜻입니다. 그렇습니다. '약속의 땅'이란 인간의 의지나 능력을 앞세워서 들어갈 수 있는 곳이 아닙니다. 오직 하나님의 임재와 은혜로 들어갈 수 있는 곳입니다. 앞 장에서 우리가 묵상한 내용입니다.

오늘은 "요단에 들어서라!"(수 3:8)라는 명령을 묵상하겠습니다. 이 말씀을 살펴보기 전에 우리는 하나님의 명령이 전달되는 과정에 대해서 먼저 정리해 볼 필요가 있습니다. 여기에는 세 가지 단계가 있습니다.

첫 번째는 하나님이 지도자에게 직접 말씀하시는 단계입니다. 두 번째는 지도자가 하나님으로부터 받은 말씀을 신앙공동체에 전달하는 단계입니다. 그리고 마지막 세 번째는 지도자로부터 전달받은 하나님의 말씀을 신앙공동체가 실제로 순종하여 따르는 단계입니다. 그 모든 단계마다 '순종'이 필요합니다. 순종 없이는 하나님의 말씀이 제대로 전달될 수 없습니다.

말씀의 경청자

오늘 본문에서도 우리는 하나님의 명령이 전달되는 단계를 살펴볼 수 있습니다. 그 첫 번째는 하나님이 여호수아에게 말씀하시는 단계입니다.

> 여호와께서 여호수아에게 이르시되 내가 오늘부터 시작하여 너를 온 이스라엘의 목전에서 크게 하여 내가 모세와 함께 있었던 것 같이 너와 함께 있는 것을 그들이 알게 하리라(수 3:7).

하나님은 모세를 통해서 출애굽 세대 이스라엘 백성에게 명령하셨습니다. 모세에게 영적인 권위를 주신 이유는 바로 그 때문입니다. 그런데 광야 생활 내내 이스라엘 백성은 사사건건 모세의 권위에 문제를 제기하고 도전했습니다. 그렇지만 그때마다 하나님은 그들을 책망하시고 끝까지 모세를 세워주셨습니다. 모세가 다른 사람들보다 하나님께 더 귀한 존재이기 때문이 아닙니다. 하나님의 말씀이 모세를 통해서 전해지기 때문에, 그에게 권위를 세워주신 것입니다.

여호수아도 마찬가지입니다. 이제 하나님은 광야 세대 이스라엘 백성에게 명령하기 위해 여호수아를 '이스라엘의 목전에서 크게' 해주셨습니다. 그를 통해서 말씀하셔야 했기 때문입니다. 이러한 일은 모든 세대의 신앙공동체를 통해서 지금까지 계속 반복되어왔습니다. 하나님은 지도자를 세우시고 그를 통해서 하나님의 백성에게 말씀하십니다. 그리고 오직 그 말씀으로 인해 그에게 영적인 권위를 부여하십니다.

따라서 건강한 신앙공동체를 기대한다면 우리는 이 점을 잘 이해해야 합니다. 신앙공동체를 이끌어가는 목회자에게 영적인 권위가 있어야 하는 이유는 그를 통해서 하나님이 말씀하시기 때문입니다. 그러니까 우리는 목회자에게 순종하는 것이 아니라, 목회자를 통해서 말씀하시는 하나님에게 순종하는 것입니다. 그것은 마치 여호수아가 모세의 수종자가 되었던 것과 같습니다. 모세든 여호수아든 모두 똑같이 하나님의 말씀에 순종하고 있는 것입니다.

하나님은 언약궤를 멘 제사장들에게 명령할 말씀을 여호수아에게 주십니다.

너는 언약궤를 멘 제사장들에게 명령하여 이르기를 너희가 요단 물가에 이르거든 요단에 들어서라 하라(수 3:8).

제사장들에게 요단강으로 들어가 서게 하라(Go and stand in the river!)고 하십니다. 그런데 당시 요단강은 강물이 범람하고 있었습니다. 그 깊이를 알 수도 없습니다. 물속에 발을 디디면 빠른 물살에 휩쓸리게 될 것이 분명합니다. 게다가 무거운 언약궤를 메고 있던 상태입니다. 물속에서 제 몸을 가누기도 힘들 텐데, 그러면 언약궤는 어떻게 될까요?

이런저런 생각에 의문이 생겨날 수 있습니다. 그러다 보면 하나님의 명령을 정확하게 듣지 못하고 적당히 구부려서 받아들일 위험이 있습니다. 실제로 많은 사람이 그럽니다. 자기 생각이 많으면 상대방의 이야기를 잘 듣지 못하게 됩니다. 그러나 여호수아는 하나님이 주시는 말씀을 그대로 받아들였습니다. 영적인 지도자는 먼저 말씀의 경청자가 되어야 합니다. 잘 들어야 잘 전달할 수 있습니다.

말씀의 전달자

실제로 여호수아는 "요단강에 들어가서 서라!"는 명령을 그대로 전달합니다. 하나님의 명령 전달 시스템의 두 번째 단계입니다.

> 여호수아가 이스라엘 자손에게 이르되 이리 와서 너희의 하나님 여호와의 말씀을 들으라 하고…(수 3:9).

여호수아는 이스라엘 백성에게 "이리 와서 너희의 하나님 여호와의 말씀을 들으라"라고 합니다. 지금부터 여호수아가 하는 말은 자신이 생각하거나 고안해낸 말이 아니라는 뜻입니다. 하나님이 그에게 직접 주신 말씀입니다. 그렇기에 그 말씀을 전달할 때 주저하거나 부끄러워해서는 안 됩니다. 하나님께 들은 그대로 가감 없이 전해야 합니다.

구약성경의 예언자들이 하나님의 말씀을 전할 때 사용하던 이른바 사자양식(使者樣式, the messenger form)이라는 것 있습니다. "여호와께서 이같이 이르시되…"(Thus says the LORD)로 말씀을 시작하고, "주 하나님의 말씀이니라"(says the Lord God)로 마치는 그런 양식입니다(겔 14:21-23). 하나님의 말씀을 전달하는 대언자들은 항상 이런 식으로 말합니다. 왜냐면 그가 전하는 말은 자기의 생각으로 지어낸 말이 아니기 때문입니다.

말씀의 전달자로서 예언자들은 하나님의 명령에 그대로 순종했습니다. 여호수아도 하나님께 온전히 순종했습니다. 그 내용을 충분히 이해했기 때문이 아닙니다. 하나님이 그렇게 말씀하셨기 때문입니다.

> ¹¹보라. 온 땅의 주의 언약궤가 너희 앞에서 요단을 건너가나니 ¹²이제 이스라엘 지파 중에서 각 지파에 한 사람씩 열두 명을 택하라. ¹³온 땅의 주 여호와의 궤를 멘 제사장들의 발바닥이 요단 물을 밟고 멈추면 요단 물 곧 위에서부터 흘러내리던 물이 끊어지고 한곳에 쌓여 서리라(수 3:11-13).

여호수아는 믿음의 상상력을 동원하여 하나님의 명령을 전달합니다. 언약궤를 멘 제사장들의 발바닥이 요단강 물을 밟고 서면 위로부터 흘러내리던 물이 멈추게 되고 한곳에 쌓여 서게 될 것이라고 말입니다. 여호수아는 홍해가 갈라지는 현장을 목격한 사람입니다. 그 경험에 비추어 하나님이 요단강을 갈라지게 하실 장면을 상상해보았을 것입니다. 강물이 갈라지는 것은 상류에서 내려오던 물이 멈추는 경우밖에 없습니다. 바로 그것을 선포했던 것입니다.

말씀의 경청자(敬請者)는 또한 말씀의 전달자(傳達者)가 되어야 합니다. 하나님의 뜻을 잘 헤아려 담대하게 선포해야 합니다. 여호수아는 하나님의 명령을 잘 전달했습니다.

말씀의 순종자

여호수아를 통해서 하나님의 명령을 전달받은 이스라엘 백성은 어땠을까요? 그들은 과연 그 명령에 순종할 수 있었을까요? 이것이 하나님의 명령

전달 시스템의 세 번째 단계입니다.

> 14백성이 요단을 건너려고 자기들의 장막을 떠날 때에 제사장들은 언약궤를 메고 백성 앞에서 나아가니라. 15요단이 곡식 거두는 시기에는 항상 언덕에 넘치더라. 궤를 멘 자들이 요단에 이르며 궤를 멘 제사장들의 발이 물가에 잠기자…(수 3:14-15).

놀랍게도 이스라엘 백성들은 여호수아의 명령에 대해서 한 마디 불평이나 의문을 제기하지 않고 들은 즉시 그대로 순종했습니다. 청종(聽從)했습니다. 제사장들은 언약궤를 메고 백성 앞에서 나아갔습니다. 그리고 언덕까지 물이 차서 넘치고 있는 요단강에 이르자 주저하지 않고 강물 속으로 들어갔던 것입니다. 자, 과연 어떤 일이 벌어졌을까요?

> 16곧 위에서부터 흘러내리던 물이 그쳐서 사르단에 가까운 매우 멀리 있는 아담 성읍 변두리에 일어나 한곳에 쌓이고 아라바의 바다 염해로 향하여 흘러가는 물은 온전히 끊어지매 백성이 여리고 앞으로 바로 건널새 17여호와의 언약궤를 멘 제사장들은 요단 가운데 마른 땅에 굳게 섰고 그 모든 백성이 요단을 건너기를 마칠 때까지 모든 이스라엘은 그 마른 땅으로 건너갔더라(수 3:16-17).

언약궤를 멘 제사장들이 강물 속으로 들어가자마자 저 멀리 상류에 있는 아담 성읍 근처에서 물이 멈추어 쌓였습니다. 자연히 사해로 흐르던 하류의 물은 완전히 끊겼습니다. 그리고 마른 땅이 드러났습니다. 그 마른 땅으로 모든 이스라엘 백성이 무사히 건너갈 수 있었던 것입니다. 물론 제사장들은 백성이 모두 건널 때까지 언약궤를 메고 요단 가운데 굳게 서 있었습니다. 왜요? 왜냐면 그렇게 하라고 하나님이 여호수아를 통해서 명령하셨기 때문입니다.

사람들은 이 이야기에 놀라기도 하고 의심하기도 합니다. 그러나 우리가 이 말씀 속에서 반드시 읽어야 하는 것은 요단강 물이 기적적으로 끊겼다는 이야기가 아닙니다. 오히려 여호수아와 광야 세대 이스라엘 백성이 얼마나 하나님의 말씀에 온전히 순종하고 있는지를 읽어야 합니다. 먼저 지도자가 '말씀의 경청자'와 '말씀의 전달자'가 되어야 합니다. 그럴 때 하나님 백성이 또한 '말씀의 경청자'와 '말씀의 순종자'로 세워집니다. 기적은 이 과정에서 만들어지는 자연스러운 결과물일 뿐입니다.

출애굽 세대의 순종

이 대목에서 우리는 40년 전으로 거슬러 올라가서 홍해 사건을 다시 살펴볼 필요가 있습니다. 왜냐하면 물이 갈라지는 기적은 똑같았지만, 하나님의 명령이 전달되는 과정에서 출애굽 세대는 광야 세대와 큰 차이를 보이기 때문입니다. 홍해 사건은 다음과 같은 하나님의 명령으로 시작되었습니다.

> ¹여호와께서 모세에게 말씀하여 이르시되 ²이스라엘 자손에게 명령하여 돌이켜 바다와 믹돌 사이의 비하히롯 앞 곧 바알스본 맞은편 바닷가에 장막을 치게 하라 (출 14:1-2).

상식적으로 이해하기 힘든 명령입니다. 이미 이집트 국경선을 넘어서서 잘 가고 있었는데, 갑작스럽게 방향을 돌이켜서 오히려 홍해 앞에 갇히게 만들었으니 말입니다. 물론 하나님의 계획은 파라오가 두 번 다시 쫓아오지 못하도록 최후의 일격을 가하는 것이었습니다. 그러나 하나님의 계획을 알지 못하는 이스라엘 백성은 파라오의 군사가 나타나자 곧바로 하나님과 모세를 원망하기 시작합니다.

> ¹⁰바로가 가까이 올 때에 이스라엘 자손이 눈을 들어 본즉 애굽 사람들이 자기들 뒤에 이른지라. 이스라엘 자손이 심히 두려워하여 여호와께 부르짖고 ¹¹그들이 또 모세

에게 이르되 애굽에 매장지가 없어서 당신이 우리를 이끌어 내어 이 광야에서 죽게 하느냐. 어찌하여 당신이 우리를 애굽에서 이끌어 내어 우리에게 이같이 하느냐 (출 14:10-11).

그들은 심지어 광야에서 이렇게 죽는 것보다 차라리 이집트에서 종으로 사는 것이 더 낫겠다고 하면서 악담을 퍼붓습니다(출 14:13). 이들에게 모세는 다음과 같이 말하지요.

13모세가 백성에게 이르되 너희는 두려워하지 말고 가만히 서서 여호와께서 오늘 너희를 위하여 행하시는 구원을 보라. 너희가 오늘 본 애굽 사람을 영원히 다시 보지 아니하리라. 14여호와께서 너희를 위하여 싸우시리니 너희는 가만히 있을지 니라(출 14:13-14).

사람들은 흔들리지 않는 모세의 믿음을 칭찬하면서 이 말씀을 자주 인용합니다. 그런데 모세의 말이 곧 하나님의 의도를 반영하고 있을 것으로 생각하면 안 됩니다. 모세는 "너희는 두려워하지 말라"고 합니다. "하나님께서 여러분을 위해 싸우실 것입니다"라고 합니다. 물론 맞습니다. 모든 전쟁은 하나님에게 속한 것입니다. 하나님이 당신의 백성을 위해서 싸워주실 것입니다. 그러니 두려워할 필요가 없습니다.

그러나 그다음 말이 문제입니다. "여러분은 잠자코 가만히 있기만 하면 됩니다"(메시지). 이것은 전적으로 모세의 생각이지, 하나님이 그에게 주신 말씀이 아닙니다. 다시 말해서 이스라엘 백성을 향한 하나님의 기대는 따로 있었던 것입니다. 그것은 모세의 기도에 즉시 응답하신 하나님의 말씀에 담겨 있습니다.

15여호와께서 모세에게 이르시되 너는 어찌하여 내게 부르짖느냐. 이스라엘 자손에게 명령하여 앞으로 나아가게 하고 16지팡이를 들고 손을 바다 위로 내밀어 그것이 갈라 지게 하라. 이스라엘 자손이 바다 가운데서 마른 땅으로 행하리라(출 14:15-16).

하나님은 대뜸 "너는 왜 내게 부르짖느냐?"고 따지듯이 말씀하십니다. 아마도 모세는 백성의 원망에 일단 대응한 후에 하나님에게 부르짖어 기도했 던 모양입니다. 그러자 마치 기다렸다는 듯이 하나님이 즉시 모세에게 반문 하신 것입니다. 그러면서 하나님의 구체적인 명령이 주어집니다.

제일 먼저 "이스라엘 자손에게 명령하여 앞으로 나아가게 하라"고 하십 니다. 어디를 향해 나아가는 것입니까? 물론 홍해를 향해 나아가는 것입니다. 그다음에 "지팡이를 들고 손을 바다 위로 내밀어 홍해를 갈라지게 하라"고 하십니다. 이것은 모세가 해야 할 일입니다. 그리고 마지막으로 "이스라엘 자손이 바다 가운데서 마른 땅으로 행할 것이라"고 약속하십니다. 이것은 하나님이 하실 일입니다.

그렇다면 모세가 이스라엘 백성에게 선포했던 "잠자코 가만히 있기만 하 라"는 말은 고쳐서 바로잡아야 합니다. 하나님은 홍해가 갈라질 때까지 가만 히 앉아서 기다리지 말고 먼저 홍해로 나아가라고 하셨기 때문입니다. 그런 데 모세는 하나님의 명령을 듣기도 전에 지레짐작하여 가만히 있으라고 선포 한 것이지요. 그다음에 실제로 어떤 일이 벌어졌을까요?

21모세가 바다 위로 손을 내밀매 여호와께서 큰 동풍이 밤새도록 바닷물을 물러가게 하시니 물이 갈라져 바다가 마른 땅이 된지라. 22이스라엘 자손이 바다 가운데를 육 지로 걸어가고 물은 그들의 좌우에 벽이 되니…(출 14:21-22).

이스라엘 백성은 하나님의 명령대로 순종하지 않았습니다. 아니, 어쩌면 모세가 하나님의 명령을 제대로 전달하지 않았는지도 모릅니다. 그랬다면 앞에서 했던 말을 수정하는 장면이 나와야 했습니다. 그리고 만일 그들이 하나님의 말씀대로 순종하여 홍해로 나아갔다면, 하나님은 그렇게 밤새도록 바닷물이 물러가게 하는 수고를 하실 필요가 없었습니다. 모세가 바다 위로 손을 내미는 순간 즉시 홍해가 갈라져 마른 땅이 드러났을 것입니다.

그러나 어찌 되었든지 결과적으로 홍해가 갈라지는 기적이 일어났고 출애굽 세대는 구원을 받았습니다. 그것은 전적으로 그들을 긍휼히 여기셔서 구원해주신 하나님의 은혜이지, 그들의 온전한 순종 때문이 아니었습니다. 문제는 이와 같은 '불완전한 순종'의 버릇이 광야 생활 내내 반복되었다는 사실입니다. 그리고 그것은 결국 '불순종'으로 발전하여 결정적인 순간에 그들의 발목을 잡아 가나안 땅에 들어가지 못하게 했던 것입니다.

지도자는 하나님의 말씀을 잘 경청하고, 그것을 제대로 전달해야 합니다. 하나님의 백성 역시 지도자를 통해 전달되는 말씀을 잘 듣고 그대로 순종해야 합니다. 여호수아와 광야 세대는 요단강 앞에서 하나님의 말씀에 온전히 순종하는 진일보한 믿음을 보였습니다. '약속의 땅'을 앞둔 우리에게 그 무엇보다 꼭 필요한 모습입니다.

묵상 질문: 나는 하나님의 말씀을 얼마나 잘 청종하고 있는가?

오늘의 기도: 하나님의 말씀에 순종하는 사람이 되려면 먼저 하나님의 말씀을 잘 듣는 사람이 되어야 한다는 걸 깨닫게 해주시니 감사합니다. 어떤 경우에도 하나님보다 절대로 앞서지 않게 하시고 어떤 상황에서도 하나님의 이끄심에 온전히 순종하여 따르게 하옵소서. 그리하여 하나님이 우리를 위해 예비해 놓으신 은혜의 선물을 받아 누리게 하옵소서. 예수님의 이름으로 기도합니다. 아멘.

두 개의 기념 돌무더기

읽을 말씀: 여호수아 4:1-9

새길 말씀: 2백성의 각 지파에 한 사람씩 열두 사람을 택하고 3그들에게 명령하여 이르기
를 요단 가운데 제사장들의 발이 굳게 선 그곳에서 돌 열둘을 택하여 그것을
가져다가 오늘 밤 너희가 유숙할 그곳에 두게 하라 하시니라(수4:2-3).

우리는 지금 여호수아가 이끄는 광야 세대 이스라엘 백성이 약속의 땅에
들어가는 여정을 뒤따라가는 중입니다. 성경의 메시지를 이해하는 가장 좋은
방법은 현장에 들어가서 그 사건을 직접 경험해 보는 것입니다. 성경은 어느
날 갑자기 하늘에서 뚝 떨어진 책이 아닙니다. 구체적인 시간과 공간 속에서
실제로 일어난 사건들을 통해서 이 세상을 구원하시는 하나님 이야기입니다.

성경은 그 역사의 현장을 참 잘 보존하고 있습니다. 우리가 보려고만 한다
면 얼마든지 그 생생한 현장을 볼 수 있습니다. 물론 그러기 위해서는 말씀을
주의 깊게 읽어야 합니다. 대충대충 읽고 넘어가면 보이지 않던 것들도 시간
을 들여서 정성껏 묵상하면 보이기 시작합니다. 그럴 때 우리는 그 이야기를
통해서 여전히 말씀하고 계시는 하나님의 메시지를 발견할 수 있는 것입니다.

지금 우리는 여호수아가 이끄는 광야 세대 이스라엘 백성이 요단강을 건

너려고 하는 대목에 와 있습니다. 앞 장에서는 하나님의 명령에 순종하는 일에 있어서 요단강 앞에 있던 광야 세대가 홍해 앞에 있던 출애굽 세대와 얼마나 다른 모습을 보여주는지 살펴보았습니다. 그러면서 말씀에 대한 온전한 순종이 광야 생활을 끝내고 약속의 땅으로 들어가게 하는 비결이라는 사실을 다시 확인할 수 있었습니다.

주인의 마음을 읽는 수종자

광야 세대 이스라엘 백성은 여호수아의 명령에 즉시 순종했습니다. 제사장들은 언약궤를 메고 백성 앞에서 나아갔고, 요단강에 이르자 주저함 없이 강물 속으로 들어갔습니다. 그러자 놀랍게도 요단강물이 상류에서 멈추어 쌓였습니다. 마른 땅이 드러났고, 이스라엘 백성은 무사히 건너갈 수 있었습니다.

모든 백성이 건너가자 하나님은 여호수아에게 새로운 명령을 내리십니다.

> ¹그 모든 백성이 요단을 건너가기를 마치매 여호와께서 여호수아에게 말씀하여 이르시되 ²백성의 각 지파에 한 사람씩 열두 사람을 택하고 ³그들에게 명령하여 이르기를 요단 가운데 제사장들의 발이 굳게 선 그곳에서 돌 열둘을 택하여 그것을 가져다가 오늘밤 너희가 유숙할 그곳에 두게 하라 하시니라(수 4:1-3).

하나님의 명령이 전달되는 세 가지 단계를 염두에 두고 오늘 본문을 살펴봅시다. 가장 먼저 하나님이 여호수아에게 말씀하십니다. 각 지파에 한 사람씩 열두 명을 선택하여 요단 가운데 있는 제사장들이 서 있는 곳에서 돌을 하나씩 가져다가 오늘 밤 머물게 될 곳에 가져다 두라는 것입니다. 이스라엘 백성이 그날 밤 진을 치고 유숙한 곳은 '여리고 동쪽 경계 길갈'(수 4:19)이었습니다.

그런 다음에 여호수아는 이스라엘 백성에게 하나님의 명령을 전달합니다.

⁴여호수아가 이스라엘 자손 중에서 각 지파에 한 사람씩 준비한 그 열두 사람을 불러 ⁵그들에게 이르되 요단 가운데로 들어가 너희 하나님 여호와의 궤 앞으로 가서 이스라엘 자손들의 지파 수대로 각기 돌 한 개씩 가져다가 어깨에 메라(수 4:4-5).

그런데 여기에 보니까 여호수아는 이미 각 지파에서 한 사람씩 준비해 놓았다고 합니다. 실제로 앞장에서 요단강을 건너기 전에 각 지파에서 한 사람씩 뽑아놓으라고 여호수아가 명령하는 장면을 읽었습니다(수 3:12). 어찌된 일인지 여호수아는 하나님이 말씀하시기 전부터 미리 알고 준비해 놓고 있었던 것입니다. 이것은 여호수아가 '모세의 수종자'로 지내던 시절부터 갈고 닦아온 '믿음의 실력'입니다.

제대로 된 수종자는 윗사람이 시키는 일만 겨우겨우 하지 않습니다. 주인의 마음을 헤아려 미리 준비해 놓습니다. 모세의 수종자였을 때, 여호수아는 시내산을 떠나지 않고 모세를 기다렸습니다(출 24:13, 32:17). 모세가 회막에서 하나님과 말씀을 마친 후에 숙소로 돌아갔을 때 여호수아는 회막을 떠나지 않았습니다(출 33:11). 그렇게 하라고 모세가 시킨 것이 아닙니다. 여호수아는 모세의 마음을 읽었습니다. 그래서 항상 준비하고 있었던 것입니다.

모세가 살아있을 동안에 여호수아는 그를 섬김으로써 하나님을 섬겨왔습니다. 그러나 이제는 직접 하나님을 섬기는 '하나님의 수종자'가 되었습니다. 그러니 하나님의 마음을 헤아리는 일에 민감할 수밖에 없습니다. 하나님은 요단강에서 열두 개의 돌을 가져와야 하는 이유를 설명해주지 않으셨습니다. 그렇지만 여호수아는 그것도 잘 알고 있었습니다. 그래서 각 지파의 대표에게 왜 그 일이 필요한지 설명해줍니다.

⁶이것이 너희 중에 표징이 되리라. 후일에 너희의 자손들이 물어 이르되 이 돌들은 무슨 뜻이냐 하거든 ⁷그들에게 이르기를 요단 물이 여호와의 언약궤 앞에서 끊어졌나니 곧 언약궤가 요단을 건널 때에 요단 물이 끊어졌으므로 이 돌들이 이스라엘 자손에

게 영원히 기념이 되리라 하라 하느라(수 4:6-7).

여호수아는 그 열두 개의 돌이 이스라엘 백성에게 표징(a sign)으로 사용될 것을 알았습니다. 우리말 '표징'에 해당하는 히브리어는 '오트'(oth)입니다. 라합이 이스라엘 정탐꾼들에게 요구한 '증표'(수 2:12) 역시 '오트'입니다. 라합과 그의 가족들에게는 '붉은 줄'이 구원과 생명의 증표였습니다. 그러나 광야 세대 이스라엘 백성에게는 '12개의 돌무더기'가 표징이 될 것입니다.

무슨 표징입니까? 이스라엘 백성이 말씀에 온전히 순종했을 때 실제로 요단강물이 언약궤 앞에서 끊어졌던 놀라운 사건을 기념(a memorial)하는 표징입니다. 그러니까 후손들이 그 의미를 기억하도록 '기념 돌무더기'를 만드는 일에 열두 명이 필요했던 것입니다. 그런데 왜 하필 열두 명입니까? 사람을 더 많이 동원하여 더 높이 돌을 쌓아놓으면 더 크고 웅장한 기념이 될 텐데 말입니다. 아닙니다. 크기가 아니라 '열둘'이라는 숫자가 중요합니다. 그것은 이스라엘의 열두 지파를 의미하기 때문입니다.

하나님이 약속하신 땅에 이스라엘의 모든 지파가 함께 들어왔다는 것이 바로 두고두고 기념할 만한 중요한 일입니다. 물론 여기에는 요단 동편에 정착한 르우벤과 갓과 므낫세 반 지파도 포함되어 있습니다. 만일 그들이 나머지 지파들과 함께하지 않았다면 이러한 '기념 돌무더기'가 만들어지지도 않았을 것입니다.

그렇습니다. 몇몇 사람이 헌신하여 공동체를 위해 큰일을 해낼 수 있습니다. 그러나 그것은 신앙공동체가 함께 두고두고 기념할만한 '표징'이 될 수는 없습니다. 하나님은 모든 믿음의 지체들이 함께 구원의 역사에 참여하는 것을 더욱 귀히 여기십니다.

명령에 순종하는 백성

여호수아는 하나님이 하나를 말씀하시면 열까지 헤아려 아는 그런 사람이었습니다. 이스라엘 백성에게 하나님의 뜻을 잘 설명했습니다. 이제는 그들이 하나님의 명령에 순종하는 단계가 남았습니다.

> 이스라엘 자손들이 여호수아가 명령한 대로 행하되 여호와께서 여호수아에게 이르신 대로 이스라엘 자손들의 지파의 수를 따라 요단 가운데에서 돌 열둘을 택하여 자기들이 유숙할 곳으로 가져다가 거기에 두었더라(수 4:8).

여호수아는 하나님이 일러주신 대로 이스라엘 백성에게 전달했고, 그들은 그 명령대로 행합니다. 그렇게 해서 열두 개의 돌이 길갈로 운반된 것입니다. 그 돌들의 크기가 어느 정도였는지는 정확하게 알 수 없지만, 앞에서 "돌한 개씩 가져다가 어깨에 메라"(5절)고 한 것에 비추어보면 한 사람의 장정이어깨에 메고 옮길만한 크기였을 것으로 짐작할 수 있습니다.

그러나 그 돌을 메고 길갈까지 가는 것은 절대로 쉬운 일이 아닙니다. 요단강에서 길갈까지는 결코 만만한 거리가 아니었기 때문입니다. 게다가 모든 사람에게 주어진 부담이 아닙니다. 오직 열두 명에게만 특별히 지워진 십자가입니다. 그런데 참으로 이상한 것은, 그들 중에 누구도 불평하거나 투덜대지 않았다는 사실입니다. 바로 이것이 출애굽 세대와 광야 세대의 다른 모습입니다.

큰일을 맡겨주시면 그것으로 인해 감사하고, 작은 일을 맡겨주시면 또한그 일에 충성하면 됩니다. "요단에 들어가서 서라"고 하면 들어가면 되고, "요단을 건너라"고 하면 건너가면 됩니다. "돌을 어깨에 메라"고 하면 그렇게메면 되고, "길갈로 운반하라"라고 하면 운반하면 됩니다. 약속의 땅은 바로이처럼 순종하는 사람들에게 선물로 주어지는 것입니다.

그런데 그게 전부가 아니었습니다. 여호수아는 또 다른 기념 돌무더기를 요단 가운데에 세워놓습니다.

여호수아가 또 요단 가운데 곧 언약궤를 멘 제사장들의 발이 선 곳에 돌 열둘을 세웠
더니 오늘까지 거기에 있더라(수4:9).

성서학자들 중에는 이 말씀을 불필요한 사족으로 간주하는 사람이 더러
있습니다. 그도 그럴 것이 하나님의 명령은 분명히 기념 돌무더기를 길갈에
세우는 것입니다. 그런데 여호수아는 요단강 가운데 언약궤를 멘 제사장들의
발이 선 곳에 또 다른 돌 열두 개를 세웠으니 말입니다. 이것을 어떻게 설명
해야 할까요?

NIV 성경은 이 부분을 "여호수아는 요단 가운데 있었던 열두 개의 돌을 세웠
다"(Joshua set up the twelve stones that had been in the middle of the Jordan…)
라고 번역합니다. 그러니까 요단 가운데에 또 다른 돌무더기를 세운 게 아니
라, 요단 가운데 있었던 돌들을 가져다가 길갈에 세웠다는 부연 설명으로
해석한 것입니다.

그러나 앞에서 이미 충분하게 설명한 일인데 바로 다음 절에 다시 반복해
서 설명하는 것은 아주 어색하게 느껴집니다. 오히려 길갈에 쌓은 돌무더기
외에 요단강 가운데에 또 다른 돌무더기를 쌓은 것으로 이해하는 것이 더
자연스럽습니다. 그렇다면 여호수아는 왜 또 다른 기념 돌무더기를 요단 가
운데에 세워놓을 생각을 했을까요?

믿음의 상상력

다시 본문을 읽어보면 "여호수아가 또 요단 가운데… 돌 열둘을 세웠다"
라고 되어 있습니다. 여기에서 '또'(다른)라는 말은 사실 히브리 원문에 나오
지 않습니다. 이는 '칠십인 역본'(LXX)과 '불가타 역본'(Vulgata)에 덧붙여진

것인데, 아마도 앞에서 언급한 상충을 이런 식으로 해결하려고 했던 것으로 보입니다. 그러나 그 말을 덧붙이지 않아도 우리는 얼마든지 이 상황을 이해할 수 있습니다.

이렇게 설명해 보겠습니다. 여호수아는 각 지파에서 한 사람씩 택한 열두 명과 함께 요단 가운데로 들어갔습니다. 아직도 그곳에는 제사장들이 언약궤를 메고 서 있었습니다. 본래의 명령은 언약궤 앞에서 돌 한 개씩 취하는 것입니다. 그러나 그러기 전에 여호수아는 직접 그 자리에 먼저 돌무더기를 쌓았습니다.

그 이유를 이미 여호수아가 말했습니다. 요단 물이 여호와의 언약궤 앞에서 끊어졌기 때문입니다(수 4:7). 바로 그 장소가 놀라운 기적이 일어난 역사적인 현장입니다. 그곳에 기념 돌무더기를 쌓아두는 것은 절대로 하나님의 명령을 거역한 게 아닙니다. 오히려 그것이 하나님의 말씀에 순종하는 자연스러운 모습입니다.

하나님의 말씀에 온전히 순종하는 것은 율법주의적이거나 문자적인 준수를 의미하지 않습니다. 오히려 하나님의 마음을 알고 하나님의 뜻에 합당하게 순종하는 것입니다. 이것을 가리켜서 우리는 '믿음의 상상력'이라고 말합니다. 여호수아는 믿음의 상상력이 풍성한 사람이었습니다. 하나님은 요단강 물이 한곳에 쌓여 서게 될 것이라는 말씀을 하지 않으셨습니다. 그러나 여호수아는 믿음의 상상력을 동원하여 그 장면을 생생하게 백성에게 알려주었습니다. 그랬더니 실제로 그것이 이루어지지 않았습니까?

요단 가운데 기념 돌무더기를 쌓는 것도 마찬가지입니다. 여호수아는 요단 가운데 돌무더기를 쌓고 난 후에 열두 명에게 돌 한 개씩 어깨에 지우고 요단강에서 나왔습니다. 그리고 그것을 길갈로 운반하여 거기에다 쌓도록 했습니다. 그런데 그 돌들을 왜 길갈까지 가지고 가야 했을까요? 왜냐면 길갈에 진을 쳤기 때문입니다. 그날 저녁에 이스라엘 백성은 기념 돌무더기 앞에 모두 모여서 하나님께 감사하는 예배를 드렸을 것입니다. 그리고 그 자리에서 여호수아는 그 기념 돌무더기가 이스라엘의 후손에게 전해줄 메시지를 분명하게 선포했던 것입니다(수 4:21-24).

요단 가운데 세운 돌무더기가 '오늘까지' 거기에 있었다고 하는데, 이것에 대한 설명이 필요합니다. 왜냐면 평상시에는 물속에 잠겨 있었을 텐데 그것을 어떻게 볼 수 있겠느냐고 의문을 품을 수 있기 때문입니다. 그래서 어떤 학자는 언약궤를 멘 제사장들이 서 있던 곳은 요단강 한복판이 아니라, 요단 동쪽에서 요단에 들어선 바로 그곳(수 3:15)이라고 주장하기도 합니다.

그러나 그런 식의 설명은 이스라엘 백성의 온전한 순종을 기회주의적인 것으로 만들어버릴 위험이 있습니다. 제사장들은 제일 먼저 요단강에 들어갔다가 제일 마지막까지 그곳에 남아 있었던 사람들입니다. 그들은 목숨을 걸고 말씀에 순종한 사람들입니다. 여차하면 도망갈 기회를 엿보면서 적당히 순종한 것이 아닙니다.

오히려 언약궤를 멘 제사장들이 요단강으로 들어가는 만큼 물이 점점 줄어들었을 것으로 보아야 합니다. 상류에서 내려오던 물이 멈춘다고 해도 그와 동시에 오십 킬로미터 떨어진 하류에 흐르던 물이 갑자기 없어지지는 않습니다. 제사장들이 하나님의 말씀에 순종하여 요단강에 발을 내딛는 순간 하나님은 상류에서 물길을 끊으셨습니다. 제사장들은 요단 가운데로 한 걸음 한 걸음 더 나아갔고, 그러는 만큼 물이 점점 줄어들었을 것입니다. 마침내 요단강 가운데 도착했을 때 강바닥이 드러났고, 그곳에 서서 이스라엘 백성이 모두 지나가도록 온종일 서 있었던 것입니다.

그렇다면 요단 한복판에 쌓아 둔 '기념 돌무더기'는 어떻게 볼 수 있었을까요? 수량이 적어지는 건기에는 물 밖으로 나온 부분을 얼마든지 볼 수 있었을 것입니다. 물이 맑을 때는 물속에 있는 그 돌무더기를 맨눈으로 관찰할 수도 있었을 것입니다. 물속에 세워진 돌무더기를 확인하는 감격을 한번 상상해보십시오. 그 돌들이 어떻게 그런 모양으로 세워질 수 있었겠습니까?

그것이야말로 요단강을 끊으셔서 이스라엘 백성을 약속의 땅으로 인도하신 하나님의 역사를 증명하는 표징(sign)이 아니겠습니까! 요단 한복판에 쌓아 둔 '돌무더기'와 길갈에 쌓아 둔 '돌무더기'는 하나님께서 요단강에서 행하신 놀라운 역사를 증언하는 '두 개의 기념 표징'(Two memorial signs)이 되었던 것입니다.

우리의 삶에 이와 같은 표징이 있어야 합니다. '기념 돌무더기'는 아니라고 하더라도 하나님이 우리를 구원하실 때 남겨놓으신 어떤 삶의 '흔적'이 있어야 합니다. 그래서 사람들이 "이것이 무슨 뜻이냐?" 물어볼 때, 자신 있게 우리를 구원하신 하나님의 역사를 간증할 수 있어야 합니다. 특별히 우리의 자녀에게 남겨 줄 표징이 있어야 합니다.

탈무드에 보면 이런 글이 있다고 합니다.

어리석은 사람은 자녀에게 재산을 남기고, 양식 있는 사람은 자녀에게
지식을 남기고, 지혜로운 사람은 자녀에게 신앙을 남긴다.

우리는 자녀에게 하나님의 말씀에 온전히 순종하는 신앙의 유산을 남겨야 합니다. 그것이 그들을 믿음의 '다음 세대'로 만들어갈 것입니다.

묵상 질문: 내가 자녀에게 남겨 줄 '기념 돌무더기'는 과연 무엇인가?
오늘의 기도: 하나님의 마음을 헤아리는 일에 민감한 사람이 되기를 원합니다. 하나님보다 앞서지는 않지만, 하나님의 마음을 흡족하게 해드리는 사람이 되기를 원합니다. 그러기 위해서 언제나 하나님의 말씀에 귀 기울이게 하시고, 하나님의 뜻을 깨달은 후에는 그 말씀에 온전히 순종하며 따르게 하옵소서. 그렇게 남겨진 삶의 흔적이 우리의 자녀에게 자랑스러운 간증 거리로 남게 하옵소서. 예수님의 이름으로 기도합니다. 아멘.

요단 돌무더기와 세례

읽을 말씀: 여호수아 4:10-18; 요한복음 1:26-28

새길 말씀: ¹⁷여호수아가 제사장들에게 명령하여 이르기를 요단에서 올라오라 하매 ¹⁸여
호와의 언약궤를 멘 제사장들이 요단 가운데에서 나오며 그 발바닥으로 육
지를 밟는 동시에 요단 물이 본 곳으로 도로 흘러서 전과 같이 언덕에 넘쳤더
라(수 4:17-18).

　우리는 지금 여호수아가 이끄는 이스라엘의 광야 세대가 요단강을 건너
약속의 땅에 들어가는 장면을 살펴보고 있습니다. 범람하던 요단강물이 끊어
져서 이스라엘 백성이 한 사람도 낙오하지 않고 모두 무사히 들어갈 수 있게
되었다는 것 자체가 참 놀라운 일이지만, 그보다 더욱 놀라운 것은 이날 여호
수아가 세운 '두 개의 기념 돌무더기'가 바로 먼 훗날 메시아의 구원 사역을
위한 준비가 되었다는 사실입니다.

　본래 하나님이 여호수아에게 주신 명령은 길갈에 기념 돌무더기를 쌓는
것이었습니다(수 4:3). 그러나 여호수아는 '믿음의 상상력'을 발휘하여 언약궤
를 멘 제사장들이 서 있던 요단 가운데에도 또 다른 기념 돌무더기를 쌓았습
니다(수 4:9). 그리하여 '요단 물속에 잠긴 돌무더기'와 '길갈에 쌓은 돌무더

기', 이 두 개의 기념 돌무더기가 생기게 된 것입니다. 바로 이 두 개의 상징이 메시아의 사역을 위한 준비가 되었던 것입니다.

이것이 어떻게 예수 그리스도의 구원 사역과 연결되는지 이제부터 자세히 설명해 보겠습니다.

제사장의 헌신

우선 이스라엘 백성이 요단강을 건너는 이야기를 계속 읽어봅니다.

> 10또 여호와께서 여호수아에게 명령하사 백성에게 말하게 하신 일 곧 모세가 여호수아에게 명령한 일이 다 마치기까지 궤를 멘 제사장들이 요단 가운데 서 있고 백성은 속히 건넜으며 11모든 백성이 건너기를 마친 후에 여호와의 궤와 제사장들이 백성의 목전에서 건넜으며…(수 4:10-11).

광야 세대 이스라엘 백성이 요단강을 건너 약속의 땅으로 들어가는 일에 있어서 일등 공신이 누구냐고 묻는다면, 누구든지 언약궤를 메고 요단강에 들어갔던 제사장들이라고 말할 것입니다. 약속의 땅에 들어가는 일은 하나님의 말씀에 온전히 순종하는 것에 달려 있다고 했습니다. 제사장들은 바로 그 온전한 순종의 모습을 가장 먼저, 온몸으로 보인 사람들이었습니다.

언약궤를 메고 요단강 가운데 서 있는 제사장들의 모습을 한번 상상해보십시오. 본래 제사장들은 특별한 예복을 입게 되어 있습니다. 그 예복을 입고 무거운 언약궤를 메고 범람하고 있는 요단강의 흙탕물 속으로 목숨 걸고 한 걸음 한 걸음 들어갔던 것입니다. 물론 예복은 더럽혀지고 얼굴에는 흙탕물이 튀었을 것입니다. 그런 상태로 요단강 가장 깊숙한 곳에 지금 서 있는 것입니다.

한낮에는 불볕더위가 내리쪼입니다. 긴 옷을 몇 겹으로 입었으니 얼마나 더웠겠습니까? 얼굴로 온몸으로 쉼 없이 땀방울이 흘러내렸을 것입니다. 그냥 가만히 서 있는 것도 힘든데, 무거운 언약궤를 메고 있습니다. 한두 시간이 아니라, 온종일 그렇게 서 있는 것입니다. 게다가 상류에서부터 요단 물이 언제 쏟아져 내려올지 모르는 상황입니다.

웬만한 사람 같았으면 못 하겠다고 내팽개치고 나왔을 겁니다. 그러나 그들은 끝까지 그 자리에 서 있었습니다. 그들의 입에서 불평하는 말이 나올법한데 그러지 않았습니다. 그들의 마음에 불안한 생각도 없었습니다. 오히려 구원의 역사를 직접 체험하는 감격으로 충만했습니다. 요단강 가운데 서 있는 언약궤 앞을 지나가는 백성들은 또한 어떤 마음이었을까요? 하나님의 놀라운 은혜에 감사하지 않았을까요? 더러는 눈물을 흘리기도 했을 것입니다. 그 모습을 지켜보는 제사장들의 마음에는 더욱 큰 감동이 있었을 것입니다.

그런데 모두가 그런 것은 아닙니다. 오늘 본문에 보니까 마치 '걸음아 나 살리라'고 하듯이 종종걸음으로 '속히 건너는' 사람도 있었다고 합니다. 제사장들은 거들떠보지도 않고 그냥 지나치는 사람도 있었을 것입니다. 수고한다, 감사하다는 말 한마디 없이 강물이 쏟아져 내려오기 전에 서둘러서 지나치는 사람도 있었을 것입니다. 그러나 제사장들은 조금도 서운하게 생각하지 않고, 묵묵히 그 자리에 서서 백성들이 모두 지나갈 때까지 서 있었습니다. 아니, "요단강에서 나오라"는 하나님의 명령이 떨어질 때까지 그들은 꼼짝하지 않고 있어야 할 곳에 있었던 것입니다.

그것이 바로 '충성'입니다. 충성은 마지막 순간까지 마땅히 있어야 할 곳에 있으면서 마땅히 해야 할 일을 하는 것이라고 했습니다. 그러한 충성은 하나님의 말씀에 대한 철저한 순종과 헌신이 있을 때만 가능한 일입니다. 레위 제사장들이 바로 그런 충성의 사람, 순종의 사람들이었던 것입니다. 모든 세대 하나님의 종들이 모범으로 삼아야 할 모습입니다.

이들에게 과연 어떤 보상이 주어져야 할까요? 무엇이 이들의 충성스러운 헌신에 적합한 칭찬이 될까요? 본문 끝부분에 기록되어 있습니다. "강을 다 건너고 나서 온 백성은 언약궤와 제사장들이 건너오는 모습을 지켜보았다"

(11절, 메시지). 제일 마지막으로 언약궤를 멘 제사장들이 요단강에서 나올 때, 먼저 건넜던 백성들이 강 언덕에 서서 모두 그들을 지켜보고 있었던 것입니다!

이때 그들은 가만히 있지 않았을 것입니다. 아마도 손뼉을 치며 환호성을 질렀을 것입니다. 마침내 약속의 땅에 들어왔다는 감격과 무사히 요단강을 건넜다는 안도감과 그리고 마지막 순간까지 말씀에 순종하여 충성하는 제사장들에 대한 존경심이 함께 작용하여 그들의 입에서 기쁨의 환호성이 터져 나오게 했을 것입니다. 그렇습니다. 믿음의 공동체에는 이런 분들이 있어야 합니다. 어떤 일에든지 가장 먼저 앞 장서고 가장 마지막까지 남아 있는 헌신으로 다른 성도님에게 감동을 주는 분들 말입니다.

배수의 진

그다음에는 요단 동편에 정착한 지파의 이야기가 기록되어 있습니다.

> 12르우벤 자손과 갓 자손과 므낫세 반 지파는 모세가 그들에게 이른 것 같이 무장하고 이스라엘 자손들보다 앞서 건너갔으니 13무장한 사만 명가량이 여호와 앞에서 건너가 싸우려고 여리고 평지에 이르니라(수 4:12-13).

이들이 바로 여호수아가 설득했던 요단 동편에 정착한 지파들입니다. 요단강을 건너는 장면에 이들의 모습이 등장한다는 것은 이스라엘의 모든 지파가 약속의 땅에 들어가는 일에 함께 참여했다는 뜻입니다. 이것은 앞으로 약속의 땅을 차지하는 과제를 달성하기 위해서, 결정적으로 중요한 의미를 가집니다. 요단 동편 지파들은 멀게는 모세와의 약속을, 가깝게는 여호수아와의 약속을 지키고 있는 것입니다.

그런데 본문에 보면 이들이 "이스라엘 자손들보다 앞서 건너갔다"라고 합니다. 물론 아무리 앞서도 언약궤보다 앞설 수는 없었을 것입니다. 그렇다면 언제 요단강을 건너갔을까요? 아마도 언약궤를 멘 제사장들 뒤를 따라서 가장 먼저 요단강을 건너갔을 것입니다. 이들은 마치 선발대처럼 전방을 정찰하고 뒤에 따라오는 나머지 지파들의 안전을 확보하는 역할을 감당했던 것입니다.

그러니까 요단강을 건너간 순서는 이렇습니다. 언약궤를 멘 제사장들이 가장 먼저 앞장서서 요단강으로 들어갑니다. 그 뒤를 따라서 무장한 요단 동편 지파들이 건너갑니다. 그리고 나머지 백성들이 요단강을 다 건넌 것을 확인한 후에 제사장들이 마지막으로 요단에서 나오게 된 것입니다. 이러한 일들을 총지휘한 사람은 물론 여호수아였습니다.

> 그날에 여호와께서 모든 이스라엘의 목전에서 여호수아를 크게 하시매 그가 생존한 날 동안에 백성이 그를 두려워하기를 모세를 두려워하던 것같이 하였더라 (수 4:14).

여호수아가 요단강을 건너는 일을 총지휘한 건 맞습니다. 그러나 엄밀한 의미에서 그가 한 일이라곤 하나님의 명령에 온전히 순종한 것뿐입니다. 그랬더니 하나님이 여호수아를 모든 이스라엘 백성 앞에서 크게 높여주신 것입니다. 처음에 여호수아는 걱정과 두려움이 많은 사람으로 등장했습니다. 그러나 하나님의 말씀에 순종하여 큰일을 치르고 난 후에 이제는 모세의 공백을 넉넉히 채우고도 남을 지도자로 우뚝 세워지게 된 것입니다.

신앙공동체의 리더십은 언제나 이런 방식으로 세워집니다. 하나님 백성을 약속의 땅으로 인도해야 할 지도자는 그가 먼저 하나님의 말씀에 온전히 순종하는 모습을 보여야 합니다. 특히 여호수아는 모세의 수종자 시절부터 갈고닦았던 '믿음의 상상력'을 동원하여 하나님의 마음을 헤아리고 미리 준비하였습니다. 단지 수동적으로 시키는 일을 겨우 해내는 정도가 아니라, 능동적이고 창조적으로 말씀에 순종하였던 것입니다. '두 개의 기념 돌무더기'가 바로 그 결과물이었습니다.

그다음 본문은 언약궤를 멘 제사장들이 요단강에서 나오는 장면을 자세히 기록합니다. 그 설명이 정말 실감 납니다.

> 15여호와께서 여호수아에게 말씀하여 이르시되 16증거궤를 멘 제사장들에게 명령하여 요단에서 올라오게 하라 하신지라. 17여호수아가 제사장들에게 명령하여 이르기를 요단에서 올라오라 하매 18여호와의 언약궤를 멘 제사장들이 요단 가운데에서 나오며 그 발바닥으로 육지를 밟는 동시에 요단 물이 본 곳으로 도로 흘러서 전과 같이 언덕에 넘쳤더라(수 4:15-18).

이것은 언약궤를 멘 제사장들이 요단강으로 들어가던 장면과 정반대입니다. 앞 장에서 제사장들이 요단강으로 들어가는 만큼 물이 점점 줄어들었을 것이라고 설명했습니다. 사실 상류에서 물이 멈춘다고 해도 멀리 떨어진 하류의 물이 순식간에 사라지는 것은 아니지요.

강물이 다시 불어나는 것도 마찬가지입니다. 제사장들이 육지를 밟는 동시에 요단 물이 전과 같이 되었다고 해서 없던 물이 한꺼번에 갑자기 쏟아져 내려온 것은 아닙니다. 아마도 하나님이 "요단에서 올라오라"는 신호를 제사장들에게 주셨을 것입니다. 흐르는 물이 조금씩 불어나기 시작한 것이지요. 제사장들이 강둑으로 나오는 만큼 강물은 점점 불어났고, 그들이 마침내 강둑에 올라서는 순간 전과 똑같은 상태가 되었던 것입니다.

이 놀라운 장면을 두 눈으로 직접 목격하고 있던 이스라엘 백성은 적어도 두 가지 사실을 깨닫게 되었을 것입니다. 그 하나는 자신들의 힘으로 도무지 건널 수 없는 강을 건넜다는 사실이고, 다른 하나는 이제는 과거로 되돌아갈 수 없게 되었다는 사실입니다. 그렇습니다. 그들은 이제 좋든 싫든 앞으로 나아갈 수밖에 없습니다. 하나님께서 이스라엘 백성에게 배수의 진을 치신 것입니다!

요단강 건너편 베다니

그런데 강물이 본래대로 돌아오면서 보이지 않게 된 것이 있습니다. 바로 요단 한가운데 세워둔 '기념 돌무더기'입니다. 물속에 잠기고 말았던 것입니다. 만일 둑이 터지듯이 그렇게 강물이 한꺼번에 덮쳐왔다면 이 돌들은 그 자리에 남아 있을 수가 없었을 것입니다. 그냥 급물살에 휩쓸려 가버리고 말았겠지요. 그러나 분명히 "오늘까지 거기에 있었다"(수 4:9)라고 합니다. 앞에서 설명한 것같이 강물이 조금씩 불어났기 때문입니다.

여호수아가 세운 두 개의 기념 돌무더기 중에서 '길갈'은 그 이후의 역사에 자주 등장합니다(삿 2:1; 삼상 10:8; 왕하 2:1; 미 6:5). 그렇지만 요단 물속에 있는 돌무더기는 한 번도 언급되지 않습니다. 그런데 어떻게 메시아의 구원 사역을 위한 준비가 되었다는 걸까요? 놀라지 마십시오. 그로부터 천이백여 년의 세월이 지난 후 바로 그 장소에서 예수님이 세례를 받으셨습니다! 그 이야기가 요한복음 1장에 나옵니다.

> 26요한이 대답하되 나는 물로 세례를 베풀거니와 너희 가운데 너희가 알지 못하는 한 사람이 섰으니 27곧 내 뒤에 오시는 그이라. 나는 그의 신발끈을 풀기도 감당하지 못하겠노라 하더라. 28이 일은 요한이 세례 베풀던 곳 요단강 건너편 베다니에서 일어난 일이니라(요 1:26-28).

세례 요한이 사람들에게 세례를 베풀던 '베다니'는 예루살렘 성 밖에 있던 '베다니'(마 21:17)와 전혀 다른 장소입니다. 이곳은 '요단강 건너편 베다니'(Bethany on the other side of the Jordan)입니다. 이곳이 여호수아가 광야 세대 이스라엘 백성을 이끌고 요단강을 건넜던 바로 그 장소였습니다.

요단강은 그 길이가 장장 250km나 되는 아주 긴 강입니다. 어디에서든 세례를 베풀 수 있습니다. 그런데 왜 하필 세례 요한은 이 장소를 선택했을까요? 왜냐면 이스라엘 백성이 약속의 땅에 들어가던 바로 그 자리였기 때문입니다. 40년 동안의 불순종과 불신앙의 광야 생활을 청산하고 하나님의 말씀에 온전히 순종하는 하나님 백성으로 새롭게 출발하는 자리였기 때문입니다. 회개를 촉구하던 요한의 세례와 그 장소가 가지고 있는 상징적인 의미가 정확하게 일치하고 있는 것입니다.

자, 그렇다면 세례 요한은 그 장소의 상징적인 의미를 어떻게 알았을까요? 여호수아가 요단 물속에 세운 '기념 돌무더기' 때문입니다. 물론 세례 요한 당시까지 그 돌무더기가 남아 있었다는 증거는 그 어디에도 없습니다. 그러나 비록 돌무더기가 사라졌을지라도, 사람들에게 한번 각인된 기억은 좀처럼 사라지지 않는 법입니다. 처음으로 돌아가 새로운 인생을 시작하는 세례 예식을 행하는 장소로 이보다 더 의미 있는 곳은 그 어디에도 없습니다. 그래서 세례 요한은 이곳에서 세례를 베풀었던 것입니다.

예수님은 바로 이곳에서 세례 요한에게 세례를 받으셨습니다. 그 장소가 가진 역사적인 의미를 예수님도 물론 잘 알고 계셨을 것입니다. 바로 그 자리에서 예수님은 하나님의 아들이라는 자의식을 분명히 가지게 되었습니다(마 3:16-17). 그리고 그때부터 새로운 '약속의 땅', 즉 '하나님 나라'의 복음을 선포하기 시작하셨던 것입니다.

이런 일이 과연 우연히 일어났을까요? 하나님의 일하심에 우연(偶然)이란 존재하지 않습니다. 우리 개신교에서는 오직 '성만찬'과 '세례'를 성례전(聖禮典, Sacrament)으로 인정하고 받아들입니다. 성례전이란 눈에 보이지 않는 하나님의 은혜가 눈에 보이는 방법으로 전달되는 상징적인 예식을 말합니다. '성만찬'과 '세례'는 예수 그리스도를 통해 나타난 하나님의 은혜를 상징하는 '두 개의 기념 표징'(Two memorial signs)인 셈입니다.

그러니까 여호수아가 세운 두 개의 기념 돌무더기는 성만찬과 세례라는 성례전의 씨앗이 되었던 것입니다. 요단 물속에 있는 기념 돌무더기는 '세례'의 씨앗이 되었고, 길갈에 세워진 기념 돌무더기는 '성만찬'의 씨앗이 되었습니다. 이 부분은 다음 장에서 계속 다루도록 하겠습니다.

바로 이 대목에서 우리는 '예수'의 유대식 본명이 '여호수아'라는 사실을 언급할 필요가 있습니다. '여호수아'를 히브리어 '마소라 본문'(Masoretic Text, MT)으로 읽으면 '예호슈아'가 되고, 헬라어 '칠십인 역본'(Septuagint, LXX)으로 읽으면 '이에수스'가 됩니다. 바로 이 '이에수스' 혹은 '예수스'가 영어로는 '지저스'(Jesus)가 되었고 우리말로는 '예수'로 음역된 것입니다. 그러니까 구약성경의 '여호수아'는 곧 신약성경의 '예수'입니다.

물론 '예수'와 '여호수아'는 같은 사람이 아닙니다. 모세의 수종자였던 여호수아와 온 인류를 구원하러 오신 예수님을 감히 동일 선상에 놓고 비교하는 것은 옳지 않습니다. 그러나 하나님께서 이스라엘 백성에게 허락하신 구약의 '약속의 땅'이 신약에서 예수님이 선포하신 '하나님의 나라'의 예표가 되고 있다는 사실에 비추어 볼 때, 이스라엘 백성을 약속의 땅으로 인도한 여호수아와 하나님 나라에 들어갈 수 있는 십자가의 길을 여신 예수의 이름이 똑같다는 것은 단지 우연의 일치로만 볼 수는 없는 일입니다.

우리가 믿는 하나님은 이토록 세밀하신 분입니다. 여호수아를 통해서 이스라엘 백성을 약속의 땅으로 인도하시던 하나님은 이미 그때부터 우리를 구원하시기 위한 메시아의 길을 준비하고 계셨던 것입니다. 그처럼 한 치의 오차도 없는 치밀한 계획과 섭리 속에서 우리는 구원받은 하나님의 자녀가 되었고 이렇게 신앙생활을 하게 된 것입니다.

지금도 하나님은 우리를 향한 구원의 계획을 이루고 계십니다. 우리가 직면하고 있는 현실의 문제가 아무리 산더미같이 크게 보일지라도, 천지를 창조하신 하나님보다 클 수는 없습니다. 하나님은 그를 바라보는 자에게 문제를 넘어설 수 있는 날개를 달아주십니다. 그리고 그 날개로 저 높은 창공을 향해 날아오르게 하십니다. 약속의 땅에 들어가게 하십니다.

묵상 질문: 나의 인생에 요단강을 건넌 것과 견줄만한 사건이 있는가?

오늘의 기도: 약속의 땅에 들어가기 위해서 우리가 반드시 건너야 할 요단강이 있음을 알게 하시니 감사합니다. 그러나 한번 건너고 나면 다시는 되돌아갈 수 없다는 사실도 기억하게 하옵소서. 하나님의 은혜로 구원받았다면 이제는 오직 하나님의 은혜 안에서만 살아가게 하옵소서. 예수님의 이름으로 기도합니다. 아멘.

길갈 돌무더기와 성만찬

읽을 말씀: 여호수아 4:19-24, 5:10; 누가복음 22:19-20

새길 말씀: ²⁰여호수아가 요단에서 가져온 그 열두 돌을 길갈에 세우고 ²¹이스라엘 자손
들에게 말하여 이르되 후일에 너희의 자손들이 그들의 아버지에게 묻기를
이 돌들은 무슨 뜻이니이까 하거든 ²²너희는 너희의 자손들에게 알게 하여
이르기를 이스라엘이 마른 땅을 밟고 이 요단을 건넜음이라(수 4:20-22).

이스라엘 백성이 요단강을 건너 약속의 땅에 들어가던 날, 여호수아는
'두 개의 기념 돌무더기'를 세웁니다. 하나는 제사장들이 언약궤를 메고 서
있던 요단강 한가운데에 세웠고, 다른 하나는 약속의 땅에서 첫날 밤을 유숙
하던 길갈에 세웠습니다. 이때 여호수아는 이 두 개의 기념 돌무더기가 먼
훗날 이 세상을 구원할 메시아의 사역을 위한 준비가 될 것이라고는 감히
상상하지 못했습니다.

여호수아가 요단에 세운 기념 돌무더기는 40년 광야 생활을 청산하고
약속의 땅에 들어가서 새로운 삶을 시작하는 상징으로서 중요한 의미를 그동
안 간직해 왔습니다. 바로 그곳에서 주님은 세례 요한에게 세례를 받고 공생
애를 시작하셨습니다. 예수님이 선포하신 '하나님 나라'는 하나님이 통치하

시는 새로운 '약속의 땅'입니다. 그 땅에 들어가려면 죄로 얼룩진 과거를 청산하고 거듭나야 합니다. 그것이 바로 '세례'가 가지고 있는 의미입니다.

지금도 우리는 이 '세례'를 통해서 하나님의 은혜를 계속 확인하고 있습니다. 이처럼 여호수아가 요단 가운데 세운 돌무더기에는 '세례'라는 성례전의 씨앗이 담겨 있었던 것입니다.

길갈에서 지킨 유월절

오늘은 길갈에 세운 기념 돌무더기가 주님이 제정하신 '성만찬'의 성례전과 어떻게 연결되는지 살펴보겠습니다.

> 19첫째 달 십 일에 백성이 요단에서 올라와 여리고 동쪽 경계 길갈에 진 치매 20여호수아가 요단에서 가져온 그 열두 돌을 길갈에 세우고…(수 4:19-20).

'첫째 달 십 일'은 이스라엘 백성이 요단을 건너 약속의 땅에 들어온 날입니다. 동시에 요단강에서 가져온 돌로 길갈에 기념 돌무더기를 쌓은 날입니다. 이처럼 약속의 땅에 들어온 날짜를 기억하는 것은 참으로 의미가 있습니다. 그러나 이 날짜가 특별한 의미가 있는 것은 지금으로부터 꼭 40년 전 이스라엘 백성이 이집트에서 탈출하던 바로 그날이기 때문입니다. 아니, 정확하게 말하면 첫 번째 유월절의 양을 취하던 바로 그날입니다.

그 이야기가 출애굽기 12장에 기록되어 있습니다.

> 1여호와께서 애굽 땅에서 모세와 아론에게 일러 말씀하시되 2이 달을 너희에게 달의 시작 곧 해의 첫 달이 되게 하고 3너희는 이스라엘 온 회중에게 말하여 이르라. 이 달 열흘에 너희 각자가 어린 양을 취할지니 각 가족대로 그 식구를 위하여 어린 양을 취하되…(출 12:1-3).

이스라엘 백성은 언제나 '유월절'을 기준으로 시간을 정해왔습니다. 그것은 마치 오늘날의 교회력이 '부활절'을 기준으로 하여 매년 새롭게 정해지는 것과 똑같습니다. 무엇이든지 기준이 중요합니다. 구약의 하나님 백성에겐 출애굽 사건이, 신약의 하나님 백성에겐 예수 그리스도의 십자가 사건이 가장 중요합니다. 그런데 참으로 재미있는 것은 이 두 가지가 전혀 다른 이야기가 아니라는 사실입니다.

'첫째 달'은 출애굽 사건이 벌어진 바로 그달을 가리킵니다. 실제로 이집트를 탈출한 날짜는 15일이지만, 그것을 위한 준비는 10일에 시작되었습니다. 그날 유월절에 사용될 어린 양을 선택하고 14일까지 간직하게 됩니다. 그러다가 14일 해 질 무렵에 그 양을 잡아서 문설주와 인방에 피를 바르도록 되어 있었습니다(출 12:5). 그러니까 하나님이 출애굽 세대 이스라엘 백성에게 유월절 어린 양을 준비하게 한 바로 그날에 광야 세대 이스라엘 백성이 약속의 땅에 들어와서 첫날 밤을 지내게 된 것입니다!

이것이 과연 우연의 일치일까요? 아닙니다. 거듭 말씀드리지만, 하나님의 섭리에서 우연이란 없습니다. 하나님은 참으로 세밀하신 분이십니다. 하나님께는 하루의 오차도 없습니다. 만일 이스라엘 백성이 이집트에서 나온 날과 약속의 땅에 들어온 날을 맞추실 생각이었다면, 15일에 맞추어서 들어오게 하셨을 것입니다. 어찌 보면 그게 더 큰 의미가 있을지도 모릅니다. 이집트에서 나온 지 꼭 40년 만에 약속의 땅에 들어오게 되었으니 말입니다.

그러나 하나님은 그보다 5일 앞서 들어오게 하셨습니다. 그 이유가 무엇일까요? 그것은 그날에 '유월절 어린 양'을 취해야 했기 때문입니다. 이스라엘 백성이 약속의 땅에 들어와서 가장 먼저 해야 할 일은 바로 '유월절 어린 양'을 선택하는 것이었습니다. 그래야 제대로 된 유월절을 준비할 수 있게 됩니다. 실제로 그들은 14일 저녁에 길갈에서 유월절을 지킵니다.

또 이스라엘 자손들이 길갈에 진 쳤고 그달 십사일 저녁에는 여리고 평지에서 유월절을 지켰으며…(수5:10).

하나님 백성이 약속의 땅에서 제일 먼저 해야 할 일은 유월절을 지키는 것입니다. 바로 그것 때문에 하나님은 그들을 '첫째 달 십 일'에 정확하게 맞추어 약속의 땅에 들어오게 하셨던 것입니다.

하나님 백성의 절기

이 대목에서 우리가 한 가지 생각해보아야 할 것이 있습니다. 하나님은 왜 이렇게 유월절을 중요하게 생각하고 계시는 것일까요? 그 많은 날 중에 왜 굳이 유월절 어린 양을 취하는 날을 선택하여 이스라엘 백성을 약속의 땅에 들어오게 하셨고, 들어오자마자 유월절을 지키게 하신 것일까요?

'유월절'이란 단순히 이스라엘 백성이 이집트의 압제에서부터 해방된 것을 기념하는 날이 아닙니다. 유월절을 지킨다는 것은 우리나라 사람들이 광복절을 지키는 것이나 미국 사람들이 독립기념일을 지키는 것과 같은 종류의 의미가 아닙니다. 유월절은 오직 '약속의 땅'에 들어갈 수 있는 구원받은 하나님 백성만이 지킬 수 있는 특별한 절기입니다.

그것은 지난 40년 동안 출애굽 세대 이스라엘 백성이 단 두 번만 유월절을 지켰다는 사실에서도 잘 드러납니다. 그 첫 번째는 이집트에서 탈출하던 바로 당일이었고(출 12:21-28), 두 번째는 그다음 해 시내산 체류를 끝내고 떠나기 바로 직전이었습니다(민 9:1-5). 그때까지만 해도 하나님은 이스라엘 백성이 약속의 땅에 들어가서 그다음 해 유월절을 지킬 것을 기대하셨습니다. 만일 그들이 하나님의 말씀에 순종했다면 실제로 가나안 땅에서 세 번째 유월절을 지킬 수 있었을 것입니다. 그것이 하나님의 본래 계획이었습니다.

그런데 어떻게 되었습니까? 이스라엘 백성은 약속의 땅에 들어가지 못했습니다. 그들의 불신앙과 불순종 때문이었습니다. 그래서 불필요한 39년의 광야 생활을 더하게 된 것이지요. 그러는 동안 이스라엘 백성은 한 번도 유월절을 지키지 않았습니다. 아니, 유월절을 지키지 못했다고 하는 것이 더 정확한 표현일 것입니다. 하나님이 그들에게 유월절을 지키라는 명령을 내리지 않으셨던 것입니다. 그 이유가 무엇일까요? 그들은 약속의 땅에 들어가지 못할 사람들이었기 때문입니다.

그렇게 출애굽 세대가 광야에서 다 죽고 난 후에 하나님은 여호수아를 세우셔서 광야 세대 이스라엘 백성을 이끌고 요단을 건너 약속의 땅에 들어가게 하셨습니다. 그것도 아주 정확하게 '유월절 어린 양'을 취하는 날에 맞추어서 들어가게 하셨습니다. 왜요? 그들은 구원받은 하나님 백성으로서 약속의 땅에 들어왔기 때문입니다. 그곳에서 살아가는 동안 그들은 당연히 유월절을 지켜야 했던 것입니다.

따라서 절기를 지키라고 하나님께서 명령하시는 것이 바로 '은혜'입니다. 하나님은 구원받은 하나님의 백성에게 예배를 요구하십니다. 그 요구는 그들을 하나님 백성으로 인정하고 있다는 뜻입니다. 따라서 하나님의 요구는 '부담'이 아니라 '은혜'입니다. 만일 우리를 하나님 백성으로 인정하지 않으신다면, 우리에게 예배하라고 요구하지도 않으실 것입니다.

바로 이 대목에서 우리는 요단강에서 가져온 열두 개의 돌들로 기념 돌무더기를 쌓으라고 명령하신 이유를 알게 됩니다. 그것은 단지 강물이 갈라진 놀라운 기적을 기억하라는 것만이 아니라, 그날이 약속의 땅에서 처음으로 유월절을 지키기 위해서 '유월절 어린 양'을 택하던 바로 그날임을 기억하라는 것입니다. 다시 말해서 길갈의 돌무더기는 요단강에서 일어난 구원의 '사건'을 기념하는 동시에 약속의 땅에서 지킨 첫 번째 유월절 '절기'를 기억하는 상징이 되었던 것입니다.

유월절과 성만찬

자, 그렇다면 길갈의 돌무더기와 주님의 성만찬은 무슨 상관이 있을까요?

²¹이스라엘 자손들에게 말하여 이르되 후일에 너희의 자손들이 그들의 아버지에게 묻기를 이 돌들은 무슨 뜻이냐까 하거든 ²²너희는 너희의 자손들에게 알게 하여 이르기를 이스라엘이 마른 땅을 밟고 이 요단을 건넜음이라(수 4:21-22).

광야 세대는 모두 이 돌무더기의 의미를 잘 알고 있습니다. 그러나 세월이 흐른 후에 그것을 알지 못하는 후손들이 묻는다면 뭐라고 대답해주어야할까요? 하나님은 출애굽 세대가 홍해의 마른 땅을 밟고 건넌 것처럼 광야 세대가 요단강의 마른 땅을 밟고 건넜다는 사실을 알게 해주라고 하십니다. 그러면서 그 사건의 의미를 두 가지로 설명합니다.

이는 땅의 모든 백성에게 여호와의 손이 강하신 것을 알게 하며 너희가 너희의 하나님 여호와를 항상 경외하게 하려 하심이라 하라(수 4:24).

하나는 '하나님의 권능'이고 다른 하나는 '하나님을 경외'하는 것입니다. 길갈에 쌓은 돌무더기는 마른 땅을 밟고 요단을 건너게 하신 여호와 하나님의 권능을 드러내는 상징입니다. 그와 동시에 하나님 백성이 항상 하나님을 경외해야 하는 이유를 말해주는 상징입니다. 하나님 백성이 어떻게 하나님을 경외할 수 있을까요? 오직 하나님께 예배함으로써 경외해야 합니다. 특별히 '유월절'을 지키는 것이 결정적으로 중요합니다. 그 절기를 지키는 동안만 약속의 땅에 남아 있는 하나님 백성이 될 수 있습니다.

그런데 이 설명만으로는 하나님이 유월절을 이토록 중요하게 여기시는 이유가 충분하게 설명되지 않습니다. 다른 절기도 많이 있는데, 왜 하나님은 유독 유월절을 그렇게 중요하게 생각하시는 것일까요? 이것은 예수 그리스도께서 이 세상에 오시기 전까지 수수께끼로 남아 있었습니다. 이 세상을 구원하기 위해서 보내신 하나님의 독생자 예수 그리스도의 십자가 사건을 통해서 비로소 이 수수께끼가 완전히 풀렸던 것입니다.

이 비밀을 가장 먼저 깨달은 사람은 공교롭게도 여호수아가 요단강 한가운데 세운 돌무더기 근처에서 예수님에게 세례를 베풀었던 '세례 요한'이었습니다.

> 이튿날 요한이 예수께서 자기에게 나아오심을 보고 이르되 보라 세상 죄를 지고 가는 하나님의 어린 양이로다(요 1:29).

"세상 죄를 지고 가는 하나님의 어린양이로다!" 예수 그리스도의 사역에 대해서 이보다 더 정확하게 잘 요약한 표현을 성경에서 찾아볼 수 없습니다. 본래 이 문장은 서술형이 아니라 감탄사로 되어 있습니다. 직역하자면 "보라! 하나님의 어린 양! 세상 죄를 지고 가는 분!"이 됩니다. 세례 요한은 예수님을 보고 깜짝 놀라면서 감격하면서 감탄사로써 그분을 이렇게 소개하고 있는 것입니다.

그런데 세례 요한이 말하는 '하나님의 어린 양'은 그냥 착하고 순수하다는 뜻이 아닙니다. 놀랍게도 '유월절에 죽임을 당하는 어린 양'을 가리키는 말입니다. 그 사실을 세례 요한은 어떻게 알게 되었을까요? 그는 '성령을 통해서' 알게 되었다고 말합니다(요 1:33-34). 하나님이 깨닫게 해주신 것입니다. 사도 바울도 똑같은 이야기를 합니다.

> 너희는 누룩 없는 자인데 새 덩어리가 되기 위하여 묵은 누룩을 내버리라. 우리의 유월절 양 곧 그리스도께서 희생 되셨느니라(고전 5:7).

세례 요한은 예수님을 가리켜서 '세상 죄를 지고 가는 하나님의 어린 양'이라고 했지만, 사도 바울은 더 구체적으로 '유월절 양 곧 그리스도'라고 합니다. 예수님 자신도 십자가를 지시기 전에 제자들과 마지막 만찬을 나누는 자리에서 당신의 죽음을 예고하시면서 이렇게 말씀하셨습니다.

> ¹⁹또 떡을 가져 감사 기도 하시고 떼어 그들에게 주시며 이르시되 이것은 너희를 위하여 주는 내 몸이라. 너희가 이를 행하여 나를 기념하라 하시고 ²⁰저녁 먹은 후에 잔도 그와 같이 하여 이르시되 이 잔은 내 피로 세우는 새 언약이니 곧 너희를 위하여 붓는 것이라(눅 22:19-20).

이것은 '유월절 양 잡는 날'에 제자들과 함께 유월절 음식을 잡수시면서, 이른바 '성만찬'의 성례를 제정하시던 바로 그 장면입니다. 예수님은 십자가의 죽음이 마치 유월절의 양이 피를 흘려 죽는 것과 같다고 말씀하신 것입니다.

그렇다면 무슨 뜻입니까? 왜 하나님은 유월절을 그토록 중요하게 생각하셨던 것일까요? 바로 당신의 독생자 예수 그리스도의 십자가 사건 때문입니다. 유월절은 단지 이스라엘 백성의 출애굽 사건을 기억하는 '해방절'이 아닙니다. 그것은 장차 예수 그리스도의 십자가 사건으로 이루실 구원의 계획에 대한 청사진이었습니다. 그렇기에 이집트 땅에 선포된 죽음의 날에 어린 양의 피로써 구원과 생명을 얻을 수 있는 유월절을 제정하시고, 약속의 땅에 들어간 하나님 백성에게 가장 먼저 유월절을 지키도록 명령하셨던 것입니다.

여호수아는 이처럼 심오한 하나님의 구원 계획이나 섭리에 대해서 알고 있었을까요? 아닙니다. 알지 못했습니다. 그는 단지 하나님의 명령에 온전히 순종했을 뿐입니다. 요단 가운데 기념 돌무더기를 쌓았고, 요단강에서 가져온 열두 개의 돌로 길갈에 또 다른 기념 돌무더기를 쌓았을 뿐입니다. 그런데 그것이 결국에는 이 세상을 구원할 하나님의 독생자 예수 그리스도의 사역을 준비하는 통로가 되었던 것이지요.

하나님의 말씀이 무슨 의미를 담고 있는지 다 이해할 수 있다면 믿고 순종하여 따르기가 훨씬 쉬울지 모릅니다. 그러나 때로 우리가 이해할 수 없을지라도 하나님의 말씀에 순종해야 합니다. 하나님의 생각을 우리의 좁은 머리로 다 이해한다는 것은 불가능한 일입니다. 그리고 하나님은 우리에게 충분히 설명하거나 설득하려고 하지 않으십니다. 단지 명령 속에 약속을 주시고, 그 말씀에 순종하라 하십니다.

만일 하나님이 여호수아에게 장차 이 세상에 오실 하나님의 아들과 예수 그리스도의 대속적인 죽음을 설명해주셨더라면, 그가 충분히 이해했을까요? 아무리 열심히 설명해주어도 무슨 말인지 도무지 알아듣지 못했을 것입니다. 하나님의 섭리는 때가 차야 알 수 있는 법입니다.

우리도 마찬가지입니다. 지금 우리가 이해하지 못하는 일일지라도 하나님은 그것을 통해서 우리를 향한 구원의 계획을 성취하고 계십니다. 따라서 우리가 해야 할 일은 하나님의 약속을 붙잡고 그 말씀에 온전히 순종하며 살아가는 것입니다. 여호수아가 그랬듯이 말입니다.

묵상 질문: 이해할 수 없는 말씀이라도 나는 순종하여 따를 수 있는가?
오늘의 기도: 하나님이 인류 역사를 주관하시는 분임을 고백합니다. 우리를 향한 하나님의 구원 계획은 이미 오래전에 시작되었음을 또한 고백합니다. 하나님의 섭리를 충분히 알지 못했어도 오직 하나님의 약속을 붙잡고 그 말씀에 순종함으로써 구원의 길을 이어왔던 믿음의 선배들을 본받게 하여 주옵소서. 그리하여 우리의 자녀에게 믿음을 이어주는 통로로 우리를 사용하여 주옵소서. 예수님의 이름으로 기도합니다. 아멘.

다시 할례를 행하라!

읽을 말씀: 여호수아 5:2-9; 출애굽기 12:48

새길 말씀: 2그 때에 여호와께서 여호수아에게 이르시되 너는 부싯돌로 칼을 만들어 이스라엘 자손들에게 다시 할례를 행하라 하시매 3여호수아가 부싯돌로 칼을 만들어 할례 산에서 이스라엘 자손들에게 할례를 행하니라 (수5:2-3).

광야 세대 이스라엘 백성이 약속의 땅에 들어온 것은 '첫째 달 십 일'이었습니다(수4:19). 이날은 이집트에서 나오기 직전에 하나님께서 이스라엘 백성에게 유월절의 어린 양을 준비하라고 명령하셨던 바로 그날이었습니다. 그런데 40년이 지나고 같은 날에 약속의 땅에 들어와서 첫날 밤을 지내게 된 것입니다. 이것은 하나님의 섭리 속에서 이루어진 일이었습니다.

지난 39년간의 불필요한 광야 생활을 채우는 동안 하나님은 출애굽 세대 이스라엘 백성에게 유월절을 지키라고 단 한 번도 명령하지 않았습니다. 왜냐면 그들은 약속의 땅에 들어갈 수 없는 자들이었기 때문입니다. 그러나 광야 세대는 다릅니다. 그들은 하나님의 말씀에 순종하여 요단강을 건너 약속에 땅에 들어왔습니다. 하나님은 그들이 약속의 땅에서 가장 먼저 유월절을 지키는 모습을 보고 싶어 하셨습니다.

하나님이 유월절을 중요하게 여기는 특별한 이유가 있었습니다. 유월절은 죽음의 날에 구원과 생명을 얻는 방법을 가르쳐주신 것이고, 바로 여기에 장차 예수 그리스도의 십자가 사건을 통한 인류 구원의 청사진이 담겨 있었기 때문입니다. 하나님의 명령에 절대 순종하여 두 개의 기념 돌무더기를 세운 여호수아는 자기도 모르는 사이에 먼 훗날 이 세상을 구원할 메시아의 사역을 준비하게 되었던 것입니다.

할례의 명령

그런데 길갈에서 유월절 양을 준비하는 '첫째 달 십 일'부터 실제로 유월절을 지켰던 '그달 십사 일' 사이에(수 5:10) 이스라엘 백성에게는 또 다른 엄청난 사건이 벌어집니다. 하나님께서 뜬금없이 그들에게 할례를 명령하셨던 것입니다.

가나안 족속들이 지금 그들을 예의주시하고 있는데, 그들이 보는 앞에서 할례를 받는다는 것은 사실상 스스로 무장 해제를 하는 것과 다르지 않습니다. 만일 그들이 기습 공격을 감행한다면 그냥 속수무책으로 당할 수밖에 없습니다. 그런데도 하나님은 할례를 요구하셨던 것입니다. 그 이유가 무엇일까요?

> 2그 때에 여호와께서 여호수아에게 이르시되 너는 부싯돌로 칼을 만들어 이스라엘 자손들에게 다시 할례를 행하라 하시매 3여호수아가 부싯돌로 칼을 만들어 할례 산에서 이스라엘 자손들에게 할례를 행하니라(수 5:2-3).

여기에서 '그때'는 길갈에 진을 치고 여호수아가 쌓은 기념 돌무더기 앞에 모여서 하나님께서 이루신 놀라운 역사를 찬양하면서 유월절 준비를 시작했던 '첫째 달 십 일' 바로 다음 날입니다. 하나님은 여호수아에게 새로운 명령을 내리십니다. 부싯돌로 칼을 만들어 이스라엘 자손들에게 '다시 할례를 행하라'는 것입니다.

물론 '다시 행하라'고 해서 이미 할례를 받은 사람에게 또다시 할례를 행하라는 그런 뜻은 아닙니다. 광야 생활을 하는 동안 시행하지 못했던 할례를 재개하라는 뜻입니다. 이에 대한 보충 설명이 그 뒤에 기록되어 있습니다.

> ⁴여호수아가 할례를 시행한 까닭은 이것이니 애굽에서 나온 모든 백성 중 남자 곧 모든 군사는 애굽에서 나온 후 광야 길에서 죽었는데 ⁵그 나온 백성은 다 할례를 받았으나 다만 애굽에서 나온 후 광야 길에서 난 자는 할례를 받지 못하였음이라 (수 5:4-5).

출애굽 세대는 다 할례를 받았지만, 광야 길에서 태어난 광야 세대는 할례를 받을 기회가 없었습니다. 그래서 이제 다시 할례를 행하라고 하나님이 명령하시는 것이지요. 그런데 여기에서 한 가지 질문이 생겨납니다.

출애굽 세대는 할례를 받았지만, 약속의 땅에 들어오지 못하고 모두 광야 길에서 죽었다고 했습니다. 반면 광야 세대는 할례를 받지 않았어도 약속의 땅에 이미 들어왔습니다. 그렇다면 할례가 약속의 땅에 들어오기 위한 필수 조건은 아니라는 뜻인데, 왜 인제 와서 할례를 받아야 하는 걸까요? 게다가 할례가 그리 시급을 다투는 일도 아닌데, 왜 하필 가나안 족속과의 전쟁을 앞둔 이 상황에서 굳이 할례를 받아야 할까요?

청종의 확인

여기에는 적어도 세 가지의 의미가 있습니다. 첫 번째로 할례는 청종(聽從)을 확인하는 테스트입니다. 앞장 묵상의 결론 부분에서 "비록 이해할 수 없을지라도 하나님의 말씀에 순종하라!"라는 말씀을 드렸습니다. 왜요? 하나님의 섭리는 우리의 머리로 도무지 이해할 수 없을 때가 훨씬 많기 때문입니다. 그것에 대한 충분한 설명을 듣고 스스로 이해할 수 있을 때 순종하겠다고 하는 조건부 순종은 진정한 순종이 아닙니다.

하나님은 지금 여호수아와 이스라엘 백성에게 순종을 확인하는 테스트를 하고 계시는 중입니다. 약속의 땅은 오직 하나님의 말씀에 순종할 때에 주어지는 선물이기 때문입니다. 출애굽 세대가 약속의 땅에 들어오지 못했던 이유가 무엇이었습니까? 그것은 '무할례' 때문이 아니라, 그들의 '불순종' 때문이었습니다.

> 이스라엘 자손들이 여호와의 음성을 청종하지 아니하므로 여호와께서 그들에게 대하여 맹세하사 그들의 조상들에게 맹세하여 우리에게 주리라고 하신 땅 곧 젖과 꿀이 흐르는 땅을 그들이 보지 못하게 하리라 하시매 애굽에서 나온 족속 곧 군사들이 다 멸절하기까지 사십 년 동안을 광야에서 헤매었더니…(수 5:6).

이미 할례를 받았던 출애굽 세대가 약속의 땅에 들어가지 못한 이유는 아주 단순합니다. 하나님의 음성을 청종하지 않았기 때문입니다. 여기에서 청종이란 말에 주목하십시오. 이 말속에는 '듣다'와 '순종하다'의 두 가지 뜻이 포함되어 있습니다. 하나님의 말씀을 들었으면 그대로 순종하는 것이 바로 청종입니다. 들어보고 나서 따를지 따르지 않을지를 선택하는 것이 아닙니다. 하나님의 말씀은 어떤 것이든 들은 대로 순종해야 합니다. 출애굽 세대의 실패는 바로 이 청종의 실패였습니다.

그러나 광야 세대는 그들과 달랐습니다. 그랬기 때문에 약속의 땅에 들어온 것입니다. 물론 할례가 약속의 땅에 들어오기 위한 필수조건이 아니라고 하더라도 만일 하나님이 그렇게 말씀하신다면 거기에 질문을 달지 않고 즉시 그대로 순종하는 것입니다. 그 순종이 약속의 땅에서 하나님께서 준비하고 계시는 은혜의 선물을 확인하는 방법입니다.

이스라엘 백성은 순종의 시험에 합격했습니다. 한마디의 불평도 없이 즉시 그들은 하나님의 명령대로 할례를 받았던 것입니다.

계약으로 초대

두 번째로 할례는 하나님과의 계약관계로 들어오라는 초대입니다. 하나님이 지금 할례를 요구하시는 것은 단지 이스라엘 백성이 순종을 잘하는지 확인하고 싶으셨기 때문만은 아닙니다. 거기에는 더 깊은 하나님의 속뜻이 담겨 있습니다. 그 속뜻을 알려면 하나님이 가장 먼저 할례를 요구했던 아브라함 이야기로 돌아가 보아야 합니다.

> ¹아브람이 구십구 세 때에 여호와께서 아브람에게 나타나서 그에게 이르시되 나는 전능한 하나님이라. 너는 내 앞에서 행하여 완전하라. ²내가 내 언약을 나와 너 사이에 두어 너를 크게 번성하게 하리라 하시니…(창 17:1-2).

이것은 아브람이 아흔아홉 살 때의 일입니다. 하나님은 그에게 나타나셔서 언약, 즉 계약(covenant)을 맺겠다고 하십니다. 그리고 그 계약을 통해서 "크게 번성하게 하겠다"라고 약속하십니다. 이 계약은 아브람이 먼저 요구한 것이 아니었습니다. 오히려 하나님이 일방적으로 복을 주겠다고 약속하시며 계약을 맺자고 그러시는 겁니다. 그러면서 이름을 '아브람'에서 '아브라함'으로 바꾸어주셨지요(창 17:5).

여기까지 하나님은 아브라함에게 아무것도 요구하지 않습니다. 그저 하나님이 주시겠다는 약속만 풍성합니다. 그런데 계약을 맺고 난 후에 하나님은 그 계약관계를 유지하기 위해서 아브라함이 해야 할 일이 한 가지 있다고 말씀하십니다. 그것이 바로 '할례'입니다.

⁹하나님이 또 아브라함에게 이르시되 그런즉 너는 내 언약을 지키고 네 후손도 대대로 지키라. ¹⁰너희 중 남자는 다 할례를 받으라. 이것이 나와 너희와 너희 후손 사이에 지킬 내 언약이니라. ¹¹너희는 포피를 베어라. 이것이 나와 너희 사이의 언약의 표징이니라(창 17:9-11).

'할례'는 단순히 육신의 포피를 베어내는 것이 아닙니다. 그것은 하나님께서 주신 약속을 신뢰한다는 믿음의 반응입니다. 하나님의 언약을 끝까지 붙들고 살겠다고 하는 표시입니다. 그것을 가리켜서 하나님은 '언약의 표징'(the sign of the covenant)이라고 하셨습니다.

홍수 사건 이후에 하나님이 노아와 계약을 맺으셨을 때의 '언약의 표징'은 무엇이었습니까? 그렇습니다. 무지개였습니다(창 9:13). 그 무지개는 다시는 생물을 홍수로 멸하지 않겠다는 언약의 증거(the sign of the covenant)였습니다(창 9:12). 그 이후로 사람들은 무지개를 볼 때마다 하나님의 약속을 떠올리게 되었지요.

그러나 무지개와 달리 할례는 자신의 몸에다 언약의 표징을 남겨야 합니다. 포피를 잘라내는 아픔을 견디는 수고를 해야 합니다. 물론 그렇게 해야만 약속의 땅에 들어갈 수 있는 것은 아닙니다. 약속의 땅은 하나님이 아브라함에게 약속해 주신 바로 그곳입니다. 하나님의 약속을 붙잡고 말씀에 순종하는 자들만이 살 수 있는 곳입니다. 그래서 할례가 필요합니다. 하나님의 약속을 신뢰하며 그 약속을 끝까지 붙잡고 살겠다는 믿음의 표시가 바로 할례이기 때문입니다. 게다가 그들이 바로 이 시점에서 할례를 받아야만 하는 진짜 이유가 있습니다. 그것은 유월절을 지키기 위해서입니다.

너희와 함께 거류하는 타국인이 여호와의 유월절을 지키고자 하거든 그 모든 남자는 할례를 받은 후에야 가까이하여 지킬지니 곧 그는 본토인과 같이 될 것이나 할례 받지 못한 자는 먹지 못할 것이니라(출 12:48).

이 규례는 첫 번째 유월절에 적용된 것은 아닙니다. 시내산에서 두 번째 유월절을 앞두고 말씀하신 것으로 보입니다. 여기에서 '본토인'은 야곱의 후손을, '타국인'(foreigners)은 나머지 사람들을 가리킵니다. 이집트를 탈출할 때 야곱의 후손과 함께 나왔던 '수많은 잡족'(출 12:38), 즉 '하피루'가 바로 여기에 포함됩니다. 그들은 히브리인의 하나님 여호와를 믿음으로써 구원받았습니다. 그리고 시내산에서 하나님과 계약을 맺고 하나님 백성이 되었습니다.

계약을 맺은 후에 처음으로 유월절을 지키게 된 것입니다. 따라서 하나님이 아브라함에게 요구하신 것처럼, 이제부터 하나님의 계약을 끝까지 붙들고 살겠다고 하는 약속의 표시로 자신의 몸에 언약의 표징을 새겨넣어야 했습니다. 그것이 바로 '할례'입니다. 따라서 시내산에서 시행된 두 번째 유월절을 앞두고 야곱의 후손을 제외한 나머지 사람들의 집단 할례가 실시되었다고 보는 것이 논리적으로 타당합니다.

그러나 약속의 땅에 들어가는 일에 실패하고 난 다음에 그들은 유월절을 지키지 않았고, 자연스럽게 할례를 강조할 필요도 없어졌습니다. 그래서 광야 길에서 난 사람은 할례를 받지 못하게 된 것이지요(5절). 그런데 이제 광야 세대가 약속의 땅으로 들어와서 드디어 유월절을 지키게 되었습니다. 그래서 하나님은 그들에게 할례를 명령하십니다. 할례가 구원의 전제조건은 아니지만, 앞으로 약속의 땅에서 하나님과 계약관계를 유지하겠다는 '언약의 표징'이기 때문입니다.

이집트의 수치

세 번째로 할례는 이집트의 수치를 굴려버린 상징입니다. 사실 당시 상황에서 성인 남자가 할례를 받는다는 것은 매우 위험한 일이었습니다. 우선 위생적으로 안전하지 못합니다. 그냥 칼도 아니고 부싯돌을 갈아서 만든 돌칼로 포피를 자른다고 한번 생각해보십시오. 무슨 마취약이 있는 것도 아닙니다. 그 후에 제대로 치료를 받을 수나 있겠습니까? 군사적으로도 마찬가지입니다. 할례를 받고 난 후에 이삼일 동안은 움직이기 쉽지 않습니다. 만일 그때 적군이 공격해오면 어떻게 되겠습니까?

그러나 이스라엘 백성은 한 사람의 예외도 없이 모두 하나님의 말씀에 순종했습니다. 그 모습을 보시고 하나님은 여호수아에게 아주 중요한 말씀을 하십니다.

> 8또 그 모든 백성에게 할례 행하기를 마치매 백성이 진중 각 처소에 머물며 낫기를 기다릴 때에 9여호와께서 여호수아에게 이르시되 내가 오늘 애굽의 수치를 너희에게서 떠나가게 하였다 하셨으므로 그곳 이름을 오늘까지 길갈이라 하느니라(수 5:8-9).

할례가 이집트의 수치를 떠나가게 한 것이라 말씀하십니다. 여기에서 "떠나가게 했다"는 말은 본래 "굴러가게 했다"(I have rolled away)는 뜻입니다. 길갈(Gilgal) 지명을 히브리어로 읽으면 구르다(roll)는 뜻을 가진 단어(갈랄, galal)와 비슷하게 들립니다. 그래서 그것의 어원을 이런 식으로 설명하고 있는 것이지요.

여기에서 또 한 가지 질문이 생겨납니다. 왜 '이집트의 수치'(the reproach of Egypt)일까요? 사실 지금 할례를 받은 사람들은 엄밀하게 말하자면 이집트와 상관없습니다. 그들은 광야에서 태어나서 자란 '광야 세대'기 때문입니다. 그런데 왜 하나님은 '이집트의 수치'를 제거하여 굴려버렸다고 하면서 좋다고 말씀하고 계시는 것일까요?

어떤 학자들은 당시 이집트 사람은 할례를 받지 않았다는 사실에 근거하여 설명합니다. 그동안 광야 세대가 할례를 받지 않고 지내 온 것은 할례를 받지 않는 이집트 사람과 조금도 다를 바 없는 수치스러운 일이었다는 것입니다. 그런데 이제 할례를 받았으니 그 수치를 굴려버린 셈이 되는 것이지요.

그렇지만 '무할례' 상태가 정말 그렇게 수치스러운 것이었다면, 가능한 한 빨리 그 상태를 벗어났어야 했습니다. 약속의 땅에 들어오기 전에 이미 그 수치를 제거하고 들어왔어야 했습니다. 그런데 약속의 땅에 들어온 후에 인제 와서 그 수치를 제거하겠다고 호들갑을 떠는 것은 앞뒤가 맞지 않습니다. 게다가 앞에서 언급했듯이 할례는 약속의 땅에 들어오는 필수조건이 아니었습니다. 할례보다 순종이 더 중요합니다.

그렇다면 '이집트의 수치'는 무엇을 말하는 것일까요? 그것은 '무할례'를 말하는 것이 아닙니다. 오히려 이집트에서 '종살이'하던 수치를 말하는 것입니다. 광야 세대가 비록 이집트에서 태어나지는 않았지만, 그들의 부모 세대가 종살이하면서 살던 '노예근성'의 부정적인 영향에서부터 완전히 자유롭지 않았습니다. 사실 출애굽 세대가 보여준 불순종과 불신앙의 근본적인 뿌리는 이집트의 종살이에 있습니다. 그들의 몸은 이집트를 탈출했지만, 그들의 마음과 생활 습관은 아직도 이집트에 남아 있었던 것입니다. 그래서 자꾸 돌아가려고 하지 않았습니까?

약속의 땅에서 살아가려면, 이집트의 수치에서 완전한 자유를 얻어야 합니다. 더는 이집트로 돌아가려는 유혹을 받지 말아야 합니다. 하나님은 요단 도하 사건을 통해서 그들에게 배수의 진을 치셨습니다. 퇴로를 막으신 것입니다. 이제는 꼼짝없이 하나님의 약속을 붙잡고 앞으로 나아가야 합니다. 그러나 하나님은 그들이 정말 이집트의 수치에서 해방되어 약속의 땅에서 하나님의 백성으로 살아갈 준비가 되었는지 확인하고 싶으셨습니다. 그 시험이 바로 할례였던 것입니다.

무할례는 수치이고 할례는 영광이라는 그런 의미가 아닙니다. 당시의 상황에서 '할례'를 받는 것은 정말 순종하기 힘든 명령입니다. 그러나 그들은 하나님의 말씀에 온전히 순종하여 할례를 받음으로써 이제 약속의 땅에서 오직 하나님의 약속을 붙잡고 살아갈 충분한 준비가 되었다는 사실이 증명된 것입니다. 그래서 하나님은 "내가 오늘 이집트의 수치를 굴려버렸다!"라고 선언하고 계십니다. 이 말은 하나님의 자기 감탄이요, 광야 세대 이스라엘 백성을 향한 칭찬의 말씀입니다.

그렇습니다. 하나님의 백성이 되었다고 해서 정말 세상의 수치와 악영향에서 완전히 자유롭게 되는 것은 아닙니다. 우리가 약속의 땅에 들어가기 전까지 이집트의 꼬리표는 늘 우리의 발목에 붙어 있을 것입니다. 몇 세대가 흘러도 마찬가지입니다. 그것을 끊어내어 굴려버려야 합니다. 어떻게 그렇게 할 수 있습니까? 하나님이 어떤 말씀을 하시더라도 즉시 그 말씀에 순종하는 것입니다.

아브라함은 백 세에 얻은 아들 이삭을 바치라는 명령에 즉시 순종했습니다. 베드로를 비롯한 제자들은 나를 따라오라는 주님의 명령에 즉시 순종했습니다. 광야 세대는 할례를 행하라는 명령에 즉시 순종했습니다. 가장 순종하기 힘든 말씀에 즉시 순종할 수 있을 때, 우리에게 늘 따라다니던 이집트의 수치가 끊어져서 굴러가 버립니다. 그제야 우리는 진정한 의미에서 약속의 땅에 거하는 하나님의 백성이 되는 것입니다.

묵상 질문: 나는 이집트의 수치를 완전히 굴려버렸는가?

오늘의 기도: 하나님을 믿고 따르는 백성이 되었지만, 우리의 삶에는 여전히 세상의 욕심이 남아 있습니다. 온전히 하나님의 말씀을 청종하지 못하고, 하나님과의 계약관계를 유지하지 못하고, 불순종의 뿌리를 제거하지 못한 채 살아갑니다. 우리를 긍휼히 여겨주옵소서. 무늬만 하나님의 백성이 아니라 온전한 하나님의 백성이 되도록 우리의 삶을 다스려주옵소서. 예수님의 이름으로 기도합니다. 아멘.

발에서 신을 벗으라!

읽을 말씀: 여호수아 5:1, 10-15; 출애굽기 3:1-5

새길 말씀: 여호와의 군대 대장이 여호수아에게 이르되 네 발에서 신을 벗으라. 네가
선 곳은 거룩하니라 하니 여호수아가 그대로 행하니라(수 5:15).

광야 세대 이스라엘 백성이 요단을 건너 약속의 땅에 들어가서 길갈에
진을 친 날은 공교롭게도 40년 전 출애굽을 앞두고 유월절에 잡을 어린 양을
택했던 바로 그날이었습니다(수 4:19). 그것은 우연의 일치가 아니라, 하나님
의 섭리였습니다. 약속의 땅에서 하나님 백성이 가장 먼저 해야 할 일로 유월
절 준수를 계획하고 계셨던 것입니다. 그리고 거기에는 여호수아가 감히 상
상할 수도 없는 메시아를 통한 구원 사역의 청사진이 담겨 있었다는 사실을
이미 살펴보았습니다.

다음 날 하나님은 느닷없이 이스라엘 백성에게 할례를 행하라고 명령하
셨습니다. 그것은 아무리 생각해도 이해할 수 없는 요구였습니다. 할례는 약
속의 땅에 들어오기 위한 필수조건이 아니었습니다. 게다가 가나안 족속들과
의 대결을 앞둔 상황에서 전혀 상식 밖의 요구였습니다. 그런데도 여호수아
와 광야 세대 이스라엘 백성은 하나님의 명령에 온전히 순종했습니다. 그

모습을 보시고 하나님은 "이집트의 수치를 굴러가게 했다!"라고 선언하며 무척 기뻐하셨지요.

하나님은 아무 일이나 요구하고 무턱대고 순종을 강요하는 그런 괴팍한 분이 아니십니다. 하나님의 명령 속에는 반드시 약속이 담겨 있습니다. 할례의 상처가 낫기를 기다리는 동안 실제로 가나안 족속들이 공격해오기라도 한다면, 이스라엘 백성은 속수무책으로 당할 수밖에 없었던 것이 사실입니다. 그러나 하나님은 그런 일이 벌어지지 않도록 미리 손을 써놓으셨습니다.

> 요단 서쪽의 아모리 사람의 모든 왕들과 해변의 가나안 사람의 모든 왕들이 여호와께서 요단 물을 이스라엘 자손들 앞에서 말리시고 우리를 건너게 하셨음을 듣고 마음이 녹았고 이스라엘 자손들 때문에 정신을 잃었더라(수 5:1).

하나님이 요단강을 끊으셔서 이스라엘 백성을 건너게 하셨다는 소문이 급속히 퍼져서 가나안에 사는 모든 족속의 마음을 녹여버렸던 것입니다. 메시지 성경은 이를 "마음이 무너졌고… 간담이 서늘해졌다"라고 풀이합니다. 그들은 두려움에 사로잡혀서 감히 이스라엘 백성과 대적할 엄두도 내지 못했습니다. 여리고성 사람들이 문을 굳게 닫아걸었던 것도 바로 그 때문이었습니다(수 6:1). 누가 그렇게 하셨습니까? 하나님이 그렇게 하셨습니다.

자, 그렇다면 하나님의 명령에 순종하지 못할 이유는 아무것도 없습니다. 우리가 이해하든지 이해하지 못하든지 하나님의 명령에는 반드시 약속이 포함되어 있습니다. 오직 하나님의 말씀에 순종하는 사람들만이 그 약속을 실제로 확인할 수 있게 되는 것입니다.

만나의 중단

그렇게 할례의 상처가 낫기를 기다리며 지내는 가운데 드디어 유월절이

다가왔고, 이스라엘 백성은 드디어 세 번째 유월절을 지켰습니다.

> ¹⁰또 이스라엘 자손들이 길갈에 진 쳤고 그달 십사일 저녁에는 여리고 평지에서 유월절을 지켰으며 ¹¹유월절 이튿날에 그 땅의 소산물을 먹되 그날에 무교병과 볶은 곡식을 먹었더라. ¹²또 그 땅의 소산물을 먹은 다음 날에 만나가 그쳤으니 이스라엘 사람들이 다시는 만나를 얻지 못하였고 그 해에 가나안 땅의 소출을 먹었더라 (수 5:10-12).

유월절 이튿날에 이스라엘 백성은 '그 땅의 소산물'을 먹었다고 합니다. 그것을 어떻게 구하게 되었는지는 여기에서 중요한 문제가 아닙니다. 정말 중요한 문제는 그 땅의 소산물을 먹은 다음 날, 그러니까 유월절로부터 이틀이 지난 후 만나가 그쳤다는 사실입니다.

만나는 광야 생활 40년 동안 하나님이 이스라엘 백성을 먹이신 '일용할 양식'이었습니다. 안식일을 제외하고 하루도 거르지 않고 그들은 만나를 거두었습니다. 아침 일찍 나가서 만나를 거두는 것은 그들의 가장 중요한 일상이었습니다. 그런데 갑자기 만나가 사라진 것입니다. 하나님은 '만나의 중단'을 미리 알려주지는 않으셨습니다. 어느 날 갑작스럽게 그런 방식으로 만나의 중단을 선포하신 것입니다.

물론 만나는 광야라는 특수한 상황 속에서 하나님이 공급해주신 특별한 양식입니다. 이스라엘 백성은 이제 정상적인 방법을 통해서 그 땅의 곡식을 먹을 수 있게 되었으니, 그렇게 특별한 방법으로 주어지던 만나가 중단되는 건 아주 자연스러운 일입니다. 이스라엘 백성도 언젠가 그런 날이 오리라 짐작하고 있었을 것입니다. 그러나 막상 이렇게 갑작스럽게 닥치자 그들은 큰 충격을 받지 않을 수 없었습니다.

문제는 만나의 중단만이 아니었습니다. 요단강을 건너 약속의 땅에 들어옴으로써 광야 생활이 끝났습니다. 그것은 하나님이 그들을 인도하시는 방식을 바꾸었다는 뜻이기도 합니다. 광야 생활을 하는 동안 하나님은 이스라엘 백성을 '구름 기둥'과 '불기둥'으로 인도해오셨습니다. 그러나 이제 약속의 땅에 들어왔으니 그것도 중단되었습니다. 물론 그렇다고 해서 하나님이 그들을 버리신 것은 아닙니다. 특수한 은혜의 방식에서 일반적인 은혜의 방식으로 전환되었을 뿐입니다.

이와 같은 변화를 가장 먼저 깨닫고, 가장 심각하게 받아들인 사람은 바로 여호수아였습니다. 그는 광야 세대 이스라엘 백성의 지도자입니다. 백성들을 이끌고 약속의 땅을 차지하는 일에 지도력을 발휘해야 할 사람입니다. 눈에 보이는 하나님의 섭리가 중단되고 난 후에 백성들의 시선은 지도자에게 더욱 집중할 수밖에 없습니다. 그 무거운 책임을 어떻게 감당할 수 있을 것인가?

여호와의 군대 장관

그런 고민을 안고 여호수아는 혼자서 여리고성을 향해 나아가고 있었습니다.

여호수아가 여리고에 가까이 이르렀을 때에 눈을 들어 본즉 한 사람이 칼을 빼어 손에 들고 마주 서 있는지라. 여호수아가 나아가서 그에게 묻되 너는 우리를 위하느냐, 우리의 적들을 위하느냐 하니…(수 5:13).

하나님의 명령에 따라 할례를 행했습니다. 유월절도 잘 지켰습니다. 그런데 갑자기 만나가 중단되었습니다. 구름 기둥과 불기둥도 사라졌습니다. 그러면 그다음에 무엇을 어떻게 해야 할까? 여호수아는 혼자서 여리고성을 둘러보면서 이런저런 생각을 하고 있었습니다. 여리고성은 오래전에 출애굽 세대의 정탐꾼으로 가나안 땅을 돌아보던 그때와 별로 달라지지 않았습니다. 그 성곽은 여전히 하늘 끝에 닿아있는 것처럼 보였습니다(신 1:28). 이와 같은 성을 무너뜨리고 정복한다는 것은 불가능한 일처럼 생각되었을 것입니다.

바로 그때였습니다. 문득 눈을 들어보니 한 사람이 칼을 빼 들고 자기와 마주 서 있는 것이 아닙니까? 물론 우리는 그 사람이 하나님께서 보내신 천사라는 것을 잘 압니다. 그러나 여호수아는 아직 모르고 있습니다. 그래서 이렇게 묻습니다. "너는 우리를 위하느냐? 우리의 적들을 위하느냐?" 어느 편인지 소속을 밝히라는 요구입니다. 그런데 그는 이렇게 대답합니다.

그가 이르되 아니라, 나는 여호와의 군대 대장으로 지금 왔느니라 하는지라. 여호수아가 얼굴을 땅에 대고 엎드려 절하고 그에게 이르되 내 주여 종에게 무슨 말씀을 하려 하시나이까(수 5:14).

조금 전에 여호수아가 뭐라고 했습니까? "너는 어느 편이냐? 우리 편이냐, 우리 원수의 편이냐?"(메시지)라고 물었지요. 그 질문에 대한 정확한 답은 둘 중의 하나입니다. 아군 아니면 적군입니다. 그런데 칼을 빼 들고 서 있는 사람은 뭐라고 대답합니까? '아니라'(Neither)고 합니다. 무슨 뜻입니까? 아군도 적군도 아니라는 뜻입니다. 동문서답처럼 보이지만, 여기에는 매우 중요한 메시지가 담겨 있습니다.

지금 여호수아의 유일한 관심사는 여리고성을 무너뜨리는 일이었습니다. 그 일을 자신이 어떻게 할 수 있을지 고민하는 중입니다. 그러던 중에 칼을 들고 있는 사람을 만난 것입니다. 만일 그가 아군이라면 함께 힘을 합해서 여리고성을 정복하면 되지만, 만일 그가 적군이라면 죽여야 합니다. 그래서 아군인지 적군인지 물었던 것입니다.

그러나 하나님이 보내신 천사의 대답은 완전히 차원이 달랐습니다. "아니다. 나는 너의 아군도 적군도 아니다. 나는 여호와의 군대 대장으로 지금 왔다!" 이게 무슨 뜻입니까? "이 싸움의 주인공은 네가 아니다!"라는 뜻입니다. 여호수아는 이 전쟁을 치르는 이스라엘의 군대 대장이 바로 자기 자신이라고 생각했습니다. 그래서 고민이 깊었던 것입니다. 그런데 천사는 말합니다. "군대 대장은 네가 아니라 바로 나다. 내가 여호와의 군대 대장으로 여기 있는 것이야!"

약속의 땅에서 형통한 삶의 원칙을 묵상하면서, "내가 너와 함께 하겠다"는 하나님의 약속은 '응원가'가 아니라 영적인 전쟁에서 형통할 수 있는 하나의 '원칙'이요 '비결'이라고 했습니다. 그러니까 "내가 옆에서 도와줄 테니까 용감하게 나가서 싸우라"는 뜻이 아니라, 오히려 "내가 앞장서서 싸울 테니 너희는 내 곁에서 내가 시키는 대로 하라"는 뜻이라고 했습니다.

그렇습니다. 약속의 땅에서 벌어지는 전쟁은 이스라엘 백성과 가나안 족속의 대결이 아닙니다. 하나님을 우리 편으로 삼아서 적군과 싸우는 전쟁이 아닙니다. 오히려 하나님이 그 땅을 이스라엘 백성에서 선물로 주시는 과정입니다. 하나님이 이스라엘 백성을 위해서 대신 싸워주시는 전쟁입니다(신 3:22). 하나님이 싸워주시는 것은 이스라엘 편이기 때문이 아닙니다. 하나님은 그 누구의 편도 아닙니다. 단지 가나안 족속의 죄악을 심판하시면서 동시에 아브라함에게 주신 약속을 성취하고 계시는 것입니다.

만일 이스라엘 백성이 하나님 편에 서 있다면 이 전쟁에서 승리하게 될 것이고 약속의 땅을 선물로 받게 될 것입니다. 앞으로도 그들이 하나님 편에 서서 그의 말씀을 순종하는 동안 이 땅은 그들에게 약속의 땅으로 남아 있을 것입니다. 그러나 만일 하나님의 말씀에 순종하지 않게 된다면, 언제라도 그들 또한 약속의 땅에서 쫓겨날 것입니다. 약속의 땅은 하나님의 약속을 붙잡고 그의 말씀에 순종할 때에만 주어지는 은혜의 선물이기 때문입니다.

여호수아는 이 말씀이 무슨 뜻인지 금방 알아차렸습니다. 그리고 그렇게 말씀하시는 분이 누구인지도 알게 되었습니다. 그래서 얼굴을 땅에 대고 엎드려 절하면서 말합니다. "내 주여, 종에게 무슨 말씀을 하려 하시나이까?" 이것을 새번역 성경은 다음과 같이 번역하고 있습니다. "사령관님께서 이 부하에게 무슨 말씀을 하시렵니까?"

그동안 여호수아는 건방지게도 자기가 군사령관인 줄 알았습니다. 그래서 괜히 혼자서 고민하고 그랬습니다. 그런데 말씀을 듣고 보니 자기 생각이 한참 잘못되었다는 사실을 알게 된 것입니다. 그래서 여호수아는 "당신이 사령관님이십니다. 이 못난 부하에게 말씀하십시오. 제가 듣겠습니다"라고 말하게 된 것이지요.

맨발의 순종

이때 여호와의 군대 대장은 여호수아에게 이렇게 말합니다.

> **여호와의 군대 대장이 여호수아에게 이르되 네 발에서 신을 벗으라. 네가 선 곳은 거룩하니라 하니 여호수아가 그대로 행하니라**(수 5:15).

어디에서 많이 듣던 아주 익숙한 말씀입니다. 호렙산에서 떨기나무 불꽃 가운데 나타나신 하나님이 모세에게 말씀하셨던 바로 그 내용입니다(출 3:5). 자, 그런데 왜 신을 벗으라고 그러셨을까요? 그것은 종들이 자신의 주인 앞에 설 때 하는 행동이기 때문입니다. 하나님은 "네가 나의 종이라는 사실을 인정 할 수 있겠느냐?"라고 물으셨던 것입니다. 만일 여호와 하나님을 '나의 하나 님'으로 인정한다면, 지금 당장에 신발을 벗음으로 증명하라는 것이지요.

그 장면에서 모세는 선뜻 신발을 벗지 않습니다. 하나님의 주인 되심을 아직은 인정할 수 없었습니다. 하나님의 종이 된다는 것은 그렇게 쉬운 일이 아닙니다. 불타는 떨기나무의 이적을 목격했다고 그 즉시 하나님의 다스림에 온전히 순종하는 종이 되는 것은 아닙니다. 아직도 넘어야 할 산이 많이 남아 있습니다. 모세는 하나님 앞에 신발을 벗을 준비가 되지 않았습니다. 그러나 여호수아는 달랐습니다. 그는 즉시 신발을 벗습니다. 모세와 달리 하나님의 주인 되심을 곧바로 인정했던 것입니다.

"네가 선 곳은 거룩하다"는 말씀도 설명이 필요합니다. 우리말 '거룩'에 해당하는 히브리어 '코데시'(qodesh)는 본래 구별(apartness)을 의미합니다. 하나님의 임재하심으로 구별된 장소라는 뜻입니다. 그런 의미에서 본다면 모세가 하나님을 만났던 '하나님의 산'은 거룩한 곳입니다. 후에 하나님은 이집트를 탈출한 사람들과 그곳에서 계약을 맺게 될 것입니다. 그러나 지금 여호수아가 여호와의 군대 대장을 만나고 있는 장소는 여리고성 앞입니다. 그곳도 과연 거룩하다고 할 수 있을까요?

이 말씀 또한 "발에서 신을 벗으라"는 명령과 연결하여 이해해야 합니다. "네가 지금 서 있는 곳이 거룩한 땅이기에 신을 벗어야 한다"가 아닙니다. 오히려 "네가 발에서 신을 벗고 선 그곳이 하나님이 임재하시는 거룩한 곳이 된다"는 뜻입니다. 따라서 이것은 장소의 개념이 아니라, 하나님의 주인 되심을 인정하는 삶의 태도를 가리키는 말입니다. 특정한 장소에서는 반드시 신발을 벗어야 한다는 뜻이 아니라, 하나님의 종으로 살아가는 곳이라면 어디에나 하나님이 임하신다는 뜻입니다.

여호수아는 '그대로 행했다'고 합니다. 물론 그 자리에서 신발을 벗었을 것입니다. 그러나 그 이후로 계속해서 맨발로 살았다는 그런 뜻은 아닙니다. 하나님을 주인으로 모시는 종으로서, 여호와의 군대 대장의 지휘를 받는 부하로서 겸손하게 하나님이 함께하심을 인정하는 태도로 살았다는 뜻입니다. 이것을 우리는 '맨발의 순종'이라 표현할 수 있을 것입니다.

이 대목에서 하나님이 여호수아를 부르시던 처음 장면으로 되돌아갈 필요가 있습니다. 그때 하나님은 여호수아에게 이렇게 약속하셨지요.

> 내가 모세에게 말한 바와 같이 너희 발바닥으로 밟는 곳은 모두 내가 너희에게 주었노니…(수 1:3).

"너희 발바닥으로 밟는 곳은 모두 너희에게 주었다." 이 말씀을 이른바 '땅 밟기'의 근거로 생각하려고 하는 사람들이 많습니다. 무엇이든 욕심껏 땅을 밟고 다니면 모두 자기 소유가 될 것처럼 생각하는 것이지요. 그것은 말 그대로 큰 오해입니다.

이 말씀을 주의 깊게 살펴보십시오. 신발 바닥(the sole of your shoe)이 아니라 그냥 발바닥(the sole of your foot)입니다. 다시 말해서 신발을 벗어버린 맨발바닥을 의미합니다. 맨발은 하나님의 주인 됨을 인정하고 그 뒤를 따라서 겸손하게 순종하는 삶을 의미한다고 했습니다. 약속의 땅은 내 힘으로 욕심껏 정복하는 땅이 아닙니다. 하나님의 약속을 붙잡고 그의 말씀에 맨발로 순종하며 따라갈 때 받게 되는 은혜의 선물입니다.

그렇습니다. 내가 열심히 노력한다고 해서, 내가 끝까지 움켜잡는다고 해서 그대로 되는 것이 아닙니다. 자녀교육도 그렇고, 직장생활도 그렇고, 사업도 그렇고 내가 욕심부린다고 해서 내 마음대로 되지 않습니다. 신앙생활도 마찬가지입니다. 하나님이 앞장서게 해야 합니다. 우리는 겸손하게 맨발로 주님의 뒤를 따라가기만 하면 됩니다. 그러면 우리가 밟는 땅이 약속의 땅이 됩니다. 하나님이 임재하여 다스리시는 거룩한 땅이 됩니다.

묵상 질문: 나는 하나님 앞에 맨발로 서 있는가? 아직 그러지 못하고 있다면 그 이유는 무엇인가?

오늘의 기도: 우리는 아직도 마음의 신발을 온전히 벗지 못하고 있습니다. 자존심의 신발, 자기 의의 신발, 세상 욕심의 신발을 하나님 앞에 벗지 못하고 있습니다. 이제라도 신발을 벗어버리고 맨발로 주님의 뒤를 따르게 하옵소서. 우리가 살아가는 삶의 자리를 약속의 땅으로 만들어가게 하옵소서. 예수님의 이름으로 기도합니다. 아멘.

약속의 땅에서
치르는 전쟁

| 여호수아 6-12장 |

믿음과 순종의 장애물

읽을 말씀: 여호수아 6:1-9

새길 말씀: ²여호와께서 여호수아에게 이르시되 보라 내가 여리고와 그 왕과 용사들을
네 손에 넘겨주었으니 ³너희 모든 군사는 그 성을 둘러 성 주위를 매일 한
번씩 돌되 엿새 동안을 그리하라(수 6:2-3).

여호수아 말씀은 크게 3막으로 나눌 수 있습니다. 제1막은 '요단을 건너 약속
의 땅으로' 들어가는 이야기입니다. 지난 시간까지 우리가 살펴본 내용입니다.
오늘부터는 제2막인 '약속의 땅에서 치르는 전쟁' 이야기를 살펴보겠습니다.

여호수아 말씀을 묵상하면 묵상할수록 이 책은 전쟁과 정복의 모험담이
아니라, 믿음과 순종의 체험담이라는 사실을 알게 됩니다. 물론 그 속에는
가나안 족속들과의 전쟁이 있습니다. 그 전쟁에서 이스라엘 백성이 승리했습
니다. 그러나 그것은 사실 그들이 승리한 것이라고 할 수 없습니다. 그들이
한 일이라고는 단지 하나님의 약속을 붙잡고 그의 말씀에 순종한 것이 전부
였기 때문입니다.

'약속의 땅'은 힘 있는 사람들이 군홧발로 밟아서 정복하는 땅이 아닙니
다. 오히려 하나님의 주인 되심을 인정하고, 그 뒤를 따라서 겸손하게 맨발로

순종하며 따라갈 때 얻게 되는 땅입니다. 하나님이 여호수아를 모세의 후계자로 선택하신 이유는 그가 '순종의 사람'이었기 때문입니다. 하나님이 광야세대 이스라엘 백성을 약속의 땅으로 들어가게 하신 이유는 그들이 '순종의세대'였기 때문입니다. 약속의 땅은 오직 순종의 사람, 순종의 세대에게만주어지는 은혜의 선물입니다.

여리고성 함락

오늘 본문은 이스라엘 백성이 약속의 땅에서 처음으로 만난 난공불락의여리고성을 무너뜨리고 점령하는 기록입니다. 교회 다니는 사람치고 이 이야기를 모르는 사람은 아마 하나도 없을 것입니다. 그러나 이 사건의 실체를정확하게 설명하기는 생각보다 쉽지 않습니다. 아이들에게 재미있는 동화처럼 말해줄 수는 있어도, 실제로 일어난 역사적인 사건이라 주장하기에는 너무나 비현실적이기 때문입니다.

사람들은 이 사건을 상식적인 선에서 설명하려고 노력합니다. 라합의 가족 중에 누군가가 이스라엘 백성이 들어올 수 있도록 몰래 성문을 열어놓았다거나, 이스라엘 백성이 성 주위를 돌면서 여리고 사람들의 시선을 빼앗는동안 성벽 밑에 폭발물을 심어놓고 그것을 터뜨렸다거나, 심지어 이스라엘백성이 일곱째 날 외친 함성이 어떤 파괴적인 음파를 만들어내서 오래된 성벽에 금이 가서 무너졌다고 주장하기도 합니다. 그러나 그런 상식으로는 충분히 설명되지 않습니다.

여리고성 함락 사건의 역사적인 진실성에 대한 논쟁은 고고학자들 사이에서 가장 치열하게 벌어졌습니다. 그 논쟁에 불을 붙인 사람들은 세속적인 고고학자들입니다. 그들은 무너진 잔해의 토기를 분석한 결과를 증거로 제시하며, 여호수아가 도착하기 훨씬 오래전에 이미 여리고성이 파괴되었다고 주장했습니다. 그 대표적인 학자인 윌리엄 데버(William Dever)는 "여호수아는 그곳에 이미 없어진 도시를 파괴했다"라는 식으로 비꼬아 말하기도 했습니다.

그러나 최근 여리고 발굴에 참여한 이탈리아 발굴단의 유물을 분석한 브라이언트 우드(Bryant Wood) 교수는 여리고성 파괴가 성경의 여호수아 시대와 정확하게 일치한다는 것을 새롭게 밝혀냈습니다. 흥미로운 사실은 여리고성에서 불탄 곡식, 밀, 보리, 대추야자 열매 등이 대량 발굴되었다는 것입니다. 이 또한 성경의 내용과 일치합니다. 이스라엘 백성은 여호수아의 명령대로 곡식을 탈취하지 않고 불태웠습니다(수 6:24). 그것은 일반적인 전쟁과 전혀 다른 모습입니다.

게다가 라합의 집이 있었을 것으로 추정되는 북쪽 성벽의 짧은 구간이 다른 부분과 달리 완전히 무너지지 않았다는 사실도 발견했습니다. 성벽이 집의 후면 벽을 형성하고 있었기 때문에 창문을 통해 정탐꾼들이 쉽게 도주할 수 있었을 뿐만 아니라, 성의 북쪽인 이 위치로부터 정탐꾼이 사흘간 숨어지내던 유대 광야의 산지까지 가까운 거리였다는 것입니다. 이러한 고고학적 발굴 역시 성경의 기록과 일치합니다(수 2:16, 22).

가장 중요한 발굴의 결과는 여리고 성벽이 무너진 방향입니다. 만일 투석기와 같은 성벽 파괴용 무기를 사용해서 외부에서 여리고를 공격했다면 성벽이 안쪽으로 무너져 내릴 수밖에 없습니다. 그런데 여리고 성벽은 안에서 바깥쪽으로 무너졌다는 사실이 확인된 것입니다. 따라서 여리고성이 여호수아 시대에 어느 날 갑작스럽게 무너진 것은 틀림없는 사실입니다. 문제는 그 방법입니다. 어떻게 그런 일이 벌어졌는지는 아무도 증명해낼 수가 없습니다.

이스라엘 백성이 고함을 크게 질렀기 때문에 성이 무너진 것은 아닙니다. 큰 소리로 나팔을 불고 고함을 지른다고 될 일이 아닙니다. 가장 설득력 있는 주장은 '지진'입니다. 그 또한 사람이 인위적으로 만들어낼 수는 없습니다. 그렇지만 만일 하나님이 지진을 일으키셨다면 두말할 필요가 없습니다. 하나님은 천지를 창조하신 분입니다. 홍수로 이 세상을 심판하시고 유황불로 소돔과 고모라를 파괴하신 분입니다. 지진을 일으켜서 여리고성을 무너뜨리는 것은 전능하신 하나님에게 그리 큰일이 아닙니다.

그런데 이 이야기에서 우리가 정말 주목해야 할 것은 난공불락의 여리고 성이 하루아침에 무너졌다는 기적이 아닙니다. 오히려 하나님이 그렇게 역사하실 수 있도록 여호수아와 이스라엘 백성이 하나님의 말씀에 어떻게 순종하며 따랐느냐 하는 것입니다. 약속의 땅은 순종의 사람, 순종의 세대에게만 주어지는 것이기 때문입니다. 그것이 여호수아 말씀이 일관되게 증언하는 메시지입니다.

여리고성은 분명히 하나님이 무너뜨리셨습니다. 그렇지만 여호수아와 광야 세대 이스라엘 백성의 순종을 통해서 그 일을 행하셨습니다. 만일 그들이 하나님의 말씀에 온전히 순종하지 않았다면, 하나님은 여리고성을 무너뜨리실 이유가 하나도 없으셨습니다.

명령과 약속

자, 그렇다면 하나님이 왜 이런 방식으로 여리고성을 무너뜨리셨는지, 그 이유를 오늘 본문을 통해서 자세히 살펴보도록 하겠습니다.

이스라엘 자손들로 말미암아 여리고는 굳게 닫혔고 출입하는 자가 없더라(수 6:1).

여리고성은 높은 이중 성곽으로 둘러싸인 요새였습니다. 여리고 사람들은 지금 성문을 굳게 닫아걸고 꼼짝달싹하지 않고 있습니다. 하나님이 요단강을 끊으셔서 이스라엘 백성을 건너게 하신 일 때문에 큰 두려움에 사로잡혀 있었던 것입니다. 그러나 일단 성문이 닫히면 그 성은 완벽한 요새가 되어 버립니다. 그 성을 외부에서 강제로 무너뜨리기는 절대로 쉽지 않습니다.

그래서 당시 사람들은 이런저런 무기들을 고안해내서 성을 공격했습니다. 그러나 이스라엘 백성에게는 그런 무기가 하나도 없었습니다. 아니, 그런 무기를 가지고 있었다고 하더라도 하나님은 그것을 사용하실 생각이 전혀 없으셨습니다. 왜냐면 이것은 현대화된 첨단 무기나 훈련된 군사들의 숫자로 치르는 전쟁이 아니기 때문입니다. 이 전쟁의 본질은 이스라엘 백성과 가나안 족속의 대결이 아닙니다. 오히려 광야 세대 이스라엘 백성이 하나님의 말씀에 '순종할 수 있느냐?'와 '순종하지 못하느냐?' 사이의 대결입니다.

그래서 하나님은 여호수아에게 '강하고 담대하라(수 1:7)' 말씀하신 것입니다. 강하고 담대함은 적군과 싸움에서 승리하는 데 필요한 '담력'을 의미하는 것이 아닙니다. 오히려 하나님의 말씀대로 살아가는 데 필요한 '믿음의 순종'을 의미합니다. 지금 여호수아와 광야 세대 이스라엘 백성은 여리고성과 마주하고 있는 것이 아닙니다. 불순종의 시험, 불신앙의 시험과 마주하고 있는 것입니다.

왜냐면 하나님이 그들에게 명령하신 말씀은 도무지 순종할 수 없는, 아니 순종하여 따르기에는 전혀 신뢰가 가지 않는 그런 말씀이었기 때문입니다.

²여호와께서 여호수아에게 이르시되 보라 내가 여리고와 그 왕과 용사들을 네 손에 넘겨주었으니 ³너희 모든 군사는 그 성을 둘러 성 주위를 매일 한 번씩 돌되 엿새 동안을 그리하라(수 6:2-3).

하나님은 여호수아에게 말씀하십니다. "내가 여리고와 그 왕과 용사들을 네 손에 넘겨주었다." 여기에서 우리는 또다시 '완료형 확신'의 용법을 발견하게 됩니다. 하나님이 여리고를 '넘겨줄 것이다'가 아닙니다. '이미 네 손에 넘겨주었다'(I have given Jericho into your hand)입니다.

따라서 이제부터 이스라엘 백성이 해야 할 일은 그들의 힘을 의지하고 나아가서 성을 무너뜨리고 '정복'하는 것이 아닙니다. 오히려 하나님께서 이미 넘겨주신 여리고성을 '접수'하면 됩니다. 접수하는 방법이 무엇입니까? 매일 한 번씩 엿새 동안 여리고성 주위를 도는 겁니다.

만일 우리가 이 말씀을 들었다면 과연 순종할 수 있을까요? 대뜸 "그렇게 무작정 돈다고 해서 뭐가 달라지겠어?"라는 생각이 들지 않을까요? 그런데 그것이 전부가 아닙니다.

> 4제사장 일곱은 일곱 양각 나팔을 잡고 언약궤 앞에서 나아갈 것이요 일곱째 날에는 그 성을 일곱 번 돌며 그 제사장들은 나팔을 불 것이며 5제사장들이 양각 나팔을 길게 불어 그 나팔 소리가 너희에게 들릴 때에는 백성은 다 큰 소리로 외쳐 부를 것이라. 그리하면 그 성벽이 무너져 내리리니 백성은 각기 앞으로 올라갈지니라 하시매… (수 6:4-5).

최첨단 무기를 동원해도 시원치 않을 판에 기껏 일곱 제사장의 '양각 나팔'을 가져가야 합니다. 그리고 언약궤를 따라서 백성들이 함께 성 주위를 돌라는 것입니다. 그러다가 마지막 날에는 일곱 번을 돌고 나서 제사장들이 나팔을 부는 소리가 들리거든 그때 일제히 큰소리로 함성을 외치라는 것입니다. 그러면 여리고 성벽이 무너지게 되게 될 것이고, 그때 성으로 올라가서 접수하면 된다는 말씀입니다.

만일 이 이야기를 읽으면서 마음에 아무런 의문이 생기지 않고 아무런 거부감도 생기지 않는다면, 그것은 이 이야기를 하나의 재미있는 '옛날이야기'이거나 '동화' 정도로 생각하고 있다는 증거입니다. 그러나 만일 이것이 실제로 일어났던 역사적인 사건이라고 받아들인다면, 이 말씀을 대하는 태도가 달라질 수밖에 없습니다.

성경의 메시지를 잘 이해하려면 직접 그 역사의 현장에 들어가 보아야 한다고 했습니다. 우리가 지금 이 모든 일이 벌어지고 있는 현장에 들어와 있다고 한번 가정해봅시다. 우리가 바로 '여호수아'이고, '광야 세대 이스라엘 백성'입니다. 그렇다면 하나님이 말씀하시는 이 명령에 아무 의심 없이 순종하여 따를 수 있을까요?

순종의 시험

진정한 순종은 주저하지 않는 것입니다. 여호수아는 하나님의 말씀에 즉시 순종합니다.

> 6눈의 아들 여호수아가 제사장들을 불러 그들에게 이르되 너희는 언약궤를 메고 제사장 일곱은 양각 나팔 일곱을 잡고 여호와의 궤 앞에서 나아가라 하고 7또 백성에게 이르되 나아가서 그 성을 돌되 무장한 자들이 여호와의 궤 앞에서 나아갈지니라 하니라(수 6:6-7).

여호수아는 하나님의 명령을 그대로 전달합니다. 자신의 설명을 덧붙이려고 하거나 다른 말로 적당히 바꾸려고 하지 않습니다. 하나님께 받은 명령을 그대로 전달합니다. 여호수아는 그런 사람이었습니다. 이해할 수 없어도 하나님을 신뢰하기에 그 말씀에 따르는 '순종의 사람'이었습니다. 그러나 여호수아가 아무리 대단한 믿음을 가지고 있다고 하더라도 이스라엘 백성이 그를 따르지 않는다면 아무런 소용이 없습니다. 그들은 이때 어떤 반응을 보였을까요?

> 8여호수아가 백성에게 이르기를 마치매 제사장 일곱은 양각 나팔 일곱을 잡고 여호와 앞에서 나아가며 나팔을 불고 여호와의 언약궤는 그 뒤를 따르며 9그 무장한 자들은 나팔 부는 제사장들 앞에서 행진하며 후군은 궤 뒤를 따르고 제사장들은 나팔을 불며 행진하더라(수 6:8-9).

여호수아의 명령을 듣고 따르는 광야 세대도 정말 대단한 순종의 사람들입니다. 그들은 명령을 받은 대로 순종하여 따릅니다. 엿새 동안 여리고성을 매일 한 번씩 돌기 시작합니다. 행진의 대열은 제일 앞에 무장한 군사들이 있고, 그 뒤에 일곱 명의 제사장들이 나팔을 잡고 나아가고, 그 뒤에 여호와의 언약궤가 따르고, 그 뒤에 후방 군대가 따릅니다.

사실 여리고성을 도는 일 자체는 그다지 어려운 게 아닙니다. 여리고성은 큰 규모가 아니었기 때문입니다. 천천히 걷는다고 해도 20분이면 충분히 성 둘레를 한 바퀴 돌 수 있을 정도였습니다. 그들의 일과는 매일 여리고성을 한 바퀴 돌고 곧바로 자기 장막에 가서 쉬는 것이었습니다. 그러니까 성을 도는 데 걸리는 시간보다 장막에서 쉬는 시간이 훨씬 더 길었던 셈입니다. 바로 이것이 그들에게 시험이 되었습니다.

하나님의 약속은 분명합니다. 여리고성을 그들의 손에 이미 넘겨주셨다고 했습니다. 그렇다면 매일 조금씩이라도 어떤 변화가 나타나야 합니다. 성벽에 금이 생긴다거나 하는 것이 보여야 합니다. 그게 아니라면 그들이 무슨 일이든지 더 해야 합니다. 성을 한 바퀴 돌고 장막에 들어가 종일 아무것도 하지 않고 빈둥거리는 방식으로는 평생이 걸려도 여리고성을 무너뜨릴 수 없을 것입니다. 하다못해 성벽의 뚫린 부분을 찾아보거나 아니면 특공조를 편성하여 침투시키거나 무슨 수를 써보아야 합니다. 출애굽 세대 같았으면 벌써 여기저기서 불평 소리가 터져 나왔을 것입니다.

여리고성을 돌고 있던 이스라엘 백성도 그렇지만, 성곽의 집에서 그 모습을 지켜보고 있던 기생 라합의 식구들은 또 어땠을까요? 그들은 모두 라합의 집에 모여서 성 주위를 돌고 있는 이스라엘 백성의 행렬을 보았을 것입니다. 그런데 20분 남짓 되는 시간에 한 번 돌고 난 후에 그냥 돌아가는 일이 매일 반복되는 것입니다. 그들은 여리고성이 함락될 때 구원받기 위해서 지금 숨죽여 모여 있습니다. 그런데 아무 일도 일어나지 않는 것입니다. 언제까지 그렇게 기다려야 할지 그들에게도 큰 시험이 되었을 것입니다.

그렇습니다. 하나님의 때를 알지 못하면 그럴 수밖에 없습니다. 그러나 하나님은 분명히 그때를 일러주셨습니다. 일곱째 날이 되면 여리고성이 무너질 거라 말씀하셨습니다. 그렇다면 그때까지 기다릴 일입니다. 그때까지 하루하루 해야 할 일에 집중하면 됩니다. 이런다고 무슨 기적이 나타나겠나

의심하면 안 됩니다. 우리가 조급한 마음으로 무엇을 더 한다고 해서 하나님의 때를 앞당길 수 있는 게 아닙니다. 하나님의 때를 조용히 기다리는 것도 순종입니다.

여리고성은 하나님의 기적이 일어났던 역사적인 장소가 아닙니다. 여리고성은 하나님의 백성 앞에 놓여 있는 믿음과 순종의 장애물입니다. 그것은 지금 우리 앞에도 놓여 있습니다. 만일 우리가 하나님의 말씀에 순종하면 하나님이 약속하신 대로 여리고성을 선물로 접수하게 될 것입니다. 그리고 나머지 약속의 땅을 향해 앞으로 나아가게 될 것입니다. 그러나 만일 하나님의 말씀에 순종하지 않는다면 평생 그것으로 인해 우리의 믿음이 성장하지 못하고 가로막힌 상태로 그렇게 지내게 될 것입니다.

따라서 '장애물'은 단순한 '방해물'이 아닙니다. 오히려 우리의 믿음을 성장시키기 위해서 허락하신 특별한 기회입니다. 우리가 '순종의 사람', '순종의 세대'가 되어 약속의 땅에 들어갈 수 있도록 우리에게 주신 '디딤돌'입니다. 우리 모두 그 기회를 놓치지 말고 믿음으로 순종합시다. 약속의 땅은 오직 순종의 사람에게만 열리는 곳입니다.

묵상 질문: 나는 하나님의 때를 기다리는 순종의 시험을 어떻게 이겨내고 있는가?
오늘의 기도: 우리 앞에 놓여 있는 여리고성은 '정복'하는 게 아니라 '접수'하는 것임을 깨닫게 해주시니 감사합니다. 여리고성은 단지 우리의 앞길을 방해하는 '장애물'이 아니라 약속의 땅으로 들어가는 '디딤돌'이라는 사실도 알게 해주시니 감사합니다. 조급한 마음으로 인해 하나님의 때를 기다리는 일에 실패하지 않게 하시고, 오직 말씀에 순종함으로 약속의 땅에 들어가는 복을 누리게 하옵소서. 예수님의 이름으로 기도합니다. 아멘.

리더십의 차이

읽을 말씀: 여호수아 6:10-14; 민수기 13:1-3; 신명기 1:21-23

새길 말씀: 여호수아가 백성에게 명령하여 이르되 너희는 외치지 말며 너희 음성을 들리
　　　　　게 하지 말며 너희 입에서 아무 말도 내지 말라. 그리하다가 내가 너희에게
　　　　　명령하여 외치라 하는 날에 외칠지니라 하고…(수 6:10).

　　지금까지 여호수아 말씀을 묵상해오면서 모세가 이끌던 출애굽 세대와
여호수아가 이끌던 광야 세대가 여러 가지 점에서 대조적이라는 사실을 알게
되었습니다. 가장 결정적인 세대 차이는 하나님이 주신 권위에 대한 순종에
서 드러납니다. 출애굽 세대는 모세의 리더십에 사사건건 불평하고 불순종했
습니다. 그러나 광야 세대는 여호수아의 리더십에 단 한 번의 문제도 제기하
지 않습니다. 어떤 명령이든 즉시 순종하여 따릅니다. 바로 그 순종이 광야
세대 이스라엘 백성을 약속의 땅에 들어가게 했던 것입니다.

　　"만남이 축복이다"라는 말이 있습니다. 여호수아는 어쩌면 믿음의 세대를
잘 만난 것인지 모릅니다. 매사에 순종적인 사람들과 함께 하나님의 일을 하
게 되었으니, 얼마나 큰 행운입니까? 그에 비하면 모세는 매사에 불순종하는
사람들을 만나서 무척이나 힘들었을 겁니다. 마음고생은 고생대로 하고 결국

에는 약속의 땅도 밟지 못하게 되었으니, 모세는 지지리 복이 없는 사람입니다.

그런데 정말 그럴까요? 그것을 단지 백성들의 기본적인 성향 탓으로만 돌릴 수 있을까요? 물론 순종적인 성품을 선천적으로 타고나는 사람들이 있습니다. 그렇지만 자녀 세대 전체가 부모 세대와 정반대의 성품을 지니게 되는 일은 없습니다. 설혹 다른 성품을 타고났다고 하더라도 자라면서 부모를 닮아가게 되어 있습니다. 그러니 여호수아의 리더십을 단지 순종적인 세대를 만난 행운 정도로 생각한다면 문제의 본질을 제대로 파악하지 못한 것입니다.

오히려 모세와 여호수아의 리더십 자체가 출애굽 세대와 광야 세대의 차이를 만들어냈다고 해야 합니다. 물론 모세는 하나님의 신실한 종이었습니다. 하나님의 부르심을 받고 온전히 하나님의 말씀에 순종했습니다. 나름대로 최선을 다해서 출애굽 세대를 이끌고 약속의 땅으로 들어가려고 무던히 애를 썼습니다. 그러나 결국 모세도 출애굽 세대도 들어가지 못했습니다. 무엇이 문제였을까요? 때를 잘못 타고났기 때문이라던가 사람들을 잘못 만났기 때문이라던가 하는 식으로 도피하면 안 됩니다. 문제의 핵심은 바로 리더십에 있었습니다.

여호수아는 모세의 수종자였습니다. 모세를 하늘처럼 여기면서 그의 뒤를 쫓아다니며 보고 배웠습니다. 그러나 모세의 뒤를 이어 이스라엘 백성을 이끌어가는 지도자가 되었을 때, 그가 보여준 리더십은 모세와 완전히 달랐습니다. 그것은 아마도 모세가 출애굽 세대와 함께 약속의 땅에 들어가는 일에 실패하는 모습을 지켜보면서 반면교사(反面敎師)로 삼은 결과가 아닐까 싶습니다. 실제로 여호수아는 모세와 전혀 다른 리더십으로 광야 세대를 이끌고 약속의 땅에 들어가는 데 성공했습니다.

모세의 리더십

자, 그렇다면 모세는 왜 가나안 땅에 들어가는 일에 실패했을까요? 모세의 리더십에 어떤 문제가 있어서 그랬던 것일까요? 그것을 알기 위해서 우리는 열두 명의 정탐꾼을 약속의 땅으로 보내던 현장, 가데스 바네아로 가보아야 합니다. 그 내용이 민수기 13장에 자세히 기록되어 있습니다.

> 1여호와께서 모세에게 말씀하여 이르시되 2사람을 보내어 내가 이스라엘 자손에게 주는 가나안 땅을 정탐하게 하되 그들의 조상의 가문 각 지파 중에서 지휘관 된 자 한 사람씩 보내라. 3모세가 여호와의 명령을 따라 바란 광야에서 그들을 보냈으니 그들은 다 이스라엘 자손의 수령 된 사람이라(민 13:1-3).

여기에는 하나님이 모세에게 명령하시고, 모세는 그 명령에 순종하는 전형적인 모습이 기록되어 있습니다. 이는 여호수아의 경우와 조금도 다르지 않습니다. 하나님은 모세에게 가나안을 정탐하라고 명령하셨고, 모세는 그 명령에 따라서 각 지파 중에서 한 사람씩 선발하여 보냈습니다. 그러나 세월이 흐른 후에 똑같은 장면을 회상하고 있는 신명기를 살펴보면, 민수기와는 전혀 다른 상황이 기록되어 있습니다.

> 21너희 조상의 하나님 여호와께서 너희에게 이르신 대로 올라가서 차지하라 두려워하지 말라 주저하지 말라 한즉 22너희가 다 내 앞으로 나아와 말하기를 우리가 사람을 우리보다 먼저 보내어 우리를 위하여 그 땅을 정탐하고 어느 길로 올라가야 할 것과 어느 성읍으로 들어가야 할 것을 우리에게 알리게 하자 하기에 23내가 그 말을 좋게 여겨 너희 중 각 지파에서 한 사람씩 열둘을 택하매…(신 1:21-23).

민수기 본문에서는 하나님이 열두 정탐꾼을 보내어 가나안 땅을 정탐하게 한 것으로 되어 있습니다. 그러나 신명기 본문에서는 백성들이 먼저 그것을 요구했고, 모세는 그 말을 좋게 여겨 따른 것으로 되어 있습니다. 어느 이야기가 맞을까요? 사람들은 이렇게 상충하는 본문을 만나게 되면, 둘 중의 하나를 선택해야 한다고 생각합니다. 그러나 사실은 두 이야기가 다 맞습니다.

상황은 이렇습니다. 출애굽 세대의 가장 큰 특징은 요구사항이 지나치게 많다는 것입니다. 그리고 그 요구사항은 언제나 불평하는 말, 원망하는 말로 표출되어왔습니다. 문제가 생기면 요구하고, 그 불평 섞인 요구에 대해서 모세는 하나님께 묻고, 하나님이 그 해결책을 말씀하시면, 모세는 그것을 백성에게 전하여 문제를 해결하는 그런 과정이 광야 생활 내내 반복되었습니다.

출애굽기 17장에 기록된 '르비딤 물 사건'을 예로 들어보겠습니다. 이스라엘 백성은 마실 물이 없자 모세를 원망합니다. 모세가 하나님께 부르짖어 기도하니까, 하나님은 반석을 치라고 명령하십니다. 그래서 그대로 행했더니 반석에서 물이 터져 나와서 문제가 해결됩니다. 출애굽 세대에서 항상 반복되는 이야기입니다. 이런 상황 속에서 모세의 리더십은 자연스럽게 이스라엘 백성이 제기하는 문제를 해결해주고 그들의 불평을 해소해주는 방식으로 굳어졌던 것입니다.

이와 같은 모세의 리더십을 이해한다면, 앞에서 언급한 민수기와 신명기 본문이 서로 충돌하지 않는다는 사실을 알게 됩니다. 모세에게 주신 하나님의 본래 명령은 가나안에 즉시 들어가는 것이었습니다. 그러나 백성들은 그에 앞서 가나안 땅을 정탐할 필요성을 모세에게 제기합니다(신명기). 그것에 대해서 모세는 하나님께 물었고, 하나님은 그들의 요구를 허락해 주신 것입니다(민수기). 그러나 '하나님의 허락'이 곧 '하나님의 뜻'은 아닙니다.

한번 생각해보십시오. 가나안 정탐이 정말 필요한 일이었을까요? 하나님은 가나안이 어떤 상황인지 이미 다 파악하고 계셨습니다. 그곳에는 물론 이스라엘 백성의 입성을 가로막는 장애물이 많이 있었습니다. 하나님이 그걸 모르셨을까요? 아닙니다. 다 알고 계셨습니다. 그러나 일단 들어가기만 하면 그 땅을 차지할 수 있도록 하나님은 모든 일을 준비해 놓으셨습니다.

따라서 이스라엘 백성은 그저 믿고 들어가기만 하면 됩니다. 그러면 나머지 일은 하나님이 다 알아서 하실 것입니다. 그런데 이스라엘 백성은 굳이 정탐꾼을 보내서 확인하겠다고 고집한 것입니다. 막상 정탐꾼들은 하나님이 준비해 놓으신 일을 보지 못했다는 게 문제입니다. 아니, 그들은 처음부터 그것을 확인할 생각이 없었습니다. 오직 가나안 땅에 들어가지 못할 이유를 찾아다녔던 것입니다.

그로부터 39년의 세월이 흘렀습니다. 상황은 조금도 달라지지 않았습니다. 여전히 가나안 족속들이 그 땅을 차지하고 있었고, 아낙 자손들이 거기에 살고 있었고, 성곽들은 하늘에 닿을 정도로 높았습니다. 그렇지만 여호수아와 광야 세대는 결국 그 땅을 차지했습니다. 무슨 뜻입니까? 만일 출애굽 세대가 가데스 바네아에서 가나안 땅으로 들어갔더라도 똑같은 결과를 얻었을 것이라는 뜻입니다.

그런데 이스라엘 백성은 그 땅을 미리 정탐할 것을 원했습니다. 아니, 그냥 원하는 정도가 아닙니다. 지금까지의 행태를 보면 그들은 모세에게 강력하게 요구했을 것이 분명합니다. 그것은 사실 불신앙에 근거한 요구였습니다. 자기 눈으로 직접 보지 않고는 도무지 믿지 못하겠다는 마음에서 나온 것이기 때문입니다. 정탐한다고 해서 상황이 달라질 것이 없었지만, 그로 인해 오히려 이스라엘 백성이 낙심하게 될 것을 알고 계셨지만, 하나님은 그렇게 하라고 허락해주셨습니다.

자, 더욱 큰 문제는 바로 모세의 리더십입니다. 이런 상황에서 모세는 어떤 리더십을 발휘해야 했을까요? 하나님 편에 서서, 하나님의 마음을 헤아려서, 하나님의 약속을 신뢰할 수 있도록 이스라엘 백성을 설득해야 했습니다. 아니면 하나님이 주신 말씀에 순종하여 따라야 한다고 강력하게 요구하고 명령했어야 했습니다. 그러나 그러지 못했습니다. 왜냐면 모세의 리더십은 오로지 '문제 해결'과 '불평 해소'에 초점이 맞추어져 있었기 때문입니다.

이러한 모세의 리더십은 정탐꾼을 보내는 장면에서도 잘 드러납니다.

¹⁷모세가 가나안 땅을 정탐하러 그들을 보내며 이르되 너희는 네겝 길로 행하여 산지

로 올라가서 ¹⁸그 땅이 어떠한지 정탐하라. 곧 그 땅 거민이 강한지 약한지 많은지 적은지와 ¹⁹그들이 사는 땅이 좋은지 나쁜지와 사는 성읍이 진영인지 산성인지와 ²⁰ 토지가 비옥한지 메마른지 나무가 있는지 없는지를 탐지하라…(민 13:17-20).

이게 무슨 뜻입니까? 만일 그 땅의 원주민이 강하고 많다면, 만일 그들이 사는 땅이 나쁘다면, 만일 그 성읍이 산성이라면, 토지가 메마르다면, 나무가 없다는 것을 확인한다면 가나안에 들어가지 않는 선택을 해도 괜찮다는 뜻입니까? 만일 가나안 땅이 하나님께서 그들에게 허락해주신 약속의 땅이라고 정말 확신하고 있었다면, 그런 상황에도 불구하고 '왜 우리가 그 땅에 들어가야 하는지' 이유를 찾아오라고 명령했을 것입니다.

그런데 모세는 정탐꾼들에게 너무나 많은 선택의 여지를 주었습니다. 그들의 판단에 따라 얼마든지 좋고 나쁨을 선택하게 했습니다. 그것은 그들의 불평을 무마하고 문제를 해결하는 쪽으로 그들과 타협했기 때문입니다. 그랬더니 결국 어떻게 되었습니까? 그들 대부분은 부정적인 보고를 했습니다. 그리고 그들의 보고에 낙심한 출애굽 세대 이스라엘 백성은 불필요한 39년의 광야 생활을 이어가게 되었고, 결국 약속의 땅에 들어가지 못하고 그들의 생애를 마감하고 말았던 것입니다.

하나님의 말씀과 하나님이 보여주시는 비전에서 출발하지 않고, 백성의 요구사항이나 문제해결에서 출발하면 항상 이런 식으로 끝나게 되어 있습니다.

여호수아의 리더십

그렇다면 여호수아의 리더십은 모세의 그것과 어떻게 달랐을까요? 이미 살펴본 대로 여호수아는 약속의 땅에 들어가라는 명령을 받았을 때, 그 즉시 이스라엘 백성에게 사흘 후에 요단강을 건너서 들어간다고 선포해 버렸습니다(수 1:11). 그리고 요단 동쪽에 정착한 지파들을 불러 함께 들어가도록 준비시켰습니다.

두 명의 정탐꾼을 보냈지만, 그것은 이스라엘 백성에게 비밀로 했습니다 (수 2:1). 그들의 보고에 따라서 들어갈지 말지를 결정할 게 아니기 때문입니다. 요단강을 건너 약속의 땅에 들어가는 것은 하나님이 정해놓으신 변경할 수 없는 일입니다. 여호수아의 리더십은 하나님의 계획을 실제로 가능하게 만드는 데 초점이 맞추어져 있었던 것입니다.

하나님께 받은 명령은 그 즉시 선포되었습니다. 거기에는 이스라엘 백성이 선택할 여지를 두지 않았습니다. 선택이 아니라 결정을 요구했습니다. 돌무더기를 쌓으라 하시면 그대로 쌓았고, 유월절을 지키라 하시면 그대로 했습니다. 심지어 할례를 행하라고 요구하셨을 때도 주저하지 않고 즉시 행했습니다. 여리고성을 접수하는 방법을 일러주셨을 때도 마찬가지였습니다.

여호수아의 리더십의 특징을 잘 보여주는 대목은 오늘 본문에 나옵니다.

> 10여호수아가 백성에게 명령하여 이르되 너희는 외치지 말며 너희 음성을 들리게 하지 말며 너희 입에서 아무 말도 내지 말라. 그리하다가 내가 너희에게 명령하여 외치라 하는 날에 외칠지니라 하고 11여호와의 궤가 그 성을 한 번 돌게 하고 그들이 진영으로 들어와서 진영에서 자니라 (수 6:10-11).

하나님이 한 가지를 말씀하시면 여호수아는 하나님의 마음을 헤아려 두 가지를 해내는 그런 사람이었습니다. 길갈에 기념 돌무더기를 쌓으라고 하셨을 때도 요단 가운데 먼저 돌무더기를 쌓지 않았습니까? 그것은 하나님이 기념 돌무더기를 왜 쌓으라고 하시는지, 그 마음을 충분히 헤아리고 있었기에 가능한 일이었습니다.

여기서도 마찬가지입니다. 하나님은 여호수아에게 '침묵 명령'을 지시한 적은 없으셨습니다. 그러나 여호수아는 이스라엘 백성에게 여리고성을 돌면서 아무 말도 하지 말라고 명령합니다. 이 부분을 메시지 성경으로 읽으면 더욱 실감이 납니다. "소리치지 말고, 말도 하지 마십시오. 내가 '외쳐라!'고 할 때까지는 속닥거리지도 마십시오"(Don't shout. In fact don't even speak, not so much as a whisper until you hear me say, 'Shout!' MSG).

소리치지도(shout) 말고, 말도(speak) 하지 말고, 아예 속닥거리지도(a whisper) 말라고 합니다. 여호수아는 이스라엘 백성에게 언제나 '말 많은 것'이 문제가 되어왔음을 너무나 잘 알고 있었습니다. 그의 영적인 스승이었던 모세가 백성들의 불평과 원망의 말에 얼마나 시달려왔는지, 그들의 요구를 해결해주기 위해서 얼마나 많은 영적인 에너지를 쓸데없이 낭비해왔는지 너무나 잘 알고 있었던 것입니다.

그래서 여호수아는 침묵하라고 명령합니다. 그렇습니다. 말이 필요할 때가 있고, 필요 없을 때가 있는 것입니다. 기도할 때는 말이 필요합니다. 찬양할 때도 말이 필요합니다. 하나님의 말씀을 선포할 때도 말이 필요합니다. 전도할 때도 말이 필요합니다. 그러나 하나님의 말씀에 순종할 때는 말이 필요 없습니다. 그냥 순종하면 됩니다. 순종하지 않으려고 하니까 말이 많아지고 핑곗거리가 많아지는 것이지요.

만일 여호수아가 이렇게 명령하지 않았다면, 여리고성을 돌면서 이스라엘 백성 사이에 별별 말이 다 돌았을 것입니다. 처음에는 그냥 다른 사람들이 하는 대로 여리고성을 돌았을 겁니다. 하루 이틀 지났는데 아무런 변화가 나타나지 않습니다. 그러면 한 사람이 불쑥 말을 꺼냅니다. "이런다고 무슨 소용이 있겠어?" 그러면 순식간에 그 말이 꼬리에 꼬리를 물고 확대되어 퍼져나가게 될 것입니다. 원망과 불평은 언제나 그런 식으로 시작됩니다. 그래서 믿음의 공동체에서는 말씀에 순종한다고 하면서 입으로 불평하는 사람들이 불순종하여 아무것도 하지 않는 사람보다 훨씬 더 나쁜 영향을 끼치는 것입니다.

여호수아는 하나님과 이스라엘 백성 사이에 어중간하게 서 있지 않았습니다. 그는 처음부터 이스라엘 백성의 대변자이기보다 하나님의 대변자로 확실하게 자리매김했습니다. 그리고 하나님의 약속을 붙잡고 그 말씀에 순종하는 일에 헌신했습니다. 물론 이와 같은 리더십이 모든 시대, 모든 믿음의 공동체에 꼭 필요하다고 주장할 수는 없는 일입니다. 그러나 적어도 광야 세대를 이끌고 '약속의 땅'에 들어가기 위해서는 꼭 필요했던 리더십입니다.

우리에게는 약속의 땅이 있습니까? 하나님이 보여주신 비전이 있습니까? 그 땅에 들어가고 싶은 마음은 있습니까? 그렇다면 우리에게는 여호수아와 같은 리더십이 필요합니다. 광야 세대와 같은 순종이 필요합니다. 얼마나 많은 장애물과 어려움이 우리 앞에 놓여 있는지는 그다지 중요한 문제가 아닙니다. 약속의 땅은 이미 우리에게 주어졌기 때문입니다. 우리는 그저 믿음으로 순종하여 들어가서 그 땅을 접수하기만 하면 되는 것입니다.

묵상 질문: 하나님이 세우신 권위에 나는 과연 어떤 태도를 보이는가?
오늘의 기도: 우리가 몸담은 신앙공동체에 여호수아와 같은 지도자를 세워주옵소서. 아니, 우리가 먼저 광야 세대 이스라엘 백성처럼 순종하는 믿음의 자세를 갖게 해주옵소서. 우리의 요구사항을 관철하거나 필요를 채우는 일에만 영적인 에너지를 다 소비하다가 결국에는 하나님이 보여주신 약속의 땅에 들어가지 못하는 어리석은 세대가 되지 않도록 우리를 온전히 다스려주옵소서. 예수님의 이름으로 기도합니다. 아멘.

심판 속의 구원

읽을 말씀: 여호수아 6:15-27; 창세기 15:13-16

새길 말씀: 여호수아가 기생 라합과 그의 아버지의 가족과 그에게 속한 모든 것을 살렸
으므로 그가 오늘까지 이스라엘 중에 거주하였으니 이는 여호수아가 여리고
를 정탐하려고 보낸 사자들을 숨겼음이었더라(수 6:25).

여호수아가 광야 세대 이스라엘 백성을 이끌고 약속의 땅으로 들어가는
이야기는 상반된 두 가지 측면을 담고 있습니다. 이스라엘 백성 편에서는
약속의 땅을 차지하는 '축복'이었습니다. 반면 이미 그 땅에 살고 있던 가나
안 족속 편에서는 멀쩡하게 잘살고 있다가 어느 날 갑작스럽게 쫓겨나야 하
는 '저주'였습니다. 만일 하나님이 모든 민족을 사랑하시고 그들을 구원하기
원하신다면, 이스라엘 백성에게는 그렇게 일방적으로 복을 베푸시면서 가나
안 족속들은 왜 그렇게 저주하시는 것일까요?

여호와의 군대 대장을 만나는 장면에서 여호수아가 물었지요. "너는 우리
를 위하느냐? 우리의 적들을 위하느냐?" 그때 군대 대장이 뭐라고 대답합니
까? 아니라(neither)고 합니다(수 5:13-14). 이스라엘 편도 가나안 편도 아니라
는 뜻입니다. 그렇다면 하나님은 왜 이스라엘 백성에게는 가나안을 약속의

땅으로 주시면서 이미 오래전부터 그 땅에 둥지를 틀고 살고 있던 가나안 족속은 몰아내시는 것일까요? 그 어느 편도 아니라는 말씀과는 이율배반적인 행동 아닙니까?

이 질문에 바른 답을 찾는 것은 앞으로 가나안에서 일어나는 전쟁의 의미를 이해하는 데 아주 중요한 단서를 우리에게 제공해줄 것입니다. 만일 이 답을 찾지 못한 상태에서 그냥 읽어나가면 하나님은 이스라엘 백성만 무조건 편애하는 하나님이요, 나머지 가나안 족속에게는 무자비하게 대하는 불공평한 하나님으로 보일 수도 있습니다. 그리고 그것은 인류를 구원하시는 하나님의 이미지와 그 구원의 계획에 근본적인 의문을 품게 할지도 모릅니다.

불공평한 하나님?

물론 여호와 하나님은 이스라엘 민족만을 위한 하나님이 아닙니다. 하나님은 천지를 창조하셨고, 이 세상에 사는 모든 생명의 주인이 되십니다. 인간의 타락함에 대하여 하나님은 심판하시지만, 동시에 타락한 인간을 구원하기 위해서 원대한 계획을 품고 계셨습니다. 그 계획을 이루기 위해서 하나님은 아브라함을 선택하셔서 약속의 땅에 대한 비전을 심어주셨고, 이집트 왕국에서 학대당하던 히브리인을 구원하여 하나님 백성 삼으시고 지금 약속의 땅으로 들어가게 하시는 중입니다.

자, 그렇다면 하나님은 왜 가나안 족속을 심판의 대상으로 삼으신 것일까요? 그것은 이집트 왕국을 심판하고 이스라엘 백성을 구원해내신 이유와 똑같습니다. 바로 우상 숭배입니다. 이 세상을 창조하시고 섭리하시는 진짜 하나님을 믿지 않고, 자기들을 위해서 스스로 만든 우상들을 믿고 있었기 때문입니다. 가나안에 살던 족속들도 그런 의미에서 이집트 사람들과 조금도 다르지 않습니다. 그것을 가리켜서 성경은 '죄악'이라고 말합니다. 그 죄악을 심판하시는 것이지요.

하나님은 이와 같은 당신의 계획을 이미 아브라함에게 다 알려주셨습니다.

> 13여호와께서 아브람에게 이르시되 너는 반드시 알라. 네 자손이 이방에서 객이 되어 그들을 섬기겠고 그들은 사백 년 동안 네 자손을 괴롭히리니 14그들이 섬기는 나라를 내가 징벌할지며 15그 후에 네 자손이 큰 재물을 이끌고 나오리라…. 16네 자손은 사대 만에 이 땅으로 돌아오리니 이는 아모리 족속의 죄악이 아직 가득 차지 아니함이니라…(창 15:13-16).

하나님이 이집트 왕국을 징벌하시는 이유도, 가나안 땅에 살고 있던 아모리 족속을 심판하시는 이유도 똑같습니다. 바로 그들의 죄악 때문입니다. 그들의 우상 숭배 때문입니다. 그렇다면 이스라엘 백성은 왜 구원하시는 것입니까? 그들은 우상이 아니라 하나님을 믿는 백성이기 때문입니다. 하나님의 백성을 통해서 온 인류를 구원하실 것이기 때문입니다.

따라서 하나님의 구원과 심판은 마치 동전의 양면과 같습니다. 하나님이 누군가를 구원하실 때, 동시에 누군가는 하나님의 심판을 받게 됩니다. 그렇기에 가나안은 하나님을 섬기는 이스라엘 백성에게는 은혜의 선물로 주어지는 약속의 땅이지만, 하나님을 섬기지 않던 가나안 족속에게는 심판을 받고 쫓겨나야 할 저주의 땅이 되는 것이지요.

가나안 족속에게 하나님의 심판이 임할 수밖에 없는 이유에 대해서 하나님은 모세에게 다음과 같이 일러주셨습니다.

> 23내 사자가 네 앞서 가서 너를 아모리 사람과 헷 사람과 브리스 사람과 가나안 사람과 히위 사람과 여부스 사람에게로 인도하고 나는 그들을 끊으리니 24너는 그들의 신을 경배하지 말며 섬기지 말며 그들의 행위를 본받지 말고 그것들을 다 깨뜨리며 그들의 주상을 부수고 25네 하나님 여호와를 섬기라…(출 23:23-25).

하나님은 그동안 멀쩡하게 잘 살던 무고한 가나안 족속을 쫓아내고, 그 자리에 이스라엘 백성을 억지로 집어넣어 살게 하시는 그런 불공평한 분이 아닙니다. 하나님은 그 어디에서도 우상 숭배를 허락하지 않으십니다. 그러나 유독 가나안 땅을 주목하시는 이유는 바로 그곳에서부터 인류 구원의 역사를 시작하기로 아브라함에게 약속하셨기 때문입니다. 그래서 가나안이 '약속의 땅'이 된 것입니다. 하나님의 구원 역사는 그곳에 머물러 있지 않습니다. 그곳으로부터 시작하여 땅끝까지 널리 퍼져나가게 될 것입니다.

따라서 여호수아와 광야 세대 이스라엘 백성이 가나안 땅을 차지하게 된 것은 하나님이 그들을 편애하여 일방적으로 복을 주려고 하는 불공평한 처사가 아닙니다. 그것은 우상을 숭배하는 사람에게는 하나님의 엄중한 심판을 집행하면서 동시에 하나님을 믿는 사람에게는 구원의 은혜를 베푸시는 지극히 공평한 처사입니다. 누구든지 똑같이 구원받고 누구든지 똑같이 심판받는 게 '공평'이 아닙니다. 구원받을 자가 구원받고 심판받을 자가 심판받는 것이 하나님의 공의입니다.

심판하시는 하나님

오늘 본문에도 이와 같은 하나님의 의도가 잘 드러나고 있습니다. 하나님은 무조건 여리고성을 심판하지 않으십니다. 그 엄중한 심판 속에서도 구원의 역사가 일어납니다. 기생 라합과 그 가족들이 구원을 받게 된 것입니다.

> 15일곱째 날 새벽에 그들이 일찍이 일어나서 전과 같은 방식으로 그 성을 일곱 번 도니 그 성을 일곱 번 돌기는 그날뿐이었더라. 16일곱 번째에 제사장들이 나팔을 불 때에 여호수아가 백성에게 이르되 외치라. 여호와께서 너희에게 이 성을 주셨느니라(수 6:15-16).

고고학의 발굴 결과 이 당시 여리고성의 외곽 둘레가 육백 미터쯤 되었을 것으로 확인되었습니다. 하루에 한 번씩 돌기에 그리 힘든 거리는 아닙니다. 아무리 천천히 돌아도 20분이면 충분합니다. 마지막 날에는 일곱 번을 돌았다고 하는데, 그런다고 하더라도 오천 미터도 채 되지 않습니다. 말씀에 순종하는 것은 육체적으로 힘들지 않습니다. 그러나 마음으로는 무척 힘든 일입니다. 특히 바보 같은 짓처럼 느껴질 때면 더욱 그렇습니다. 게다가 여리고성 주위를 도는 동안 내내 침묵해야 하니 더더욱 힘들었을 것입니다.

하나님의 말씀에 온전히 순종하기 위해서 여호수아가 선택한 일은 새벽에 일찍 일어나는 것이었습니다. 아침에 눈 뜨자마자 가장 먼저 하나님이 명령하신 대로 하는 것입니다. 이것은 하나님의 말씀에 순종하며 살기를 원하는 모든 세대의 하나님 백성에게 아주 중요한 전략입니다. 잡생각이 많아진 다음에 혹은 다른 일로 인해 육체가 피곤한 상태로 말씀에 순종하기는 쉽지 않습니다. 하루를 시작하는 새벽 시간에 일어나자마자 가장 먼저 하나님 앞에 나와서 말씀을 묵상하고 기도하는 이유입니다.

그런데 일곱 번을 다 돌고 나서 모든 백성에게 함께 외치라고 하기 직전에 여호수아는 한 가지 중요한 명령을 내립니다. 그것은 두 정탐꾼과 약속한 대로 기생 라합과 그 가족들을 모두 살려주라는 것입니다.

17이 성과 그 가운데에 있는 모든 것은 여호와께 온전히 바치되 기생 라합과 그 집에 동거하는 자는 모두 살려 주라. 이는 우리가 보낸 사자들을 그가 숨겨주었음이니라. 18너희는 온전히 바치고 그 바친 것 중에서 어떤 것이든지 취하여 너희가 이스라엘 진영으로 바치는 것이 되게 하여 고통을 당하게 되지 아니하도록 오직 너희는 그 바친 물건에 손대지 말라(수 6:17-18).

여기에서 "여호와께 온전히 바친다"는 말씀의 의미를 먼저 이해할 필요가 있습니다. 이를 NIV 성경은 "주께 헌신되었다"(to be devoted to the LORD) 하고, NASB 성경은 "주께 속했다"(belongs to the LORD)라 번역합니다. 이 말만으로는 무슨 뜻인지 감이 잘 잡히지 않습니다. 메시지 성경은 이를 "이 성과 그 안에 있는 모든 것은 거룩한 저주를 받아 하나님께 드려졌다"(The city and everything in it is under a holy curse and offered up to GOD)라고 풀이합니다.

그러니까 여리고 성안에 있는 모든 생명은 마치 희생제물을 죽여서 하나님께 드리듯이, 그렇게 죽임을 당해야 한다는 것입니다. 따라서 남녀노소 불문하고 가축들까지 포함하여 모두 죽임으로써 하나님께 제물로 바쳐야 합니다. 만일 그렇게 하지 않고 누군가를 살려두거나 어떤 물건을 개인적으로 취하거나 한다면, 이스라엘 백성이 자신의 생명으로 갚아야 합니다. 정말 무시무시한 명령이 아닐 수 없습니다.

오늘날의 윤리기준으로는 도무지 이해할 수도, 받아들일 수도 없는 하나님의 명령입니다. 그러나 앞에서 설명한 것처럼 이것은 무고한 사람들의 생명을 빼앗는 무자비한 일이 아니라, 우상 숭배자들에 대한 준엄한 하나님의 심판입니다. 하나님의 심판은 본래 그렇게 무서운 것입니다.

노아 때의 홍수 심판을 보십시오. 마지막 때의 불 심판도 마찬가지입니다. 대충대충 봐주면서 하는 심판은 없습니다. 구원을 받거나 심판을 당하거나 둘 중의 하나이지, 그 중간의 회색지대란 존재하지 않습니다. '천국'에 들어가거나 '지옥'에 떨어지거나 둘 중의 하나이지, 그 중간의 '연옥'이란 어디에도 존재하지 않습니다.

구원하시는 하나님

그런데 이와 같은 엄중한 심판 중에서도 하나님은 구원을 선포하고 계십니다. 여리고성에도 구원받을 사람들이 있다는 것입니다. 그들은 바로 '기생 라합과 그 집에 동거하는 자들'입니다. 마치 홍수 심판에서 방주에 탄 노아와 그의 가족들처럼 라합의 집 안에 있는 사람들은 '거룩한 저주'에서 제외되어 죽임을 당하지 않게 하라는 것입니다.

그 이유는 무엇입니까? 본문에는 정탐꾼들을 숨겨주었기 때문이라고 하지만, 그것이 전부는 아닙니다. 라합은 분명히 여호와 하나님을 믿었습니다. 하나님이 이 세상에 존재하는 유일한 하나님이라고 고백했습니다(수2:11). 그 하나님이 여리고성을 포함하여 모든 가나안 땅을 이스라엘 백성에게 주셨다고 확신했습니다(수2:9). 바로 그 이유로 이스라엘 정탐꾼들을 숨겨주었던 것입니다.

여기에서 우리는 아주 중요한 메시지를 발견합니다. 그것은 하나님의 엄중한 심판이 임할 때도 하나님을 믿는 자들은 반드시 구원을 받게 된다는 사실입니다. 기름을 준비해 놓은 지혜로운 처녀들처럼 그렇게 믿음으로 준비된 자들에게 주님의 재림은 기쁨과 설렘이 있는 구원의 날이 될 것입니다. 그러나 준비되지 않은 어리석은 처녀들에게는 천국 잔치에 참여하지 못하고 밖에서 이를 갈게 되는 두려움과 공포의 날이 될 것입니다.

그런데 '기생 라합'은 그렇다 치더라도 '그 집에 동거하는 자들'은 어떻게 구원받을 수 있게 되었을까요? 어떤 분들의 생각처럼 한 집안에서 대표선수 한 사람만 신앙생활 잘하면, 그 나머지 식구들은 덩달아 구원받게 되는 것일까요? 아닙니다. 구원은 개인적입니다. 다른 사람의 믿음에 편승하여 내가 구원받게 되는 일은 절대로 벌어지지 않습니다. 그 사람의 믿음으로 그 사람이 구원받습니다.

그러나 한 집안에서 누군가가 먼저 믿어 아브라함처럼 믿음의 조상이 된다면, 그 나머지 가족에게 복음이 전해질 수밖에 없습니다. 노아의 가족들이 모두 방주에 들어가게 되었던 것은 하나님의 심판과 구원에 대해서 확실하게 믿었기 때문입니다. 빌립보 성의 감옥을 지키던 간수와 그의 집이 구원을 받은 것도 마찬가지입니다(행16:31). 기생 라합의 믿음은 다른 가족들에게도 전해졌습니다. 만일 그러지 않았다면, 그들은 여리고성이 무너지는 그날 그 좁은 방구석에 모여 있지 않았을 것입니다.

붉은 줄을 창문에 매두면 구원을 받는다는 비밀을 알게 된 사람들이 있었다고 한번 가정해봅시다. 그들이 실제로 그렇게 따라서 했다면 과연 어떻게 되었을까요? 유월절 날 밤에 하나님이 보내신 '파멸하는 자'가 문설주의 피를 보고 넘어갔듯이 그들 역시 구원을 받았을 것입니다. 만일 믿음이 없다면 그렇게 따라 할 수 없었을 것이기 때문입니다. 그렇습니다. 심판의 날에 믿음 없이 구원받게 되는 일은 없습니다.

여호수아를 통해서 전달된 하나님의 명령은 그대로 시행되었습니다.

> 20이에 백성은 외치고 제사장들은 나팔을 불매 백성이 나팔 소리를 들을 때에 크게 소리 질러 외치니 성벽이 무너져 내린지라. 백성이 각기 앞으로 나아가 그 성에 들어가서 그 성을 점령하고 21그 성 안에 있는 모든 것을 온전히 바치되 남녀노소와 소와 양과 나귀를 칼날로 멸하니라(수 6:20-21).

침묵하면서 여리고성 주위를 도는 것도, 나팔 소리를 들을 때에 크게 소리 지르는 것도, 성에 들어가 그 안에 있는 모든 것을 온전히 바치는 것도 모두 순종하기 쉽지 않은 일들입니다. 그러나 하나님의 말씀은 우리가 취사선택할 수 있는 게 아닙니다. 하기 싫어도 순종해야 하고, 이해할 수 없어도 순종해야 합니다. 순종할 수 있는 것만을 선택하려고 하기에 하나님의 말씀에 온전히 순종하지 못하는 것입니다.

할례에 대한 명령도 순종하기 힘든 말씀이었지만, 오늘 말씀은 그보다 훨씬 더 힘든 명령입니다. 다른 사람의 생명을 취하는 일이기 때문입니다. 그렇지만 광야 세대 이스라엘 백성은 여호수아가 명령한 그대로 순종했습니다. 기꺼이 우상 숭배자들을 심판하시는 하나님의 도구가 되어서, 여리고성을 온전히 하나님께 바쳤던 것입니다. 물론 기생 라합과 그의 가족은 여호수아가 명령한 대로 살려주었습니다. 오늘 말씀의 결론입니다.

> 여호와께서 여호수아와 함께하시니 여호수아의 소문이 그 온 땅에 퍼지니라(수 6:27).

"여호와께서 여호수아와 함께하셨다!" 이 말씀은 단순한 하나님의 보호하심이나 돌보심을 의미하는 말이 아니라는 걸 우리는 이제 잘 압니다. 이것은 여호수아에게 주신 하나님의 약속이요 어디서든 형통하게 사는 삶의 비결이었습니다. "네가 어디로 가든지 네 하나님 여호와가 너와 함께하느니라!"(수 1:9)

그런데 하나님이 어떻게 여호수아와 함께하셨을까요? 하나님이 바로 옆에 계신 것이 피부로 느껴졌을까요? 아닙니다. 하나님은 언제나 '말씀을 통해서' 함께하십니다. 하나님과 함께한다는 것은 하나님의 말씀과 함께한다는 뜻입니다. 하나님은 지금도 말씀을 통해서 우리와 함께하십니다. 우리가 하나님의 말씀에 순종할 때 하나님은 우리의 삶 가운데 살아서 역사하십니다. 그것이 바로 하나님이 우리와 함께하는 형통한 삶의 비결입니다.

여호수아는 하나님의 말씀에 온전히 순종했습니다. 그랬더니 '여호수아의 소문이 그 온 땅에 퍼지도록' 하셨습니다. '여호수아의 소문'이 구체적으로 무엇일까요? 여호수아는 하나님의 말씀에 순종하는 사람이요, 하나님은 그를 통해서 놀라운 역사를 이루신다는 소문입니다. 이 소문은 우상 숭배자들에게는 두려운 소식이지만, 하나님을 믿는 자들에게는 기쁜 소식이 될 것입니다. 우리의 신앙생활을 통해서도 그와 같은 아름다운 소문이 온 땅에 퍼지게 되기를 간절히 소망합니다.

묵상 질문: 나는 하나님의 말씀과 늘 함께하며 살고 있는가?

오늘의 기도: 심판하시는 하나님에 대한 두려움 때문이 아니라, 우리를 구원하시는 하나님을 믿기에 천성 길을 걷는 자가 되게 하옵소서. 어떤 상황에서도 오직 말씀을 통하여 우리와 함께하시는 하나님과 동행하며 살게 하옵소서. 그리하여 우리에게 주어진 삶의 자리가 약속의 땅으로 변하는 아름다운 역사가 나타나게 하옵소서. 예수님의 이름으로 기도합니다. 아멘.

아이성의 실패

읽을 말씀: 여호수아 7:1-11; 고린도전서 10:11-12

새길 말씀: 10여호와께서 여호수아에게 이르시되 일어나라. 어찌하여 이렇게 엎드렸느냐. 11이스라엘이 범죄하여 내가 그들에게 명령한 나의 언약을 어겼으며 또한 그들이 온전히 바친 물건을 가져가고 도둑질하며 속이고 그것을 그들의 물건들 가운데에 두었느니라(수 7:10-11).

　　여리고성 전투에서 이스라엘 백성은 지금까지 경험해온 그 어느 전쟁과 비교할 수 없는 큰 승리를 맛보았습니다. 사실 그들이 한 일이라곤 단지 하나님의 명령대로 순종한 것밖에 없습니다. 그런데 그 결과는 그들의 상상을 훌쩍 뛰어넘는 것이었습니다. 여기에서 우리는 하나님의 말씀에 온전히 순종함으로 승리를 얻게 되는 영적 전쟁에서의 승리 공식을 발견하게 됩니다.

　　그러나 이것은 단지 시작에 불과합니다. 약속의 땅을 모두 접수한 것이 아닙니다. 이제 겨우 여리고성 하나를 접수했을 뿐입니다. 아직도 갈 길이 멉니다. 그런데 여리고성에서의 작은 성공이 그만 여호수아와 광야 세대 이스라엘 백성의 발목을 잡고 말았습니다.

'그러나'의 문제

무엇이 문제였을까요? 지난 시간에 묵상한 6장의 마지막 절과 오늘 본문을 시작하는 7장 1절을 이어서 함께 읽어보겠습니다.

> 27여호와께서 여호수아와 함께 하시니 여호수아의 소문이 그 온 땅에 퍼지니라. 1이 스라엘 자손들이 온전히 바친 물건으로 말미암아 범죄하였으니 이는 유다 지파 세라의 증손 삽디의 손자 갈미의 아들 아간이 온전히 바친 물건을 가졌음이라. 여호와께서 이스라엘 자손들에게 진노하시니라(수 6:27, 7:1).

6장 마지막 절의 "여호수아의 소문이 그 온 땅에 퍼지니라"와 7장 첫 절의 "이스라엘 자손들이 범죄하였으니…" 사이에 우리말로는 번역되지 않은 아주 중요한 단어가 하나 놓여 있습니다. 바로 그러나(but)입니다. "그러나 이스라엘 사람들은 바쳐진 물건에 관해 정직하지 못했다"(But the Israelites were unfaithful in regard to the devoted things. NIV). 언제나 '그러나'가 문제입니다. 하나의 성공이 또 다른 성공으로 그리고(and)로 계속 이어져야 할 텐데, '그러나'에 걸려 넘어진 것입니다. 그 일에 아간이라는 사람이 있었습니다.

이와 같은 현상은 초대교회 믿음의 공동체에서도 똑같이 발견됩니다. 성령강림의 역사로 교회가 탄생했습니다. 하루에 삼천 명이 더해지는 놀라운 부흥을 맛보았습니다. 성도들은 한마음과 한뜻이 되어서 자발적으로 모든 물건을 서로 통용하여 필요를 따라 나누어주는 그런 사랑의 공동체가 되었습니다. 주님이 꿈꾸셨던 하나님 나라가 이제 금방이라도 이루어질 것처럼 보였습니다.

여기에도 그러나(but)가 있었습니다. 아나니아와 삽비라 부부가 성령을 속임으로써 교회에 큰 시험을 가져온 것입니다. 그 일로 인해서 초대교회 믿음의 공동체는 한동안 주춤거리게 되었습니다. 만일 그 문제를 제대로 해결하지 못했다면, 교회는 아마 존재하지 못했을 것입니다.

신앙공동체에서 한 사람의 범죄는 그 한 사람으로 끝나지 않습니다. 그것은 공동체의 범죄가 됩니다. 본문은 이렇게 말합니다. "이스라엘 자손들이 범죄하였으니… 여호와께서 이스라엘 자손들에게 진노하시니라"(수 7:1). 하나님께 온전히 바친 물건을 몰래 숨겨두는 죄를 지은 사람은 분명히 '아간'입니다. 그러나 본문은 '이스라엘 자손들'이 죄를 범했다고 합니다. 그리고 하나님은 '아간' 한 사람이 아니라 '이스라엘 자손들'에게 진노하셨습니다.

이 말씀을 묵상하면서 논산훈련소에서 '단체 기합'을 받던 장면을 떠올리게 되었습니다. 훈련 도중에 한 사람이 실수하면, 소대원 전체가 함께 얼차려를 받습니다. 정말 억울한 일입니다. 잘못은 분명히 한 사람이 했는데, 왜 전체가 벌을 받아야 하는 걸까요? 그런데 사실은 억울하게 생각할 일이 아닙니다. 전쟁터에 나가서 한 사람이 제대로 하지 못하면, 그것으로 인해 소대원 전체의 목숨이 위험해질 수도 있습니다. '단체 기합'은 그 책임의 심각성을 일깨워주는 훈련입니다.

공동체의 문제

그렇다면 아간 한 사람의 범죄에 대해서 이스라엘 자손에게 진노하신 이유도 단체 기합과 같은 성격이었을까요? 아닙니다. 분명 아간의 범죄가 도화선이 되기는 했지만, 실제로 하나님께서 여호수아와 광야 세대 이스라엘 백성에게 진노하셔야 했던 정당한 이유가 있었습니다. 그들 자신에게도 문제가 있었던 것입니다. 그게 무엇이었을까요?

> 2여호수아가 여리고에서 사람을 벧엘 동쪽 벧아웬 곁에 있는 아이로 보내며 그들에게 말하여 이르되 올라가서 그 땅을 정탐하라 하매 그 사람들이 올라가서 아이를 정탐하고 3여호수아에게로 돌아와 그에게 이르되 백성을 다 올라가게 하지 말고 이삼

천 명만 올라가서 아이를 치게 하소서. 그들은 소수이니 모든 백성을 그리로 보내어 수고롭게 하지 마소서 하므로…(수 7:2-3).

아이(Ai)성은 여리고(Jericho)성 옆에 붙어 있는 부속 건물 정도로 생각하는 사람들이 많습니다만 아닙니다. 아이성은 사실 여리고에서 제법 멀리 떨어져 있습니다. 중부 내륙의 산간 지방으로 들어가서 벧엘(Bethel)과 벧아웬(Beth Aven) 사이에 있는 전략 요충지입니다. 여리고성을 정복함으로써 가나안 땅을 정복할 교두보를 마련했지만, 그다음 단계로 나아가기 위해서 반드시 이 아이성을 넘어서야 했습니다. 여리고성보다는 규모가 조금 작을지 모르지만, 전략 요충지에는 언제나 준비된 군인들이 주둔하고 있는 법입니다.

여호수아는 아이성을 정탐하기 위해서 먼저 정탐꾼들을 보냅니다. 아마도 여리고성을 정탐했던 두 사람을 보낸 게 아닐까 싶습니다. 이제는 경험이 조금 쌓여서 초보 정탐꾼의 티를 벗었을 것입니다. 그런데 본문을 읽다 보면 조금 허전한 느낌이 듭니다. 중요한 무언가가 빠진 것 같습니다. 그게 무얼까요? 그렇습니다. 하나님의 명령이 빠져 있습니다!

지금까지 여호수아는 항상 하나님의 말씀을 듣고 행동했습니다. 중요한 결정을 내리기 전에 언제나 하나님의 말씀이 주어졌습니다. 앞 장에서 "여호와께서 여호수아와 함께하셨다"(수 6:27)라는 말씀을 묵상하면서 하나님은 언제나 '말씀을 통해' 여호수아와 함께하셨다고 했습니다. 지금까지 여호수아는 언제나 하나님의 말씀과 함께 움직여왔습니다.

그러나(but) 이 대목에서 여호수아는 하나님의 말씀 없이 정탐꾼들을 아이성으로 보내고 있습니다. 왜 그랬을까요? 1절에 "여호와께서 진노하셨다"라고 했는데, 혹시라도 하나님이 화가 나서서 한동안 여호수아에게 침묵하고 계셨던 것일까요? 아닙니다. 하나님은 우리처럼 그런 옹색한 마음을 가지신 분이 아닙니다.

문득 그동안은 여호수아가 하나님의 말씀을 어떻게 들었을까 궁금해집니다. 여호수아가 가만히 있는데, 뜬금없이 하나님이 말씀하셨을까요? 아닙니다. 여호수아는 기도하던 사람이었습니다. 그것이 모세와의 큰 차이였습니다. 모세는 백성들이 문제를 제기하면 그제야 하나님께 기도했습니다. 그리고 하나님이 대답해주시면 그 말씀대로 문제를 해결하는 그런 스타일이었습니다. 모세와 달리 여호수아는 먼저 하나님께 기도할 줄 알던 사람이었습니다.

그런데 어찌 된 일인지 이 장면에서는 하나님께 묻지 않고 자기 임의로 정탐꾼을 보냅니다. 하나님께 기도하지 않고 행동을 취한 것입니다. 여리고 성에서의 성공이 여호수아를 흥분시킨 때문일까요? 아니면 아이성 정도라면 굳이 하나님께 묻지 않아도 괜찮으리라 생각했을까요? 그 이유가 무엇이었든지 간에 여호수아는 기도하지 않고 아이성 정탐을 명령했습니다. 그것이 얼마나 위험한 일이었는지 모르고 있었다는 것이 진짜 문제입니다.

여호수아가 보낸 정탐꾼들도 문제입니다. 그들이 돌아와서 여호수아에게 이렇게 보고합니다. "그들은 소수이니 모든 백성을 그리로 보내어 수고롭게 하지 마소서." 아이성 정도라면 이스라엘 모든 백성을 동원하지 않아도 손쉽게 이길 수 있다는 겁니다. 그리고 이 일에 여호수아가 굳이 나설 필요도 없다고 합니다. 그저 이삼천 명쯤 보내기만 하면 순식간에 함락시킬 수 있다는 겁니다.

그런데 무슨 근거로 이렇게 장담할까요? 여리고성에서 맛본 승리에 근거한 것입니다. 여리고성과 비교하면 아이성은 극히 작은 성이요 소수이니 그 정도의 숫자로 충분히 이길 수 있다는 겁니다. 이것이야말로 큰 착각입니다. 누가 여리고성을 무너뜨렸나요? 이스라엘 백성이었습니까? 아닙니다. 하나님이 무너뜨렸습니다. 이스라엘 백성의 순종에 하나님이 주신 은혜의 선물입니다. 이스라엘 백성의 숫자가 많아서 이긴 것이 아닙니다.

게다가 정탐꾼들의 보고는 정확하지도 않았습니다. '그들은 소수'라고 하면서 '삼천 명' 정도면 충분하다고 보고했지만, 그것은 상황판단을 제대로 하지 못한 큰 실수입니다. 첫 번째 실패 이후에 전열을 정비하여 아이성을 정복했을 때, 이스라엘 백성에게 죽임을 당한 아이성 사람이 얼마나 되었는지 아십니까? 자그마치 '만 이천 명'이었습니다(수 8:25). 그들을 이삼천 명으로 이길 수 있다고 판단한 것입니다. 그것은 제대로 살피지 못했다는 뜻이 됩니다. 아이성에 직접 들어가 보지 않고 겉모습으로만 대충 판단했던 것이지요.

문제는 "아이성쯤이야… 아무 문제 없어!"라는 식의 자신감이 하나님의 도움이 없어도 얼마든지 해낼 수 있다는 오만함에서 나왔다는 사실입니다. 게다가 그와 같은 정탐꾼들의 보고를 들으면서 여호수아는 아무런 문제점을 발견하지 못합니다. 사실은 그것이 더 큰 문제입니다. 그 전쟁은 하나님이 시작한 것이 아닙니다. 여호수아가 준비하고 시작했습니다. 그러니 모든 책임은 여호수아가 져야 합니다.

이스라엘의 참패

아니나 다를까 전쟁의 결과는 이스라엘의 참패로 끝납니다.

4백성 중 삼천 명쯤 그리로 올라갔다가 아이 사람 앞에서 도망하니 5아이 사람이 그들을 삼십육 명쯤 쳐 죽이고 성문 앞에서부터 스바림까지 쫓아가 내려가는 비탈에서 쳤으므로 백성의 마음이 녹아 물 같이 된지라(수 7:4-5).

"아이성쯤이야…" 하고 올라갔던 이스라엘 백성은 제대로 싸워보지 못한 채 도망치고 말았습니다. 여리고성을 정복할 때는 한 명의 사상자도 나오지 않았는데, 아이성에서는 자그마치 36명의 전사자가 생겼습니다. 큰 패배를 맛보았던 것입니다. 그 결과 "이스라엘 백성의 마음이 녹아 물 같이 되었다"고 합니다. 얼마 전 요단강을 건넜을 때만 해도 "가나안 사람의 마음이 녹았다"(수 5:1)고 했는데, 이제는 정반대가 된 것이지요. 이것이 과연 아간 한 사람의 잘못에 대한 하나님의 진노라고 말할 수 있을까요?

여호수아는 그제야 옷을 찢고 이스라엘 장로들과 함께 여호와의 언약궤 앞에서 땅에 엎드려 머리에 티끌을 뒤집어쓰고 기도합니다.

> 7이르되 슬프도소이다. 주 여호와여, 어찌하여 이 백성을 인도하여 요단을 건너게 하시고 우리를 아모리 사람의 손에 넘겨 멸망시키려 하셨나이까. 우리가 요단 저쪽을 만족하게 여겨 거주하였더면 좋을 뻔하였나이다. 8주여, 이스라엘이 그의 원수들 앞에서 돌아섰으니 내가 무슨 말을 하오리이까(수 7:7-8).

여호수아는 본래 하나님께 먼저 기도하던 사람이었습니다. 그러나 이 장면에서는 실패한 이후에야 무릎을 꿇고 기도합니다. 그리고 기도하는 내용도 지금까지와는 사뭇 다릅니다. 마치 실패의 책임을 하나님에게 돌리는 듯한 말투입니다. 여기에서 출애굽 세대 이스라엘 백성이 사사건건 모세를 원망하고 불평하던 바로 그 말투를 발견하게 됩니다. 여호수아는 아직도 아이성 실패의 원인이 무엇인지 알지 못하고 있는 것입니다.

> 가나안 사람과 이 땅의 모든 사람들이 듣고 우리를 둘러싸고 우리 이름을 세상에서 끊으리니 주의 크신 이름을 위하여 어떻게 하시려 하나이까 하니…(수 7:9).

여기에서 우리는 여호수아의 마음 밑바닥에 있는 두 가지 걱정을 봅니다. 하나는 '이스라엘 백성의 이름'에 대한 걱정이요, 다른 하나는 '하나님의 크신 이름'에 대한 걱정이었습니다. 이 두 가지 염려는 사실 하나입니다. 이스라엘은 여호와 하나님의 백성이요, 그 이름이 끊어진다는 것은 곧 하나님의 이름에 먹칠을 한다는 뜻이기 때문입니다.

앞에서 "여호수아의 소문이 온 땅에 퍼졌다"(수 6:27)라고 했습니다. 그런데 여호수아는 여기에서 자신의 소문이 잘못될 것에 대해서는 조금도 걱정하지 않습니다. 대개 이런 경우에 사람들은 '자신의 체면'이나 '명예'를 가장 먼저 걱정하게 마련입니다. 예를 들어 배우자가 죽으면 미망인이 "나는 어떻게 하라고…"하면서 통곡하지 않습니까. 그러나 여호수아는 단지 하나님의 크신 이름과 하나님 백성의 이름이 잘못될까 봐 그것을 걱정하면서 기도하고 있는 것입니다. 바로 이 기도가 하나님의 침묵을 끊었습니다.

> 10여호와께서 여호수아에게 이르시되 일어나라. 어찌하여 이렇게 엎드렸느냐. 11이스라엘이 범죄하여 내가 그들에게 명령한 나의 언약을 어겼으며 또한 그들이 온전히 바친 물건을 가져가고 도둑질하며 속이고 그것을 그들의 물건들 가운데 두었느니라(수 7:10-11).

하나님은 여호수아에게 일어나라고 하십니다. 마치 모세가 죽은 후에 하나님이 여호수아에게 가장 먼저 말씀하시던 바로 그 장면처럼 말입니다(수 1:2). 그리고 지금 이 실패의 원인이 무엇으로부터 시작되었는지 말씀해주십니다. 하나님의 말씀대로 순종하지 않은 사람이 있었다는 것입니다. 만일 여호수아가 아이성으로 올라가기 전에 먼저 무릎을 꿇고 기도했더라면, 하나님은 즉시 이 사실을 알려주셨을 것입니다. 그리고 그 문제를 해결하고 나서 아이성으로 갔더라면 그다음 이야기가 완전히 달라졌을 것입니다.

여기에서 우리는 아주 중요한 신앙적인 교훈을 얻습니다. 사람들은 '실패가 성공의 어머니'라고 말하지만, 영적인 싸움에서는 '성공이 실패의 어머니'가 될 수도 있습니다. 실제로 그것이 우리에게 더욱 큰 문제입니다. 사도 바울은 고린도 교회에 보낸 편지에서 과거 이스라엘 백성의 실패한 사례들을 열거한 후에 다음과 같이 말했습니다.

> 11그들에게 일어난 이런 일은 본보기가 되고 또한 말세를 만난 우리를 깨우치기 위하여 기록되었느니라. 12그런즉 선 줄로 생각하는 자는 넘어질까 조심하라(고전 10:11-12).

이 부분을 메시지 성경으로 읽으면 더욱 실감이 납니다.

이 모든 것은 [위험!]을 알리는 경고 표지입니다. 이 모든 것이 우리의 역사책에 기록된 것은, 우리로 하여금 그들의 실수를 되풀이하지 않게 하려는 것입니다. … 우리도 그들처럼 실패할 수 있습니다. 그러니 순진하게 속지도 말고 자만하지도 마십시오. 여러분도 예외가 아닙니다. 여러분도 다른 누구처럼 쉽게 넘어질 수 있습니다. 자신에 대한 신뢰는 버리십시오. 그런 것은 전혀 도움이 되지 않습니다. 오히려 하나님께 대한 신뢰를 기르십시오(고전 10:11-12, 메시지).

자신감과 자만은 전혀 다른 말입니다. 그런데 실제로는 동의어로 사용하는 경우가 참 많이 있습니다. 메시지 성경은 '자신에 대한 신뢰'(self-confidence)가 아니라 '하나님에 대한 신뢰'(God-confidence)를 길러야 한다고 말합니다. 작은 성공이 하나님에 대한 신뢰를 기르는 재료로 사용되어야 합니다. 그런데 만일 그것이 자신에 대한 신뢰를 기르는 것으로 작용하기 시작하면 결국 성공이 실패의 어머니가 되고 마는 것입니다.

그러지 않으려면 작은 성공 이후에 기도하는 것을 멈추지 말아야 합니다. 사무엘은 기도하기를 쉬는 것을 '죄'라고 했습니다(삼상 12:23). 물론 그것 자체가 죄라는 의미는 아닐 것입니다. 그렇지만 기도를 멈출 때 우리는 반드시 실패할 수밖에 없습니다. 아이성에서의 실패를 우리 삶에 되풀이하지 않으려면 우리는 기도하는 일을 쉬지 않아야 합니다.

묵상 질문: 나는 기도를 멈추지 않기 위해서 지금 어떤 노력을 하고 있는가?

오늘의 기도: 선 줄로 생각할 때가 가장 위험한 때라고 말씀하신 주님, 작은 성공 이후에 기도하기를 멈추는 죄를 범하지 않도록 우리를 붙들어 주옵소서. 어떤 경우에도 하나님을 포함하여 생각하게 하시고, 무슨 일이든 먼저 하나님께 기도로 물어본 후에 행하게 하옵소서. 그리하여 날마다 승리하는 삶이 이어지게 하옵소서. 예수님의 이름으로 기도합니다. 아멘.

죄의 문제를 해결하라!

읽을 말씀: 여호수아 7:12-26; 호세아 2:14-15

새길 말씀: 25여호수아가 이르되 네가 어찌하여 우리를 괴롭게 하였느냐. 여호와께서
오늘 너를 괴롭게 하시리라 하니 온 이스라엘이 그를 돌로 치고 물건들도
돌로 치고 불사르고 26그 위에 돌무더기를 크게 쌓았더니 오늘까지 있더라.
여호와께서 그의 맹렬한 진노를 그치시니 그러므로 그곳 이름을 오늘까지
아골 골짜기라 부르더라(수7:25-26).

이스라엘 백성이 아이성 전투에서 실패한 것은 아간의 범죄에 대한 하나
님의 진노 때문이었습니다. 아간은 거룩한 저주를 받아 하나님께 바친 것을
욕심내어 사사로이 취하는 죄를 저질렀습니다. 그런데 하나님은 아간 개인에
게 진노하지 않으시고 이스라엘 자손에게 진노하셨지요. 하나님은 왜 아간
한 사람의 죄를 이처럼 이스라엘 공동체의 죄로 여겨 심각하게 다루고 계시
는 것일까요?

앞 장에서 우리가 살펴본 것처럼 아이성의 실패에는 여리고성 정복에 성
공한 일에 도취해서 잠깐 기도하기를 쉬었던 여호수아의 실수와 주어진 임무
를 소홀히 생각하여 적당히 보고했던 정탐꾼들의 잘못된 상황판단도 한몫

차지하고 있습니다. 여기에다 아무런 긴장감 없이 전쟁을 치렀던 백성들의 느슨한 마음도 문제였습니다. 아간의 죄가 도화선이 되기는 했지만, 공동체의 잘못도 적지 않았던 것입니다.

따라서 아간을 희생양으로 삼아 이스라엘 공동체의 잘못을 희석하려고 하면 안 됩니다. 함께 공동으로 책임을 져야 합니다.

아간의 범죄

어찌 되었든 아이성 실패에 근본적인 원인을 제공한 사람은 분명히 '아간'입니다. 아간의 범죄는 어떤 식으로든 확실하게 해결되어야 합니다. 그러지 않고서는 공동체의 문제가 해결될 수 없습니다. 하나님은 심지어 아간의 범죄를 근본적으로 해결하지 않으면 더는 이스라엘 백성과 함께하지 않겠다고 청천벽력 같은 선언을 하십니다.

> 11이스라엘이 범죄하여 내가 그들에게 명령한 나의 언약을 어겼으며 또한 그들이 온전히 바친 물건을 가져가고 도둑질하며 속이고 그것을 그들의 물건들 가운데에 두었느니라. 12그러므로 이스라엘 자손들이 그들의 원수 앞에 능히 맞서지 못하고 그 앞에서 돌아섰나니 이는 그들도 온전히 바친 것이 됨이라. 그 온전히 바친 물건을 너희 중에서 멸하지 아니하면 내가 다시는 너희와 함께 있지 아니하리라 (수 7:11-12).

목회자는 교인들의 입에서 "교회에 나오지 않겠다"라든가 "다른 교회로 옮기겠다"라는 말이 나올까 봐 전전긍긍합니다. 또한 그런 말을 무슨 무기라도 되는 듯이 함부로 내뱉는 교인도 더러 있습니다. 그런데 목회자이든 교인이든 정말 두려워해야 하는 말이 있습니다. 그것은 하나님께서 "내가 다시는 너희와 함께 있지 않겠다!"라고 말씀하시는 것입니다.

우리는 "내가 너희와 함께하겠다"라는 하나님의 말씀에만 익숙합니다. 여호수아를 세워서 약속의 땅에 들어가게 하실 때도 "네가 어디로 가든지 네 하나님 여호와가 너와 함께 하느니라"(수 1:9)라고 말씀하셨습니다. 실제로 하나님은 여호수아와 함께하셔서 요단강의 물을 멈추어 건너게 하셨고, 여리고성을 무너뜨려 접수하게 하셨습니다. 여호와께서 여호수아와 함께하셔서, '여호수아의 소문이 그 온 땅에 퍼지게' 되었습니다(수 6:27).

그런데 하나님이 함께하겠다는 말씀을 당연하게 생각하면 안 됩니다. 하나님은 때로 "함께하지 않겠다!"라고 선언하십니다. 금송아지 사건이 벌어졌을 때도 그러셨고(출 33:3), 오늘 본문에서도 그러십니다. 만일 하나님이 함께하지 않는다면 이스라엘 백성은 어떻게 될까요? 더는 앞으로 나갈 수 없습니다. 나머지 약속의 땅을 접수하는 것은 불가능한 일이 되어버립니다. 아니, 가나안 땅에서 살아남을 수 없습니다. 하나님은 왜 이렇게 무서운 말씀을 하시는 것일까요?

그만큼 아간의 죄가 심각하다는 뜻입니다. 하나님이 함께하겠다는 약속을 취소할 만큼 심각한 죄를 아간이 범한 것입니다. 아니, 도대체 그가 무엇을 훔쳤기에 하나님께서 이렇게 노발대발하시는 것일까요? 제비뽑기를 통해서 범죄가 밝혀지고 난 후에 아간은 다음과 같이 자신의 죄를 실토합니다.

내가 노략한 물건 중에 시날 산의 아름다운 외투 한 벌과 은 이백 세겔과 그 무게가 오십 세겔 되는 금덩이 하나를 보고 탐내어 가졌나이다. 보소서, 이제 그 물건들을 내 장막 가운데 땅속에 감추었는데 은은 그 밑에 있나이다 하더라(수 7:21).

아간이 몰래 취한 물건은 기껏해야 '외투 한 벌', '은 이백 세겔', '오십 세겔 되는 금덩이 하나'가 전부입니다. '시날(Shinar)산 외투'란 '바빌로니아에서 온 외투'(a robe from Babylonia)란 뜻입니다. 당대 최고의 명품 코트였습니다. 그러나 그것이 아무리 비싸다고 해도 이 세상 곳곳의 부패한 관리들이 받아 챙기는 뇌물과는 비교가 되지 않습니다. 겨우 그 정도로 이렇게 야단법석을 떨어야 할까요?

그러나 이는 아간이 얼마나 많은 물건을 도둑질했는가의 문제가 아닙니다. 하나님의 명령에 따라서 하나님께 '온전히 바친 물건'에 손을 대는 탐심을 품었다는 것이 문제입니다. 그것은 하나님이 가장 싫어하시는 죄기 때문입니다.

여기에서 특별히 아간이 탐심을 품게 되는 과정을 주의 깊게 살펴보십시오. 그는 이렇게 고백합니다. "내가 보고 탐내어 가졌나이다"(I saw... I coveted... and took them). 어디에서 많이 듣던 익숙한 말 같지 않습니까? 그렇습니다. 이 세상에 죄가 들어오던 바로 그 대목에 등장하는 말입니다.

> 여자가 그 나무를 본즉 먹음직도 하고 보암직도 하고 지혜롭게 할 만큼 탐스럽기도 한 나무인지라. 여자가 그 열매를 따 먹고 자기와 함께 있는 남편에게도 주매 그도 먹은지라(창 3:6).

하나님은 선악을 알게 하는 나무의 실과를 따먹지 말라고 명령하셨습니다. 그것이 에덴동산에서 자유롭게 살아가는 일에 유일한 한계였습니다. 그 명령을 따르기만 하면 에덴동산 안에 있는 모든 게 그들의 것이었습니다. 그런데 뱀의 모습으로 나타난 사탄의 꼬이는 말을 듣고 나서 다시 선악과를 보니까 탐스럽게 느껴져서 그만 따먹었습니다. 그래서 이 세상에 죄가 들어온 것입니다.

선악을 알게 하는 나무의 실과 한 개였지만, 그것은 하나님의 명령에 불순종한 것이요, 하나님과의 계약을 깨뜨린 것입니다. 그것은 하나님 한 분만으로는 만족할 수 없다는 탐심을 드러낸 것이요, 그 죄로 인해 최초의 인간들은 에덴동산에서 추방되고 말았습니다. 그러니까 과일 하나 따먹었다가 쫓겨난 셈입니다. 하나님이 다스리는 에덴동산은 죄가 허용될 수 없는 곳이기 때문입니다.

아간도 마찬가지입니다. 그가 몰래 취한 물건은 가치로만 따지면 사실 그리 대단한 게 아닙니다. 그러나 하나님의 약속을 붙잡고 하나님의 명령에 따라서 순종하며 살아야 하는 약속의 땅에서는 결코 허용되어서는 안 될 엄청난 죄였습니다. 그것은 하나님과의 계약을 깨뜨린 큰 죄였던 것입니다. 그 죄를 결코 가볍게 취급해서는 안 됩니다. 그 문제를 어떻게 해결하느냐에 따라서 장차 하나님과 이스라엘 백성과의 관계가 결정될 것입니다.

공동체의 범죄

하나님은 여호수아에게 아간의 죄를 해결하는 방법을 일러주십니다.

> ¹⁴너희는 아침에 너희의 지파대로 가까이 나아오라. 여호와께 뽑히는 그 지파는 그 족속대로 가까이 나아올 것이요 여호와께 뽑히는 족속은 그 가족대로 가까이 나아올 것이요 여호와께 뽑히는 그 가족은 그 남자들이 가까이 나아올 것이며 ¹⁵온전히 바친 물건을 가진 자로 뽑힌 자를 불사르되 그와 그의 모든 소유를 그리하라. 이는 여호와의 언약을 어기고 이스라엘 가운데에서 망령된 일을 행하였음이라 하셨다 하라(수 7:14-15).

죄의 문제를 해결하기 위한 구체적인 방법은 제비를 뽑는 것입니다. 그것도 모든 지파가 함께 있는 자리에서 하나씩 뽑아나가는 것입니다. 그러다가 범인이 밝혀지면, 그 뽑힌 자를 불태워버리라고 하십니다. 그의 모든 소유와 함께 그렇게 하라고 하십니다. 겨우 외투 한 벌에 너무한 것 아닌가 싶지만, 아닙니다. 하나님의 언약을 어기고 이스라엘 가운데서 저지른 '망령된 일', 즉 '비열한 짓'(메시지)에 마땅한 처벌입니다.

길갈에서 행한 할례의 의미를 살펴보면서 그것은 하나님과의 계약관계를 유지하기 위해서 그들이 행해야 할 최소한의 표징이라고 했습니다. 물론 할례를 행하지 않는다고 해서 약속의 땅에 들어가지 못하는 것은 아닙니다. 그렇지만 하나님과의 계약을 중요하게 여긴다는 표징으로서 이스라엘 백성은 할례를 마땅히 받아야 합니다.

아간의 저지른 비열한 짓은 그런 의미에서 매우 심각한 범죄입니다. 그가 하나님과의 계약을 중요하게 생각했다면 하나님께 온전히 드린 것을 몰래 취하는 일을 하지는 않았을 것이기 때문입니다. 그러나 아간은 자신의 사사로운 탐심을 채우기 위해서라면 얼마든지 하나님과의 약속을 깨도 괜찮다고 생각했습니다. 더욱 큰 문제는 그것이 아간 개인의 문제로 남지 않는다는 사실입니다.

아간의 이야기를 읽으면서 사람들은 개인의 문제를 공동체의 문제로 확대하여 취급할 필요가 있을까 하는 의문을 품습니다. 실제로 제비를 뽑는 수고를 할 필요가 없습니다. 범인이 누구인지 하나님이 알고 계시니까 그냥 아간을 직접 지명하시면 될 일입니다. 그런데 그렇게 하지 않고 번거롭게 모든 지파를 동원하여 그들이 보는 앞에서 범인을 색출하신 것입니다. 다시 말해서 아간의 범죄를 공동체의 문제로 삼으신 것입니다.

게다가 아간 한 사람만 처벌한 것이 아니라, 그의 가족들을 함께 처벌하셨습니다(수7:24). 아간의 범죄가 아무리 심각한 것이라고 하더라도, 마치 그 죄를 가족과 친지들에게 함께 묻는 연좌제처럼 하나님은 왜 굳이 그런 식으로 아간의 죄를 처리하셨을까요? 여기에는 아주 중요한 메시지가 있습니다. 아간의 범죄는 실제로 공동체의 범죄가 되었던 것입니다.

아간은 자신의 죄를 실토하면서 "그 물건들을 내 장막 가운데 땅속에 감추었다"(수7:21)라고 말했습니다. '장막'이 무엇입니까? 아간이 가족들과 함께 사는 공간입니다. 그 속에 땅을 파고 묻어둔 것을 과연 가족들이 몰랐을까요? 그럴 수는 없습니다. 가장 아간의 범죄에 대해서 가족들은 최소한 묵인했거나 아니면 오히려 적극적으로 가담했을지도 모릅니다. 그 이유가 무엇입니까? 그들에게도 '시날 산 외투'와 '은과 금덩어리'는 충분히 탐스러운 것이었기 때문입니다. 한 사람의 탐심은 그렇게 한 가족의 탐심이 됩니다.

그리고 만일 이 일을 적당히 덮어두고 지나갔다고 생각해보십시오. 조만간 그 일에 대해서 다른 사람들도 알게 될 것입니다. 그렇다면 그 탐심은 마치 메마른 들판의 불길처럼 빠른 속도로 다른 장막으로, 이스라엘 공동체 안으로 번져나가게 될 것입니다. 이와 같은 죄의 전염성을 생각해보면 이 일은 결코 가볍게 취급할 문제가 아닙니다. 그래서 하나님은 모든 지파를 소집하여 그들이 보는 앞에서 죄의 문제를 확실하게 해결하라고 말씀하신 것입니다.

놀라운 것은 12지파 중에서 유다 지파가 뽑히고, 그중에서 세라 족속이 뽑히고, 그중에서 삽디가 뽑히고 그렇게 점점 포위망이 좁혀오는 동안 아간과 그의 가족들은 끝까지 죄를 인정하지 않았다는 사실입니다. 마지막에 꼼짝할 수 없게 될 때까지 자신의 죄를 부정합니다. 그게 죄의 속성입니다. 그러다가 결국 망하게 되는 것이지요.

아간의 처벌

마침내 아간의 죄가 드러났습니다. 그 결과는 아간과 그의 가족들의 죽음이었습니다.

> 25여호수아가 이르되 네가 어찌하여 우리를 괴롭게 하였느냐. 여호와께서 오늘 너를 괴롭게 하시리라 하니 온 이스라엘이 그를 돌로 치고 물건들도 돌로 치고 불사르고 26그 위에 돌무더기를 크게 쌓았더니 오늘까지 있더라. 여호와께서 그의 맹렬한 진노를 그치시니 그러므로 그곳 이름을 오늘까지 아골 골짜기라 부르더라(수7:25-26).

아간과 그의 가족들의 죄를 제거하기 위해서 '온 이스라엘'이 돌로 치고 불살랐다고 합니다. 그리고 그 돌무더기가 여호수아 말씀을 기록하던 당대까지 있었다고 합니다. 그리고 사람들은 그곳 이름을 '아골 골짜기'(the valley of Achor)라고 부르게 되었다고 합니다. 이 '아골'의 의미는 앞에서 "네가 어찌하여 우리를 괴롭게 하였느냐?"라는 여호수아의 말에 담겨 있습니다. 바로 괴로움(trouble)입니다. '아골 골짜기'는 아간이 일으킨 괴로운 일, 즉 아간의 죄를 해결한 골짜기라는 뜻입니다.

후대 사람들이 아골 골짜기의 돌무더기를 볼 때마다 어떤 생각을 하게 되었을까요? 물론 아간의 죄에 대한 하나님의 심판을 상기하게 되었을 것입니다. 두렵고 떨리는 마음으로 바라보았을 것입니다. 아골 골짜기는 '죄에 대한 심판'을 의미합니다. 그러나 만일 죄의 문제를 깨끗이 해결할 수만 있다면 역설적으로 심판을 넘어서서 '희망을 향하는 문'이 되기도 합니다. 이 점을 지적한 사람은 바로 호세아 선지자였습니다.

> 14그러므로 보라 내가 그를 타일러 거친 들로 데리고 가서 말로 위로하고 15거기서 비로소 그의 포도원을 그에게 주고 아골 골짜기로 소망의 문을 삼아 주리니 그가 거기서 응대하기를 어렸을 때와 애굽 땅에서 올라오던 날과 같이 하리라(호 2:14-15).

호세아는 음란한 여인 고멜과의 결혼생활을 통해서 하나님의 신실하신 사랑을 선포한 예언자입니다. 그는 이스라엘 백성의 반역에도 불구하고 하나님이 그들을 끝까지 포기하지 않고 품어주신다는 메시지를 선포했습니다. 그러는 중에 '아골 골짜기'가 단지 '괴로움과 심판의 상징'이 아니라 '소망의 문'이 된다는 사실을 그는 발견했습니다. 왜냐면 여호수아와 광야 세대 이스라엘 백성에게 아골 골짜기는 그냥 죽음의 심판으로 끝나지 않았기 때문입니다. 그곳에서 아간의 죄를 해결한 후에 나머지 약속의 땅을 접수하기 위해 앞으로 나아갈 수 있었던 것입니다.

그렇습니다. 죄는 하나님이 함께하겠다는 약속을 취소시킬 만큼 심각한 문제입니다. 하나님 한 분으로 만족하지 못하고, 하나님 이외의 것에 눈을 돌리는 탐심의 죄는 모든 세대의 하나님 백성에게 수많은 아이성의 실패를 만들어온 근본적인 원인이 되어왔습니다. 그렇지만 하나님 안에서 죄의 문제를 해결하고 나면, 실패의 자리는 오히려 약속의 땅으로 들어가는 '소망의 문'이 될 수 있습니다.

이것이 바로 예수 그리스도의 십자가 사건이 우리에게 전하는 복음입니다. 예수님은 이 세상의 모든 죄를 지시고 십자가에서 죽임을 당했습니다. 십자가는 죽음을 상징하는 사형 틀입니다. 그러나 우리의 죄를 대속하신 십자가를 믿음으로 붙드는 자들에게 십자가는 영원한 생명으로 들어가게 하는 '소망의 문'이 되는 것입니다.

그래서 오늘도 우리는 주님의 십자가 앞에 겸손하게 엎드립니다. 십자가는 과거 우리의 모든 죄를 해결하는 자리입니다. 하나님보다 더 사랑하는 것이 있었던 죄, 눈에 보이는 탐심을 따라 선택하며 살았던 죄, 하나님과의 약속을 우습게 생각하고 순종하지 않았던 죄, 그 모든 죄를 아골 골짜기 돌무더기에 묻어버리고 오직 하나님의 약속을 붙잡고 그 말씀에 순종하며 살아야 합니다.

그러면 아골 골짜기는 죽음으로 인도하는 '절망의 문'이 아니라 약속의 땅으로 인도하는 '소망의 문'이 될 것입니다.

묵상 질문: 나는 죄의 문제를 십자가 앞에서 완전히 해결했는가?

오늘의 기도: 죄의 문제를 절대로 가볍게 여기지 않게 하옵소서. 죄는 하나님의 함께하심을 취소시킬 수 있는 심각한 문제임을 알게 하옵소서. 그러나 하나님은 죄의 문제를 해결하기 위하여 우리에게 독생자를 보내셨음을 또한 기억하게 하옵소서. 이제부터 절망의 문을 소망의 문으로 바꾸는 십자가를 놓치지 않게 하시고, 오직 하나님의 은혜 안에서 약속의 땅을 향해 나아가게 하옵소서. 예수님의 이름으로 기도합니다. 아멘.

다시 일어나 올라가라!

읽을 말씀: 여호수아 8:1-29

새길 말씀: ¹여호와께서 여호수아에게 이르시되 두려워하지 말라. 놀라지 말라. 군사를 다 거느리고 일어나 아이로 올라가라. 보라 내가 아이 왕과 그의 백성과 그의 성읍과 그의 땅을 다 네 손에 넘겨주었으니 ²너는 여리고와 그 왕에게 행한 것 같이 아이와 그 왕에게 행하되 오직 거기서 탈취할 물건과 가축은 스스로 가지라…(수 8:1-2a).

　여호수아 7장은 약속의 땅에서 이스라엘 백성이 실패한 첫 번째 이야기를 담고 있습니다. 물론 아간의 범죄로 인해 하나님이 진노한 때문입니다. 그렇지만 하나님 백성이 약속의 땅에서 이렇게 실패할 수도 있다는 사실은 우리에게 약속의 땅이 어떤 곳인지 다시 한번 생각하게 합니다. '약속의 땅'은 오직 하나님의 약속을 붙들고 하나님의 말씀에 순종할 때에만 주어지는 은혜의 선물입니다.

　사람들은 하나님을 믿기 시작하고, 교회를 다니기만 하면 무조건 '만사가 형통할 것'이라는 막연한 기대를 품습니다. 그것은 마치 남녀가 오랜 기다림 끝에 결혼하고 나면, 즉시 '불행 끝, 행복 시작'이 되리라 기대하는 것과 같습니다. 큰 착각입니다. 행복은 그들이 함께 거룩한 혼인의 약속을 지키면서 서로 섬기며 살아갈 때 평생 익어가는 열매입니다. 약속의 땅에 들어왔다고 해서 끝이 아닙니다. 하나님의 말씀에 순종하지 않으면 그곳에서도 얼마든지 실패할 수 있습니다.

바로 그것이 하나님께서 아간의 죄를 심각하게 다루신 이유입니다. 하나님의 말씀에 대한 불순종이 얼마나 큰 죄인지 알게 하시고, 아간이 만들어 낸 괴로움을 이스라엘 백성의 손으로 직접 제거하게 하셨습니다. 아골 골짜기가 불순종하는 자에게는 '죽음의 문'이지만, 죄의 문제를 해결한 자에게는 '소망의 문'이 될 수 있다는 걸 깨닫게 하셨습니다.

하나님의 격려

오늘 우리가 묵상할 말씀은 아이성의 실패를 성공으로 바꾸시는 이야기입니다.

> 여호와께서 여호수아에게 이르시되 두려워하지 말라. 놀라지 말라. 군사를 다 거느리고 일어나 아이로 올라가라. 보라 내가 아이 왕과 그의 백성과 그의 성읍과 그의 땅을 다 네 손에 넘겨주었으니…(수 8:1).

이미 살펴본 대로 아이성 정복의 첫 번째 시도는 하나님의 지시가 없는 상태로 시작되었습니다. 그것이 실패를 가져온 결정적인 원인이 되었다고 했습니다. 그와 대조적으로 오늘 본문은 하나님이 여호수아에게 아이성을 정복하라고 말씀하시는 장면으로 시작됩니다. 이는 여호수아가 그전처럼 기도를 회복했다는 뜻입니다. 여호수아는 먼저 이 문제를 놓고 하나님께 기도했고, 하나님은 그 기도에 응답하여 말씀하신 것입니다.

하나님은 "두려워하지 말라, 놀라지 말라"고 하십니다. 마치 여호수아 1장에서 하신 말씀을 반복하는 것처럼 보입니다. "강하고 담대하라, 두려워하지 말며 놀라지 말라. 네가 어디로 가든지 네 하나님 여호와가 너와 함께 하느니라"(수 1:9). 그때 여호수아에게는 불확실한 미래에 대한 두려움이 있었지만, 지금은 실패에 대한 두려움이 있었습니다. 어떤 종류이든 두려움을 극복하고 일어서서 새롭게 출발하도록 격려하는데 이보다 더 좋은 말씀은 없을 것입니다.

그런데 하나님의 말씀은 단지 "너 잘할 수 있어!"라고 격려하는 정도가 아닙니다. "일어나서 아이로 올라가라!"(Arise, go up to Ai. ESV)고 하십니다. 용기를 내어 일어나서 실패했던 그 자리로 다시 올라가라는 것입니다. 이런 말이 있습니다. "한번 넘어진 것은 실패가 아니다. 넘어졌다고 다시 일어서려고 하지 않는 것이 진짜 실패다." 그렇습니다. 한번 실패했다고, 그냥 그 자리에 주저앉아 있는 것이 실패한 인생입니다.

하나님은 우리가 과거의 실패에 노예가 되기를 원하지 않으십니다. 만일 탐욕의 죄로 인해 실패했다면, 그 죄의 문제를 하나님 앞에서 해결하고 다시 일어서면 됩니다. 하나님의 말씀에 순종하지 못하여 실패했다면, 이번에는 말씀에 순종하여 다시 일어나서 도전하면 됩니다. 한때 기도하기를 쉬는 죄를 범했다면, 다시 기도하기 시작하면 됩니다. 여호수아가 그랬습니다. 그랬더니 하나님은 그에게 확실한 약속의 말씀을 주셨습니다.

아이 왕과 그의 백성과 성읍과 땅을 모두 "네 손에 넘겨주었다"(I have given into your hand. ESV)고 말씀하십니다. 여기에서 우리는 또다시 '완료형 확신'에 대한 약속의 말씀을 발견합니다. 조건부로 허락해 주시는 '미래형 확신'이 아닙니다. 이미 넘겨주었다는 것입니다. 이제 여호수아가 할 일은 여리고성을 접수했듯이 하나님이 넘겨주신 아이성을 접수하면 됩니다. 아간의 범죄에 대해서 진노하셨음에도 불구하고, 하나님의 약속은 변함이 없으십니다. 바로 여기에 우리의 희망이 있습니다.

하나님의 전략

그런데 아이성 정복에 대해서 주시는 구체적인 말씀이 여리고성을 정복할 때와는 많이 달라졌습니다.

> **너는 여리고와 그 왕에게 행한 것 같이 아이와 그 왕에게 행하되 오직 거기서 탈취할 물건과 가축은 스스로 가지라. 너는 아이성 뒤에 복병을 둘지니라 하시니…(수 8:2).**

일단 여리고성에 행한 것 같이 행하라고 하십니다. 이것은 그 성안에 있는 생명을 하나님께 온전히 바치는 것을 말합니다. 그러나 이번에 달라진 게 있습니다. 탈취할 물건과 가축을 가지라고 합니다. 여리고성에서는 모두 하나님께 드리게 되어 있었습니다. 가축은 칼날로 멸하고, 은금과 동철 기구들은 여호와의 집 곳간에 두도록 했습니다(수 6:19). 그런데 아이성에서는 이스라엘 백성이 전리품을 나누어 가지도록 하신 것입니다.

만일 아간이 이 사실을 조금 더 일찍 알았더라면 어떻게 했을까요? 그렇게 몰래 감추어 둘 이유가 없습니다. 조금만 기다렸다가 정정당당히 하나님이 허락해 주신 것을 선물로 받으면 됩니다. 그런데 그 며칠을 참지 못해서 겨우 외투 한 벌과 주머니에 들어갈 정도의 은, 금에 탐심을 품다가 천하보다 귀한 생명을 잃어버린 것입니다. 그것도 모든 가족과 함께 말입니다.

하나님의 말씀에 순종하지 못하는 사람들은 대부분 이러한 '조급증'을 가지고 있습니다. 그래서 말씀에 온전히 순종하지 못합니다. 하나님의 때를 기다리지 못하고 자신의 힘으로 문제를 해결하려고 하다가 일을 그르치는 경우가 얼마나 많은지 모릅니다. 그래서 야고보 사도는 "믿음의 시련이 인내를 만들어 낸다"(약 1:3)라고 말씀했습니다. 믿음이 있어야 끝까지 인내할 수 있습니다.

그다음에 달라진 것이 하나 더 있습니다. 그것은 아이성을 정복하는 전략입니다. 하나님은 여호수아에게 '아이성 뒤에 복병을 두라'고 명령하십니다. 이는 여리고성을 정복할 때와 아주 대조적입니다. 그때에는 대낮에 언약궤를 앞세우고 성 주위를 돌았습니다. 그러나 이번에는 몰래 군사들을 숨겨놓는 복병 전략을 활용하라고 하십니다.

하나님이 일하시는 방식은 아주 다양합니다. 시대와 상황과 사람에 따라서 다른 방법으로 일하십니다. 그런데 우리는 자신이 경험한 한 가지 방식에 지나치게 집착하는 경향이 있습니다. 마치 그것이 하나님이 일하시는 유일한 방법이라도 되는 듯이 생각합니다. 그래서 예배 순서 하나를 바꾸는 일에도 지나칠 정도로 예민한 반응을 보이는 사람들이 있습니다. 한때 하나님의 은혜를 받은 방식이라고 해서 모든 세대가 똑같은 방식으로 하나님의 은혜를 체험하는 것은 아닙니다.

그런데 하나님이 이렇게 다른 방법을 사용하시는 진짜 이유가 있습니다. 그것은 하나님의 말씀에 온전히 순종하는 모습을 보기를 원하시기 때문입니다. 모세의 '므리바 물 사건'을 기억하실 겁니다. 출애굽 세대 이스라엘 백성이 물을 달라고 불평하며 아우성칠 때 하나님은 모세에게 "반석에게 명령하여 물을 내라"(민 20:8)고 하셨지요.

그것은 출애굽기 17장의 '르비딤 물 사건'과 비슷하게 보이지만, 사실은 완전히 다른 명령이었습니다. 그때 하나님은 분명히 "지팡이로 반석을 치라"(출 17:6)고 명령하셨습니다. 이번에는 "반석에게 말로 명령하라"라고 하신 것입니다. 그런데 모세는 어떻게 했습니까? 하나님 말씀을 건성으로 듣고 과거의 방식대로 행했습니다. 그랬다가 하나님으로부터 호된 책망을 듣게 되었고, 결국에는 약속의 땅에 들어가지 못했습니다.

그렇습니다. 하나님이 똑같은 말씀을 하시는 것 같아도 매번 정신 차리고 귀를 쫑긋 세우고 잘 새겨들어야 합니다. 그럴 때 하나님의 말씀에 온전하게 순종할 수 있게 됩니다. 그런 의미에서 여호수아는 모세보다 더 훌륭했습니다. 그는 하나님의 말씀을 잘 새겨들었고 그대로 행했습니다.

여호수아가 이스라엘 백성에게 지시한 작전이 뒷부분에 길게 기록되어 있습니다(수 8:3-8). 그 내용을 요약하면 이렇습니다. 우선 3만 명의 군사를 뽑아 밤에 몰래 보냅니다. 그들을 아이성과 그 서쪽에 있는 벧엘 사이에 매복을 시킵니다. 그다음 날 여호수아는 나머지 군사들을 이끌고 아이성으로 갑니다. 그들이 공격해오면 일단 도망치는 것처럼 유인합니다. 그들이 성읍에서 나와 추격해 오면 매복했던 군사들이 빈 성읍으로 들어가서 점령하고 불을 지릅니다. 그러면 그 연기를 보고 돌이켜서 다시 공격하는 겁니다.

전쟁사에서 자주 등장하는 아주 흔한 전술입니다. 그러나 바로 직전에 실패했던 장면과 비교해 보면 이 작전에 임하는 이스라엘 백성의 태도가 어떻게 달라졌는지 알 수 있습니다. 하나님의 명령에 따라 온전히 순종하면 이렇게 됩니다. 그 결과는 굳이 설명할 필요가 없습니다. 약속의 땅은 하나님의 약속을 붙잡고 그 말씀에 순종할 때 주어지는 은혜의 선물이라고 했습니다. 하나님이 가르쳐주시는 대로 순종하는데 어떻게 실패할 수 있겠습니까?

긴장감의 회복

오늘 본문에서 우리는 여호수아의 태도가 이전과는 많이 달라졌다는 사실을 알아차리게 됩니다. 앞 장에서 조금은 긴장이 풀어져 있던 모습과는 아주 대조적입니다.

> 9그들을 보내매 그들이 매복할 곳으로 가서 아이 서쪽 벧엘과 아이 사이에 매복하였고 여호수아는 그 밤에 백성 가운데에서 잤더라. 10여호수아가 아침에 일찍이 일어나 백성을 점호하고 이스라엘 장로들과 더불어 백성에 앞서 아이로 올라가매… (수 8:9-10).

매복조를 보낸 후에 여호수아는 그 밤에 "백성 가운데에서 잤다"고 합니다. 그들은 다음날 아이성을 향해 진군하게 될 것입니다. 그것을 진두지휘하기 위해서 편안한 잠자리를 포기하고 백성들과 함께 지내고 있는 것입니다. 이것은 여호수아가 삼천 명의 백성을 아이성으로 보낼 때와는 다른 모습입니다.

여호수아의 영적인 긴장감은 아침에 일찍이 일어나는 것으로 잘 드러납니다. 사실 지금까지 여호수아는 늘 아침에 일찍이 일어났습니다. 요단강을 건널 때에도 그랬고(수 3:1), 여리고성을 돌 때도 그랬습니다(수 6:12, 15). 아침에 일찍 일어난다는 것은 하나님께 기도하는 시간을 가졌다는 뜻입니다. 여호수아의 영적인 긴장감은 언제나 성공적인 결과로 나타났습니다. 그런데 아이성에서 실패하던 장면에서는 이런 긴장감을 찾아볼 수 없었습니다. 그것이 지금 여호수아에게 회복된 것이지요.

또한 여호수아는 아이성까지 "백성들 앞에서 행진하였다"라고 합니다. 이것은 지금까지 읽어온 말씀에서 발견하지 못한 여호수아의 새로운 동선입니다. 이 일에 여호수아가 어떤 마음가짐으로 임하고 있는지 잘 알 수 있는 대목입니다. 그것이 전부가 아닙니다.

이와 같이 성읍 북쪽에는 온 군대가 있고 성읍 서쪽에는 복병이 있었더라. 여호수아 가 그 밤에 골짜기 가운데로 들어가니…(수 8:13).

이스라엘 군사들이 진을 친 장소는 아이성의 북쪽이었습니다. 그곳과 아이성 사이에는 '한 골짜기가 있었다'고 합니다(수 8:11). 어찌 된 일인지 여호수아는 그 밤에 진에 머물러 있지 않고, 그 골짜기 가운데로 혼자서 들어갑니다. 그것은 아주 위험한 일입니다. 무슨 이유로 그렇게 위험한 일을 감행하고 있는 것일까요?

이 대목에서 우리는 여호수아가 여리고성에 가까이 갔다가 여호와의 군대 대장을 만나는 장면을 떠올리게 됩니다. 그때 여호수아는 여리고성을 어떻게 정복해야 할지 혼자서 고민하고 있었습니다. 군대 대장을 만난 후에 그 전쟁이 자신에게 달린 게 아니라, 하나님에게 속한 것임을 확신하게 되었지요. 그가 해야 할 일은 단지 신발을 벗고 하나님의 뒤를 따라 겸손하게 맨발로 따라가는 것임을 깨달았던 것입니다.

지금 이 장면에서도 우리는 여호수아가 여호와의 군대 대장을 만나는 모습을 상상할 수 있습니다. 아니, 직접 만나지는 않았다고 하더라도 여리고성에서 경험했던 그 만남을 상기하면서 하나님 앞에 신발을 벗고 겸손하게 무릎을 꿇고 기도하는 여호수아의 모습을 그려볼 수 있습니다. 이 또한 여호수아에게 영적인 긴장감이 회복된 모습이 아닐 수 없습니다.

달라진 결과

여호수아의 달라진 태도는 그 전쟁에서 달라진 결과를 만들어냅니다.

> 아이 왕이 이를 보고 그 성읍 백성과 함께 일찍이 일어나 급히 나가 아라바 앞에 이르러 정한 때에 이스라엘과 싸우려 하나 성읍 뒤에 복병이 있는 줄은 알지 못하였더라 (수 8:14).

아이 왕이 '이를 보았다'고 하는데, '이것'이 여호수아가 골짜기 가운데로 들어가는 모습인지 아니면 이스라엘 백성이 골짜기 건너편에 진을 친 모습인지 분명하지 않습니다. 아무튼 아이 왕은 이스라엘 백성을 보자마자 추격하려고 서둘러서 성에서 나옵니다. 그러느라고 복병이 숨어 있는지 제대로 살펴보지 못했습니다. 하나님이 그의 눈을 가려주신 것이지요.

그렇게 시작된 전쟁은 하나님이 여호수아를 통해서 가르쳐주신 작전 그대로 진행되었습니다. 그 결과 이스라엘은 대승을 거두게 되었습니다.

> 25그날에 엎드러진 아이 사람들은 남녀가 모두 만 이천 명이라. 26아이 주민들을 진멸

하여 바치기까지 여호수아가 단창을 잡아 든 손을 거두지 아니하였고 ²⁷오직 그 성읍의 가축과 노략한 것은 여호와께서 여호수아에게 명령하신 대로 이스라엘이 탈취하였더라(수 8:25-27).

하나님의 명령대로 순종하면 하나님의 약속이 그대로 이루어집니다. 여호수아와 광야 세대 이스라엘 백성은 아이성에서의 실패를 통해서 이와 같은 신앙적 교훈을 얻었습니다. 그렇습니다. 실패를 통해서 제대로 배울 수 있다면, 실패는 그냥 실패로 남지 않습니다. 하나님은 우리의 성공을 통해서도 일하시지만, 우리의 실패를 통해서도 일하십니다.

그래서 사도 바울은 로마 교회에 보낸 편지에서 이렇게 말했습니다.

우리가 알거니와 하나님을 사랑하는 자 곧 그의 뜻대로 부르심을 입은 자들에게는 모든 것이 합력하여 선을 이루느니라(롬 8:28).

여기에서 '모든 것'은 말 그대로 모든 것(all things)입니다. 이 속에는 성공만 있는 것이 아닙니다. 실수와 실패도 포함되어 있습니다. 하나님은 우리의 죄와 실패조차도 궁극적인 선을 이루는 재료로 사용하십니다. 물론 그렇다고 해서 죄를 지어도 괜찮다는 뜻은 아닙니다. 죄는 반드시 그 값을 치러야 합니다. 그러나 죄의 문제가 해결되고 나면 오히려 우리의 삶을 하나님의 뜻에 순종하여 살게 만드는 유익한 도구가 될 수 있는 것입니다.

따라서 하나님은 우리에게 말씀하십니다. "다시 일어나 올라가라!" 한번 실패했다고 그 자리에서 주저앉아 있지 말고, 한때 넘어졌다고 그 자리에서 울고 있지 말고, 한번 죄를 지었다고 그 자리에서 낙심하고 있지만 말고, 다시 일어나서 하나님의 약속을 붙잡고 말씀에 순종하여 가보라는 것입니다. 과거에 실패했다는 이유로 다시 시도해보지 않는 것이 진짜 실패한 인생을 만들어냅니다.

베드로를 보십시오. 그는 주님을 모른다면서 저주하며 부인했지만, 과거의 실패에 주저앉지 않고 다시 일어섰습니다. 바울을 보십시오. 그는 주님을 핍박하던 박해자였지만, 죄책감에 매여 있지 않고 다시 일어나서 복음 전도자가 되었습니다. 아이성 전투에서 얼마나 크게 실패했는지는 중요한 문제가 아닙니다. 마지막에 이기는 자가 되는 것이 더 중요한 일입니다. 우리는 모두 이기는 자가 되어 주님 앞에 서기를 간절히 소망합니다.

묵상 질문: 나는 과거의 실패로 인해 지금 주저앉아 있지 않은가?

오늘의 기도: 우리는 자주 넘어집니다. 영적인 싸움에서 곧잘 패배합니다. 그러나 그 실패의 자리에 주저앉아 있지 않게 하옵소서. 과거의 실패를 영적인 게으름의 핑곗거리로 삼지 않게 하옵소서. 다시 일어서서 우리의 대장 되시는 예수님을 앞세우고 약속의 땅을 향해 나아가게 하옵소서. 최후의 승리를 얻을 때까지 신앙의 경주를 달려가게 하옵소서. 예수님의 이름으로 기도합니다. 아멘.

에발산에 쌓은 재단

읽을 말씀: 여호수아 8:30-35; 신명기 11:26-29

새길 말씀: ³⁰그 때에 여호수아가 이스라엘의 하나님 여호와를 위하여 에발산에 한 제단
을 쌓았으니 ³¹이는 여호와의 종 모세가 이스라엘 자손에게 명령한 것과 모세
의 율법책에 기록된 대로 쇠 연장으로 다듬지 아니한 새 돌로 만든 제단이라.
무리가 여호와께 번제물과 화목제물을 그 위에 드렸으며…(수 8:30-31).

　여호수아가 이끄는 광야 세대 이스라엘 백성은 하나님이 약속해 주신 대
로 여리고성을 접수했습니다. 그리고 우여곡절 끝에 아이성까지 접수하게
되었습니다. 이 과정을 겪으면서 그들은 한 가지 분명한 신앙적인 교훈을
얻게 되었습니다. 그것은 하나님의 말씀에 순종하기만 하면 하나님께서 약속
하신 것을 반드시 선물로 받게 된다는 사실입니다.

　'약속의 땅'은 힘 있는 자가 군홧발을 앞세워서 정복하여 차지하는 곳이
아닙니다. 약속의 땅은 오직 하나님의 약속을 붙잡고 그의 말씀에 온전히 순
종하는 자들이 은혜의 선물로 접수하게 되는 곳입니다. 그 사실을 여호수아와
이스라엘 백성은 그들의 실패와 성공을 통해 확실하게 깨닫게 된 것입니다.

왜 에발산인가?

그 이후에 여호수아는 이스라엘 백성을 이끌고 북쪽에 있는 에발산으로 향합니다. 또 다른 전투를 벌이기 위해서가 아니었습니다. 하나님께 예배하기 위해서였습니다.

> 30그 때에 여호수아가 이스라엘의 하나님 여호와를 위하여 에발산에 한 제단을 쌓았으니 31이는 여호와의 종 모세가 이스라엘 자손에게 명령한 것과 모세의 율법책에 기록된 대로 쇠 연장으로 다듬지 아니한 새 돌로 만든 제단이라. 무리가 여호와께 번제물과 화목제물을 그 위에 드렸으며…(수 8:30-31).

에발산(Mt. Ebal)은 세겜(Shechem) 바로 북쪽에 붙어 있는 산입니다. 그 남쪽에는 마치 쌍둥이처럼 그리심산(Mt. Gerizim)이 놓여 있습니다. 지도를 통해 확인해 보면, 조금 전에 정복한 아이성과는 제법 거리가 있다는 사실을 알 수 있습니다. 그런데 여호수아는 그곳까지 이스라엘 백성을 이끌고 가서 여호와 하나님을 위하여 한 제단을 쌓은 것입니다.

어디서든 하나님께 제단을 쌓고 예배를 드릴 수 있습니다. 그런데 왜 하필 그렇게 먼 곳까지 가야 했을까요? 거기에는 그럴만한 중요한 이유가 있었습니다. 에발산에 가서 제단을 쌓으라고 모세가 명령했던 것입니다. 그 이야기가 신명기 27장에 나옵니다.

> 4너희가 요단을 건너거든 내가 오늘 너희에게 명령하는 이 돌들을 에발산에 세우고 그 위에 석회를 바를 것이며 5또 거기서 네 하나님 여호와를 위하여 제단 곧 돌단을 쌓되 그것에 쇠 연장을 대지 말지니라(신 27:4-5).

모세의 명령은 이스라엘 백성이 요단을 건너 약속의 땅에 들어가야 하는 이유와 목적을 분명히 지적하고 있습니다. 그들은 단지 가나안 땅을 정복하기 위해서 들어가는 것이 아닙니다. 가장 중요한 목적은 '에발산'에 가서 하나님께 제단을 쌓고 예배하는 것입니다.

모세가 이집트의 파라오에게 끈질기게 요구한 것도 바로 여호와 하나님께 예배하는 것이었습니다(출 7:16, 8:27). 그러니까 출애굽 하던 처음부터 이스라엘 백성은 하나님께 예배하기 위해서 약속의 땅을 향해 출발한 것입니다. 그런데 왜 하필 에발산일까요? 모세는 왜 에발산으로 가서 제단을 쌓으라고 명령했을까요?

이 질문에 적절한 답을 찾기 위해서 우리는 여호수아 시대로부터 육백 년 전으로 거슬러 올라가야 합니다. 하나님이 갈대아 우르에 살던 아브람을 불러내어 가나안 땅으로 인도하시던 장면에서 그 실마리를 찾을 수 있습니다.

> 6아브람이 그 땅을 지나 세겜 땅 모레 상수리나무에 이르니 그 때에 가나안 사람이 그 땅에 거주하였더라. 7여호와께서 아브람에게 나타나 이르시되 내가 이 땅을 네 자손에게 주리라 하신지라. 자기에게 나타나신 여호와께 그가 그곳에서 제단을 쌓고…(창 12:6-7).

고향 갈대아 우르를 떠날 때 아브람은 어디로 가야 하는지 정확한 목적지를 알지 못했습니다. 단지 "내가 네게 보여줄 땅으로 가라"(창 12:1)는 명령에 순종하여 무작정 떠났을 뿐입니다. 그러다가 세겜 땅 모레 상수리나무에 이르렀을 때 하나님은 "이 땅을 네 자손에게 주리라"고 약속하셨습니다. 다시 말해서 세겜(Shechem)이 아브람에게 보여주기로 약속한 바로 그 땅이라고 밝히신 것입니다. 그래서 아브람은 그곳에서 제단을 쌓고 하나님께 예배를 드렸습니다. 그러니까 세겜은 '약속의 땅'에서 최초로 제단을 쌓고 하나님께 예배한 곳입니다.

그다음 이야기를 계속해서 읽어보면 한 가지 재미있는 사실을 발견합니다. 아브람이 세겜에 단을 쌓은 후에 점점 남쪽으로 이동해가다가 두 번째로 제단을 쌓은 곳이 나오는데, 그곳이 바로 벧엘과 아이 사이였습니다.

> 8거기서 벧엘 동쪽 산으로 옮겨 장막을 치니 서쪽은 벧엘이요 동쪽은 아이라. 그가 그곳에서 여호와께 제단을 쌓고 여호와의 이름을 부르더니 9점점 남방으로 옮겨갔더라(창 12:8-9).

여호수아가 군사들을 매복시켜둔 곳이 바로 벧엘과 아이 사이였습니다. 그 작전으로 인해 아이성 전투에서 대승을 거두게 되었지요. 그 후에 여호수아는 세겜으로 올라갔습니다. 그러니까 아브라함이 제단을 쌓은 두 곳을 선으로 연결하면, 여호수아 일행은 아브라함이 왔던 역방향으로 거슬러 올라간 셈입니다. 이 대목에서 우리는 여리고성 점령 이후에 아이성을 그다음 목표로 삼게 된 것은 세겜으로 올라가서 제단을 쌓으려는 일련의 계획 속에서 진행된 일이라는 사실을 알게 됩니다.

아무튼 아브라함 이후에 세겜은 '약속의 땅'을 상징하는 장소가 되었습니다. 야곱이 20년간의 객지 생활을 마치고 하란에서 고향으로 돌아온 후에 세겜에 제단을 쌓았던 것도 바로 그 때문입니다.

> 18야곱이 밧단 아람에서부터 평안히 가나안 땅 세겜 성읍에 이르러 그 성읍 앞에 장막을 치고 19그가 장막을 친 밭을 세겜의 아버지 하몰의 아들들의 손에서 백 크시타에 샀으며 20거기에 제단을 쌓고 그 이름을 엘 엘로헤 이스라엘이라 불렀더라 (창 33:18-20).

사실 야곱은 밧단 아람(Paddan Aram)에서 돌아올 때 요단 동쪽 길로 왔습니다. 얍복강(Jabbok River)을 건넌 후에 브니엘(Peniel)에서 형 에서와 화해했고, 그 근처에 있던 숙곳(Succoth)에 집도 짓고 가축을 위해 우릿간을 짓기도

했지요(창 33:17). 그러나 그는 굳이 요단강을 건너 세겜에 와서 제단을 쌓았습니다. 그렇게 하고 나서야 밧단 아람으로부터 온 긴 여행이 마무리되었던 것입니다.

여호수아와 광야 세대 이스라엘 백성도 마찬가지입니다. 그들이 이미 접수한 여리고성과 아이성도 '약속의 땅'에 포함되어 있었습니다. 그러나 세겜에 와서 하나님께 제단을 쌓고 예배드리기 전까지는 '약속의 땅'에 도착하지 않은 것과 같습니다. 그래서 그들은 요단을 건너와서 여리고성을 접수한 후에 곧장 아이성으로 향하였고, 거기에서부터 멀리 세겜까지 가서 에발산에 제단을 쌓았던 것입니다.

사실 여호와 하나님은 어디서나 예배할 수 있습니다. 그러나 여호수아와 광야 세대 이스라엘 백성이 세겜에 단을 쌓고 하나님께 예배를 드리는 것은 아주 특별한 상징적인 의미가 있습니다. 바로 이곳이 오래전 아브라함에게 약속하신 바로 그 '약속의 땅'임을 선언하는 것이기 때문입니다. 하나님의 약속이 육백 년이라는 긴 세월을 넘어서 이제 드디어 성취되었음을 선포한 것입니다.

약속의 자녀

여기에서 우리는 한 가지 중요한 사실을 알게 됩니다. '약속의 땅'은 하나님의 약속이 성취되는 땅이라는 사실입니다. 따라서 약속의 땅에서 하나님 백성이 확인해야 하는 것은 젖과 꿀이 흐르는 기름지고 넓은 땅을 차지하게 되었다는 사실이 아닙니다. 오히려 하나님의 약속은 언젠가 반드시 이루어진다는 사실을 확인해야 합니다. 그리고 그들 자신이 하나님의 약속을 상속받은 '약속의 자녀'로 선택되었다는 사실을 확인해야 합니다. 그래서 세겜의 예배가 필요했던 것입니다.

이것은 우리의 신앙생활을 통해서도 거듭 확인해야 하는 일입니다. 우리가 신앙생활 하는 이유가 무엇입니까? 남들보다 더 많은 것을 가지고 더 높은 곳에 올라가기 위해서가 아닙니다. '젖과 꿀이 흐르는 땅'을 차지하는 복을 받기 위해서가 아닙니다. 그것은 부수적으로 주어지는 보너스입니다. 우리가 받아야 하는 진정한 축복은 '약속의 자녀'라는 사실을 확인하는 것입니다. 왜 그것이 진정한 축복입니까? 왜냐면 오직 '약속의 자녀'만이 하나님께서 아브라함에게 약속해 주신 '약속의 땅'에 들어가서 그 땅을 기업으로 받을 수 있기 때문입니다.

그렇다면 우리는 어떻게 '약속의 자녀'가 될 수 있을까요. 혈통적으로 따지면 우리는 아브라함과 아무런 상관관계가 없습니다. 만일 아브라함의 직계 후손만 '약속의 자녀'가 될 수 있다면, 여리고성에서 구원받은 라합이나 그녀의 가족들은 세겜에 올라갈 필요도 없습니다. 이방인은 에발산에서 하나님 앞에 제단을 쌓는 일에 참여할 수 없습니다. 그러나 실제로는 이방인도 그 자리에 있었습니다. 이방인도 약속의 자녀로 인정받았던 것입니다.

> 온 이스라엘과 그 장로들과 관리들과 재판장들과 본토인뿐 아니라 이방인까지 여호와의 언약궤를 멘 레위 사람 제사장들 앞에서 궤의 좌우에 서되 절반은 그리심산 앞에, 절반은 에발산 앞에 섰으니 이는 전에 여호와의 종 모세가 이스라엘 백성에게 축복하라고 명령한 대로 함이라(수 8:33).

이집트에서 탈출한 하나님 백성이 오래전 하나님이 약속의 땅으로 선언한 장소 세겜에 와서 제단을 쌓고 예배하는 바로 그 역사적인 순간에 누가 함께 참여하고 있었습니까? 그 자리에는 '본토인'뿐 아니라 '이방인'까지 있었습니다.

본토인(the native-born)은 그 지역에서 태어나서 사는 사람을 가리키는 말입니다. 그렇다면 '세겜 사람'을 가리킨다고 해석해야 합니다. 그러나 그들이 라합이나 그의 가족들처럼 하나님을 믿는 이스라엘 백성 안에 들어왔다는 이야기가 아직 없습니다. 사실 그들에게 이스라엘 백성은 침입자였습니다. 그러니 여호와 하나님을 예배하는 자리에 참여할 이유가 하나도 없습니다. 따라서 여기에서 '본토인'은 아브라함의 직계 후손을 가리키는 말로 이해해야 합니다.

반면 '이방인'은 말 그대로 '외국인들'(the foreigners)입니다. 이스라엘 백성과 함께 살고 있던 사람입니다. 그 속에는 이집트에서 탈출하던 당시에 동행했던 '수많은 잡족'(출 12:38)도 포함되어 있었습니다. 여기에는 라합과 그의 가족들도 있었습니다. 그들 모두가 아브라함의 직계 후손과 함께 '약속의 자녀'로서 당당히 그 자리에서 하나님께 예배하고 있었던 것입니다. 이것은 육백 년이라는 긴 세월을 넘어서서 하나님의 약속이 성취되는 것 이상으로 놀라운 구원의 복음입니다.

에발산의 복음

바로 이 대목에서 우리는 또다시 "왜 에발산인가?"라는 질문을 던져야 합니다. 하나님의 백성이 세겜에 와서 제단을 쌓아야 했던 이유를 우리는 이해하게 되었습니다. 그런데 왜 하필이면 '에발산'에 제단을 쌓아야 할까요? 그 건너편에 그리심산도 있고, 세겜 땅 모레 상수리 숲도 있는데 말입니다. 바로 여기에 놀라운 복음의 메시지가 담겨 있습니다.

자, 에발산이 가지고 있는 의미를 알려면, 신명기 11장에 기록된 모세의 지침을 살펴보아야 합니다.

> 26내가 오늘 복과 저주를 너희 앞에 두나니 27너희가 만일 내가 오늘 너희에게 명하는 너희의 하나님 여호와의 명령을 들으면 복이 될 것이요 28너희가 만일 내가 오늘 너희에게 명령하는 도에서 돌이켜 떠나 너희의 하나님 여호와의 명령을 듣지 아니하고 본래 알지 못하던 다른 신들을 따르면 저주를 받으리라. 29네 하나님 여호와께서

**네가 가서 차지할 땅으로 너를 인도하여 들이실 때에 너는 그리심산에서 축복을 선
포하고 에발산에서 저주를 선포하라(신 11:26-29).**

모세는 에발산에서 제단을 쌓고 예배를 드릴 때, 그리심산에서는 축복을
선포하고 에발산에서는 저주를 선포하라고 했습니다. 그 구체적인 실행지침
은 신명기 27장에 자세하게 기록되어 있습니다(신 27:11-26). 거기에 보면 열두
지파를 두 그룹으로 나누어서 각각 그리심산과 에발산에 서게 하고 레위 사
람들의 선창에 따라서 선포하게 했습니다.

자, 그렇다면 에발산은 어떤 곳입니까? 저주가 선포되어야 하는 산입니
다. 바로 그곳에 제단을 쌓아야 한다고 말씀하고 있는 것입니다. 기왕이면
축복이 선포되는 그리심산에 제단을 쌓지 않고, 왜 군이 에발산에 쌓으라고
명령하셨을까요?

실제로 바빌론 포로기 이후에 사마리아 사람들은 예루살렘에 복원된 성
전을 모방하여 그리심산에 자기들만의 성전을 세우기도 했습니다(기원전 432
년경). 한때 예루살렘 성전에 버금가는 권위를 가진 장소로 인식되기도 했습
니다. 그렇지만 '축복의 산'에 세워진 성전은 자연스럽게 기복 신앙으로 흐르
게 되었고 결국에는 망하고 말았습니다.

하나님께 예배하는 제단이 있어야 할 곳은 에발산입니다. 그것이 부정할
수 없는 우리의 현실입니다. 우리는 하나님의 저주를 받을 수밖에 없는 사람
입니다. 이스라엘 백성이 아무리 하나님의 약속을 붙들고 말씀에 순종하여
약속의 땅을 접수하게 되었지만, 그들의 악한 본성은 저주를 선택하게 됩니
다. 출애굽 세대 이스라엘 백성의 광야 생활이 그것을 여실히 말해주고 있습
니다. 광야 세대는 얼마나 다를까요? 지금까지는 그럭저럭 말씀에 순종하고
있는 것 같지만, 얼마 지나지 않아서 그들 또한 부모 세대가 걸었던 길을
걷게 될 것입니다.

물론 하나님의 말씀인 율법을 잘 가르치고 잘 지키게 해야 합니다. 그래

서 여호수아는 모세에게 배운 대로 그곳에 돌을 세우고 율법 책에 기록된 모든 말씀을 새겨 넣었습니다(신 27:8; 수 8:32). 그리고 그 모든 율법을 한 말씀도 빠뜨리지 않고 낭독했습니다(수 8:35). 에발산 앞에 선 사람들은 저주를, 그리심산 앞에 선 사람들은 축복을 외치게 했습니다. 그렇게 해서 하나님의 말씀에 온전하게 순종하게 된다면 얼마나 좋을까요? 그러나 하나님의 말씀을 알면서도 순종하지 않는 인간의 악한 본성이 언제나 문제입니다.

그래서 에발산에 제단을 쌓아야 합니다. 저주가 선포되는 산에서 번제와 화목제를 드려야 합니다. 그들의 죄를 씻을 희생제물이 필요합니다. 이 문제에 관한 한 아브라함의 직계 후손이든지 이방인이든지 조금도 다르지 않습니다. 그들은 모두 자신의 죄로 말미암아 하나님의 저주를 받을 수밖에 없는 '본질상 진노의 자녀'(엡 2:3)입니다.

바로 여기에 십자가의 복음이 세워진 것입니다. 예수 그리스도께서 세상 죄를 지고 가는 하나님의 어린 양이 되셔서 십자가에서 대속의 피를 흘려주심으로 그를 믿는 자는 누구나 구원받은 하나님 자녀가 되어 영생을 누리는 길이 열리게 된 것입니다. 이 구원의 길을 예비하기 위해서 하나님은 굳이 '에발산'에 제단을 쌓으라고 말씀하신 것입니다.

아브라함의 후손만 약속의 자녀가 아닙니다. 누구나 약속의 자녀가 될 수 있습니다. 우리에게 주어지는 진정한 축복은 대속의 은총을 통해서 약속의 자녀가 될 수 있다는 것입니다. 악하고 추한 모습으로 살던 우리가 예수 보혈의 공로를 힘입어 은혜의 보좌 앞에 이렇게 담대히 나올 수 있게 된 것도 모두 하나님이 우리를 위해 예비해 놓으신 바로 이 '에발산의 복음' 때문입니다.

지금 우리에게도 에발산에 쌓은 제단이 필요합니다. 기복(祈福) 신앙이 아니라 대속(代贖) 신앙이 필요합니다. 본질상 하나님의 저주와 진노를 받을 수밖에 없는 죄인임을 스스로 인정하고, 이제부터 오직 하나님의 은혜 안에 거해야만 합니다. 그렇게 살라고 하나님은 오늘도 우리를 예배의 자리로 불러주시는 것입니다.

묵상 질문: 에발산의 복음이 나와 무슨 상관이 있는가?

오늘의 기도: 은혜 아니면 우리는 온전히 설 수 없음을 고백합니다. 우리의 결심이나 노력만으로는 하나님의 말씀에 순종할 수 없음을 고백합니다. 우리의 연약함을 다 아시는 하나님께서 에발산에 쌓은 제단을 통해 대속의 은총을 예비하셨음을 깨닫게 하시니 감사합니다. 언제나 은혜의 보좌 앞에 담대히 나아갈 수 있도록 성령님 우리를 도와주옵소서. 예수님의 이름으로 기도합니다. 아멘.

속아서 맺은 계약

읽을 말씀: 여호수아 9:1-27; 신명기 20:10-18

새길 말씀: ¹⁴무리가 그들의 양식을 취하고는 어떻게 할지를 여호와께 묻지 아니하고 ¹⁵여호수아가 곧 그들과 화친하여 그들을 살리리라는 조약을 맺고 회중 족장들이 그들에게 맹세하였더라 (수 9:14-15).

약속의 땅에서 벌어지는 크고 작은 전쟁은 모두 하나님이 당신의 백성을 위하여 싸우시는 것이었습니다(수 11:42). 여호수아와 광야 세대 이스라엘 백성은 단지 하나님의 약속을 붙잡고 그 말씀에 순종하여 앞으로 나아가기만 하면 됩니다. 여리고성에서 그들은 하나님의 말씀에 온전히 순종함으로써 기적 같은 놀라운 승리를 거두었습니다. 그러나 곧 이어진 아이성 전투에서는 패배의 쓴잔을 맛보아야 했습니다.

물론 거기에는 아간이라는 사람이 지은 죄에 대한 하나님의 진노가 있었지만, 그보다 더 중요한 이유는 먼저 하나님께 물어보지 않고 그 전쟁을 시작했기 때문입니다. 하나님은 당신의 백성이 제 마음대로 행하는 것을 가장 싫어하십니다. 우여곡절 끝에 아간이 지은 죄의 문제를 공동체적으로 함께 해결하고 난 후에 그들은 다시 일어서서 아이성으로 올라갔고, 이번에는 놀라운 승리를 거둘 수 있었습니다.

여리고성과 아이성을 접수한 후에 여호수아는 광야 세대 이스라엘 백성을 이끌고 세겜의 에발산으로 가서 거기에 제단을 쌓고 하나님께 예배를 드립니다. 그것은 육백 년 전 바로 그곳에서 하나님이 아브라함에게 나타나셔서 "이 땅을 네 자손에게 주리라(창 12:7)"고 약속하셨기 때문입니다. 그러니까 '약속의 땅'에 대한 하나님의 약속이 비로소 성취되었음을 선포하는 예배를 드린 것이지요.

이때 하나님은 축복의 산인 그리심산이 아니라 저주의 산인 에발산에 단을 쌓게 하셨습니다. 그것은 본질상 진노의 자녀인 인간을 대속 제물로 용서해주시겠다는 하나님의 은혜를 드러내는 것이며, 동시에 장차 온 인류를 구원하기 위해서 오실 예수 그리스도의 십자가의 복음을 준비하게 하신 일이 되었다는 것을 앞장에서 살펴보았습니다.

그렇습니다. 여호수아와 광야 세대 이스라엘 백성이 약속의 땅에 들어갈 수 있었던 것도, 여리고성과 아이성 전투에서 승리할 수 있었던 것도 모두 하나님의 은혜였습니다. 그들이 완벽하게 헌신했기 때문도 아니고, 그들이 그럴만한 자격을 갖추고 있었기 때문도 아닙니다. 오로지 하나님이 그들을 일방적으로 사랑하셔서 오래전에 약속해 주신 그 땅을 은혜의 선물로 주신 것입니다.

순종의 시험

이스라엘 백성은 큰 전쟁에서 승리한 기쁨과 하나님께 예배한 감격을 안고 길갈의 베이스캠프로 다시 돌아왔습니다. 그러나 그들을 기다리고 있던 것은 가나안 족속의 연합군과 싸워야 한다는 소식이었습니다.

1이 일 후에 요단 서쪽 산지와 평지와 레바논 앞 대해 연안에 있는 헷 사람과

아모리 사람과 가나안 사람과 브리스 사람과 히위 사람과 여부스 사람의 모든 왕들이 이 일을 듣고 2모여서 일심으로 여호수아와 이스라엘에 맞서서 싸우려 하더라(수9:1-2).

산 넘어 산이라고 여호수아와 이스라엘 백성은 이제 한 개의 성을 정복하거나 한 사람의 왕과 싸우는 것이 아니라, 가나안 족속이 결성한 연합군과 전쟁을 하게 되었습니다. 여리고성이나 아이성 하나를 정복하는 일도 쉽지 않았는데, 어떻게 연합군과의 전쟁에서 이길 수 있을까요?

그런데 하나의 족속과 싸우든지 아니면 가나안 연합군과 싸우든지, 그 전쟁의 본질은 조금도 달라지지 않습니다. 그것은 이스라엘 백성과 가나안 족속 간의 전쟁이 아닙니다. 하나님이 이스라엘을 위하여 싸우시는 전쟁입니다. 오히려 개개의 족속과 하나씩 싸우는 것보다 연합군과 한꺼번에 싸우는 것이 이 전쟁을 빨리 끝내는 방법이 될 수 있습니다.

따라서 문제는 가나안 족속의 연합군이 아닙니다. 언제나 그랬듯이 여호수아와 광야 세대 이스라엘 백성이 하나님의 말씀에 얼마나 온전히 순종할 수 있는가가 더 큰 문제입니다. 여리고성을 보십시오. 그 성의 높이는 문제가 아니었습니다. 이스라엘 백성이 하나님의 말씀에 온전히 순종했을 때 여리고성은 맥없이 무너졌습니다. 이번에도 마찬가지입니다.

그런데 이스라엘 백성을 향한 믿음과 순종의 시험은 엉뚱하게도 가나안 연합군에서 탈퇴한 기브온 사람들을 통해서 다가왔습니다.

3기브온 주민들이 여호수아가 여리고와 아이에 행한 일을 듣고 4꾀를 내어 사신의 모양을 꾸미되 헤어진 전대와 헤어지고 찢어져서 기운 가죽 포도주 부대를 나귀에 싣고 5그 발에는 낡아서 기운 신을 신고 낡은 옷을 입고 다 마르고 곰팡이가 난 떡을 준비하고 6그들이 길갈 진영으로 가서 여호수아에게 이르러 그와 이스라엘 사람들에게 이르되 우리는 먼 나라에서 왔나이다. 이제 우리와 조약을 맺읍시다 하니…(수 9:3-6).

기브온은 아이성에서 남서쪽으로 불과 4km 정도밖에 떨어지지 않은 곳에 있었습니다. 그들은 본래 '히위' 족속이었습니다. 그들은 이스라엘 백성이 여리고성을 무너뜨리고, 이어서 아이성까지 함락하는 것을 보고서 다른 부족들처럼 가나안 연합군에 참가하기보다는 스스로 살길을 찾기로 했습니다. 마치 먼 나라에서 오랜 시간이 걸려서 온 것처럼 낡은 옷으로 변장하고, 기운 신발을 신고, 곰팡이 난 떡을 준비해서 여호수아를 찾아서 길갈로 내려간 것입니다. 그리고 자세를 낮추어 자신을 종으로 삼아달라고 하면서 평화조약 맺을 것을 요청했습니다.

세 가지 문제점

기브온 사람들의 출현으로 인해 여호수아와 광야 세대 이스라엘 백성의 문제점이 또다시 드러났습니다. 첫 번째 문제는 분별력의 부족(the lack of discernment)이었습니다.

사실 조금만 더 주의 깊게 살펴보았더라면 기브온 사람들의 거짓말을 충분히 탐지할 수 있었습니다. 사신의 모양으로 꾸몄다고 하는데, 사신은 한 나라를 대표하는 대사입니다. 그 대사가 낡고 기운 옷차림으로 나타난다는 것 자체가 격에 맞지 않습니다. 게다가 먼 나라에서 왔다고 하는데, 그 나라가 어디인지 끝까지 밝히지 않고 있습니다. 그리고 먼 곳에서 사는 사람들이 왜 이스라엘을 두려워할 필요가 있겠습니까? 그런데도 여호수아와 이스라엘 백성은 그들의 말을 곧이곧대로 믿었던 것입니다.

분별력의 부족은 기도의 부족(the lack of prayer)으로 이어졌습니다.

> 14무리가 그들의 양식을 취하고는 어떻게 할지를 여호와께 묻지 아니하고 15여호수아가 곧 그들과 화친하여 그들을 살리리라는 조약을 맺고 회중 족장들이 그들에게 맹세하였더라(수 9:14-15).

여기 보니까 그들은 어떻게 할지를 여호와께 묻지 않았다고 합니다. 아이 성에서 실패하던 장면과 비슷하지 않습니까? 그때도 여호수아는 하나님의 명령이나 지시 없이 진군을 결정했습니다. 하나님의 명령이 없었다는 이야기는 곧 하나님께 먼저 기도하지 않았다는 뜻이라고 했습니다. 이 대목에서도 마찬가지입니다. 어떤 일을 결정하기 전에 하나님께 묻지 않았습니다. 하나님께 기도하지 않았던 것입니다.

이보다 더 심각한 문제는 순종의 부족(the lack of obedience)입니다. 오래 전 시내산에서 체류하던 때 하나님은 모세를 통해서 명령하셨습니다. 약속의 땅에 들어가거든 그 어느 족속과도 조약을 맺지 말라는 명령입니다.

> 31내가 네 경계를 홍해에서부터 블레셋 바다까지, 광야에서부터 강까지 정하고 그 땅의 주민을 네 손에 넘기리니 네가 그들을 네 앞에서 쫓아낼지라. 32너는 그들과 그들의 신들과 언약하지 말라. 33그들이 네 땅에 머무르지 못할 것은 그들이 너를 내게 범죄하게 할까 두려움이라. 네가 그 신들을 섬기면 그것이 너의 올무가 되리라 (출 23:31-33).

하나님의 명령은 분명합니다. 가나안 주민들은 그 땅에 남겨두지 말고 모두 쫓아내라는 것입니다. 그리고 "그들과 언약하지 말라"(Do not make a covenant with them. NIV)고 분명히 말씀하셨습니다. 왜냐면 그들과의 언약은 곧 그들의 신들과의 언약이기 때문입니다. 그런데 지금 여호수아와 광야 세대 이스라엘 백성은 가나안 족속 중의 하나인 기브온 사람들과 덜컥 조약을 맺고 맹세를 했던 것입니다. '그들과 언약하지 말라'고 하신 말씀에 순종하지 못한 것이지요.

물론 기브온 사람들에게 감쪽같이 속았다고 말할 겁니다. 아담과 하와도 뱀으로 변장한 사탄에게 속아서 선악을 알게 하는 나무의 실과를 따먹었지요. 그 결과 이 세상에 죄가 들어오게 되었습니다. 분명히 속인 사람의 잘못입니다. 그러나 그렇다고 해서 속았다는 것이 불순종의 정당한 변명거리가 될 수는 없습니다.

여호수아와 이스라엘 백성을 두둔하려는 사람들은 이렇게 설명합니다. "하나님의 관심은 가나안 족속을 무조건 멸망시키는 것이 아니다. 혹시라도 이스라엘 백성이 가나안의 신들을 섬기게 될까 봐 걱정스러워 그들을 쫓아내라고 하신 것이다. 지금 기브온 사람들이 이스라엘 백성에게 어떤 우상을 소개하는 것도 아니고, 단지 어떻게든 살아보겠다고 그러는 것인데, 그들과 조약을 맺는 걸 무조건 나무랄 수는 없는 일이 아닌가."

실제로 신명기 말씀에 보면 적군과 싸우기 전에 먼저 화평을 선언하라고 하나님이 말씀하셨습니다.

> 10네가 어떤 성읍으로 나아가서 치려 할 때에는 그 성읍에 먼저 화평을 선언하라. 11그 성읍이 만일 화평하기로 회답하고 너를 향하여 성문을 열거든 그 모든 주민들에게 네게 조공을 바치고 너를 섬기게 할 것이요… 15네가 네게서 멀리 떠난 성읍들 곧 이 민족들에게 속하지 아니한 성읍들에게는 이같이 행하려니와…(신 20:10-11, 15).

그러니까 무조건 전쟁을 벌이고 무조건 진멸하는 것이 하나님의 뜻은 아닙니다. 전쟁을 벌이기에 앞서서 화평을 선언해야 합니다. 그 화평을 받아들인다면 공동체의 일원으로 받아들이지만, 만일 거부할 때에는 불가피하게 전쟁을 치러야 합니다.

그러나 문제는 가나안 족속들은 여기에 해당하지 않는다는 사실입니다 (신 20:16). 이 말씀은 '네게서 멀리 떠난 성읍들', 다시 말해서 가나안의 일곱 족속에 속하지 않는 사람들의 경우입니다. 기브온 족속이 해어진 옷으로 변장하고 나타난 것도 바로 이 때문입니다. 어떻게 알게 되었는지 모르지만, 기브온 족속은 이 말씀을 잘 알고 있었던 것이지요.

한편으로 생각해보면 그들의 노력이 참으로 눈물겹습니다. 이스라엘의 칼에 죽임을 당하지 않기 위해서 어떻게든 살아보려고 이렇게 노심초사 애를 쓰고 있는 것입니다. 비록 속임수를 쓰기는 했어도 그 절박한 마음을 생각해서라도 살려주는 것이 맞지 않을까요? 여리고성의 라합과 그의 가족들도 살기 위해서 이스라엘 편에 섰고 결국 구원받지 않았습니까?

그런데 한 족속과 계약을 맺는 것은 전혀 다른 차원의 이야기입니다. 만일 계약을 맺을 만한 상황으로 판단된다면, 그것을 결정하기 전에 먼저 하나님에게 물어보았어야 마땅한 일입니다. 그것이 하나님 백성의 바른 자세입니다. 누구와 전쟁을 할지, 누구와 평화를 맺을지 그것은 하나님이 판단하실 일입니다. 그런데 여호수아는 마치 자신이 최종 결정권자라도 되는 것처럼, 그렇게 자기 마음대로 조약을 맺고 족장들에게 맹세하게 한 것입니다. 그것은 하나님의 말씀에 순종하는 태도가 아닙니다.

자, 그런데 만일 여호수아가 이 문제를 놓고 먼저 하나님께 물어보았다면 과연 뭐라고 대답하셨을까요? 기브온 족속과 평화조약을 맺으라고 그러셨을까요? 아니면 그들을 여리고성이나 아이성처럼 완전히 진멸하라고 하셨을까요? 분명히 전자로 대답하셨을 것입니다. 하나님은 기본적으로 구원과 생명의 하나님이시지, 심판과 멸망의 하나님이 아니시기 때문입니다.

실제로 기브온 족속은 나중에 하나님 백성 안에 들어옵니다. 그리고 하나님의 성소에서 신실하게 하나님을 섬기는 사람들이 됩니다. 솔로몬이 왕이 된 후에 '일천 번제'를 드리러 간 곳이 바로 '기브온 산당'이었습니다. 기브온 사람들이 살던 바로 그곳에 여호와의 성막과 번제단이 있었습니다(대하 1:3). 기브온 사람들이 그 성소를 지극히 섬기고 있었던 것입니다. 만일 하나님이 기브온 족속을 처음부터 진멸하기로 계획하고 계셨다면, 이런 일이 생기지 않았을 것입니다.

그러나 아무리 그렇다고 하더라도 여호수아가 하나님의 말씀에 온전히 순종하지 못하고, 하나님께 먼저 구하지 않은 것은 명백한 잘못입니다. 잘못은 잘못이요, 불순종은 불순종입니다. 그런데도 하나님은 그들을 은혜로 덮어주신 것입니다.

들통난 거짓말

아무튼 기브온 족속과 평화조약을 맺은 후 겨우 사흘이 지나기도 전에 그들의 거짓말이 들통납니다.

> 17이스라엘 자손이 행군하여 셋째 날에 그들의 여러 성읍들에 이르렀으니 그들의 성읍들은 기브온과 그비라와 브에롯과 기럇여아림이라. 18그러나 회중 족장들이 이스라엘의 하나님 여호와로 그들에게 맹세했기 때문에 이스라엘 자손이 그들을 치지 못한지라. 그러므로 회중이 다 족장들을 원망하니…(수 9:17-18).

그들의 거짓말이 어떻게 들통났을까요? 이스라엘 자손이 아이성 남쪽에 있는 기브온을 비롯한 여러 성을 정복하려고 출정했습니다. 아마 이때 기브온에서 온 대표들도 동행한 것으로 보입니다. 그들이 사는 마을을 치려고 하는데 어떻게 가만히 있을 수 있었겠습니까? 그래서 할 수 없이 이실직고하게 된 것입니다.

자, 여기에서 한 가지 문제가 생깁니다. 아이성 남쪽 지역을 정복하기 위해서 지난 사흘 동안 경사진 비탈길을 걸어왔습니다. 그런데 막상 와서 보니까 평화조약을 맺은 족속이라 싸울 수 없는 것입니다. 그러니까 이스라엘 회중은 족장들을 원망하기 시작합니다. 참으로 오랜만에 '원망'이란 말이 성경에 등장합니다. '원망'은 본래 출애굽 세대의 특징이었습니다. 그들은 광야 생활 40년 내내 원망과 불평을 달고 살았습니다. 그런데 지금 광야 세대에게서도 똑같은 말이 발견되고 있습니다. 광야 세대는 괜찮은 줄 알았는데 그게 아니었던 것입니다.

원망과 불평은 인간이 가진 본래 속성입니다. 그동안 표면에 드러나지 않았을 뿐입니다. 물론 여호수아와 족장들의 성급함과 부주의가 원인을 제공했습니다. 그렇지만 '원망'은 그들이 행사할 수 있는 당연한 권리가 아닙니다. 그동안 숨겨져 있던 죄성(罪性)이 고개를 든 것입니다. 그래서 출애굽 세대이든지 광야 세대이든지, 이스라엘 백성이든지 이방인이든지 모두 하나님의 은혜가 필요한 것입니다. 저주가 선포되는 에발산에 쌓은 제단이 필요합니다.

여호수아는 그제야 기브온 사람들의 속임수를 비로소 깨닫고, 그들을 저주합니다.

> 23그러므로 너희가 저주를 받나니 너희가 대를 이어 종이 되어 다 내 하나님의 집을 위하여 나무를 패며 물을 긷는 자가 되리라 하니 24그들이 여호수아에게 대답하여 이르되 … 25보소서. 이제 우리가 당신의 손에 있으니 당신의 의향에 좋고 옳은 대로 우리에게 행하소서 한지라(수 9:23-25).

기브온 사람들에 내린 저주는 나무를 패며 물을 긷는 허드렛일을 하는 종이 되는 것입니다. 그런데 어디에서 그 일을 하라고 했습니까? '내 하나님의 집을 위하여'입니다. 다시 말해서 하나님의 성소에서 섬기는 일을 하도록 명령한 것입니다. 그래서 앞에서 언급한 대로 기브온 산당에 성소와 번제단이 있었고, 그곳에 솔로몬이 와서 '일천 번제'를 드리게 되었던 것이지요.

그런데 하나님의 집을 위해서 일하는 것이 과연 '저주'일까요? 만일 다른 곳에서 나무를 패며 물을 긷는 허드렛일을 하라고 했다면 그들은 아마 이스라엘 백성 안에 포함되지 못했을지도 모릅니다. 그러나 성소에서 그 일을 했기 때문에 그들은 마침내 하나님 백성이 되었고, 약속의 자녀로서 계속해서 약속의 땅에 살게 되었던 것입니다. 이것이 바로 하나님의 은혜입니다.

오늘 이야기에서 기브온 사람들이 살기 위해서 속임수를 쓴 것이나, 그것에 어리숙하게 속아 넘어간 이스라엘 백성이나 칭찬받을 사람은 아무도 없습니다. 오직 그 모든 허물을 덮어주시는 여호와 하나님의 은혜가 돋보일 뿐입니다. 그렇습니다. 하나님 앞에 우리가 내세울 의는 하나도 없습니다. 오직 우리를 구원하시는 하나님의 의가 있을 뿐입니다.

묵상 질문: 나는 크고 작은 모든 일을 먼저 하나님께 묻고 있는가?

오늘의 기도: 오늘도 은혜의 보좌 앞에 나왔습니다. 에발산에 쌓은 제단 앞에 나왔습니다. 우리의 허물과 부족함과 거짓된 모습을 덮어주시면서 하나님 전에서 섬기는 자로 세워주신 그 은혜를 진심으로 감사합니다. 앞으로 우리의 나머지 생애를 통해서 그 은혜를 보답하며 살아갈 수 있게 하옵소서. 예수님의 이름으로 기도합니다. 아멘.

가장 길었던 하루

읽을 말씀: 여호수아 10:1-14

새길 말씀: 12여호와께서 아모리 사람을 이스라엘 자손에게 넘겨주시던 날에 여호수아가
여호와께 아뢰어 이스라엘의 목전에서 이르되 태양아 너는 기브온 위에 머무
르라. 달아 너도 아얄론 골짜기에서 그리할지어다 하매 13태양이 머물고 달이
멈추기를 백성이 그 대적에게 원수를 갚기까지 하였느니라. 야살의 책에 태
양이 중천에 머물러서 거의 종일토록 속히 내려가지 아니하였다고 기록되지
아니하였느냐(수 10:12-13).

　기브온 사람들이 이스라엘 백성과 평화조약을 맺었다는 소식이 알려지자
가나안 족속들은 크게 동요했습니다. 특별히 기브온 남쪽 지역에 자리 잡은
가나안 사람들에게 큰 충격이었습니다. 왜냐면 기브온은 그동안 그들의 중요
한 구성원이었기 때문입니다. 기브온과 이스라엘의 평화조약은 연합군을 구
성하여 이스라엘 백성과 대적하려던 그들의 계획에 찬물을 끼얹는 것이었습
니다.

기브온에 대한 응징

강한 배신감을 느낀 그들은 이스라엘 백성과 본격적으로 싸우기 전에 기브온 사람들을 먼저 손보기로 했습니다. 이 일에 적극적으로 팔을 걷어붙이고 나선 사람은 바로 예루살렘 왕 아도니세덱이었습니다.

> 1그 때에 여호수아가 아이를 빼앗아 진멸하되 여리고와 그 왕에게 행한 것 같이 아이와 그 왕에게 행한 것과 또 기브온 주민이 이스라엘과 화친하여 그 중에 있다 함을 예루살렘 왕 아도니세덱이 듣고 2크게 두려워하였으니 이는 기브온은 왕도와 같은 큰 성임이요 아이보다 크고 그 사람들은 다 강함이라(수 10:1-2).

기브온은 '왕도와 같은 큰 성'이라고 설명되어 있습니다. '왕도'란 '왕이 다스리는 도시'를 말합니다. 그러니까 '왕도와 같은 큰 성'이란 말은 기브온이 제법 규모가 큰 성이긴 하지만, 아직은 왕이 없었다는 뜻이 됩니다. 실제로 여호수아를 찾아온 기브온 주민의 대표들은 그들의 왕이 보낸 사람들이 아니었습니다. 그들은 "우리 장로들과 모든 주민이 보냈다"(수 9:11)고 말했습니다.

여기에서 우리는 당시 가나안 지역의 모든 성읍에 왕이 있었던 것은 아니라는 사실을 확인하게 됩니다. 실제로 여호수아와 광야 세대 이스라엘 백성이 가나안 땅에 들어왔을 당시, 왕이 다스리고 있던 도시들은 불과 31개 정도였습니다(수 12:24). 그 나머지 성읍들은 기브온처럼 장로들을 중심으로 한 집단지도체제를 갖추고 있었던 것이지요.

왕이 있었던 성읍들이 이스라엘 백성에게 적대적이었다는 점을 기억해 둘 필요가 있습니다. 이집트에서 나올 때는 파라오가 가장 큰 방해꾼이었지요. 이제 약속의 땅에 들어온 이스라엘 백성에게 가장 큰 걸림돌은 가나안의 왕들이었습니다. 따라서 가나안에서 벌어지는 전쟁은 하나님이 당신의 백성 이스라엘을 위하여 세상의 권력을 잡은 왕들과 싸우시는 것이라고 말할 수 있습니다.

가나안 남부지역에서 이스라엘에 대항하는 일을 주도한 사람은 예루살렘 왕 '아도니세덱'이었습니다. 기브온 주민과 이스라엘이 평화조약을 맺었다는 소식에 그는 아주 민감한 반응을 보였습니다. 혼자서는 쉽지 않다는 걸 잘 아는지라 주변에 있는 왕들을 부추겨서 그들을 배신하고 이스라엘 편에 선 기브온 사람들을 응징하기 위해 나섭니다.

> 3예루살렘 왕 아도니세덱이 헤브론 왕 호함과 야르뭇 왕 비람과 라기스 왕 야비아와 에글론 왕 드빌에게 보내어 이르되 4내게로 올라와 나를 도우라. 우리가 기브온을 치자. 이는 기브온이 여호수아와 이스라엘 자손과 더불어 화친하였음이니라 하매… (수 10:3-4).

여기 등장하는 도시들을 지도에서 하나씩 확인해 보면 대부분 기브온 남쪽 지역에 널리 퍼져 있다는 사실을 알게 됩니다. 예루살렘(Jerusalem, Jebus)과 헤브론(Hebron)은 중앙의 산악지대에 있고, 나머지 야르뭇(Jarmuth)과 라기스(Lachish)와 에글론(Eglon)은 서쪽의 평원지대에 있습니다.

이들은 아도니세덱의 요청에 흔쾌히 응하여 자기들의 모든 군대를 거느리고 올라와 기브온 북서쪽에 진을 쳤습니다(수 10:5). 여기에 자리 잡게 된 이유는 아마도 기브온 주민 외에 그비라(Kephirah)와 브에롯(Beeroth)과 기럇여아림(Kiriath Jearim) 사람들도 이스라엘과의 평화조약에 함께 참여했기 때문으로 보입니다(수 9:17). 이런 상황에서 기브온 사람들은 급히 길갈에 사람을 보내어 여호수아에게 도움을 요청합니다.

> 6기브온 사람들이 길갈 진영에 사람을 보내어 여호수아에게 전하되 당신의 종들 돕기를 더디게 하지 마시고 속히 우리에게 올라와 우리를 구하소서. 산지에 거주하는 아모리 사람의 왕들이 다 모여 우리를 치나이다 하매 7여호수아가 모든 군사와 용사와 더불어 길갈에서 올라가니라(수 10:6-7).

기브온 사람들과 조약을 맺기는 했어도 여호수아는 사실 그들의 속임수에 넘어가서 그렇게 한 것입니다. 속아서 조약을 맺게 된 것을 기분 좋아할 사람은 아무도 없습니다. 그러나 기브온 사람들이 도움을 요청해오자 여호수아는 주저하지 않고 군사들을 이끌고 올라갑니다. 어찌 되었든지 일단 조약을 맺었다면 조약 당사자의 어려움을 외면하면 안 됩니다. 여호와의 이름으로 맹세를 했으면 반드시 그 맹세를 지켜야 합니다. 그렇기에 맹세를 할 때 더더욱 신중해야 하는 겁니다.

지난번 기브온 주민들과 평화조약을 맺을 때 여호수아는 하나님께 물어보지 않았습니다(수 9:14). 자, 그렇다면 이번에는 어떻게 했을까요? 지금까지의 본문만 읽으면 이번에도 하나님 허락 없이 기브온 사람들의 요청에 응하는 것처럼 보입니다. 그런데 이번 전쟁은 한 족속과 싸우는 것이 아닙니다. 가나안 남부지역의 주요 다섯 개 국가의 연합군과 사활을 걸고 싸워야 합니다. 앞으로 가나안 땅을 접수하는 일에 가장 큰 고비가 될 것입니다. 그렇다면 이 일을 앞두고는 먼저 하나님께 물어보아야 하는 것이 아닐까요?

다행스럽게 이번에는 하나님께 물어보았습니다. 그다음 구절에서 그 사실을 알게 됩니다.

그 때에 여호와께서 여호수아에게 이르시되 그들을 두려워하지 말라. 내가 그들을 네 손에 넘겨주었으니 그들 중에서 한 사람도 너를 당할 자 없으리라 하신지라(수 10:8).

이렇게 하나님이 말씀하셨다는 이야기는 여호수아가 먼저 기도했다는 뜻입니다. 지금 분초를 다투는 급한 상황이지만 여호수아는 하나님께 물었습니다. 그리고 하나님은 완료형 확신의 말씀을 주셨습니다. "내가 그들을 네 손에 넘겨주었다"(I have given them into your hand. NIV). 여호수아는 이 말씀이 무얼 의미하는지 경험적으로 잘 알고 있었습니다. 그는 이번에도 하나님이 이스라엘을 위해서 싸워주실 것을 확신했습니다.

하나님의 개입

이제 여호수아가 해야 할 일은 믿음을 가지고 올라가서 그냥 접수하면 됩니다. 물론 전투를 치러야 하겠지만, 그것은 하나님이 가나안 연합군을 이스라엘의 손에 넘겨주시는 과정입니다. 여호수아는 즉시 기브온으로 출발합니다.

> 9여호수아가 길갈에서 밤새도록 올라가 갑자기 그들에게 이르니 10여호와께서 그들을 이스라엘 앞에서 패하게 하시므로 여호수아가 그들을 기브온에서 크게 살육하고 벧호론에 올라가는 비탈에서 추격하여 아세가와 막게다까지 이르니라(수 10:9-10).

길갈에서 기브온까지는 약 40km 정도 됩니다. 만일 이곳이 평지였다면 하루 정도면 충분할 것입니다. 그러나 지난번 기브온을 정복하기 위해서 왔을 때 꼬박 사흘이 걸렸습니다(수 9:17). 그것은 길갈에서부터 기브온까지 계속해서 오르막 산행길이었기 때문입니다. 여호수아는 그 길을 밤새도록 올라가서 '갑자기'(by surprise) 그들에게 이르렀다고 합니다. 지난번에 사흘 걸렸던 길을 하룻밤 사이에 돌파한 것입니다. 여호수아가 얼마나 마음 졸이며 서둘렀는지 알 수 있는 대목입니다.

이 일은 기브온 사람들에게는 즐거운 놀라움(joyful surprise)이 되었지만, 기브온을 응징하려고 모였던 아모리 족속 다섯 왕에게는 두려운 놀라움(scary surprise)이 되었습니다. 뜻밖에 이스라엘 군대를 만나게 된 그들은 제대로 싸워보지도 못하고 패퇴하고 맙니다. 이것을 본문은 "여호와께서 그들을 이스라엘 앞에서 패하게 하셨다"라고 증언합니다. NIV 성경은 "하나님이 이스라엘 앞에서 그들을 혼란 속으로 던져 넣으셨다"(The Lord threw them into confusion before Israel. NIV)라고 번역합니다. 하나님이 직접 개입하셨던 것입니다.

그렇게 한번 밀리기 시작하니까 그들은 도망칠 수밖에 없었습니다. 이스라엘 백성은 벧호론(Bethhoron) 비탈에서부터 추격하기 시작하여 아세가

(Azekah)와 막게다(Makkedah)까지 이르게 되었다고 합니다. 막게다는 가나안 연합군 중에서 가장 남쪽에서 참전한 에글론 근처에 있습니다. 벧호론 비탈에서부터 막게다까지는 상당히 먼 거리입니다. 그곳에서 내내 추격전이 벌어졌던 것입니다.

이와 같은 긴 동선을 생각해보면 이번 전쟁은 결코 하루 만에 끝날 수 있는 것이 아닙니다. 그러나 실제로는 하루 만에 끝났습니다. 거기에는 놀라운 하나님의 역사가 있었습니다.

> 그들이 이스라엘 앞에서 도망하여 벧호론의 비탈에서 내려갈 때에 여호와께서 하늘에서 큰 우박 덩이를 아세가에 이르기까지 내리시매 그들이 죽었으니 이스라엘 자손의 칼에 죽은 자보다 우박에 죽은 자가 더 많았더라(수 10:11).

"여호와께서 하늘에서 큰 우박 덩이를 내리셨다"고 되어 있지만, 원문을 그대로 직역하여 옮기면 "하나님께서 하늘에서 큰 돌덩어리를 던지셨다"(The LORD threw down large stones from heaven on them. ESV)가 됩니다. 말하자면 골프공 크기의 우박이 아니라, 야구공 크기의 돌 같은 우박이 떨어진 것입니다. 골프공에 맞아도 위험한데, 야구공 크기의 우박에 맞으면 어떻게 되겠습니까? 그래서 이스라엘 자손의 칼에 죽은 자보다 우박에 죽은 자가 더 많던 것입니다.

여호수아의 선포 기도

하나님이 예고하신 것처럼 이 전쟁은 하나님께서 이스라엘을 위하여 싸우시는 것입니다. 이스라엘 백성은 그냥 접수하기만 하면 됩니다. 지금 그들은 접수하는 중입니다. 그런데 이게 전부가 아닙니다. 앞에서 이들의 동선을 살펴보면서 이것은 결코 하루 만에 끝날 수 없는 전쟁이라고 했습니다. 그런데 실제로는 하루 만에 끝났다고 했습니다. 어떻게 그 일이 가능했을까요?

거기에 하나님의 특별한 개입이 있었습니다. '해'와 '달'이 모두 멈추어 선 것입니다!

12여호와께서 아모리 사람을 이스라엘 자손에게 넘겨주시던 날에 여호수아가 여호와께 아뢰어 이스라엘의 목전에서 이르되 태양아 너는 기브온 위에 머무르라 달아 너도 아얄론 골짜기에서 그리할지어다 하매 13태양이 머물고 달이 멈추기를 백성이 그 대적에게 원수를 갚기까지 하였느니라…(수 10:12-13a).

해와 달을 향해 멈추라(Stand still)고 명령한 사람은 여호수아였습니다. 해가 지고 나면 가나안 사람들이 모두 어둠 속으로 숨어버릴 것입니다. 그러면 그다음 날 또다시 전투를 이어가야 합니다. 그날 전쟁을 끝내려면 해가 지면 안 되지요. 그런데 이런 일이 어떻게 가능할까요? 풍랑을 향하여 잠잠하라고 명령하신 예수님이라면 혹시 모르지만, 여호수아가 해와 달을 향해 명령한다고 해서 그것이 과연 멈추어 설까요? 그건 불가능한 이야기입니다.

그런데 오늘 본문을 다시 한번 주의 깊게 살펴보면 이렇게 되어 있습니다. "여호수아가 여호와께 아뢰어 이스라엘의 목전에서 이르되…"(Joshua said to the Lord in the presence of Israel... NIV). 그러니까 여호수아가 해와 달을 향해서 직접 명령한 게 아닙니다. 여호수아는 하나님께 해와 달을 멈추게 해달라고 기도한 것입니다. 그것도 이스라엘 백성이 모두 보고 듣고 있는 자리에서 그렇게 한 것이지요.

그런데 아무리 믿음으로 기도한다고 하더라도 내용을 잘 가려서 해야지, 어떻게 그런 말도 되지 않는 내용을 기도할 수 있을까요? 해가 서고 달이 멈추는 일이 상식적으로 가능한 일입니까? 게다가 백성들이 모두 지켜보고 있는데, 그런 식으로 기도했다가 만일 이루어지지 않으면 그 또한 무슨 창피입니까?

여기에서 우리는 여호수아의 기도가 여호수아 자신에게서 시작된 것이 아니라는 사실을 알아야 합니다. 그는 지금 성령의 감동으로 이렇게 선포하며 기도하고 있는 것입니다. 무슨 이야기입니까? 하나님이 여호수아에게 그렇게 기도하라고 시키신 것입니다! 이 전쟁은 이스라엘 백성이 여호와를 위하여 싸우는 것이 아니라, 여호와께서 이스라엘을 위하여 싸우는 것임을 확실히 보여주려고 작정하신 것입니다. 해와 달을 멈추게 해서라도 하루 만에 그 전쟁을 끝내려고 하신 것입니다. 그것은 여호수아의 소원이 아니라, 하나님의 계획이었던 것입니다. 이런 기도를 가리켜서 우리는 선포 기도라 합니다.

이 대목에서 우리는 하나님께서 일찍이 모세를 통해서 보여주시려고 했던 그 기적을 떠올리게 됩니다. 민수기 20장에 기록된 이른바 '므리바 물 사건'입니다. 그때 하나님은 모세에게 "반석에게 명령하여 물을 내라"(민 20:8)고 말씀하셨지요. 그런데 모세는 어떻게 했습니까? 과거의 비슷한 경험에 비추어 애꿎은 지팡이를 두 번씩이나 내려쳤지요. 그것 때문에 하나님은 모세에 대해서 무척 실망하셨습니다. 그냥 말로 선포하기만 해도 반석에서 물이 터져 나오도록 놀라운 기적을 하나님이 준비해 놓고 계셨는데, 모세가 그에 따르지 않았던 것입니다.

그때 보여주지 못한 기적을 하나님은 지금 여호수아를 통해서 보여주고 계시는 것입니다. 여호수아는 순종의 사람이었습니다. 하나님이 명령하시면 즉시 순종하던 사람이었습니다. 하나님은 성령의 감동을 통해서 여호수아에게 말씀하셨고, 여호수아는 그 명령에 순종하여 즉시 해와 달을 향해서 멈추라고 선포 기도를 했던 것입니다. 그리고 여호수아의 순종을 통해서 하나님은 해와 달을 멈추신 것입니다.

사람들은 반석에서 물이 터져 나오는 것과 해와 달을 멈추게 하는 것을 어떻게 감히 비교할 수 있느냐고 말할지 모릅니다. 중요한 것은 이 모든 일을 하나님이 하신다는 사실입니다. 반석에게 명령하여 물이 터져 나오게 하는 것이나 해와 달에게 선포하여 멈추게 하는 것이나 하나님께는 아무런 차이가 없습니다. 풍랑을 잠잠하게 하는 것이나 죽은 나사로를 살리시는 것이나 하나님께는 모두 식은 죽 먹기입니다. 천지를 창조하신 하나님께서 무슨 일을 못 하시겠습니까? 그래서 하나님이십니다.

문제는 이와 같은 하나님의 능력을 사람들은 상식적인 차원에서만 이해하려고 한다는 것입니다. 바로 그것이 하나님의 말씀에 온전히 순종하지 못하게 합니다. 하나님을 상식적인 선에서 제한하려고 하면 안 됩니다. 하나님은 물론 상식 안에도 계십니다. 그렇지만 상식을 넘어서는 초월적인 분이기도 하십니다. 오늘 말씀의 결론입니다.

> 여호와께서 사람의 목소리를 들으신 이같은 날은 전에도 없었고 후에도 없었나니 이는 여호와께서 이스라엘을 위하여 싸우셨음이니라(수 10:14).

해와 달을 멈추게 하신 일은 정말 특별한 하나님의 역사였습니다. 인류 역사상 전무후무한 사건입니다. 그런데 하나님은 왜 하필 바로 이날 행하신 것일까요? 그것은 이날이 이스라엘 역사에 아주 특별한 날이었기 때문입니다. 이날은 하나님께서 약속의 땅을 이스라엘 백성에게 넘겨주신 날입니다. 하나님이 이스라엘을 위하여 싸우신 날입니다.

가나안 남방 캠페인(Southern Campaign)은 이스라엘 백성이 가나안을 약속의 땅으로 접수하게 한 결정적인 사건이 되었습니다. 아직은 가나안 북방 캠페인(Northern Campaign)을 남겨두고 있지만, 이번 전쟁으로 인해 전세는 이스라엘을 향해 완전히 기울게 되었던 것입니다.

물론 해와 달이 멈추어서는 것과 같은 그런 일은 우리에게 다시는 반복되지 않을 것입니다. 그러나 하나님이 개입하셔서 이루시는 놀라운 기적의 역사는 얼마든지 지금 우리에게도 일어날 수 있습니다. 만일 우리가 여호수아처럼 하나님의 말씀에 절대 순종하기만 하면 말입니다.

묵상 질문: 나는 하나님의 약속을 믿고 선포하며 기도할 수 있는가?

오늘의 기도: 하나님의 말씀 속에 담긴 하나님의 약속을 발견할 수 있는 믿음의 눈을 우리에게 주옵소서. 하나님의 약속을 붙들고 말씀에 온전히 순종하는 믿음의 사람이 되게 하옵소서. 그리하여 우리의 삶을 통하여 역사하시는 하나님의 기적을 풍성하게 맛보면서 약속의 땅에서 오래오래 사는 복을 누리게 하여 주옵소서. 예수님의 이름으로 기도합니다. 아멘.

가나안 남방 캠페인

읽을 말씀: 여호수아 10:16-43

새길 말씀: 41여호수아가 또 가데스 바네아에서 가사까지와 온 고센 땅을 기브온에 이르기
까지 치매 42이스라엘의 하나님 여호와께서 이스라엘을 위하여 싸우셨으므로
여호수아가 이 모든 왕들과 그들의 땅을 단번에 빼앗으니라(수10:41-42).

우리는 지금 인류 역사상 가장 길었던 하루 동안 '약속의 땅' 가나안에서
어떤 일이 벌어지고 있는지 살펴보는 중입니다. 이날은 이스라엘과 평화조약
을 맺은 기브온 사람을 응징하려고 가나안 남부 연합군이 쳐들어온 일로 시
작되었습니다. 다급한 전갈을 받은 여호수아는 길갈에서 군사들을 이끌고
밤새도록 올라가서 아침 일찍 갑작스럽게 들이닥쳤습니다.

여호수아 군사들의 기습 공격에 가나안 연합군은 손도 써보지 못하고 패
퇴하였고, 벧호론 비탈길과 아세가를 거쳐서 막게다까지 도망치게 되었습니
다. 그러는 동안 하나님은 하늘에서 우박 덩이를 내리셔서 그들을 치셨습니
다. 또한 성령의 감동을 통해서 여호수아에게 해와 달을 향해 선포 기도를
하게 하셨고, 이스라엘 군사들이 막게다까지 연합군을 추격하는 동안 하루는
끝나지 않았습니다.

이 대목에서 우리는 이스라엘 군사들이 얼마나 힘들고 피곤했을지 충분히 상상할 수 있습니다. 그들은 기브온 사람들을 구하기 위해서 밤새도록 오르막 산행길을 쉬지 않고 달려왔습니다. 그리고 아침 일찍부터 지금까지 쉬지 않고 계속해서 전쟁을 치르고 있는 것입니다. 체력적으로는 이미 한계를 넘어섰을 것입니다. 그만큼 했으면 이제는 좀 그만 쉬어도 되지 않을까요? 그러나 긴 하루는 아직 끝나지 않았습니다. 하나님이 태양을 붙잡아 두시는 동안 그들에게는 해야 할 일이 남아 있는 것입니다.

이 말씀을 묵상하면 우리는 한 가지 메시지를 발견하게 됩니다. 아무리 피곤하고 힘들어도 햇빛을 주시는 동안 우리가 해야 할 일이 있다는 것입니다. 하나님이 오늘 우리에게 새로운 아침을 허락하셨다면 그것은 우리에게 무언가 해야 할 일이 있다는 뜻입니다. 단지 먹고 살기 위해서 어쩔 수 없이 해야 하는 일이 아닙니다. 우리가 반드시 감당해야 할 사명이 있습니다. 피곤하고 힘들다고 손 놓으면 안 됩니다. 나이가 들었다고 죽을 날만 기다리고 있으면 안 됩니다. 하나님이 우리의 인생에 햇빛을 비추시는 동안 우리는 주어진 사명을 감당해야 합니다.

그 사명이 무엇입니까? '약속의 땅'에 들어가는 것입니다. 아니, 우리가 사는 삶의 자리를 하나님이 온전히 다스리시는 약속의 땅으로 매일 그 지경을 넓혀가는 것입니다. 그 일을 끝내기 전까지 하나님은 우리에게 햇빛을 거두지 않으실 것입니다. 그래서 사명이 생명보다 귀한 것입니다. 그냥 오래 사는 것보다 생명 있는 동안 사명을 감당하는 것이 더 귀한 일입니다.

이스라엘의 사명

지금 이스라엘이 해야 할 일은 가나안 연합군과 싸움을 끝내고 그들의 땅을 접수하는 것입니다. 여호수아와 이스라엘 군사들은 막게다에 도착하였습니다. 그곳에서 연합군 다섯 왕에 대한 소식을 듣게 됩니다.

> ¹⁶그 다섯 왕들이 도망하여 막게다의 굴에 숨었더니 ¹⁷어떤 사람이 여호수아에게 고하여 이르되 막게다의 굴에 그 다섯 왕들이 숨은 것을 발견하였나이다 하니… (수 10:16-17).

다섯 왕이 한 동굴에 숨었다는 것은 그들이 함께 행동했다는 뜻입니다. 부하들이 하늘에서 떨어지는 우박과 뒤쫓아 오는 이스라엘 군사들의 칼에 속수무책으로 당하는 동안 그들은 함께 병거(chariots)를 타고 앞서서 도망친 것입니다.

해가 저물면 어디든지 숨을 수 있었겠지만, 아무리 도망쳐도 해가 저물 생각을 하지 않는 겁니다. 당황한 그들은 막게다 성으로 들어갈 생각을 하지 못하고, 마침 눈앞에 보이는 굴속에 숨어 들어갔던 것입니다. 물론 막게다 성으로 숨었다고 해도 그들의 운명은 크게 달라지지 않았겠지만 말입니다.

아무튼 그들의 은신처는 발각되었고 여호수아는 다섯 왕을 한꺼번에 잡을 수 있게 되었습니다. 당시의 전쟁은 우두머리가 잡히면 끝나게 되어 있습니다. 그러나 여호수아는 이상하게도 거기서 멈추지 않았습니다.

> ¹⁸여호수아가 이르되 굴 어귀에 큰 돌을 굴려 막고 사람을 그 곁에 두어 그들을 지키게 하고 ¹⁹너희는 지체하지 말고 너희 대적의 뒤를 따라가 그 후군을 쳐서 그들이 자기들의 성읍에 들어가지 못하게 하라. 너희 하나님 여호와께서 그들을 너희 손에 넘겨 주셨느니라 하고…(수 10:18-19).

여호수아는 굴속에 있는 다섯 왕을 처리하는 것보다 도망가는 적군들이 자기들 성읍에 들어가지 못하게 하는 것이 급선무라고 판단했습니다. 그래서 굴은 돌로 막아두고, 그들을 쫓아가라고 명령합니다. 여기에서 '그 후군을 치라'는 말은 '적군의 후속부대를 치라'는 뜻이 아닙니다. 정확하게 표현하면 '그들의 퇴로를 차단하라'는 것입니다.

이것은 이 전쟁이 단지 다섯 왕을 죽이고 그 전투에서 승리하는 것을 목표로 하고 있지 않다는 사실을 암시합니다.

> 20여호수아와 이스라엘 자손이 그들을 크게 살육하여 거의 멸하였고 그 남은 몇 사람은 견고한 성들로 들어간 고로 21모든 백성이 평안히 막게다 진영으로 돌아와 여호수아에게 이르렀더니 혀를 놀려 이스라엘 자손을 대적하는 자가 없었더라(수 10:20-21).

이 정도면 충분합니다. 적군을 '거의 멸하였고' 이제는 함부로 혀를 놀려 이스라엘을 대적하는 자도 없게 되었으니, 완벽한 승리입니다. 게다가 다섯 왕은 모두 굴속에 갇혀있는 상태입니다. 무엇이 더 필요하겠습니까? 그러나 해가 아직 저물지 않았습니다. 하나님이 태양을 붙잡아 두신다면 그들이 해야 할 일이 남아 있는 것입니다.

우선 다섯 왕을 처분해야 합니다. 여호수아는 굴 어귀에서 돌을 굴려내고 그 왕들을 끌어오게 했습니다. 그리고 지휘관들에게 다음과 같이 명령합니다.

> 24그 왕들을 여호수아에게로 끌어내매 여호수아가 이스라엘 모든 사람을 부르고 자기와 함께 갔던 지휘관들에게 이르되 가까이 와서 이 왕들의 목을 발로 밟으라 하매 그들이 가까이 가서 그들의 목을 밟으매 25여호수아가 그들에게 이르되 두려워하지 말며 놀라지 말고 강하고 담대하라. 너희가 맞서서 싸우는 모든 대적에게 여호와께서 다 이와 같이 하시리라 하고…(수 10:24-25).

굳이 이렇게까지 할 필요가 있을까 싶습니다. 그래도 한 나라의 왕인데 처형을 하더라도 품위 있게 해주어야지, 어떻게 그들의 목을 발로 밟으라고 할까요. 그러나 여호수아의 명령에는 상징적인 의미가 있습니다.

기억하십니까? 하나님은 여호수아에게 "너희 발바닥으로 밟는 곳은 모두 주었다"(수 1:3)고 하신 말씀 말입니다. 다섯 왕은 다섯 국가를 상징합니다. 그 왕들의 목을 밟는다는 것은 그 다섯 국가를 하나님이 주셨다는 선언입니다. 왕들에게 수치심을 주려는 목적에서 그렇게 한 것이 아닙니다. 그 다섯 국가를 완전히 차지하는 것이 이스라엘의 사명이라고 선언하는 것입니다.

그러면서 여호수아는 이스라엘 백성에게 그들의 사명을 분명히 하고, 용기를 북돋아 주는 말을 합니다. "두려워하지 말며 놀라지 말고 강하고 담대하라!" 이 말은 사실 여호수아가 하나님에게 들었던 바로 그 말씀입니다. 그렇습니다. 우리가 용기를 얻은 바로 그 말씀이 다른 사람에게도 용기를 주고, 우리가 은혜를 받은 그 말씀이 또한 다른 사람에게도 은혜를 끼치는 것입니다.

다섯 왕의 처형

여호수아는 다섯 왕을 공개 처형합니다.

²⁶그 후에 여호수아가 그 왕들을 쳐죽여 다섯 나무에 매달고 저녁까지 나무에 달린 채로 두었다가 ²⁷해 질 때에 여호수아가 명령하매 그들의 시체를 나무에서 내려 그들이 숨었던 굴 안에 던지고 굴 어귀를 큰 돌로 막았더니 오늘까지 그대로 있더라 (수 10:26-27).

여호수아가 왕들의 주검을 다루는 모습에서도 우리는 그가 이 땅을 어떻게 생각하고 있는지 알 수 있습니다. 여호수아는 왕들을 죽여 나무에 매달고 저녁까지 두었습니다. 그것은 아마도 가나안 족속들에게, 특히 바로 앞에 있는 막게다 성읍 사람들에게 분명한 메시지를 전하려는 의도로 보입니다. 그러나 해 질 때가 되자 여호수아는 그들의 시체를 나무에서 내리게 했습니다. 이것은 모세를 통해서 주신 하나님의 명령에 따른 행동이었습니다.

그 이야기가 신명기 21장에 기록되어 있습니다.

²²사람이 만일 죽을죄를 범하므로 네가 그를 죽여 나무 위에 달거든 ²³그 시체를 나무 위에 밤새도록 두지 말고 그날에 장사하여 네 하나님 여호와께서 네게 기업으로 주시는 땅을 더럽히지 말라. 나무에 달린 자는 하나님께 저주를 받았음이니라 (신 21:22-23).

죽을죄를 범한 사람을 처형하여 나무 위에 매달아 둘 수 있습니다. 그렇지만 밤새도록 그렇게 두면 안 됩니다. 왜냐면 그것은 하나님께서 주시는 기업, 즉 약속의 땅을 더럽히는 일이 되기 때문입니다. 하나님은 비록 죄를 지어 사형에 처한 사람일지라도 그들의 주검이 함부로 취급되지 않도록 하셨습니다. 그것이 약속의 땅에서 살아가는 하나님 백성이 다른 점입니다. 여호수아는 이 명령에 따라서 다섯 왕의 주검을 나무에서 내려 굴속에 장사지내게 한 것입니다.

우리 그리스도인에게 약속의 땅은 죽어서 가는 천국이 아닙니다. 우리가 살아가는 삶의 자리에서 하나님의 약속을 붙잡고 말씀으로 순종하며 살아갈 때, 그곳이 바로 하나님이 우리에게 허락하신 '약속의 땅'이 되는 것입니다. 하나님이 다스리시는 곳은 그 어디나 천국입니다. 우리가 즐겨 부르는 찬송 438장처럼 "높은 산이 거친 들이 초막이나 궁궐이나 내 주 예수 모신 곳이 그 어디나 하늘나라"가 되는 것입니다. 그렇게 약속의 땅을 넓히면서 살아가는 것이 우리에게 주어진 사명입니다.

그날에 여호수아가 막베다를 취하고 칼날로 그 성읍과 왕을 쳐서 그 성읍과 그중에 있는 모든 사람을 진멸하여 바치고 한 사람도 남기지 아니하였으니 막베다 왕에게 행한 것이 여리고 왕에게 행한 것과 같더라(수 10:28).

여기에서 그날에(on that day)란 다섯 왕을 처형한 그날을 의미합니다. 다시 말해서 아직도 끝나지 않은 바로 그 긴 날입니다. 그러니까 여호수아는 다섯 왕을 처형한 즉시 막게다를 공격하기 시작했던 것입니다. 아마도 막게다를 완전히 정복한 후에 그렇게 길었던 날이 비로소 저물기 시작했고, 여호수아는 다섯 왕의 주검을 나무에서 내려 장사하라고 했던 것이지요.

이 대목에서 우리는 여호수아가 시행한 진멸법에 대해서 생각하지 않을 수 없습니다. 현대적인 윤리기준으로 볼 때, 이렇게 한 사람도 남기지 않고 진멸한다는 것은 결코 받아들일 수 없는 일입니다. 아무리 전쟁 중이라고 하더라도 만일 지금 이런 일이 벌어진다면 전쟁이 끝난 후에 반드시 전범으로 처벌받게 될 것입니다.

그러나 여호수아 시대를 현대적인 기준으로 판단하려고 하면 안 됩니다. 진멸법의 기본 취지는 우상 숭배의 잔재를 남겨두지 말아야 한다는 의미이기 때문입니다. 그들이 발바닥으로 밟는 곳이 진정한 의미에서 '약속의 땅'이 되려면 그곳에 우상 숭배자들이 남아 있어서는 안 됩니다. 만일 그 땅의 패권을 장악하고 있는 왕들과의 전쟁에서 이겨 거주민에게 조공이나 받아먹을 생각이었다면 굳이 그렇게까지 할 필요가 없었겠지요.

그렇지만 '약속의 땅'은 오직 하나님만 섬기는 곳이어야 합니다. 우상 숭배자들과 함께 섞여서 살 수는 없는 일입니다. 그들을 진멸하거나 완전히 쫓아내거나 해야 합니다. 그것도 몇몇 성읍만 그렇게 해서는 안 됩니다. 모든 성읍을 그들의 발로 밟으며, 그 안에 있는 우상 숭배자들을 쫓아내야 합니다. 여호수아가 다섯 왕의 연합군에 가담하지도 않은 막게다를 이날 점령한 것도 그 때문입니다. 그렇게 인류 역사상 가장 길었던 하루가 드디어 끝났습니다.

남방 캠페인 여정

남부 연합군과의 전쟁에서 승리한 후에 여호수아와 이스라엘 백성은 막게다를 임시 캠프로 사용하면서 그 주변의 땅들을 시계 반대 방향으로 하나씩 발바닥으로 밟고 다닙니다. 그 이야기가 본문 29절 이하에 자세히 기록되

어 있습니다. 여기에 등장하는 성읍의 이름을 지도를 통해 하나씩 확인해
볼 필요가 있습니다.

여호수아는 립나(Libnah)를 정복한 후에(29-30절) 이어서 라기스(Lachish)
를 점령합니다(31-32절). 이때에 게셀(Gezer) 왕 호람(Horam)이 라기스를 도우
려고 북쪽에서 내려오지만, 물론 이스라엘을 이길 수는 없었습니다(33절). 그
런 후에 여호수아는 에글론(Eglon)을 거쳐서(34-35절) 헤브론(Hebron)을 점령
하고(36-37절), 드빌(Debir)까지 내려갑니다(38-39절). 이른바 가나안 남방 캠
페인(The Southern Campaign)의 여정입니다.

그게 전부가 아닙니다.

41여호수아가 또 가데스 바네아에서 가사까지와 온 고센 땅을 기브온에 이르기까지
치매 42이스라엘의 하나님 여호와께서 이스라엘을 위하여 싸우셨으므로 여호수아가
이 모든 왕들과 그들의 땅을 단번에 빼앗으니라(수 10:41-42).

여호수아가 그의 발바닥을 밟은 곳은 남쪽으로는 가데스 바네아(Kadesh
Barnea)까지, 서쪽으로는 지중해 해변의 가사(Gaza)까지 이릅니다. 그리고 가
사에서 시작하여 북동쪽에 있는 기브온(Gibeon)에 이르기까지 드넓은 평원을
고센 땅(the region of Goshen)이라고 부르는데, 그곳을 모두 밟고 다녔습니다.
그렇게 약속의 땅 남부지역이 확보되었던 것입니다.

물론 그냥 발바닥으로 밟고 다니기만 한 것은 아닙니다. 그곳 원주민들과
의 전쟁이 있었습니다. 그러나 하나님께서 이스라엘을 위하여 싸우심으로
막힘이 없이 그 모든 전쟁에서 이길 수 있었습니다. 마치 해일이 휩쓸고 지나
가듯이 그렇게 여호수아와 이스라엘 백성은 가나안 남부지역을 휩쓸었고,
물론 상당한 시간이 걸렸겠지만 '단번에', 즉 '한 번의 캠페인으로'(in one
campaign) 그 땅을 차지할 수 있게 되었던 것입니다. 그런 후에 여호수아는
길갈의 베이스캠프로 돌아옵니다(43절).

여기에서 우리가 기억해 두어야 할 한 가지 특이 사항이 있습니다. 그것은 가나안 남부 연합군을 결성하는 일에 주도적인 역할을 했던 '예루살렘'이 여기에 빠져 있다는 사실입니다. 그 이유가 무엇인지 정확하게 알 수는 없습니다. 아마도 지형적인 조건으로 여호수아 군사들이 단시간에 점령하기에 어려움이 있었을지 모릅니다.

나중에 예루살렘은 베냐민 지파의 기업으로 배분됩니다. 그러나 베냐민 자손은 예루살렘에 거주하는 여부스 족속을 좇아내지 못했습니다(삿 1:21). 예루살렘을 완전히 정복한 사람은 바로 다윗입니다(삼하 5:6-7). 그때까지 예루살렘은 이스라엘이 점령하지 못한 땅으로 남아 있게 되었습니다. 들어가 실제로 살지 않으면 하나님의 다스림이 온전히 이루어지는 약속의 땅이 되지 않습니다. 그 사실을 우리는 기억해야 합니다.

신앙생활을 시작하는 것은 마치 약속의 땅에 들어온 것과 같습니다. 이를 바울의 용어로 바꾸면 그리스도 안에서(in Christ) 살기 시작한 것입니다. 그러나 그 즉시 우리의 삶이 성도, 즉 '거룩한 무리'처럼 되지는 않습니다. 어느 때에 보면 '신앙인' 같다가 또 어느 때에 보면 그저 교회만 왔다 갔다 하는 '종교인'처럼 느껴지기도 합니다.

문제는 시간이 지난다고 해서 그런 상태가 나아지지 않는다는 사실입니다. 초신자에게 주일성수는 참으로 쉽지 않습니다. 그러나 10년, 20년 신앙생활을 한 후에도 여전히 힘들게 느껴진다면 그것이야말로 큰 문제입니다. 왜 그럴까요? 우리 삶의 모든 부분을 하나님이 다스리지 않기 때문입니다. 어느 시간, 어느 장소에서는 분명히 하나님이 다스리시지만, 다른 시간, 다른 장소에서는 세상의 가치가 우리를 지배하고 있기 때문입니다.

여호수아와 이스라엘 백성이 그들의 발바닥으로 샅샅이 밟고 다닐 때, 그곳이 진정한 의미에서 '약속의 땅'이 될 수 있었듯이 우리의 삶의 모든 영역에서 하나님의 말씀에 순종하여 다져지지 않은 부분이 하나도 없도록 그렇게 해놓아야 비로소 우리가 온전히 그리스도 안에서 살아가는 '성도'가 될 수 있는 것입니다. 우리는 '성도처럼' 살도록 부름을 받은 것이 아니라, '성도'가 되도록 부름을 받았습니다.

만일 우리의 삶에 다져지지 못한 부분이 아직 남아 있다면, 뒤로 미루지 말고 오늘 당장 그것부터 해결해야 합니다. 그것이 우리 인생에 아직도 태양을 머물게 하시는 이유입니다.

묵상 질문: 내 삶의 모든 부분에서 하나님의 다스림이 이루어지고 있는가?
오늘의 기도: 우리 삶의 모든 자리가 하나님이 통치하시는 약속의 땅이 되게 하옵소서. 세상의 탐욕이나 죄악이 틈타지 않는 거룩한 땅이 되게 하옵소서. 그러기 위해서 매일 하나님의 말씀을 묵상하며 성령님의 도우심을 간구하게 하옵소서. 하나님이 우리의 인생에 태양을 머물게 하시는 동안 늘 그렇게 살아가게 하옵소서. 예수님의 이름으로 기도합니다. 아멘.

가나안 북방 캠페인

읽을 말씀: 여호수아 11:1-15

새길 말씀: 여호수아가 이같이 그 온 땅 곧 산지와 온 네겝과 고센 온 땅과 평지와 아라바
와 이스라엘 산지와 평지를 점령하였으니…(수 11:15).

여호수아와 광야 세대 이스라엘 백성들이 벌인 남방 캠페인(The Southern
Campaign)은 이스라엘의 대승으로 막을 내렸습니다. 단 한 번의 캠페인으로
가나안의 남부지역 전체를 모두 장악하게 된 것입니다.

물론 이 전쟁의 주인공은 하나님이셨습니다. 하나님께서 우박을 내리시
고 해와 달을 멈추게 하심으로 여호수아의 군대가 가나안 남부 다섯 왕의
연합군을 진멸할 수 있게 하셨습니다. 그리고 여호수아는 하나님의 명령에
따라서 그 모든 지역을 샅샅이 발바닥으로 밟고 다니며 하나님이 그들에게
주신 약속의 땅으로 접수했습니다.

이 소식은 곧 가나안 북부지역에 있는 족속들에게 전해졌고, 위기감에
사로잡힌 그들은 급하게 서둘러서 이스라엘에 대항하기 위해서 또 다른 연합
군을 결성합니다.

하솔 왕 야빈

그 일에 주도적인 역할을 한 사람은 바로 '하솔 왕 야빈'(Jabin king of Hazor)이었습니다.

> ¹하솔 왕 야빈이 이 소식을 듣고 마돈 왕 요밥과 시므론 왕과 악삽 왕과 ²및 북쪽 산지와 긴네롯 남쪽 아라바와 평지와 서쪽 돌의 높은 곳에 있는 왕들과 ³동쪽과 서쪽의 가나안 족속과 아모리 족속과 헷 족속과 브리스 족속과 산지의 여부스 족속과 미스바 땅 헤르몬산 아래 히위 족속에게 사람을 보내매…(수 11:1-3).

하솔(Hazor)은 갈릴리(혹은 긴네롯) 호수 북쪽에 자리 잡고 있었습니다. 뒷 부분을 읽어보면 하솔은 '그 모든 나라의 머리'(the head of all these kingdoms)였다고 합니다(수 11:10). 이는 단지 이번 연합군을 구성하는 일에 주도적인 역할을 했다는 뜻이 아니라, 그 모든 나라 가운데 가장 강한 나라였다는 뜻입니다. 그들의 처지에서는 지금 가나안의 평화를 부수고 있는 이스라엘에 맞서 싸울만한 힘과 지도력을 갖춘 최적임자는 바로 하솔의 야빈 왕이었습니다.

야빈 왕은 가나안 북부지역의 왕들에게 전갈을 보내 연합군 구성을 제안합니다. 그가 우선 접촉한 나라는 마돈(Madon)과 시므론(Shimron)과 악삽(Acshaph)이었는데, 이들은 모두 갈릴리 서쪽에 있는 도시들입니다. 그 외에도 북쪽으로는 헤르몬산(Mt. Hermon), 남쪽으로는 갈릴리 남쪽의 평원(아라바), 서쪽으로는 지중해 해변의 돌(Naphath-dor)까지 가나안 북부의 전체지역에 사람을 보내서 연합군에 참여할 것을 요청했습니다.

그러자 마치 야빈의 요청을 기다렸다는 듯이 즉시 모든 왕이 군대를 거느리고 약속된 장소로 모입니다. 이들의 즉각적인 반응은 아마도 이스라엘 백성의 남부 캠페인의 소식을 듣고 그들도 미리 무장하고 있던 때문으로 보입니다.

⁴그들이 그 모든 군대를 거느리고 나왔으니 백성이 많아 해변의 수많은 모래 같고 말과 병거도 심히 많았으며 ⁵이 왕들이 모두 모여 나아와서 이스라엘과 싸우려고 메롬 물가에 함께 진 쳤더라(수 11:4-5).

이들이 함께 모인 곳은 메롬 물가(at the waters of Merom)였는데, 하솔에서 그리 멀지 않은 곳에 있었습니다. 성경은 이곳에 모인 북부 연합군이 '해변의 수많은 모래'처럼 많았다고 합니다. 그 숫자를 헤아릴 수 없을 때 주로 사용하는 표현입니다. 거기에다가 '말과 병거'(horses and chariots)의 숫자도 '심히 많았다'고 합니다.

1세기 유대 역사가 요세퍼스(Josephus)의 기록에 따르면, 이 당시 야빈 왕에게만 2만 대의 병거가 있었다고 합니다. 지금으로 말하면 2만 대의 탱크를 가지고 있는 셈입니다. 거기에 북부지역에 있는 모든 왕이 군사를 거느리고 왔으니, '해변의 모래 같다'는 표현은 지나친 과장이 아닐 것입니다. 이렇게 많이 모인 군사를 보고 아마 야빈을 비롯한 모든 왕은 용기백배했을 것입니다. 이 전쟁에서 이기는 것은 단지 시간문제라고 생각했을 것입니다.

이들에 비하면 이스라엘 군대는 너무 초라했습니다. 우선 병거를 한 대도 가지고 있지 않았습니다. 게다가 그들이 가진 무기라고는 단검과 화살, 물맷돌(삿 20:16) 정도였습니다. 화력으로 따지면 상대가 되지 않습니다. 군사의 숫자에서도 확실하게 밀립니다. 마치 골리앗과 다윗의 싸움 같이 표면적으로는 도무지 이길 수 없는 전쟁입니다.

그러나 여호수아와 광야 세대 이스라엘 백성은 그들을 두려워하지 않았습니다. 다윗이 골리앗에게 말한 것처럼 가나안 족속들에게는 '칼과 창과 단창'이 있었지만, 하나님의 백성 이스라엘은 '여호와 하나님'이 있었기 때문입니다(삼상 17:45). 이 전쟁은 하나님이 당신의 백성을 위해서 싸워주시는 것입니다. 남부 연합군도 하나님이 개입하시니까 꼼짝없이 당하지 않았습니까? 두려움보다는 하나님이 어떻게 역사하실지에 대한 기대감으로 충만했습니다.

승리의 비결

하나님은 여호수아에게 전쟁에서 이길 수 있는 비결 두 가지를 알려주셨습니다.

여호와께서 여호수아에게 이르시되 그들로 말미암아 두려워하지 말라. 내일 이맘때에 내가 그들을 이스라엘 앞에 넘겨주어 몰살시키리니 너는 그들의 말 뒷발의 힘줄을 끊고 그들의 병거를 불사르라 하시니라(수 11:6).

첫 번째는 공격할 시간입니다. '내일 이맘때에 그들을 넘겨주겠다'고 하십니다. 이 말은 내일 이맘때(this time tomorrow)에 공격하라는 뜻입니다. 그런데 이렇게 말씀하시던 때가 하루 중 언제였을까요? 여호수아가 하나님과 대화하는 시간은 언제나 '아침 일찍'이었습니다.

그렇다면 '내일 이맘때' 북부 연합군은 공격하려면 어떻게 해야 할까요? 그렇습니다. 만일 지금 여호수아가 길갈에 있었다면, 지난번 기브온 족속들을 구하던 때처럼 밤새도록 달려가서 기습 공격을 감행해야 합니다. 이 말은 지금 당장 행동하지 않으면 안 된다는 뜻입니다. 여호수아는 과연 그렇게 순종할 수 있을까요?

두 번째 비결은 말 뒷발의 힘줄을 끊고 병거를 불사르는 것입니다. 동물 애호가들은 애꿏은 말들을 그렇게 죽이느냐고 비판할지 모르지만, 앞에서 언급한 것처럼 이 당시의 병거는 탱크와 같습니다. 그 탱크를 움직이는 것이 말들입니다. 따라서 병거를 무력화시키는 가장 좋은 방법은 말 뒷발의 힘줄을 끊는 것입니다. 게다가 병거를 불사르면 말들은 공황 상태에 빠지게 될 것입니다.

북부 연합군은 그들이 소유한 병거의 숫자를 얼마든지 자랑할 수 있습니다. 그렇지만 실제로 그들은 지금 좁은 지역에 너무나 많은 군사와 병거가 밀집해 있는 상태입니다. 물론 메롬 물가에서 전투를 벌일 계획은 아니었을 것입니다. 단지 함께 모여서 출정식을 하려고 했을 뿐입니다.

그러나 이렇게 빽빽하게 밀집된 상태는 기습 공격에 아주 취약할 수밖에 없습니다. 만일 최전방에 있는 병거가 불에 타고 말들이 움직이지 못하게 되면 산들에 가로막혀 있던 후방에 있는 병거들은 전진하지도 후퇴하지도 못합니다. 그러면 2만 대가 넘는 병거는 졸지에 무용지물이 되는 것입니다.

문제는 여호수아입니다. 그가 하나님의 말씀을 신뢰하고 즉시 순종할 수 있을지가 문제입니다. 사실 여러 가지 조건과 상황을 생각하면 하나님의 말씀을 따르기가 쉽지 않습니다. 그러나 여호수아는 순종의 사람이었습니다. 그것 하나로 지금까지 모든 불가능한 상황들을 극복해왔습니다. 이번에도 마찬가지였습니다.

북방 캠페인

드디어 북방 캠페인(The Northern Campaign)이 시작되었습니다.

> 7이에 여호수아가 모든 군사와 함께 메롬 물가로 가서 갑자기 습격할 때에 8여호와께서 그들을 이스라엘의 손에 넘겨주셨기 때문에 그들을 격파하고 큰 시돈과 미스르봇마임까지 추격하고 동쪽으로는 미스바 골짜기까지 추격하여 한 사람도 남기지 아니하고 쳐 죽이고 9여호수아가 여호와께서 자기에게 명령하신 대로 행하여 그들의 말 뒷발의 힘줄을 끊고 그들의 병거를 불로 살랐더라(수 11:7-9).

여호수아는 하나님이 가르쳐주신 말씀대로 순종합니다. 우선 하나님이 정해주신 시간에 기습 공격을 감행하자 가나안 북부 연합군은 즉시 큰 혼란 속에 빠지게 되었습니다. 하나님이 명령하신 대로 말 뒷발의 힘줄을 끊고 병거를 불사르자 그 많은 병거는 졸지에 무용지물이 되고 말았습니다.

그러자 북부 연합군들은 병거를 버려두고 발로 걸어서 사방으로 도망치기 시작했습니다. 아마도 많은 숫자가 뒤에 있는 산을 넘어서 흩어졌을 것입니다. 이스라엘 군사들은 이미 여러 번에 걸쳐서 산을 넘어본 실전 경험이 있는 사람들입니다. 그러니 패잔병들을 추격하는 일은 식은 죽 먹기이지요.

북부 연합군 중 일부는 지중해 북쪽의 큰 시돈(Greater Sidon)까지 멀리 도망갔고, 남쪽으로는 두로(Tyre) 밑에 있는 미스르봇마임(Misrephoth-maim)까지 도망가기도 했습니다. 그리고 동쪽으로는 헤르몬산의 미스바 골짜기(the Valley of Mizpah)까지 도망쳤지만, 그 모두 여호수아 군대의 손에서 벗어날 수 없었습니다. 그들은 모두 진멸되고 말았습니다. 이로써 하나님이 그들을 이스라엘의 손에 넘겨주셨다는 사실이 확인되었습니다.

그런데 여호수아는 연합군이 버려두고 간 병거와 말들을 전리품으로 수집하지 않고 '아깝게도' 그 자리에서 모두 파괴합니다. 어떻게 보면 그것을 거두어들여서 무기로 비축해두는 것이 미래를 위해서 더 유익했을지도 모릅니다. 그러나 여호수아의 행동에는 특별한 이유가 있습니다. 그는 이번 전쟁에 승리하기 위해서 주신 비결 말고, 더 깊은 하나님의 속마음을 모세를 통해서 배워서 잘 알고 있었던 것입니다.

> 그는 병마를 많이 두지 말 것이요 병마를 많이 얻으려고 그 백성을 애굽으로 돌아가게 하지 말 것이니 이는 여호와께서 너희에게 이르시기를 너희가 이 후에는 그 길로 다시 돌아가지 말 것이라 하셨음이며…(신 17:16).

하나님이 모세에게 주신 말씀입니다. 여기에서 '그'는 앞으로 세워질 이스라엘의 왕을 가리킵니다. 왕들은 병마를 많이 두고 싶어 하는 유혹을 받게 될 것인데, 그 유혹에 넘어가지 말라는 말씀입니다. 왜냐면 그것은 '그 백성을 애굽으로 돌아가게 하는 것', 즉 이집트에서 종살이하던 것처럼 백성을 종으로 만드는 일이 되기 때문입니다.

하나님 백성은 오직 하나님만 의지하면서 살아야 합니다. 그런데 병거가 많아지면 하나님보다 병거를 더 의지하게 됩니다. 그러면 그때부터 정말 심각한 문제가 생깁니다. 실제로 솔로몬은 이집트에서 엄청나게 많은 말을 들여와서 병거 메는 말 외양간이 사천 개나 되었고 마병도 일만 이천 명이 되었습니다(대하 9:25). 이것은 결코 하나님이 기뻐하시는 일이 아니었습니다. 그것은 솔로몬이 하나님보다 병거를 더 의지하게 되었다는 증거이기 때문입니다.

이러한 유혹은 지금도 있습니다. 우리는 하나님을 의지할 때보다 넉넉한 은행 잔고를 의지하고 일류학교 졸업장을 의지하고 자신의 지혜나 경험을 의지할 때가 더 많이 있기 때문입니다. 말로는 하나님을 믿는다고 하지만, 실제로는 하나님보다 더 신뢰하는 것들이 많습니다. 그래서 하나님을 온전히 의지하지 못하고, 하나님의 말씀에 온전히 순종하지 못하는 것입니다.

'약속의 땅'은 오직 하나님만 의지하면서 사는 것을 배우는 땅입니다. 여호수아는 고지식할 정도로 하나님의 말씀에 순종했습니다. 그것이 그가 승리하는 삶을 살게 한 특별한 비결이었습니다. 패잔병들을 소탕한 후에 여호수아는 하솔을 점령합니다.

> 10하솔은 본래 그 모든 나라의 머리였더니 그 때에 여호수아가 돌아와서 하솔을 취하고 그 왕을 칼날로 쳐 죽이고, 11그 가운데 모든 사람을 칼날로 쳐서 진멸하여 호흡이 있는 자는 하나도 남기지 아니하였고 또 하솔을 불로 살랐고 12여호수아가 그 왕들의 모든 성읍과 그 모든 왕을 붙잡아 칼날로 쳐서 진멸하여 바쳤으니 여호와의 종 모세가 명령한 것과 같이 하였으되…(수 11:10-12).

바로 어제만 해도 하솔 왕 야긴은 스스로 무슨 대단한 사람이나 된 것처럼 생각했을 것입니다. 이스라엘을 이기는 것은 '떼놓은 당상'이라고 믿었을 것입니다. 이 전쟁이 끝나면 지금보다 훨씬 더 큰 왕국을 다스리게 될 것을 꿈꾸었는지 모릅니다. 그러나 하루 만에 그는 천국에서 지옥으로 떨어졌습니다. 그가 다스리던 백성들은 모두 죽고, 그 큰 성읍은 불살라 없어지고, 그 자신도 목숨을 잃게 되었으니 이 얼마나 허무한 일입니까?

야긴의 결정적인 실수는 줄을 잘못 선 것입니다. 하나님 편에 서야 하는데, 그만 하나님을 대적하는 편에 섰던 것입니다. 야긴을 따르던 그 많은 왕도 마찬가지입니다. 서 있어야 할 자리를 잘못 선택한 것입니다. 하나님 편에 서지 않아도 잘 되어가는 것처럼 보일 수 있습니다. 그러나 그것은 한때입니다. 하나님의 편에 서지 않으면 하루아침에 야긴처럼 허무한 인생으로 마치게 된다는 사실을 우리는 기억해야 합니다.

> 13여호수아가 하솔만 불살랐고 산 위에 세운 성읍들은 이스라엘이 불사르지 아니하였으며 14이 성읍들의 모든 재물과 가축은 이스라엘 자손들이 탈취하고 모든 사람은 칼날로 쳐서 멸하여 호흡이 있는 자는 하나도 남기지 아니하였으니, 15여호와께서 그의 종 모세에게 명령하신 것을 모세는 여호수아에게 명령하였고 여호수아는 그대로 행하여 여호와께서 모세에게 명하신 모든 것을 하나도 행하지 아니한 것이 없었더라(수 11:13-15).

여호수아는 하솔만 불사르고 산 위에 세운 성읍들은 그냥 남겨두었다고 합니다. 물론 그 거민은 모두 진멸했지만 말입니다. 이것은 하나님께서 모세에게 약속하신 "네가 건축하지 아니한 성읍을 얻게 하신다"(신 6:10)는 예언을 성취하는 일이 되었습니다. 이 일이 가능하게 된 것은 여호수아가 모세에게 배운 말씀 그대로 행했기 때문입니다.

> 하나님께서 그 종 모세에게 명령하신 대로, 모세는 여호수아에게 명령했고 여호수아는 그 명령대로 행했다. 하나님께서 모세에게 명령하신 것 가운데 여호수아가 행하지 않은 것은 하나도 없었다(수 11:15, 메시지).

바로 이것이 하나님 백성의 정체성이요, 약속의 땅에서 승리하는 공식입니다. 하나님의 말씀에 철저하게 순종하는 자들을 통해서 하나님은 당신의 약속을 이루십니다. 따라서 하나님의 말씀은 우리에게 주시는 축복의 약속입니다. 우리가 그 말씀대로 온전히 순종하여 살 때만 축복의 약속이 우리에게 현실이 됩니다. 대충 듣고 적당히 흉내만 내는 그런 식의 순종으로는 하나님의 약속이 이루어지는 것을 볼 수 없습니다.

앞 장에서 신앙생활이란 '약속의 땅'에 들어온 것과 같다고 했습니다. 그리고 오늘은 하나님만 의지하면서 사는 것을 배우는 곳이 '약속의 땅'이라고 했습니다. 그렇습니다. 우리가 약속의 땅에 들어온 것으로 전부가 아닙니다. 이제 본격적으로 시작해야 합니다. 무엇을 시작해야 할까요? 하나님만 의지하며 사는 것을 배우기 시작해야 합니다. 하나님을 의지한다는 것은 하나님의 말씀에 순종한다는 뜻입니다. 그것이 약속의 땅에서 누리는 축복의 비결입니다.

묵상 질문: 나는 하나님만 의지하며 살고 있는가?

오늘의 기도: 우리를 구별하여 당신의 백성으로 삼아주신 은혜에 감사드립니다. 그러나 무늬만 하나님의 백성이 되지 않게 하시고, 실제로 하나님의 다스림에 따라 살아가는 하나님의 백성이 되게 하옵소서. 매일 하나님의 말씀에 순종하며, 매사에 하나님을 의지하며 살아가게 하옵소서. 그리하여 하나님이 부어주시는 복을 마음껏 누리며 살게 하옵소서. 예수님의 이름으로 기도합니다. 아멘.

전쟁을 멈추다

읽을 말씀: 여호수아 11:16-23

새길 말씀: 이와 같이 여호수아가 여호와께서 모세에게 말씀하신 대로 그 온 땅을 점령하여 이스라엘 지파의 구분에 따라 기업으로 주매 그 땅에 전쟁이 그쳤더라 (수 11:23).

지금까지 여호수아와 이스라엘 백성이 약속의 땅을 차지해온 일련의 과정을 살펴보면, 크게 세 번의 캠페인이 있었다는 사실을 알게 됩니다. 첫 번째는 여리고성과 아이성을 정복하던 '중앙 캠페인'(The Central Campaign)입니다. 이 전쟁 후에 이스라엘 백성들은 세겜의 에발산까지 올라가서 단을 쌓고 하나님께 예배를 드리게 됩니다.

두 번째는 가나안 남부의 5개 도시 연합군을 정복하던 '남방 캠페인'(The Southern Campaign)입니다. 그들은 이스라엘과 평화조약을 맺은 기브온 족속을 징벌하기 위해서 예루살렘 왕 아도니세덱의 주도로 결성되었었지요. 그들과 싸움에서 승리한 여호수아는 남쪽으로는 가데스 바네아까지, 서쪽으로는 지중해 연안의 가사까지 온 고센 땅을 약속의 땅으로 접수하게 됩니다.

세 번째는 하솔 왕 야빈이 주동하여 소집한 가나안 북부 연합군과 싸우던

'북방 캠페인'(The Northern Campaign)입니다. 여호수아는 하나님의 명령에 따라서 절대적인 수적 열세에도 불구하고 메롬 물가에 모여서 출정을 준비하고 있던 그들을 선제 기습 공격하는 일을 감행합니다. 북부 연합군은 사방으로 흩어졌고, 그들을 추적하는 과정에서 여호수아는 지중해 옆의 시돈에서 헤르몬산에 이르기까지 북부지역을 약속의 땅으로 접수하게 됩니다.

마무리 보고서

이 세 번의 캠페인으로 약속의 땅의 큰 경계가 확정되었습니다. 오늘 우리가 살펴보는 본문은 그 모든 캠페인에 대한 마무리 보고서입니다.

16여호수아가 이같이 그 온 땅 곧 산지와 온 네겝과 고센 온 땅과 평지와 아라바와 이스라엘 산지와 평지를 점령하였으니 17곧 세일로 올라가는 할락 산에서부터 헤르몬산 아래 레바논 골짜기의 바알갓까지 그들의 왕들을 모두 잡아 쳐 죽였으며… (수 11:16-17).

세 번의 캠페인을 통해서 확보하게 된 가나안 땅에 대한 보고서에서 우리는 가나안의 지형이 어떻게 되어 있는지 알 수 있습니다. 산지(the hill country)는 유대의 산악지대를 가리킵니다. 네겝(Negev)은 남쪽의 광야(wilderness)로 표기된 부분입니다. 메마른 광야 지역입니다. 고센(Goshen)과 평지(the western foothills)는 셰펠라(Shephelah)로 표시된 지역입니다. 마치 이집트의 고센 땅처럼 비옥한 초지입니다.

또한 아라바(the Arabah)는 요단강 좌우의 저지대를 가리키고, 이스라엘 산지와 평지(the mountains of Israel with their foothills)는 갈릴리 호수 서쪽에 있는 산지와 그에 붙어 있는 평지를 통칭하는 말입니다. 할락산(Mt. Halak)과 헤르몬산(Mt. Hermon)은 각각 남쪽과 북쪽 끝에 있는 산들입니다.

이 모든 땅을 여호수아와 이스라엘 백성이 세 번의 캠페인을 통해서 점령한 것입니다. 그런데 그 기간이 얼마나 계속되었을까요?

> 18여호수아가 그 모든 왕들과 싸운 지가 오랫동안이라. 19기브온 주민 히위 족속 외에는 이스라엘 자손과 화친한 성읍이 하나도 없고 이스라엘 자손이 싸워서 다 점령하였으니…(수 11:18-19).

본문은 여호수아가 가나안 모든 왕과 싸운 기간을 단순하게 '오랫동안'(for a long time)이라고 말합니다. 그렇지만 약속의 땅을 분배하는 장면에서 갈렙이 한 말을 통해서 우리는 이 기간을 짐작해볼 수 있습니다.

> 7내 나이 사십 세에 여호와의 종 모세가 가데스 바네아에서 나를 보내어 이 땅을 정탐하게 하였으므로 내가 성실한 마음으로 그에게 보고하였고 … 10이제 보소서. 여호와께서 이 말씀을 모세에게 이르신 때로부터 이스라엘이 광야에서 방황한 이 사십오 년 동안을 여호와께서 말씀하신 대로 나를 생존하게 하셨나이다. 오늘 내가 팔십오 세로되…(수 14:7, 10).

출애굽 세대 이스라엘 백성은 본래 1년여 만에 약속의 땅에 들어가기로 되어 있었습니다. 그렇지만 가데스 바네아 사건 이후 그들은 불필요한 39년의 광야 생활을 채우게 되었고, 그러는 동안 갈렙과 여호수아를 제외하고 모두 죽게 되었지요. 갈렙이 가데스 바네아 사건이 있었을 때 그의 나이가 40세였으니까 약속의 땅에 들어온 것은 79세였습니다. 그리고 세 차례의 캠페인을 모두 치르고 난 지금 85세라고 한다면, 결국 가나안에서 전쟁을 치른 기간은 6년이 됩니다.

따지고 보면 6년이 그렇게 긴 시간이라고 할 수는 없습니다. 그러나 이미 나이를 먹을 만큼 먹었던 출애굽 세대 갈렙과 여호수아에게는 절대로 짧지 않은 시간입니다. 13장을 읽어보면 하나님이 여호수아에게 "너는 나이가 많아 늙었다"(수13:1)고 하면서 땅의 분배를 명령하시는데, 그것은 지금 우리가 읽고 있는 11장 본문의 시점과 별로 차이가 나지 않습니다. 오히려 곧바로 이어지는 이야기로 보는 것이 자연스럽습니다.

그렇다면 지난 6년 동안 여호수아는 노구를 이끌고 세 차례의 캠페인을 해온 것입니다. 여호수아에게 정말 '오랫동안'으로 느껴질 수 있는 긴 시간입니다. 그동안 여호수아는 오직 하나님의 약속을 붙잡고 말씀에 순종하며 신실하게 주어진 사명을 감당했습니다. 그 결과 남쪽의 가데스 바네아부터 시작하여 북쪽의 헤르몬산에 이르기까지 온 땅을 확보하게 되었던 것입니다. 이것은 순종의 사람 여호수아였기에 가능한 일입니다.

심판의 도구

그들이 차지하게 된 땅의 경계에 대한 보고에 이어서 그동안의 전쟁이 가지고 있는 의미를 다음과 같이 보고합니다.

> 그들의 마음이 완악하여 이스라엘을 대적하여 싸우러 온 것은 여호와께서 그리하게 하신 것이라. 그들을 진멸하여 바치게 하여 은혜를 입지 못하게 하시고 여호와께서 모세에게 명령하신 대로 그들을 멸하려 하심이었더라(수 11:20).

여기에서 우리는 진멸법에 대한 새롭고도 강력한 이해를 얻게 됩니다. 그동안 우리는 이스라엘 백성이 가나안 원주민을 그렇게 굳이 '진멸'해야 했는지에 대해서 마음속으로 의문을 품어왔습니다. 물론 우상 숭배자들을 제거하기 위한 하나님의 단호한 명령이라고는 하지만, 오늘날의 윤리기준으로 보면 너무 지나치다는 생각을 지울 수 없기 때문입니다.

그런데 오늘 본문에 보니까 여기에는 하나님의 간섭이 있었습니다. 가나안 사람들의 마음을 완악하게 하셔서 이스라엘을 대적하여 싸우러 오게 하신 것입니다. 이 말씀은 만일 그들이 완악한 마음으로 싸우러 나오지 않았다면 그들을 진멸할 이유가 없었다는 뜻으로 들립니다. 기브온 족속이 좋은 예입니다. 그들은 이스라엘과 평화조약을 맺기 원했습니다. 비록 속임수를 사용했지만, 결국 그들은 진멸의 대상에서 제외되지 않았습니까?

그렇다면 하나님은 왜 나머지 가나안 사람들의 마음을 그렇게 완악하게 만드신 것일까요? 왜냐면 그것은 가나안 족속들의 죄악에 대한 하나님의 심판이기 때문입니다.

네 자손은 사대 만에 이 땅으로 돌아오리니 이는 아모리 족속의 죄악이 아직 가득 차지 아니함이니라…(창 15:16).

하나님이 이스라엘 백성을 이집트에서 나오게 하신 것은 하나님의 때가 되었기 때문입니다. 하나님은 이집트에서 학대받는 히브리인의 고통과 부르짖음에 귀 막고 계시지 않았습니다. 하나님은 당신의 때, 즉 가나안 족속들의 죄를 심판하실 때를 기다리고 계셨습니다. 그들을 심판하실 도구로 선택한 사람들이 바로 이집트에서 탈출한 하나님 백성이었던 것입니다.

만일 출애굽 세대가 이와 같은 하나님의 계획을 알고 있었더라면, 가데스 바네아에서 그렇게 주춤거리지 않았을 것입니다. 아니, 실제로는 하나님이 미리 다 알려주셨습니다. 그런데도 믿지 않았습니다. 그래서 결국 광야 생활 40년을 다 채우면서 그들의 생애를 마쳤습니다. 그와 대조적으로 여호수아와 광야 세대 이스라엘 백성은 말씀에 순종하였고, 그들의 손을 통해서 하나님은 가나안 족속들의 죄악을 심판하신 것입니다.

그렇다면 가나안 족속이 망하게 된 것은 그들의 마음을 완악하게 하신 하나님의 책임일까요? 아닙니다. 그들의 마음을 완악하게 하시는 것이 바로 그들을 향한 하나님의 심판입니다. 만일 그들이 라합이나 기브온 사람들처럼 마지막 순간에라도 회개하고 돌아왔다면 얼마든지 구원받을 수 있었습니다. 그러나 그들의 죄악은 이미 그 단계를 넘어섰습니다. 그래서 확실하게 심판하기 위해서 그들의 마음을 완악하게 하셨고, 이스라엘의 손에 붙이셔서 진멸하신 것입니다.

본문은 특별히 '아낙 자손'에 대해서 언급합니다.

²¹그 때에 여호수아가 가서 산지와 헤브론과 드빌과 아납과 유다 온 산지와 이스라엘의 온 산지에서 아낙 사람들을 멸절하고 그가 또 그들의 성읍들을 진멸하여 바쳤으므로 ²²이스라엘 자손의 땅에는 아낙 사람들이 하나도 남지 아니하였고 가사와 가드와 아스돗에만 남았더라(수 11:21-22).

출애굽 세대 정탐꾼들이 부정적인 보고를 했던 가장 중요한 이유는 아낙 자손(Anakites) 때문입니다. 아낙 자손은 네피림(Nephilim)의 후손들인 거인족을 일컫는 말입니다(창 6:1-4). 정탐꾼들은 아낙 자손들에 비하면 자신들은 '메뚜기와 같다'고 했습니다(민 13:25-33). 바로 이 보고가 온 이스라엘 백성을 낙심하게 만든 결정적인 이유가 되었지요.

그런데 오늘 본문을 보십시오. 여호수아는 이스라엘의 온 산지에서 "아낙 사람들을 멸절했다"고 합니다. 그러니까 메뚜기가 거인족을 넘어뜨린 셈입니다. 사실 출애굽 세대 이스라엘 백성이 모세와 함께 가데스 바네아에서 곧바로 가나안으로 들어갔더라도 그 결과는 다르지 않았을 것입니다. 왜냐면 그 때나 지금이나 하나님은 이스라엘 백성을 심판의 도구로 사용하고 계시기 때문입니다.

다만 여기에서 한 가지 아쉬운 대목은 아낙 자손이 이스라엘 자손의 땅에는 하나도 남지 않았지만, 가사(Gaza)와 가드(Gath)와 아스돗(Ashdod)에는 남았다고 하는 보고입니다. 이 세 도시는 모두 블레셋 족속의 거점이었습니다. '가사'는 남방 캠페인 때 여호수아에 의해 점령되었던 곳입니다. 그러나 그 이후에 이스라엘 백성이 그곳에 가서 자리 잡고 살지는 못했습니다. 그래서 이스라엘의 손에서 벗어난 지역이 되었고, 그곳으로 아낙 자손이 도피할 수 있게 되었던 것이지요.

세월이 흘러 사울 왕 시대에 이스라엘 군대를 괴롭히던 '골리앗'은 바로 '가드' 출신 아낙 자손이었습니다(삼상 17:4). 완전히 제거하지 않은 쓴 뿌리는 두고두고 하나님의 백성을 괴롭히게 된다는 사실을 이스라엘 역사는 우리에게 증언하고 있습니다.

중단된 전쟁

세 번의 캠페인으로 약속의 땅 전체를 장악하는 일에는 성공했습니다. 그렇지만 그것으로 가나안 땅이 완전히 약속의 땅으로 탈바꿈한 건 아닙니다. 그다음 말씀이 아주 의미심장합니다.

> 이와 같이 여호수아가 여호와께서 모세에게 말씀하신 대로 그 온 땅을 점령하여 이스라엘 지파의 구분에 따라 기업으로 주매 그 땅에 전쟁이 그쳤더라(수 11:23).

여기에서 "그 땅에 전쟁이 그쳤다"라는 말이 좋은 소식일까요 아니면 나쁜 소식일까요? 물론 피비린내 나는 전쟁이 그치고 평화가 찾아온다는 것은 기쁜 소식일 것입니다. 지금도 지구상에 수많은 사람이 그 소식을 기다리고 있습니다. 그러나 오늘 본문은 조금 다른 뉘앙스를 풍기고 있습니다.

지금 세 차례의 캠페인을 통해서 약속의 땅이 확보되었습니다. "여호수아가 그 온 땅을 점령하였다"(Joshua took the entire land. NIV)는 말이 바로 그 뜻입니다. 그렇다고 해서 그 온 땅에 이스라엘 백성이 들어가서 살게 된 건 아닙니다. 앞에서 언급한 대로 가사와 가드와 아스돗에는 이스라엘의 손이 미치지 못했습니다. 문제는 그런 곳이 블레셋 거점뿐만이 아니었다는 사실입니다.

그래서 이스라엘 지파의 구분에 따라서 기업을 주었던 것입니다. 기업을 주었다는 것은 무주공산의 땅을 분배해 준 것이 아닙니다. 앞으로 우리가 살펴보겠지만, 가나안에는 이스라엘 백성이 점령하지 못한 지역들이 아직도 많이 남아 있었습니다. 그 지역을 기업으로 나누어 준 것은 각 지파가 주체가 되어 그 지역에 직접 들어가서 살아감으로써 정복하라고 할당해 준 것입니다.

그런데 그 땅에 전쟁이 그친 것입니다. NIV 성경은 이 부분을 "그 땅이 전쟁으로부터 쉼을 얻었다"(Then the land had rest from war)고 번역합니다. '쉼'을 얻었다고 하니까 마치 '평화'가 찾아온 느낌이 들지만, 실제로는 아닙니다. 아직 전쟁은 끝나지 않았습니다. 단지 중단된 상태입니다. 세 번의 캠페인은 끝났지만, 각 지파에게 주어진 책임에 따라 들어가서 살면서 치러야 할 전쟁은 여전히 남아 있습니다. 그 전쟁을 그만 멈춘 것입니다. 더는 싸우지 않기로 한 것입니다. 중단된 전쟁이 그 후의 이스라엘 역사에 어떤 부정적인 결과를 가져왔는지 우리는 앞으로 계속해서 살펴보게 될 것입니다.

약속의 땅에는 반드시 전쟁이 있습니다. 아니, 약속의 땅을 만들어가기 위한 싸움이 있습니다. 그 싸움은 멈출 수가 없습니다. 하나님의 약속을 붙잡고 말씀에 순종하여 살아가기 위해서 치러야 하는 싸움은 6년으로 끝나지 않습니다. 우리가 약속의 땅에서 살아가는 동안 내내 그 싸움은 계속되어야 합니다.

바울은 이렇게 말했습니다.

> 7나는 선한 싸움을 싸우고 나의 달려갈 길을 마치고 믿음을 지켰으니 8이제 후로는 나를 위하여 의의 면류관이 예비되었으므로 주 곧 의로우신 재판장이 그날에 내게 주실 것이며 내게만 아니라 주의 나타나심을 사모하는 모든 자에게도니라(딤후 4:7-8).

약속의 땅에서 믿음을 지키며 살아가는 영적인 선한 싸움은 마지막까지 중단하면 안 됩니다. 도중에 그만두면 약속의 땅에서 살아가는 것을 포기하는 것과 똑같습니다. 우리의 인생이 마치는 순간까지 달려갈 길을 달려가야 합니다. 끝까지 믿음을 지키면서 우리가 살아가는 삶의 자리를 약속의 땅으로 만들어야 합니다. 그럴 때 우리에게 '의의 면류관'이 주어질 것입니다. 마지막에 '이기는 자'가 되는 것입니다.

신앙의 경주에서 승자는 1등이 아닙니다. 끝까지 달리는 모든 사람이 승자입니다. 우리는 지금 하나님의 은혜로 약속의 땅에 이미 들어왔습니다. 피곤하고 힘들다고 싸움을 멈추면 안 됩니다. 만일 우리가 이런저런 이유로 그동안 영적인 싸움을 중단하고 있었다면, 이제 다시 시작해야 합니다. 그동안 멈추고 있었던 신앙의 경주를 다시 시작해야 합니다. 그럴 때 하나님이 다스리는 약속의 땅이 우리의 인생에 펼쳐질 것입니다.

묵상 질문: 나는 지금 영적인 싸움을 중단하고 있는가?

오늘의 기도: 약속의 땅에 들어온 것이 전부가 아님을 깨닫게 하시니 감사합니다. 우리에게 주어진 삶의 현장을 약속의 땅으로 만들어갈 사명이 있음을 잊지 않게 하옵소서. 피곤하고 힘들다고 영적인 싸움을 중단하지 않게 하시고, 언제나 하나님의 말씀에 순종하며 신앙의 경주를 끝까지 달려 마침내 이기는 자로 주님 앞에 서게 하옵소서. 예수님의 이름으로 기도합니다. 아멘.

완성되지 않은 임무

읽을 말씀: 여호수아 12:1-24; 사사기 1:16-36

새길 말씀: ⁷여호수아와 이스라엘 자손이 요단 이편 곧 서쪽 레바논 골짜기의 바알갓에 서부터 세일로 올라가는 곳 할락산까지 쳐서 멸한 그 땅의 왕들은 이러하니 라(그 땅을 여호수아가 이스라엘의 지파들에게 구분에 따라 소유로 주었으 니 ⁸곧 산지와 평지와 아라바와 경사지와 광야와 네겝 곧 헷 족속과 아모리 족속과 가나안 족속과 브리스 족속과 히위 족속과 여부스 족속의 땅이라) (수 12:7-8).

앞 장에서 우리는 가나안 땅에서 벌어진 세 번의 캠페인에 대한 마무리 보고서를 살펴보았습니다. 그 보고서를 통해서 여호수아와 광야 세대 이스라 엘 백성이 직접 발바닥으로 밟으며 확보한 약속의 땅의 전체적인 윤곽을 그 려볼 수 있게 되었습니다. 그러나 약속의 땅을 확보했다고 해서, 그곳이 실제 로 이스라엘 백성이 살아가는 '약속의 땅'이 된 것은 아닙니다.

지난 시간에 묵상한 마지막 구절을 다시 한번 읽어보겠습니다.

이와 같이 여호수아가 여호와께서 모세에게 말씀하신 대로 그 온 땅을 점령하여 이

스라엘 지파의 구분에 따라 기업으로 주매 그 땅에 전쟁이 그쳤더라(수 11:23).

이 말씀을 그냥 피상적으로 읽으면 "여호수아와 이스라엘 백성이 전쟁에서 승리하고 가나안 땅을 모두 차지하여 드디어 약속의 땅에서 전쟁이 끝나게 되었구나!"하고 생각할 것입니다. 불가능한 임무를 완성한 해피엔딩처럼 보입니다. 그러나 막상 뚜껑을 열고 그 속을 자세히 들여다보면 겉으로 보는 것과는 아주 다른 현실을 만나게 됩니다. 그래서 '전쟁이 그쳤다'는 말은 좋은 소식이 아니라고 한 것입니다.

이스라엘 백성은 세 번에 걸친 대규모 전쟁에서 큰 승리를 거두었습니다. 그러나 그렇다고 해서 그들의 임무가 완성된 것은 아닙니다. 그들이 가나안 땅에 들어온 이유는 그곳이 하나님께서 약속해 주신 '약속의 땅'이기 때문입니다. 약속의 땅은 전쟁에서 이긴다고 해서 얻어지는 것이 아닙니다. 실제로 들어가서 하나님의 약속을 붙잡고 말씀에 순종하며 살아내야 합니다.

무기로 싸웠던 지난 6년간의 전쟁은 믿음과 순종으로 그 땅에서 살아가는 평생의 전쟁을 위한 준비 과정이었습니다. 이스라엘 지파에게 가나안 땅을 골고루 기업으로 분배해 준 이유가 바로 그 때문입니다. 이제 그 땅에 직접 들어가서 말씀에 순종함으로써 하나님을 섬기는 진정한 하나님 백성의 삶을 살아내라는 명령입니다. 이제부터 진짜 싸움이 본격적으로 시작되어야 합니다. 그런데 그만 전쟁을 멈춘 것입니다!

이 말씀이 큰 울림으로 다가오는 이유는 우리에게도 영적인 선한 싸움을 그만두고 싶을 때가 참 많기 때문입니다. 언제나 '옳음'을 선택해야 하는 피곤한 삶보다는 세상과 적당히 타협하여 '이익'을 취하고 싶은 유혹을 느끼기 때문입니다. 지금까지 열심히 달려왔으니 이제는 좀 편히 쉬고 싶다는 생각이 자주 들기 때문입니다. 바로 그 이유로 지금 우리에게 여호수아 말씀 묵상이 필요한지도 모릅니다. 평생의 인생길에서 영적인 싸움을 멈추지 말라고 하나님은 우리에게 말씀하십니다.

가나안의 왕들

오늘 본문은 여호수아와 광야 세대 이스라엘 백성이 정복한 가나안 왕들의 명단입니다. 모두 31명입니다. 이것은 '마무리 보고서'에 덧붙여진 일종의 부록처럼 보입니다. 사람들은 성경에서 이런 장문의 리스트나 족보를 만나게 되면 처음부터 아예 읽어볼 생각을 하지 않습니다. 거기에 무슨 특별한 의미가 있겠냐는 선입관 때문입니다. 그래서 대충 건너뛰어 버립니다.

그러나 성경에 기록된 말씀 중에 우리에게 필요하지 않은 말씀은 하나도 없습니다. 그렇게 건너뛰다가 정말 중요한 메시지를 놓치게 됩니다. 물론 전문적인 지식이 없는 상태에서 무작정 열심히 읽는다고 해서 그 메시지가 보이는 것은 아닙니다. 그러나 조금만 시간을 들여서 주의 깊게 살펴보면 얼마든지 찾을 수 있습니다. 마무리 보고서의 부록은 다음과 같은 말로 시작됩니다.

> 여호수아와 이스라엘 자손이 요단 이편 곧 서쪽 레바논 골짜기의 바알갓에서부터 세일로 올라가는 곳 할락산까지 쳐서 멸한 그 땅의 왕들은 이러하니라…(수 12:7a).

이 말씀 앞부분에는 모세가 요단 저편 해 돋는 쪽, 즉 요단 동편 땅에서 죽인 왕들에 대한 기록이 있습니다(수 12:1-6). 그리고 이어서 요단 서편 땅에서 죽인 왕들의 명단을 기록하고 있는 것입니다. 이렇게 함으로써 요단 서편의 가나안 땅만이 약속의 땅이 아니라는 점을 분명히 합니다. 이제 여호수아와 광야 세대 이스라엘 백성이 자손이 가나안 땅을 정복함으로써 약속의 땅의 경계가 완성된 것입니다.

여기에서 우리는 이 기록이 여호수아와 이스라엘 자손이 차지한(occupied) 그 땅이 아니라 그들이 쳐서 멸한(defeated) 그 땅의 왕들이라는 점을 먼저 주목해야 합니다. 다시 말해서 지금까지 세 번의 캠페인을 통해서 그들은 가나안 땅을 온전히 차지한 게 아니었습니다. 단지 그 땅의 왕들과 싸워서 이겼을 뿐입니다. 그 사실을 본문은 솔직하게 고백하고 있는 것입니다.

우리말 성경에 보면 그다음에 괄호로 묶인 부분이 나옵니다. 이는 나중에 덧붙여졌다는 뜻입니다.

> 7… 그 땅을 여호수아가 이스라엘의 지파들에게 구분에 따라 소유로 주었으니 8곧 산지와 평지와 아라바와 경사지와 광야와 네겝 곧 헷 족속과 아모리 족속과 가나안 족속과 브리스 족속과 히위 족속과 여부스 족속의 땅이라(수12:7b-8).

앞에서는 여호수아가 쳐서 멸한 '그 땅의 왕들' 명단을 이야기하겠다고 했습니다. 그런데 이에 대한 보충 설명으로 이스라엘 지파에게 그 땅을 소유 (inheritance)로 주었다고 합니다. 여기에서 소유란 앞에서 말한 기업(수11:23) 과 똑같은 단어입니다. 다시 말해서 각 지파의 기업으로 골고루 분배해주었 다는 겁니다.

이를 통해서 우리는 여호수아와 광야 세대 이스라엘 백성이 지난 6년 동안 해온 전쟁은 단지 '가나안의 왕들을 물리치는 것'이었음을 알게 됩니다. 그 전쟁의 결과물이 가나안 왕들 31명의 명단입니다. 그 전쟁에서는 승리했 지만, 그들이 하나님께 부여받은 임무를 완성한 것은 아닙니다. 그 땅의 왕들 을 제거하는 일은 성공적으로 수행했지만, 그 땅을 분배받은 지파들이 직접 들어가서 살아내야 하는 임무는 여전히 남아 있습니다. 그 일은 앞으로 계속 되어야 할 것이라는 예고입니다.

따라서 이제부터 나열하는 가나안 왕들의 명단은 여호수아와 이스라엘 백성의 자랑스러운 업적을 소개하기 위해서가 아닙니다. 오히려 그들에게 주어진 임무가 무엇인지 그 전체적인 윤곽을 소개하려는 의도입니다. 무엇보 다도 이 명단은 여호수아 말씀이 기록된 시점이나 그 후의 독자들을 향하여 아주 중요한 메시지를 선포하고 있습니다. 그것은 그들에게 아직 '완성되지 않은 임무'가 남아 있다는 사실입니다.

중앙 남방 캠페인

그 내용을 직접 읽어가면서 확인해 보겠습니다.

> 9하나는 여리고 왕이요 하나는 벧엘 곁의 아이 왕이요 10하나는 예루살렘 왕이요 하
> 나는 헤브론 왕이요 하나는 야르뭇 왕이요 11하나는 라기스 왕이요 12하나는 에글론
> 왕이요 하나는 게셀 왕이요 13하나는 드빌 왕이요 하나는 게델 왕이요 14하나는 호
> 르마 왕이요 하나는 아랏 왕이요 15하나는 립나 왕이요 하나는 아둘람 왕이요 16하나
> 는 막게다 왕이요 하나는 벧엘 왕이요 17하나는 답부아 왕이요 하나는 헤벨 왕이요
> 18하나는 아벡 왕이요 하나는 랏사론 왕이요…(수 12:9-18).

여기까지가 '중앙 캠페인'과 '남방 캠페인'을 통해서 여호수아와 광야 세
대 이스라엘 백성이 물리친 가나안의 왕들입니다. 우선 왕들의 이름이 언급
되지 않는다는 게 눈에 들어옵니다. 단지 그들이 다스리던 도시 혹은 성읍의
이름만 나열되고 있을 뿐입니다. 왕들의 이름을 몰라서가 아닙니다. 여기에
는 어떤 의도가 있습니다.

만일 여호수아의 업적을 자랑하려는 의도가 있었다면 왕들의 이름을 자
세하게 기록했을 것입니다. 대개의 전적비(戰績碑)가 그렇게 합니다. 그러나
왕들의 이름을 기록하지 않고 그 왕이 속한 지역을 소개하는 데에는 두 가지
메시지가 담겨 있습니다. 그 하나는 그 땅을 기업으로 분배받을 지파들을
향한 것이고, 다른 하나는 먼 훗날의 독자들을 향한 것입니다. 전자에게는
그들의 임무가 구체적으로 무엇인지를 말하려는 것이고, 후자에게는 미완성
의 상태로 남아 있는 임무에 대한 소감을 말하려는 것입니다.

위의 명단 중에서 '예루살렘'과 '헤브론'을 예로 들어서 조금 더 자세히
들여다보겠습니다. 그 이야기가 사사기 1장에 나오는데, 아주 대조적인 결과
를 보여줍니다.

²⁰그들이 모세가 명령한 대로 헤브론을 갈렙에게 주었더니 그가 거기서 아낙의 세 아들을 쫓아내었고 ²¹베냐민 자손은 예루살렘에 거주하는 여부스 족속을 쫓아내지 못하였으므로 여부스 족속이 베냐민 자손과 함께 오늘까지 예루살렘에 거주하니라 (삿 1:20-21).

여기에서 '그들'은 유다 지파를 가리키고 있습니다. '헤브론'을 기업으로 받은 유다 지파의 갈렙은 그의 임무를 완성했습니다. 아낙의 세 아들을 쫓아내고 헤브론을 약속의 땅으로 만들어서 그곳에서 평생을 살았던 것입니다. 그리고 지금까지 그곳은 약속의 땅으로 남아 있습니다.

그와 대조적으로 베냐민 자손은 임무를 완성하지 못했습니다. 예루살렘에 거주하는 여부스 족속을 쫓아내지 못했던 것입니다. 사실 예루살렘은 유다 자손이 점령해주었습니다(삿 1:8). 그들의 도움을 받아서 베냐민 지파가 예루살렘에 들어간 것이지요. 그런데도 베냐민 지파는 그곳을 '약속의 땅'으로 만들지 못했고, 사사기가 기록되던 당시까지도 그런 상태는 계속되고 있었던 것입니다.

게셀도 마찬가지입니다. 여호수아의 남방 캠페인 때에 게셀 왕 호람은 라기스를 도우려고 왔다가 전사했습니다. 그러나 게셀을 기업으로 분배받았던 에브라임 지파는 그곳을 약속의 땅으로 만들지 못했습니다. 그 이야기가 여호수아 16장에 나옵니다.

그들이 게셀에 거주하는 가나안 족속을 쫓아내지 아니하였으므로 가나안 족속이 오늘까지 에브라임 가운데에 거주하며 노역하는 종이 되니라(수 16:10; 삿 1:29).

어떤 사람은 가나안 족속을 종으로 부리게 되었으니 성공한 것으로 보아야 하지 않느냐고 반문할지 모릅니다. 그러나 분명히 알아야 합니다. 하나님이 주신 임무는 그곳에 들어가서 그들을 쫓아내고 살아가는 것이지 그들을 종으로 부리면서 경제적인 이익을 얻는 게 아닙니다. 표면상으로는 성공한 것으로 보일지 모르지만, 실제로는 가나안 족속과 적당히 타협한 현실을 우리에게 보여주는 것입니다.

약속의 땅은 오직 하나님만 섬기는 곳이어야 합니다. 약속의 자녀들이 하나님의 약속을 붙잡고 말씀에 순종하면서 살아가도록 허락된 곳입니다. 그런데 그곳에 우상 숭배자들이 함께 섞여 살고 있습니다. 아무리 노역하는 종이 되었다고 하더라도 그들은 하나님의 백성이 아닙니다. 그런데도 약속의 땅에 남아 있다는 것이 큰 문제입니다. 왜냐면 상황에 따라서 얼마든지 종이 주인으로 바뀔 수 있기 때문입니다. 그 이후의 역사가 잘 말해줍니다.

북방 캠페인

그러면 북방 캠페인으로 얻은 땅은 어땠을까요?

> ¹⁹하나는 마돈 왕이요 하나는 하솔 왕이요 ²⁰하나는 시므론 므론왕이요 하나는 악삽 왕이요 ²¹하나는 다아낙 왕이요 하나는 므깃도 왕이요 ²²하나는 게데스 왕이요 하나는 갈멜의 욕느암 왕이요 ²³하나는 돌의 높은 곳의 돌 왕이요 하나는 길갈의 고임 왕이요 ²⁴하나는 디르사 왕이라. 모두 서른 한 왕이었더라 (수 12:19-24).

이 중에서 다아낙(Taanach)과 므깃도(Megiddo), 돌(Dor)의 뒷이야기만 살펴보도록 하겠습니다. 이 지역은 모두 므낫세 지파에게 기업으로 배분되었습니다. 정확하게 말하면 요단 동편에 남은 므낫세 반 지파(the east Manasseh)가 아니라, 요단을 건너온 나머지 반 지파(the west Manasseh)입니다.

이들의 이야기가 사사기 1장에 기록되어 있습니다.

> ²⁷므낫세가 벳스안과 그에 딸린 마을들의 주민과 다아낙과 그에 딸린 마을들의 주

민과 돌과 그에 딸린 마을들의 주민과 이블르암과 그에 딸린 마을들의 주민과 므깃

도와 그에 딸린 마을들의 주민들을 쫓아내지 못하매 가나안 족속이 결심하고 그 땅

에 거주하였더니 28이스라엘이 강성한 후에야 가나안 족속에게 노역을 시켰고 다 쫓

아내지 아니하였더라(삿 1:27-28).

여기에서 우리는 오늘 본문에 기록된 리스트 외에도 벧스안(Beth Shan)이
나 이블르암(Ibleam)과 같은 다른 많은 도시가 있다는 것과 그 도시에 딸린
많은 마을이 있다는 사실을 알게 됩니다. 그러니까 우리의 눈에 드러나는
것보다 훨씬 더 많은 부분에서 약속의 땅은 완전히 정복되지 못하고 있었던
것입니다.

므낫세 지파가 그들에게 주어진 임무를 소홀히 취급하는 동안 가나안
족속은 어떻게 했습니까? "가나안 족속이 결심하고 그 땅에 거주했다"(The
Canaanites were determined to live in that land. NIV)고 합니다. 그렇습니다. 약
속의 자녀들이 느슨해지는 만큼 우상 숭배자들이 작심하고 들어와서 거주하
게 되어 있습니다. 비록 나중에 그들에게 강제로 노역을 시키기는 했지만,
그런다고 해서 므낫세 지파가 주어진 임무를 완성한 것은 아니지요.

자, 그렇다면 다른 지파들은 어땠을까요? 앞에서 언급한 도시들과 별로
다르지 않았습니다. 몇몇 지역을 제외하고 가나안 족속들을 완전히 쫓아내지
못했습니다. 여호수아에 의해서 왕들은 제거되었지만, 하나님의 백성에 의해
서 그 지역이 약속의 땅으로 접수되지는 못했던 것입니다. 세 차례의 캠페인
을 통해서 가나안의 왕들을 제거하는 일에는 성공했지만, 여전히 이스라엘
백성이 접수한 지역보다 그렇지 못한 지역들이 훨씬 더 많이 남아 있었던
것입니다. 이런 상태로 그냥 전쟁을 멈춘 것이지요.

이것은 또한 지금 우리의 영적인 현실이기도 합니다. 우리 삶에 영적인
전쟁이 멈추었습니다. 하나님의 말씀에 온전히 순종함으로써 모든 부분에
약속의 땅이 완성되어 전쟁이 그쳤다면 참으로 다행한 일이겠지만, 아직 임

무가 완성되지도 못했는데 손 놓고 있다면 큰 문제입니다. 물론 나름대로 이유가 있을 겁니다. 그러나 그 이유가 무엇이든지 간에 영적인 싸움을 멈추고 있는 상태로는 우리가 삶으로 접수해야 하는 약속의 땅은 절대로 완성되지 않습니다.

그렇다면 어떻게 해야 할까요? 앞으로의 말씀 묵상을 통해서 우리는 그 대답을 찾아보아야 합니다. 그리고 그동안 멈추고 있었던 영적인 싸움을 다시 시작해야 합니다. 우리가 모르는 사이에 결심하고 들어와 둥지 틀고 있는 불신앙의 습관과 불순종의 쓴 뿌리들을 다시 뽑아내기 시작해야 합니다. 그리고 믿음의 형제자매들과 함께 연대하여 그 임무를 수행해야 합니다.

우리의 씨름은 혈과 육에 대한 것이 아닙니다(엡 6:12). 영적인 싸움은 육적인 방법으로 결코 이길 수 없습니다. 우리가 오늘도 하나님의 은혜 보좌 앞에 엎드려 기도하는 이유가 바로 그 때문입니다.

묵상 질문: 내 삶의 모든 부분에서 약속의 땅이 이루어졌는가?

오늘의 기도: 약속의 땅이 아직 완성되지 않았는데도 우리는 성급하게 영적인 싸움을 멈추었습니다. 삶이 고단하다는 이유로, 이만하면 되었다는 생각으로 우리에게 주어진 임무를 중단했습니다. 그러는 사이에 불신앙과 불순종의 습관이 다시 고개를 들기 시작했습니다. 주여, 우리를 긍휼히 여겨주옵소서. 우리 삶의 자리를 약속의 땅으로 만드는 영적인 싸움을 다시 시작하게 하옵소서. 우리의 결심과 힘만으로는 부족하오니, 성령님 우리를 도와주옵소서. 예수님의 이름으로 기도합니다. 아멘.

제 3 막

유산 분배와
계약 갱신

| 여호수아 13–24장 |

유산 분배 명령

읽을 말씀: 여호수아 13:1-7

새길 말씀: 6… 내가 그들을 이스라엘 자손 앞에서 쫓아내리니 너는 내가 명령한 대로
그 땅을 이스라엘에게 분배하여 기업이 되게 하되 7너는 이 땅을 아홉 지파와
므낫세 반 지파에게 나누어 기업이 되게 하라 하셨더라(수 13:6b-7).

여호수아 말씀은 크게 3막으로 나뉩니다. 제1막은 '요단을 건너 약속의
땅으로' 들어가는 이야기(1-5장)고, 제2막은 '약속의 땅에서 치르는 전쟁' 이
야기(6-12장)입니다. 오늘부터는 제3막에 들어갑니다. 이스라엘 지파들이 약
속의 땅을 분배받고 정착해서 살게 되는 이야기(13-24장)입니다.

두 가지 현실

오늘 본문을 묵상하기에 앞서 우리가 먼저 기억해야 할 말씀이 있습니다.
그것은 하나님이 여호수아에게 소명을 주시던 장면에서 말씀하신 최초의 명
령과 약속입니다.

²내 종 모세가 죽었으니 이제 너는 이 모든 백성과 더불어 일어나 이 요단을 건너 내가 그들 곧 이스라엘 자손에게 주는 그 땅으로 가라. ³내가 모세에게 말한 바와 같이 너희 발바닥으로 밟는 곳은 모두 내가 너희에게 주었노니 ⁴곧 광야와 이 레바논에서부터 큰 강 곧 유브라데 강까지 헷 족속의 온 땅과 또 해지는 쪽 대해까지 너희의 영토가 되리라(수 1:2-4).

여호수아에게 주신 하나님의 명령은 이스라엘 백성을 이끌고 약속의 땅으로 들어가는 것입니다. 그 명령과 함께 주신 약속의 말씀은 "너희 발바닥으로 밟는 곳은 모두 내가 너희에게 주었다"는 것입니다. 그런데 이 약속의 말씀에서 우리는 한 가지 모순을 발견합니다.

"내가 너희에게 주었다"는 '완료형'입니다. 이미 이루어진 사실입니다. 그러나 '너희 발바닥으로 밟는 곳'은 '미완료형'입니다. 이루어지지 않은 사실입니다. 이스라엘 백성은 아직 가나안에 들어가지 못한 상태입니다. 그런데 밟아보지도 못한 땅을 어떻게 "이미 주었다"고 말씀하실 수 있을까요?

바로 여기에 여호수아와 광야 세대 이스라엘 백성이 직면하고 있는 두 가지 현실의 긴장 관계가 존재하고 있습니다. 그 하나는 하나님께서 약속의 땅을 그들에게 이미 주셨다고 믿어야 하는 현실이고, 다른 하나는 약속의 땅을 그들의 발바닥으로 실제로 밟아야 하는 현실입니다. 그 둘 사이에 팽팽한 긴장이 놓여 있는 겁니다.

이는 우리의 신앙생활에서도 발견됩니다. '신앙'(faith)이란 하나님의 약속을 믿는다는 뜻입니다. '생활'(life)이란 하나님의 말씀에 따라서 실제로 살아가는 것입니다. 하나님의 약속을 믿지 않으면서 그렇게 살 수 없고, 말씀에 따라서 실제로 살지 않으면서 믿는다고 말할 수 없습니다. 이처럼 '신앙'과 '생활'의 긴장 속에 우리의 신앙생활이 놓여 있는 것입니다.

따라서 여호수아에게 말씀하신 하나님의 약속은 신앙생활로 초대하는 말씀이었습니다. 하나님의 약속을 믿고 그 믿음에 따라서 실제로 순종하며 살아보라는 것입니다. 여호수아는 하나님의 완료형 약속을 믿었습니다. 그래서 요단강을 건너 약속의 땅에 들어갔습니다. 그리고 지난 6년간의 전쟁을 통해서 하나님께서 그 땅을 이스라엘 백성에게 이미 넘겨주셨다는 사실을 직접 확인했습니다. 이것이 지금까지 우리가 묵상해온 내용입니다.

마지막 임무

그러나 그것이 전부는 아닙니다. 하나님이 그들에게 이미 넘겨주신 약속의 땅이 바로 가나안 땅이라는 사실을 확인했다면, 이제부터 그곳에 실제로 들어가 정착해서 살아가야 합니다. 약속의 땅에서 '생활의 땅 밟기'를 시작해야 하는 바로 이 대목에 오늘 본문이 놓여 있는 것입니다.

> 여호수아가 나이가 많아 늙으매 여호와께서 그에게 이르시되 너는 나이가 많아 늙었고 얻을 땅이 매우 많이 남아 있도다(수 13:1).

여호수아는 110세의 나이에 죽음을 맞이했습니다(수 24:29). 그렇다면 지금 여호수아의 나이가 얼마나 될까요? 도대체 얼마나 늙었기에 하나님은 여호수아에게 "너는 나이가 많아 늙었다"(You are now very old. NIV)고 말씀하시는 것일까요?

이미 우리가 살펴본 대로 가나안 땅에서의 전쟁은 6년 동안 계속되었습니다. 여호수아의 나이는 정확하게 말할 수는 없지만, 갈렙과 비교하여 두세 살 정도 어렸을 것이라고 했습니다. 그러니까 세 번의 캠페인을 끝내던 때(11장) 여호수아의 나이는 대략 80대 초반이었을 것으로 추정할 수 있습니다. 그렇다면 오늘 본문은 그로부터 얼마나 지난 후의 이야기일까요?

그렇게 많은 시간의 차이가 있을 것으로 보이지는 않습니다. 하나님이 여호수아에게 '나이가 많다'고 말씀하시지만, 출애굽 세대였던 여호수아는 가나안 땅에 들어올 때 이미 70대 중반을 넘긴 나이였습니다. 마치 아브라함이 75세의 나이에 하나님의 부름을 받아 약속의 땅을 향한 긴 여행을 시작했듯이 거의 비슷한 나이로 여호수아는 광야 세대 이스라엘 백성을 이끌고 약속의 땅에 들어온 것입니다. 그런데도 그동안 마치 젊은 청년처럼 그렇게 전쟁을 치러온 것이지요.

그러나 이제 새로운 국면에 들어서게 되었습니다. 앞으로는 대규모의 전쟁을 벌일 필요가 없습니다. 세 차례의 캠페인을 통해서 이스라엘 백성은 가나안 전체에 대한 지배력을 충분히 확보했습니다. 여호수아가 수행해야 할 첫 번째 사명, 즉 광야 세대를 이끌고 약속의 땅에 들어가는 일은 잘 해냈습니다. 이제 두 번째 사명으로 나아가야 합니다. 그것은 가나안 땅을 이스라엘 지파에게 골고루 분배하여 실제로 들어가서 정주(定住)하게 하는 일입니다.

80을 넘긴 여호수아가 이 일을 빨리 진행해야 하는 이유는 언제 어떻게 될지 모르는 나이이기 때문입니다. 그리고 약속의 땅을 분배하는 것은 그렇게 미적거릴 일이 아닙니다. 즉시 시행해야 할 일입니다. 늦어지면 늦어질수록 그만큼 더 힘들어집니다. 그러니까 하나님께서 여호수아 나이를 들먹거리신 것은 가나안 땅을 빨리 분배해주라는 독촉의 말씀이었던 것입니다.

만일 스스로 나이가 많다고 느낀다면, 하나님의 사명을 더는 뒤로 미루지 말아야 합니다. 누군가에게 해야 할 말이 있다면, 바로 오늘 당장 하십시오. 인간관계에서 아직도 풀지 못한 문제가 있다면, 오늘 만나서 풀어버리십시오. 자녀들에게 남겨줄 유산이 있다면, 오늘 바로 그 일을 정리하십시오. 복음을 꼭 전해야 할 사람이 있다면, 오늘 가서 전하십시오. 잠언 말씀에 "내일 일을 자랑하지 말라"(잠 27:1)고 했습니다. 우리에게 내일이 오지 않을 수도 있습니다.

그런데 여기에서 "얻을 땅이 매우 많이 남아 있다"는 말씀을 우리는 어떻게 이해해야 할까요? 이미 세 번의 캠페인을 통해서 가나안 땅 전체에 대한 지배력을 확보해 놓은 상태입니다. 그런데 아직도 얻을 땅이 많이 남아 있다니요?

이것에 대해서는 앞 장에서 자세히 설명했습니다. 그동안의 전쟁은 가나안 왕들과 싸워서 물리치는 것이었지, 그 땅을 실제로 차지하는 것은 아니었다고 말입니다. 이제 이스라엘 백성이 들어가서 정착하여 살아감으로써 그 땅을 접수해야 할 일이 남아 있습니다. 그러기 전까지 그 땅에는 계속해서 가나안 사람들이 작심하여 둥지 틀고 살 것입니다.

한 가지 궁금증이 생깁니다. 그동안 전쟁을 치르면서 가나안 성읍들을 취할 때 "한 사람도 남기지 않고 진멸하여 바쳤다"라고 했는데, 실제로 그런 일이 벌어지지 않았던 것일까요? 예를 들어서 여호수아는 남방 캠페인 중에 이미 헤브론을 점령했습니다. 그때 분명히 "그 왕과 그중의 모든 사람을 칼날로 쳐서 하나도 남기지 않았다"(수 10:37)고 했습니다. 그런데 그 후에 갈렙은 헤브론을 기업으로 분배받고, 올라가서 다시 정복하여 아낙 자손들을 쫓아냅니다(수 15:13-14). 그렇다면 갈렙이 쫓아낸 그들은 도대체 어디에서 나타난 것일까요?

여기에서 우리는 진멸의 의미를 다시 생각해야 합니다. 그것은 단지 목숨을 빼앗는 것만을 의미하지 않습니다. 그 땅에서 쫓아내는 것도 진멸에 해당합니다. 그러면 쉽게 이해가 됩니다. 여호수아의 남방 캠페인 때 헤브론에서 쫓겨난 사람들이 다른 곳으로 도피했다가 이스라엘 백성이 북방 캠페인을 하는 사이에 제자리에 다시 돌아온 것이지요.

따라서 정복하는 것이 전부가 아닙니다. 이스라엘 백성이 직접 헤브론에 들어가서 정주하며 살아야 합니다. 그러기 전까지 그 땅은 하나님이 이스라엘 백성에게 약속하신 땅이 될 수 없습니다. 그래서 하나님은 여호수아에게 더 늦기 전에 땅을 분배하는 일을 서두르라고 말씀하고 계시는 것입니다.

남은 땅의 분량

그렇게 '남은 땅'에 대해서 본문은 길게 기록합니다. 지도를 통해서 이

지역을 하나씩 확인해 보면 이스라엘 백성이 차지해야 할 땅이 얼마나 많은
지 알 수 있습니다.

²이 땅의 남은 땅은 이러하니 블레셋 사람의 모든 지역과 그술 족속의 모든 지역 ³곧 애굽 앞 시홀 시내에서부터 가나안 사람에게 속한 북쪽 에그론 경계까지와 블레셋 사람의 다섯 통치자들의 땅 곧 가사 족속과 아스돗 족속과 아스글론 족속과 가드 족속과 에그론 족속과 또 남쪽 아위 족속의 땅과 ⁴또 가나안 족속의 모든 땅과 시돈 사람에게 속한 므아라와 아모리 족속의 경계 아벡까지와 ⁵또 그발 족속의 땅과 해 뜨는 곳의 온 레바논 곧 헤르몬산 아래 바알갓에서부터 하맛에 들어가는 곳까지와 ⁶또 레바논에서부터 미스르봇마임까지 산지의 모든 주민 곧 모든 시돈 사람의 땅이라…(수 13:2-6a).

여기에서 우리는 특별히 블레셋의 다섯 도시, 즉 가사와 아스돗과 아스글론과 가드와 에그론을 눈여겨볼 필요가 있습니다. 이 도시들은 끝끝내 이스라엘 백성이 접수하지 못했습니다. 그래서 사사 시대와 왕정 초기까지 이들로 인해서 얼마나 많은 고통을 겪어야 했는지 모릅니다. 그렇습니다. 접수해야 할 때 확실히 접수하지 못하고, 정리해야 할 때 분명하게 정리하지 못하면 두고두고 그것이 올무가 됩니다.

그런데 여호수아가 하나님의 명령에 따라서 모든 지파에게 가나안 땅을 골고루 분배해주었는데도 왜 끝끝내 접수하지 못하는 경우가 생기는 것일까요? 그것은 약속의 땅을 분배받는 일에 대해서 사람마다 느끼는 온도의 차이가 컸기 때문입니다. 다시 말해서 모든 이스라엘 백성이 세 번의 캠페인을 할 때처럼 똑같은 열정과 열심을 가지고 땅을 분배받는 일에 임하지는 않았다는 뜻입니다.

사람들은 약속의 땅을 모든 지파가 모인 상태에서 한꺼번에 제비를 뽑아 분배한 것으로 알고 있습니다. 하지만 앞으로 자세히 살펴보겠지만, 실제로는 그렇게 간단한 일이 아니었습니다. 먼저 하겠다고 자발적으로 나서는 사람들이 아무도 없었습니다. 그래서 제일 먼저 갈렙이 나서게 된 것이지요. 그만큼 분배받은 땅에 들어가서 사는 것은 귀찮고 힘들고 하기 싫은 일이었습니다.

문제는 그렇게 해서 생겨난 빈틈(남은 땅)으로 인해서 모든 이스라엘 백성이 함께 고통을 당하게 된다는 사실입니다. 큰 공동체의 운명은 작은 공동체의 헌신에 달려 있습니다. 누군가가 헌신하지 않아 비어 있는 자리로 인해 공동체 전체가 고통을 당한다는 사실을 인식한다면, 아무리 귀찮고 힘든 일일지라도 자신에게 주어진 사명을 소홀히 여길 수는 없을 것입니다.

이것은 결국 하나님의 약속에 대한 믿음의 문제입니다. 말씀에 온전히 순종하지 못한다는 것은 하나님의 약속을 온전히 믿지 못하겠다는 뜻이기 때문입니다. 언제나 그러셨듯이 하나님은 여호수아에게 새로운 명령을 하시면서 동시에 분명한 약속의 말씀도 주셨습니다.

> 6... 내가 그들을 이스라엘 자손 앞에서 쫓아버리리니 너는 내가 명령한 대로 그 땅을 이스라엘에게 분배하여 기업이 되게 하되 7너는 이 땅을 아홉 지파와 므낫세 반 지파에게 나누어 기업이 되게 하라 하셨더라(수 13:6b-7).

가나안 땅을 분배하여 각 지파에게 맡겼다고 해서 그들에게 책임을 떠넘기고 하나님은 아무것도 하지 않고 손 떼겠다는 뜻은 아닙니다. 오히려 하나님이 직접 그들을 이스라엘 자손 앞에서 쫓아내겠다고 하십니다. 사실 지난 6년간의 전쟁도 마찬가지였습니다. 전쟁의 주체는 언제나 하나님이셨습니다. 하나님이 이스라엘을 위하여 싸워주신 것입니다. 마찬가지로 이번에도 하나님이 그들을 쫓아내시겠다고 약속하십니다.

여기에는 한 가지 전제조건이 있습니다. 이스라엘 지파들이 각자에게 분배된 땅에 직접 들어가서 사는 것입니다. 그 때문에 하나님은 여호수아에게 그 땅을 각 지파에 분배하여 기업이 되게 하라고 명령하고 계시는 것입니다. 그런데 "기업이 되게 하라"는 말씀이 무슨 뜻일까요?

기업을 NIV 성경은 상속 재산(an inheritance)으로 표현합니다. 그래서 이 부분을 새번역 성경은 "그 땅을 이스라엘 자손에게 유산으로 나누어 주어라"

라고 번역합니다. 기업이라는 말보다 유산이라는 말이 훨씬 더 쉽게 다가옵니다. 그러니까 지금 하나님께서 유산 분배 명령을 하고 계시는 것입니다.

만일 어떤 땅을 누군가에게 유산으로 넘겨주려고 한다면, 오직 땅 주인만이 그렇게 할 수 있는 법적인 권리를 가집니다. 그럴 권리가 없으면서 다른 사람에게 유산으로 넘겨주려고 한다면 그것은 말 그대로 '사기'입니다. 속아 넘어가면 안 됩니다. 그렇다면 하나님은 가나안 땅을 누군가에게 유산으로 넘겨주실 권리가 있으신가요? 물론 있습니다. 가나안 땅의 주인은 하나님이십니다. 아니, 가나안뿐만 아니라 지구상의 모든 땅은 하나님의 소유입니다.

문제는 하나님이 유산으로 넘겨주겠다고 하는데도 그것을 사양하는 사람들입니다. 아니, 유산 상속은 이미 끝난 상태입니다. 이제 들어가서 살기만 하면 됩니다. 그런데도 아직 미적거리고 있다는 것이 문제입니다. 이렇게 미련한 사람이 어디에 있을까요?

우리는 그들을 어리석다고 말할지 모릅니다. 그러나 우리는 과연 그들과 얼마나 다른가요? 우리는 정말 하나님의 약속을 믿고 들어가서 유산을 접수하고 그곳에서 살 수 있을까요? 하나님이 주시는 유산은 오직 믿음이 있는 자만이 받을 수 있습니다. 아무리 약속의 땅에 들어가도 믿음이 없으면 그 땅을 유산으로 접수하지 못합니다.

아무튼 여호수아는 하나님의 명령에 따라서 요단 동편 땅을 기업으로 받은 지파(수13:8-33)를 제외한 나머지 지파에게 약속의 땅을 분배하려고 합니다. 그 이야기가 앞으로 한동안 계속 이어질 것입니다.

약속의 땅에 들어가는 것도, 하나님이 주시는 유산을 상속받는 것도 모두 믿음이 필요한 일입니다. 우리 모두 하나님의 약속을 붙잡고 그 말씀에 순종하는 믿음을 보임으로써 하나님께서 우리에게 주시려고 하는 하나님 나라의 유산을 은혜의 선물로 마음껏 받아 누리며 살아가기를 간절히 소원합니다.

묵상 질문: 나는 하나님이 주시는 유산을 상속받을 믿음이 있는가?

오늘의 기도: 하나님을 믿지 않으면서 약속의 땅에 들어갈 수 없고, 하나님의 말씀대로 순종하지 않으면서 그 땅을 유산으로 상속받을 수 없음을 깨닫게 하시니 감사합니다. 주님, 우리의 신앙이 생활로 드러나게 하옵소서. 하나님의 약속을 믿음으로써 우리의 삶의 자리가 약속의 땅이 되게 하옵소서. 예수님의 이름으로 기도합니다. 아멘.

백발의 청년 갈렙

읽을 말씀: 여호수아 14:1-15; 민수기 14:4-35

새길 말씀: 그날에 여호와께서 말씀하신 이 산지를 지금 내게 주소서. 당신도 그날에 들으셨거니와 그곳에는 아낙 사람이 있고 그 성읍들은 크고 견고할지라도 여호와께서 나와 함께 하시면 내가 여호와께서 말씀하신 대로 그들을 쫓아 내리이다…(수 14:12).

앞 장에서 우리는 '유산 분배'의 명령에 대해서 살펴보았습니다. 광야 세대 이스라엘 백성은 세 차례의 대규모 캠페인에서 큰 승리를 거둠으로써 이미 가나안 땅 전체에 대한 지배력을 확보한 상태입니다. 그러나 전쟁에서 이겼다고 해서 '가나안 땅'이 하루아침에 '약속의 땅'이 되는 것은 아닙니다. 그들이 실제로 분배받은 각 성읍에 들어가서 살기 전까지는 여전히 가나안 사람들이 사는 '가나안 땅'으로 남게 될 것입니다.

하나님이 여호수아의 나이가 많다는 점을 상기시키면서 서둘러서 유산 분배를 시행하라고 명령하신 것은 이스라엘 백성이 그 성읍에 직접 들어가서 사는 일을 주저하고 있었기 때문입니다. 여호수아는 언제나 순종의 사람이었습니다. 순종의 사람은 하나님의 말씀에 즉시 순종합니다. 그는 요단 동쪽의 땅을 분배받은 지파들을 제외하고, 나머지 아홉 지파와 므낫세 반 지파에게 가나안 땅을 분배하려고 합니다.

제비뽑기

하나님이 명령하신 유산 분배의 방법은 바로 제비뽑기였습니다.

> **¹이것은 이스라엘 자손이 가나안 땅에서 받은 기업 곧 제사장 엘르아살과 눈의 아들 여호수아와 이스라엘 자손 지파의 족장들이 분배한 것이니라. ²여호와께서 모세에게 명령하신 대로 그들의 기업을 제비 뽑아 아홉 지파와 반 지파에게 주었으니…** (수 14:1-2).

공평성을 담보하기 위해서 제비뽑기보다 더 좋은 방법은 아마 없을 것입니다. 그러나 당시에는 그것이 하나님의 뜻을 분별하는 가장 좋은 방법이었습니다. "제비는 사람이 뽑으나 모든 일을 작정하기는 여호와께 있다"(잠 16:33)라는 잠언 말씀처럼 그들은 가나안 땅의 유산 분배에 대한 하나님의 뜻을 묻기 위해서 제비를 뽑았던 것입니다.

어떤 식으로 제비를 뽑았을까요? 그 구체적인 방법에 대해서는 잘 알지 못합니다. 단지 그 자리에 제사장 엘르아살이 있었다는 사실로 미루어, 제사장의 흉패에 보관하고 있던 우림과 둠밈(Urim and Thummim)을 사용하여 하나님의 뜻을 물었으리라 추정해 볼 수 있습니다. 여호수아는 각 지파의 족장들이 배석한 그 자리에서 제비를 뽑아 가나안 땅을 분배하려고 합니다.

> **이스라엘 자손이 여호와께서 모세에게 명령하신 것과 같이 행하여 그 땅을 나누었더라**(수 14:5).

이 말씀만 읽으면 유산 분배를 위한 첫 번째 모임에서 일이 다 순조롭게 끝나서 모든 지파가 들어가서 살게 될 약속의 땅을 분배받은 것처럼 생각할 수 있습니다. 그러나 실제로는 그러지 못했습니다. 이 첫 번째 모임은 아마도 길갈(Gilgal)에서 열린 것으로 보이는데, 그때 실제로 분배받은 지파는 유다 지파(15장)와 에브라임 지파(16장), 서쪽 므낫세 반 지파(17장) 정도였습니다.

그 나머지 지파들은 나중에 회막을 실로로 옮기고 나서야 땅을 분배를 받게 됩니다(18:1). 그 자리에서 여호수아는 놀랍게도 이스라엘 지파들을 향해 심하게 책망하는 말을 합니다.

여호수아가 이스라엘 자손에게 이르되 너희가 너희 조상의 하나님 여호와께서 너희
에게 주신 땅을 점령하러 가기를 어느 때까지 지체하겠느냐(수 18:3).

이와 같은 여호수아의 말에 미루어서, 우리는 이스라엘의 백성이 이 유산 분배에 적극성을 보이지 않고 있었다는 사실을 알게 됩니다. 그들은 여호수아의 책망을 받고 나서야 겨우 움직이는 모습을 보입니다. 그렇다면 길갈에서 분배받은 세 지파는 적극적으로 참여했을까요? 그렇지 않았습니다. 그들도 자발적으로 나서지 않았습니다. 그래서 제일 먼저 갈렙이 나서게 된 것입니다.

그런데 궁금해집니다. 그들은 왜 그렇게 가나안 땅을 분배받는 일에 소극적이었을까요? 그만큼 부담스럽고 귀찮고 힘들고 하기 싫은 일이었다는 이야기입니다. 여호수아의 인도를 따라서 요단강을 건너 가나안 땅에 들어가는 것도 쉬운 일은 아니었습니다. 지난 6년 동안 세 차례의 대규모 전쟁을 치르는 일도 쉽지 않았습니다. 그래도 그들은 늘 함께 움직였습니다. 함께 요단강을 건넜고, 함께 전쟁을 치렀습니다. 모두 함께했기 때문에 여기까지 올 수 있었습니다.

그런데 이제는 흩어져야 합니다. 자신들이 원하지 않는다고 하더라도 제비를 뽑는 지역으로 가야 합니다. 게다가 그들이 가야 하는 곳은 무주공산이 아닙니다. 가나안 원주민들이 여전히 자리 잡고 있습니다. 이스라엘 백성에게 저항하는 세력이 만만치 않습니다. 그 속에 들어가서 그곳을 하나님이 다스리시는 '약속의 땅'으로 만들어야 합니다. 사실은 그렇게 하는 것이 싫어서 그동안 전쟁을 멈추고 있었던 것입니다(수 11:23).

아무리 오래 신앙생활을 해왔다고 하더라도 하나님의 말씀에 순종하는 것은 여전히 쉽지 않은 일입니다. 특히 그동안 둥지를 틀고 지내던 편안하고 익숙한 자리를 떠나서 새로운 삶의 자리를 향해 나아가는 것은 정말 두려운 일이 아닐 수 없습니다. 그래도 하나님이 말씀하시면 순종해서 가야 합니다. 그게 하나님 백성입니다. 말씀에 순종하지 않는다면 그들은 가나안 사람들이 살아가는 '가나안 땅' 한구석에 자리 잡고 사는 '외국인'일 뿐이지, 약속의 자녀로서 '약속의 땅'을 당당하게 상속받은 하나님 백성이 되지 못하는 것입니다.

갈렙의 등장

길갈에서 유산 분배의 제비를 뽑던 장면으로 다시 돌아옵니다. 이스라엘 지파 중에 아무도 선뜻 나서려고 하지 않습니다. 모두 현실에 그냥 안주하고 싶어 합니다. 그래서 서로 눈치만 보고 있을 바로 그때 또 다른 순종의 사람 '갈렙'이 등장합니다. 만일 이때 갈렙이 나서지 않았다면, 그 이후 이스라엘의 역사가 크게 달라졌을 것입니다.

> 그 때에 유다 자손이 길갈에 있는 여호수아에게 나아오고 그니스 사람 여분네의 아들 갈렙이 여호수아에게 말하되 여호와께서 가데스 바네아에서 나와 당신에게 대하여 하나님의 사람 모세에게 이르신 일을 당신이 아시는 바라(수 14:6).

갈렙은 출애굽 세대로서 여호수아와 함께 약속의 땅에 들어온 유일한 사람입니다. 그는 다른 열 명의 정탐꾼과 달리 긍정적인 믿음의 보고를 했습니다. 그렇지만 당시 약속의 땅에 들어가지 못하고 그가 원하지 않았던 광야 생활을 해야 했습니다. 그 이후에 하나님이 갈렙의 이름을 언급하신 몇 번의 경우를 제외하고 성경 그 어디에도 직접 등장하지 않습니다. 그러다가 바로 오늘 본문에서 극적으로 다시 나서고 있는 것입니다.

갈렙은 과거를 회상하는 말로 시작합니다.

> 내 나이 사십 세에 여호와의 종 모세가 가데스 바네아에서 나를 보내어 이 땅을 정탐하게 하였으므로 내가 성실한 마음으로 그에게 보고하였고…(수 14:7).

가데스 바네아에서 정탐꾼으로 보냄을 받았을 때 갈렙의 나이는 40세였다고 합니다. 정탐꾼으로는 사실 적지 않은 나이입니다. 만일 적을 정탐하는 군사적인 목적을 수행하기 위해서라면 20대의 빠릿빠릿한 청년을 보내는 것이 적합했을 것입니다. 그런데 모세는 제법 나이가 많은 갈렙을 보냅니다. 여기에는 갈렙에 대한 모세의 어떤 기대가 있었던 것으로 보입니다.

실제로 갈렙은 모세의 기대에 부응하여 '성실한 마음으로' 보고했습니다. 그런데 자신이 한 일에 대해서 '성실하다'라고 평가하는 게 조금은 어색하게 느껴집니다. 아무리 성실하게 보고했다고 하더라도 말입니다. 본래는 그런 뜻이 아닙니다. NIV 성경은 이 부분을 '나의 확신에 따라서'(according to my convictions)라고 번역합니다. 이것이 훨씬 더 잘된 번역입니다.

그 당시 갈렙의 말에는 정말 확신이 가득 차 있었습니다.

> 7이스라엘 자손의 온 회중에게 말하여 이르되 우리가 두루 다니며 정탐한 땅은 심히 아름다운 땅이라. 8여호와께서 우리를 기뻐하시면 우리를 그 땅으로 인도하여 들이시고 그 땅을 우리에게 주시리라. 이는 과연 젖과 꿀이 흐르는 땅이니라. 9다만 여호와를 거역하지는 말라. 또 그 땅 백성을 두려워하지 말라. 그들은 우리의 먹이라. 그들의 보호자는 그들에게서 떠났고 여호와는 우리와 함께 하시느니라. 그들을 두려워하지 말라…(민 14:7-9).

갈렙은 확신을 가지고 선언했습니다. 그러나 이스라엘 백성은 그 말을 귀담아듣지 않았습니다. 오히려 갈렙과 여호수아에게 돌을 들어 치려고 했습니다. 갈렙은 그때의 일을 회상하면서 계속해서 말을 이어갑니다.

> 8나와 함께 올라갔던 내 형제들은 백성의 간담을 녹게 하였으나 나는 내 하나님 여호와께 충성하였으므로 9그날에 모세가 맹세하여 이르되 네가 내 하나님 여호와께 충성하였은즉 네 발로 밟는 땅은 영원히 너와 네 자손의 기업이 되리라 하였나이다 (수 14:8-9).

여기에서 "하나님 여호와께 충성했다"는 말이 두 번씩이나 반복되는데, 이 말도 NIV 성경으로 읽으면 "온 마음으로 하나님 여호와를 따랐다"(I followed the LORD my God wholeheartedly)라고 되어 있습니다. 그렇습니다. 하나님은 언제나 갈렙의 앞에 계셨고, 갈렙은 언제나 하나님 뒤를 따라다녔다는 것입니다. 이것은 가데스 바네아에서 하나님도 인정해 주신 일입니다.

> 그러나 내 종 갈렙은 그 마음이 그들과 달라서 나를 온전히 따랐은즉 그가 갔던 땅으로 내가 그를 인도하여 들이리니 그의 자손이 그 땅을 차지하리라(민 14:24).

하나님은 갈렙을 내 종이라고 말씀하시면서, "그 마음이 그들과 달랐다"고 하십니다. 그들은 물론 다른 열 명의 정탐꾼을 말합니다. NIV 성경은 이 부분을 "갈렙은 다른 영을 가지고 있다"(Caleb has a different spirit)라고 번역합니다. 그 영이 무엇입니까? 하나님을 온전히 따르는 영입니다. 하나님의 말씀에 순종하는 영입니다. 다른 정탐꾼에게는 그 영이 없었습니다. 하나님을 온전히 따르지 못하고, 하나님의 말씀에 순종하지 못하니까 그렇게 엉뚱한 보고를 하게 되는 것이지요.

아무튼 하나님은 갈렙을 인정해 주셨고 그에게 약속의 땅을 차지하게 해

주겠다고 분명히 약속하셨습니다. 갈렙은 광야 생활을 하는 동안 하나님의 약속을 굳게 붙들고 살아왔습니다. 자기보다 나이 어린 여호수아가 모세의 후계자가 되었을 때도 그의 영은 달라지지 않았습니다. 여호수아가 인도하는 대로 묵묵히 순종하며 따랐습니다. 왜냐면 여호수아는 하나님이 세우신 지도자요, 갈렙은 하나님을 온전히 따르는 사람이었기 때문입니다.

갈렙의 열정

한동안 과거를 회상하는 말을 한 후에 갈렙은 자신이 회중 앞에 나선 이유를 설명합니다.

> 10이제 보소서. 여호와께서 이 말씀을 모세에게 이르신 때로부터 이스라엘이 광야에서 방황한 이 사십오 년 동안을 여호와께서 말씀하신 대로 나를 생존하게 하셨나이다. 오늘 내가 팔십오 세로되 11모세가 나를 보내던 날과 같이 오늘도 내가 여전히 강건하니 내 힘이 그때나 지금이나 같아서 싸움에나 출입에 감당할 수 있으니…(수 14:10-11).

갈렙이 말한 45년의 광야 생활에는 요단강을 건너 가나안. 땅에 들어와서 지낸 6년이 포함되어 있습니다. 재미있는 것은 그 모든 세월을 '광야에서 방황한 시간'이라고 말하고 있다는 사실입니다. 가나안 땅에 들어왔다고 해서 광야의 방황이 끝났다고 생각하지 않았던 것입니다. 하나님이 약속하신 대로 실제 약속의 땅에 들어가서 살게 될 때 비로소 광야 생활이 끝나는 것입니다.

갈렙은 85세가 되도록 하나님이 그를 생존하게 하시고, 강건한 체력을 유지할 수 있게 하신 데에는 분명한 목적이 있다고 이야기합니다. 그것이 무엇일까요?

그날에 여호와께서 말씀하신 이 산지를 지금 내게 주소서. 당신도 그날에 들으셨거니와 그곳에는 아낙 사람이 있고 그 성읍들은 크고 견고할지라도 여호와께서 나와 함께 하시면 내가 여호와께서 말씀하신 대로 그들을 쫓아내리이다 하니…(수 14:12).

그렇습니다. 하나님이 약속하신 대로 그 땅에 들어가서 차지하는 것입니다. 바로 그 목적을 위해서 하나님이 자신을 지금까지 건강하게 생존하게 하셨다고 말합니다. 그런데 갈렙은 '강남의 노른자위 땅'을 요구하지 않습니다. 여호수아와의 친분이나 그의 나이를 생각해보면 얼마든지 더 좋은 땅을 요구할 수도 있었는데 그러지 않습니다. 갈렙이 요구한 땅은 여호와께서 말씀하신 '이 산지'(this hill country)입니다.

'이 산지'가 어디입니까? 바로 헤브론입니다(수 14:13). 헤브론에는 거인족 '아낙 사람들'이 살고 있습니다. 바로 이 아낙 사람들 때문에 열 명의 정탐꾼이 부정적인 보고를 했었습니다. 가나안 사람들에 비하면 그들은 메뚜기에 불과하다고 말합니다. 갈렙은 바로 그 땅을 요구했던 것입니다.

그러면서 말합니다. "그 성읍들은 크고 견고할지라도 여호와께서 나와 함께 하시면 내가 여호와께서 말씀하신 대로 그들을 쫓아내리이다!" 45년 전이나 지금이나 갈렙은 한결같습니다. 그의 나이 40세 때나 지금 85세 때나 갈렙의 영은 하나도 달라지지 않았습니다. 그에게는 하나님의 말씀에 대한 확신이 있었고, 그 말씀에 순종하려는 열정이 있었습니다.

바로 그 열정이 약속의 땅을 유산으로 나누어주려고 해도 아무도 선뜻 나서지 않는 바로 그때 용기 있게 자원하여 앞장서게 했습니다. 갈렙 한 사람의 열정과 믿음의 순종이 이스라엘 백성의 마음을 움직이기 시작했던 것입니다.

사람들은 흔히 말합니다. 나이가 들면 꿈이 사라지는 법이라고…. 아닙니다. 꿈이 없어서 나이가 들고, 비전이 없어서 늙어가는 것입니다. 신앙생활에서도 마찬가지입니다. 신앙생활이 무엇입니까? 하나님의 약속을 붙잡고 말씀에 순종하여 내게 주어진 삶의 자리를 약속의 땅으로 만들어가는 것입니다. 나이를 먹는다고 해도 그것은 달라지지 않습니다. 하나님이 우리를 부르시는 마지막 순간까지 약속의 땅의 지경을 넓혀가야 합니다.

그런데 평생 하나님을 섬겨온 분 중에 직장에서의 은퇴가 곧 신앙생활의 은퇴라고 생각하는 사람이 더러 있습니다. 그동안 힘들게 신앙생활 해 왔으니까 이제는 조금씩 쉬어가면서 지내도 괜찮으리라 생각합니다. 그래서 주일 성수도 하지 않고, 헌금 생활도 하지 않고, 기도 생활도 하지 않고, 말씀을 묵상하지도 않습니다. 그런 사람의 영적인 상태를 가리켜서 성경은 "그 땅에 전쟁이 그쳤더라"(수 11:23)라고 말합니다.

영적인 싸움을 멈추는 순간 그의 영이 달라집니다. 왜 그럴까요? 비전이 없기 때문입니다. 아니, 나름대로 비전은 있습니다. 그러나 그것은 기껏해야 은퇴 후의 편안한 노후 생활입니다. 그것이 인생의 목적입니다. 그래서 은퇴하면서 신앙생활도 자연스럽게 졸업하는 것이지요. 그러나 그 후에 과연 무엇이 기다리고 있을까요? 꿈이 없으니 할 일 없이 나이만 들어가고, 비전이 없으니 그저 죽기만을 기다리게 되는 것입니다.

그런 의미에서 갈렙이 마냥 부럽습니다. 우리 인생의 노년이 백발의 청년 갈렙의 모습처럼 되면 좋겠습니다. 눈에 두드러지지는 않지만, 마지막까지 하나님이 주신 약속을 확신하며 하나님 말씀에 온전히 순종하는 그 열정을 가지면 좋겠습니다. 젊을 때나 늙을 때나 조금도 달라지지 않는 그 영을 소유하면 참 좋겠습니다. 이것이 우리의 평생 기도 제목이 되기를 간절히 소망합니다.

묵상 질문: 갈렙이 가지고 있던 영이 지금 나에게 있는가?

오늘의 기도: 모두 현실에 안주하려고 할 때, 이 산지를 달라고 자원하여 나선 갈렙의 용기를 우리에게도 주옵소서. 나이가 들어 이제는 쉴 자격이 있음에도 약속의 땅에 올라가겠다고 나선 갈렙의 순종을 우리에게도 주옵소서. 젊은이보다 훨씬 더 젊은 믿음으로 마지막까지 헌신했던 백발의 청년 갈렙의 충성을 우리에게도 주옵소서. 그리하여 주님이 부르실 그때까지 약속의 땅의 지경을 계속 넓혀가는 약속의 자녀로 살게 하옵소서. 예수님의 이름으로 기도합니다. 아멘.

유다 지파의 유산 분배

읽을 말씀: 여호수아 15:1-62; 창세기 49:1-4, 8-12

새길 말씀: 또 유다 자손의 지파가 그들의 가족대로 제비 뽑은 땅의 남쪽으로는 에돔 경계에 이르고 또 남쪽 끝은 신 광야까지라(수 15:1).

앞 장에서 우리는 '백발의 청년 갈렙'의 이야기를 살펴보았습니다. 그는 요단을 건너 약속의 땅에 들어온 이스라엘 백성 중에 가장 나이가 많은 사람이었습니다. 그러나 믿음의 용기와 말씀에 순종하는 열정은 가장 젊은 사람이었습니다. 아무도 유산 분배하는 일에 적극적으로 나서지 않을 때, 그는 45년 전 가데스 바네아에서 받은 하나님의 약속을 기억하며 "이 산지를 지금 내게 주소서"(수 14:12)라고 요청합니다. 아무도 가려고 하지 않는 땅, 여전히 아낙 사람들이 지배하는 헤브론을 유산으로 분배해달라고 자청하여 나선 것입니다.

이와 같은 갈렙의 순종은 다른 지파 사람들에게 큰 도전이 되었고, 유산 분배의 물꼬를 트는 계기가 되었습니다. 하나님의 말씀에 순종하여 따르는 일에 나이는 전혀 문제가 되지 않습니다. 하나님은 예나 지금이나 젊고 능력 있는 사람들이 아니라, 오직 믿음으로 순종하는 사람들을 통해서 일하십니다. 믿음으로 순종하는 사람에게 하나님은 젊음의 패기와 감당할 수 있는 능력을 더해주시는 것입니다.

유다 지파의 솔선수범

갈렙의 순종은 그가 속한 유다 지파를 움직여 약속의 땅 유산 분배에 가장 먼저 참여하게 했습니다.

또 유다 자손의 지파가 그들의 가족대로 제비 뽑은 땅의 남쪽으로는 에돔 경계에 이르고 또 남쪽 끝은 신 광야까지라(수 15:1).

유다 지파가 유산 분배에 가장 먼저 참여했다고 해서 당시 그들이 열두 지파 중에서 주도권을 가지고 있었다고 지레짐작할 필요는 없습니다. 또한 가장 먼저 참여했기에 가장 좋은 땅을 가장 많이 분배받게 되는 것도 아닙니다. 제비를 뽑는다는 것은 하나님에게 모든 일의 결정권을 드린다는 뜻입니다. 따라서 그들이 제비뽑기로 얻은 땅은 더도 덜도 아니고 하나님이 그들에게 허락하신 분량만큼이었습니다.

오늘 본문 1-15절은 유다 지파가 분배받은 땅의 경계에 대한 기록이고, 20-62절은 그 땅 안에 있는 119개 성읍의 이름이 10개의 지형에 따라서 구분하여 자세하게 기록하고 있습니다. 그것을 일일이 찾아서 확인할 필요는 없다고 봅니다. 지도를 보면서 그 넓이와 위치를 파악하는 것으로 충분합니다.

여기에서 우리가 주목해야 할 것은 유다 지파가 가나안 땅에서 가장 먼저 유산을 분배받게 되었다는 사실입니다. 이것은 '보통 일'이 아닙니다. 비록 다른 지파들이 주저하고 있었기 때문에 갈렙이 솔선수범하여 나섰고, 그가 속해 있던 유다 지파가 얼떨결에 덩달아 나서게 된 것이지만, 사실 이 일은 이미 오래전에 야곱을 통해서 유다 지파에게 예언된 축복이 성취되기 시작한

'사건'이었습니다. 왜 이것이 이스라엘 역사에 중요한 '사건'인지 설명이 필요합니다.

야곱의 열두 아들이 이스라엘의 열두 지파가 되었습니다. 맏아들은 '르우벤'입니다. 가부장적인 전통에 따르면 장남이 아버지의 모든 권위를 상속받아야 합니다. 그렇다면 당연히 르우벤 지파가 이스라엘의 장자 지파가 되어야 했습니다. 그러나 실제로는 그러지 못했지요.

지도에서 확인할 수 있듯이 르우벤 지파는 이미 요단 동쪽에 자리를 잡았습니다. 물론 가나안을 정복하는 일에 르우벤 지파의 장정들이 함께 참여하고 있기는 하지만, 주도적인 역할을 하지 못하고 변방으로 밀려나는 것이 보이지요. 만일 르우벤이 장자 지파의 역할을 감당하고 있었다면 그렇게 변방에 정착할 것이 아니라, 요단강을 건너 가나안 땅에 들어와서 자리를 잡았어야 했습니다. 그런데 왜 그러지 못했을까요?

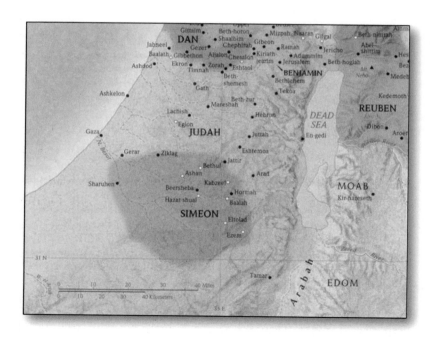

야곱의 축복

그 이유를 알려면 야곱의 예언적인 축복으로 거슬러 올라가 보아야 합니다.

1야곱이 그 아들들을 불러 이르되 너희는 모이라. 너희가 후일에 당할 일을 내가 너희에게 이르리라. … 3르우벤아, 너는 내 장자요 내 능력이요 내 기력의 시작이라. 위풍이 월등하고 권능이 탁월하다마는 4물의 끓음 같았은즉 너는 탁월하지 못하리니 네가 아버지의 침상에 올라 더럽혔음이로다. 그가 내 침상에 올랐었도다 (창 49:1, 3-4).

창세기 49장은 야곱이 임종을 앞두고 열두 아들에게 마지막으로 남긴 유언입니다. 그런데 이것은 그냥 유언이 아니라 '너희가 후일에 당할 일'(what will happen to you in days to come, NIV)에 대한 예언이었습니다. 이 말씀을 야곱의 입에 담아주신 분은 물론 하나님이십니다.

야곱은 본래 그의 장남이었던 르우벤에게 특별한 기대와 애정을 품고 있었습니다. '내 장자', '내 능력', '내 기력의 시작' 같은 말들이 그것을 잘 드러냅니다. 그러나 어찌 된 일인지 야곱은 곧이어 "너는 탁월하지 못하리라"(You will be at the top no more. MSG)고 예언합니다. 더는 으뜸이 되지 못한다는 뜻입니다. 다시 말해서 장자로서 지도력을 발휘하지 못한다는 겁니다. 이는 단지 르우벤 개인뿐만 아니라 그의 후손들, 즉 르우벤 지파에 대한 예언이 되었습니다.

그 이유가 무엇입니까? 르우벤이 아버지의 침상에 올라 더럽혔기 때문입니다. 이 사건은 야곱이 밧단 아람에서부터 고향 가나안으로 돌아오던 때에 일어났습니다. 헤브론에 살고 있던 아버지 이삭(창 35:27)을 만나기 위해서 가던 길목에서 라헬이 베냐민을 출산하다가 그만 죽게 되지요. 야곱이 라헬의 죽음을 슬퍼하고 있는 동안 르우벤은 라헬의 시녀요 아버지의 첩이었던 빌하(Bilhah)와 동침합니다. 야곱은 당시에 그 사실을 알았지만, 아무런 내색을 하지 않습니다(창 35:22).

이때 야곱은 르우벤이 비록 장남이기는 하지만, 그 경솔하고 즉흥적인 성격으로 인해 장차 모든 가족을 이끌만한 지도자는 될 수 없다는 사실을 직감했고 그것을 오랫동안 마음에 담아두고 있었습니다. 그러다가 마지막 유언을 남기는 이 장면에서 그것을 꺼낸 것이지요. 이 예언은 이스라엘 백성이 약속의 땅에 들어가는 대목에서 그대로 성취되어 르우벤 지파가 장자 지파의 리더십을 발휘하지 못하고 변방에 정착하게 된 것입니다.

자, 그렇다면 야곱은 유다에게 어떤 축복을 남겼을까요? 유다는 야곱이 레아를 통해서 낳은 네 번째 아들입니다. 르우벤에게는 같은 어머니에게서 태어난 친동생입니다. 그런데 어찌 된 일인지 야곱은 르우벤과는 달리 유다에게 놀라운 축복의 예언을 남깁니다.

> 8유다야, 너는 네 형제의 찬송이 될지라. 네 손이 네 원수의 목을 잡을 것이요 네 아버지의 아들들이 네 앞에 절하리로다. … 10규가 유다를 떠나지 아니하며 통치자의 지팡이가 그 발 사이에서 떠나지 아니하기를 실로가 오시기까지 이르리니 그에게 모든 백성이 복종하리로다(창 49:8, 10).

"형제의 찬송이 된다"는 말은 다른 지파에게 리더십을 발휘하게 된다는 뜻입니다. 그러니까 르우벤을 대신하여 유다가 장자 지파가 될 것이라는 예언입니다. 사실 지금까지 유다는 이와 같은 축복을 받을 만한 무슨 특별한 일을 한 게 없습니다. 그런데 왜 야곱은 이렇게 축복하고 있는 것일까요? 그것은 야곱이 열두 아들에 대한 축복을 마무리하면서 밝혔듯이 '그들 각 사람의 분량에 따라서' 하나님이 주신 축복의 예언이었기 때문입니다(창 49:28).

유다에 대한 예언에서 우리가 특별히 주목해야 할 부분이 있습니다. 그것은 "유다에게서 통치자의 지팡이가 떠나지 아니하기를 실로가 오시기까지 이른다"라는 말씀입니다. '통치자의 지팡이'는 왕권을 의미합니다. 그 예언대로 후에 유다 지파에서 다윗 왕조가 세워집니다. 그런데 그 왕조가 실로가 오시기까지 이른다고 하십니다. 이게 무슨 뜻일까요? '실로'는 장소가 아니라 사람을 가리킵니다. 모든 백성이 복종하게 될 그분은 바로 '메시아'를 의미합니다. 그러니까 유다 지파의 왕조를 통해서 장차 메시아가 오실 것을 예언하는 말씀이었던 것입니다.

사실 야곱이 이렇게까지 유다를 축복할 만한 이유가 하나도 없습니다. 하나님이 굳이 유다 지파를 통해서 메시아를 태어나게 하실 특별한 이유도 없습니다. 그것은 단지 하나님의 일방적인 주권적 선택이요 은혜입니다. 이 세상의 모든 민족 가운데 이스라엘을 선택하여 구원의 통로로 삼으셨듯이 장차 오실 메시아를 위해서 유다 지파를 세워주기로 하나님이 작정하신 것입니다.

그러나 아직은 유다 지파에서 메시아를 배출시킬 만큼 위대한 인물이 등장하지 않았습니다. 갈렙의 순종이 감동적이긴 했지만, 이스라엘 전체를 이끌어갈 만한 그런 리더십은 아니었습니다. 이스라엘 초기의 역사를 통해서 드러난 지도자들은 모두 다른 지파 출신이었습니다. 모세는 레위 지파였고, 여호수아는 에브라임 지파였습니다. 기드온은 므낫세 지파였고, 삼손은 단 지파였습니다. 사무엘은 에브라임 지파였고 이스라엘 초대 왕 사울은 베냐민 지파였습니다. 야곱의 예언적인 축복 이후 긴 세월 동안 유다 지파는 그저 평범했을 뿐입니다.

야곱의 축복이 성취된 것은 다윗 때였습니다. 그로부터 다윗 왕조가 세워짐으로써 장차 예수 그리스도께서 메시아(실로)로 오실 통로가 열린 것입니다. 따라서 지금 가나안 땅에서 유다 지파가 가장 먼저 유산을 분배받게 되는 이 장면은 사실 보통 사건이 아닙니다. 바로 이때부터 유다 지파가 조금씩 주목을 받기 시작했기 때문입니다.

그리고 보면 갈렙이 '헤브론'을 요구하게 된 것도 우연이 아닙니다. 헤브론은 본래 이삭이 살던 곳이었습니다(창 35:27). 아니, 그 이전에 아브라함이 제단을 쌓은 곳입니다(창 13:18). 아브라함이 이집트에서 돌아왔을 때 아내 사라를 장사지내기 위해서 비싸게 구매한 가족묘 막벨라 굴이 있는 곳이기도 합니다(창 23:19). 그곳에 아브라함(창 25:9)과 이삭(창 35:29)과 야곱(창 50:13)이 묻힙니다. 그러니까 족장들이 모두 헤브론에 묻혀있는 것입니다.

이스라엘 백성이 이집트에서 지내는 동안 이곳에 아낙 사람들이 들어와서 성을 쌓고 살았지만, 헤브론은 세겜과 더불어 이스라엘 백성에게 아주 중요한 의미가 있는 역사적인 장소였습니다. 갈렙은 그 역사를 잘 알고 있었습니다. 그래서 그 땅을 요구했고 실제로 차지하게 되었던 것입니다.

만일 르우벤 지파가 야곱의 장자 지파로서 리더십을 가지고 있었다면, 그들이 가장 먼저 헤브론을 요구해야 했습니다. 그러나 그러지 못했습니다. 르우벤이 헤브론을 향하던 길에 죄를 범한 그 일로 인해 리더십을 상실했기 때문입니다. 그래서 르우벤 지파는 가나안 땅에 들어오지도 못하고 변방에 그냥 눌러앉게 된 것입니다.

그러나 유다 지파의 갈렙은 헤브론을 지명하여 요구했고, 마침내 그 땅을 차지했습니다. 그리고 후에 다윗은 이곳 헤브론에서 유다의 왕이 됩니다(삼하 2:3-4). 이런 일들을 어떻게 우연의 일치라고 생각할 수 있겠습니까?

출생의 비밀

이 모든 일은 물론 하나님의 주권적인 선택과 섭리 속에 이루어진 역사입니다. 그렇지만 장자 르우벤이 변방으로 밀려나고 유다가 대신 리더십을 가질 수밖에 없었던 데에 어떤 인간적인 요인들(human factors)이 있었으리라는 짐작이 가능합니다. 그리고 그 이유를 르우벤과 유다의 이름을 둘러싼 '출생의 비밀'에서 실제로 발견하게 됩니다.

그 이야기는 그들의 어머니 레아에게로 거슬러 올라갑니다.

여호와께서 레아가 사랑받지 못함을 보시고 그의 태를 여셨으나 라헬은 자녀가 없었

더라. 레아가 임신하여 아들을 낳고 그 이름을 르우벤이라 하여 이르되 여호와께서 나
의 괴로움을 돌보셨으니 이제는 내 남편이 나를 사랑하리로다 하였더라(창 29:32).

레아는 남편 야곱에게 사랑을 받지 못하던 불행한 여인이었습니다. 그
괴로움을 아시고 하나님은 레아의 태를 먼저 열어 자녀를 얻게 해 주셨습니
다. 그래서 태어난 첫째 아이가 바로 르우벤(Reuben)입니다. 히브리어로 '르
우'는 '보라'(behold)는 뜻이고, '벤'은 '아들'(a son)이라는 뜻입니다. 그러니까
르우벤은 '보라, 아들이다!'(Behold, a son!)라는 의미입니다.

레아가 첫째 아들에게 그와 같은 이름을 붙여준 이유가 있습니다. 아들을
통해 남편의 사랑을 받아내려고 했던 것입니다. 아들을 낳아주었으니 이제는
야곱이 자기를 사랑해줄 것이라 기대했던 것이지요. 성경에 등장하는 이름은
그냥 남들이 불러주는 이름 정도가 아닙니다. 그 이름에는 그 사람의 존재론
적인 의미가 담겨 있습니다. 생각해보십시오. '르우벤'을 남편의 사랑을 얻어
내는 지렛대로 사용하려고 했으니 그 아들이 과연 어떻게 자랐을까요?

야곱이 그를 가리켜 "물의 끓음 같다"(turbulent as the waters. NIV)고 말한
것(창 49:4)은 아주 정확한 진단이었습니다. 르우벤은 물이 펄펄 끓어 넘치듯
이 제멋대로요, 자기 기분 내키는 대로 해야 직성이 풀리는 그런 거칠고 경솔
하고 즉흥적인 성격을 가지게 된 것입니다. 그것이 결국 빌하와의 스캔들을
만들어 낸 것이지요.

자녀를 이용하여 남편의 사랑을 독점하려는 레아의 집착은 그다음 두 아
들 시므온과 레위를 낳을 때까지 계속되었습니다(창 29:33-34). 그러나 유다를
낳고 나서 레아의 태도는 180도 달라집니다.

그가 또 임신하여 아들을 낳고 이르되 내가 이제는 여호와를 찬송하리로다 하고 이
로 말미암아 그가 그의 이름을 유다라 하였고 그의 출산이 멈추었더라(창 29:35).

유다(Judah)의 히브리어 의미는 '찬송하라'(praised)입니다. 누구를 찬송하라는 것입니까? "여호와를 찬송하라"(Let Him be praised)는 것입니다. 이는 세 아들을 통해서 야곱의 사랑을 획득하려는 시도가 실패로 돌아간 이후에 레아가 내린 결론입니다. 이제는 인간적인 사랑을 기대하던 집착에서 벗어나 오직 하나님을 찬양하면서 살겠다는 선언입니다. 하나님의 축복을 자신의 또 다른 목적을 달성하는 도구로 사용해 오던 레아가 이제는 그 축복을 주신 하나님을 향하여 찬양하는 삶으로 변화된 것입니다.

이와 같은 레아의 달라진 태도는 육아에도 큰 영향을 끼쳤습니다. 그리고 이것은 결국 유다의 생애뿐만 아니라, 그 후손들의 운명에도 결정적인 영향을 끼치게 된 것입니다. 하나님을 향한 어머니의 찬송을 들으며 자란 유다에게 야곱이 "너는 네 형제의 찬송이 될 것이라"고 축복하게 된 것도 우연의 일치가 아닙니다.

물론 이와 같은 인간적인 요인(human factor)이 모든 것을 결정하지는 않습니다. 그보다 하나님의 요인(God factor)이 더 중요합니다. 하나님의 주권적인 선택과 은혜와 사랑이 없었다면, 유다는 야곱에게 축복을 받지 못했을 것입니다. 그리고 유다 지파에게서 다윗 왕조가 세워지고, 메시아가 그 후손으로 태어나는 일도 생기지 않았을 것입니다. 그러나 한 어머니의 변화된 삶이 자녀들의 축복을 끌어내는 마중물이 될 수 있다는 사실을 우리는 솔직하게 인정해야 합니다.

하나님의 일하심은 사람의 생각이나 상상을 훌쩍 뛰어넘습니다. 야곱은 유언을 통해 유다 지파를 왜 그렇게 특별하게 축복하게 되었는지 그 자신도 잘 몰랐습니다. 유다 지파가 유산 분배 과정에서 왜 그렇게 솔선수범하여 나서게 되었는지 그들 자신도 잘 몰랐습니다. 하나님의 섭리는 때가 차야 알 수 있습니다. 우리가 하나님의 계획을 다 이해하지 못해도 하나님의 말씀에 온전히 순종해야 하는 이유입니다.

우리가 하나님의 약속을 붙잡고 말씀에 순종하여 약속의 땅의 지경을 넓혀가는 것은 인류 역사를 통하여 면면히 흘러오고 있는 하나님의 섭리에 접촉하는 축복의 통로입니다. 그 통로를 통해서 우리 자신뿐만 아니라 우리의 후손들에게 하나님의 놀라운 은혜가 임하게 됩니다. 그것을 생각해보면 하나님 말씀에 순종하는 것이 얼마나 중요한 일인지 모릅니다. 그렇기에 오늘도 말씀에 순종할 기회를 우리에게 주신 하나님을 찬양하지 않을 수 없는 것입니다.

묵상 질문: 다 이해할 수 없어도 나는 하나님의 말씀에 순종할 수 있는가?

오늘의 기도: 성경 전체를 관통하는 하나님의 섭리를 볼 수 있는 눈을 우리에게 허락하옵소서. 우리의 좁은 머리로는 다 이해할 수 없지만, 하나님의 말씀에 온전히 순종할 수 있는 믿음을 우리에게 주옵소서. 그리하여 이 세상을 구원하는 하나님의 역사에 쓰임 받게 하옵소서. 예수님의 이름으로 기도합니다. 아멘.

유산 분배의 중단

읽을 말씀: 여호수아 16:1-17:18

새길 말씀: 14요셉 자손이 여호수아에게 말하여 이르되 여호와께서 지금까지 내게
복을 주시므로 내가 큰 민족이 되었거늘 당신이 나의 기업을 위하여 한
제비, 한 분깃으로만 내게 주심은 어찌함이니이까 하니 15여호수아가 그
들에게 이르되 네가 큰 민족이 되므로 에브라임 산지가 네게 너무 좁을진
대 브리스 족속과 르바임 족속의 땅 삼림으로 올라가서 스스로 개척하라
하니라(수 17:14-15).

"이 산지를 지금 내게 주소서!" 백발의 청년 갈렙의 고독한 외침은 나머지
이스라엘 지파에게 큰 울림을 만들어냈습니다. 서로 눈치를 보며 주저하고
있던 유산 분배의 물꼬를 트게 했고, 가장 먼저 유다 지파가 약속의 땅 유산
분배에 참여하게 되었습니다. 그 일은 유다 지파를 통해서 장차 메시아가
오실 것을 예언했던 야곱의 예언적 축복을 성취하는 작은 움직임이 되었습니다.

요셉 자손의 땅 분배

유다 지파에 이어서 제비를 뽑은 사람들은 요셉 자손이었습니다.

1요셉 자손이 제비 뽑은 것은 여리고 샘 동쪽 곧 여리고 곁 요단으로부터 광야로 들어가 여리고로부터 벧엘 산지로 올라가고 2벧엘에서부터 루스로 나아가 아렉 족속의 경계를 지나 아다롯에 이르고 3서쪽으로 내려가서 야블렛 족속의 경계와 아래 벧호론과 게셀에까지 이르고 그 끝은 바다라. 4요셉의 자손 므낫세와 에브라임이 그들의 기업을 받았더라(수 16:1-4).

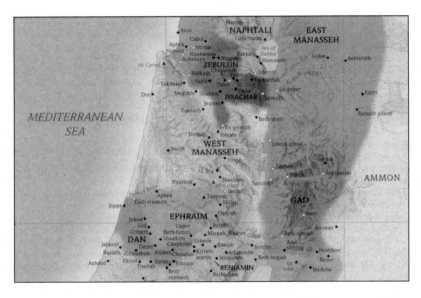

　　요셉 자손은 요셉의 두 아들 므낫세와 에브라임 지파를 모두 포함하고 있습니다. 이 두 지파는 중앙 산지의 넓은 땅을 분배받았는데, 지금 이 본문에서 설명되고 있는 것은 베냐민 지파의 땅과 맞닿아있는 남쪽 경계선이 지나는 길입니다. 실제로 에브라임 지파가 분배받은 지역은 6:5-10에, 므낫세 지파가 분배받은 지역은 17:1-13에 자세히 기록되어 있습니다.

이곳 지명 역시 일일이 확인할 필요는 없다고 봅니다. 단지 다음의 지도를 보는 것만으로도 충분합니다. 여기에서 우리가 눈여겨보아야 할 것이 있습니다. 에브라임은 실로를 포함하고, 므낫세는 세겜을 포함한다는 것입니다. 모두 이스라엘 백성에게 중요한 의미가 있는 거점들입니다.

한눈에 보아도 에브라임과 므낫세가 차지하고 있는 땅이 무척 넓다는 사실을 알 수 있습니다. 엄밀하게 말하자면 므낫세와 에브라임은 야곱의 아들들이 아니라 요셉의 아들들입니다. 따라서 요셉의 몫으로 한 분깃만 받는 것이 공평한 일입니다. 그런데 "요셉 자손이 제비를 뽑았다"고 하면서 실제로는 에브라임과 므낫세가 각각 상당한 넓이의 땅을 분배받습니다. 거기에다가 요단 동쪽에 이미 자리 잡은 므낫세 반 지파의 땅까지 계산하면 다른 지파들에 비해서 세 배를 받은 셈입니다.

이와 같은 불공평한 특혜를 이해하기 위해서 우리는 야곱이 임종하기 전에 축복하던 장면으로 거슬러 올라가야 합니다. 야곱의 병세가 깊어지자 요셉은 축복을 받기 위해 두 아들을 데리고 아버지 앞으로 갑니다. 그때 야곱은 다음과 같이 말합니다.

> 5내가 애굽으로 와서 네게 이르기 전에 애굽에서 네가 낳은 두 아들 에브라임과 므낫세는 내 것이라. 르우벤과 시므온처럼 내 것이 될 것이요 6이들 후의 네 소생은 네 것이 될 것이며 그들의 유산은 그들의 형의 이름으로 함께 받으리라(창 48:5-6).

이와 같은 야곱의 유언에 따라서 요셉의 두 아들 에브라임과 므낫세는 야곱의 친자식으로 받아들여지게 되었고, 그들은 아버지 요셉의 다른 형제들과 똑같이 유산을 받을 수 있는 자격을 갖게 된 것입니다. 따라서 야곱의 유언을 집행하려면 가나안 땅을 13등분 해야 합니다. 그렇지만 레위 지파는 땅을 분배받는 일에서 제외가 되었기 때문에(수 13:14), 결국 열두 지파에게 분배하는 일에는 아무런 변동이 없게 된 것이지요.

이와 같은 설명에도 불구하고 여전히 므낫세 지파가 두 몫을 차지하는 정당한 이유가 아직 충분히 설명되고 있지 않습니다. 므낫세는 왜 요단 동쪽과 서쪽에 모두 땅을 차지하게 된 것일까요? 이에 대한 해답도 야곱의 축복에서 찾을 수 있습니다.

야곱이 요셉의 두 아들을 축복하는 장면에서 장남 므낫세보다 차남 에브라임을 더 앞세우는 이상한 장면을 목격하게 됩니다. 손을 어긋나게 하여 오른손을 에브라임에게, 왼손을 므낫세에게 얹어서 축복한 것입니다. 요셉이 그것을 기뻐하지 않으니까 야곱은 '나도 안다'면서 아우가 형보다 더 크게 될 것을 예언했습니다(창 48:10-20). 그 후에 야곱은 요셉에게 다음과 같은 말을 남깁니다.

> 21이스라엘이 요셉에게 이르되 나는 죽으나 하나님이 너희와 함께 계시사 너희를 인도하여 너희 조상의 땅으로 돌아가게 하시려니와 22내가 네게 네 형제보다 세겜 땅을 더 주었나니 이는 내가 내 칼과 활로 아모리 족속의 손에서 빼앗은 것이니라 (창 48:21-22).

여기에서 야곱은 요셉에게 다른 형제들보다 한 분깃(one portion)을 더 주겠다는 약속을 합니다. 이미 므낫세와 에브라임을 자기 아들로 받아들였음에도 불구하고 요셉 몫으로 세겜 땅을 더 주겠다고 하는 것입니다.

그러면서 야곱은 "내가 아모리 족속에게 그 땅을 빼앗았다"라고 하지만, 실제로 야곱의 생애에 그런 전쟁을 치른 적은 없습니다. 따라서 이것은 장차 광야 세대 이스라엘 백성이 가나안 땅을 차지하게 될 것을 예언하는 말씀으로 이해해야 합니다. 그 일의 확실성을 강조하기 위해 이와 같은 완료형 시제로 표현하고 있는 것입니다. "네게 네 형제보다 세겜 땅을 더 주었다"는 것도 역시 같은 의미입니다.

야곱은 이미 오래전부터 요셉을 특별하게 생각해왔습니다. 요셉을 향한 특별한 애정은 그의 예언적인 축복을 통해서도 확인됩니다.

> [22]요셉은 무성한 가지 곧 샘 곁의 무성한 가지라. 그 가지가 담을 넘었도다. … [27]네
> 아버지의 축복이 내 선조의 축복보다 나아서 영원한 산이 한없음같이 이 축복이 요셉
> 의 머리로 돌아오며 그 형제 중 뛰어난 자의 정수리로 돌아오리로다(창 49:22, 27).

이와 같은 야곱의 예언적인 축복을 통해서 우리는 왜 요셉의 자손들이
다른 지파들에 비해서 세 몫이나 차지하게 되었는지 알게 됩니다. 두 몫은
야곱의 아들로 받아들인 므낫세와 에브라임에게 준 것이요, 나머지 한몫은
요셉에게 준 것입니다. 이 모두는 야곱의 유언에 근거한 것입니다.

요셉의 몫으로 주어진 세겜을 포함하고 있는 지역이 서쪽 므낫세 반 지파
에게 돌아간 것은 므낫세가 장남이었기 때문입니다. 물론 야곱의 예언에 따
르면 에브라임이 므낫세보다 더 크게 될 것입니다. 그러나 그것은 장차 먼
훗날 이루어질 일이요, 지금은 장남이 두 몫을 차지하는 관습에 따라서 그렇
게 분배가 이루어진 것이지요.

이기적인 요구

만일 다른 지파보다 더 많은 땅을 분배받게 되었다면 감사하는 마음을
갖는 것이 마땅한 일입니다. 그러나 이 대목에서 요셉 자손은 욕심 사납게
더 달라고 요구합니다.

> 요셉 자손이 여호수아에게 말하여 이르되 여호와께서 지금까지 내게 복을 주시므로
> 내가 큰 민족이 되었거늘 당신이 나의 기업을 위하여 한 제비, 한 분깃으로만 내게
> 주심은 어찌 함이니이까 하니…(수 17:14).

요셉 자손이 얼마나 넓은 땅을 차지하게 되었는지, 그 이유가 또한 무엇인지 앞에서 충분히 설명했습니다. 그러나 정작 요셉 자손은 그것으로 만족하지 못하고 있습니다. 자신들이 분배받은 한 분깃(one portion)으로는 부족하다고 합니다. 그 이유는 자신들이 '큰 민족'이 되었기 때문이랍니다. 여기에서 '큰 민족이 되었다'는 것은 숫자가 많은 지파(a numerous people)가 되었다는 뜻입니다.

약속의 땅을 분배하는 두 가지 원칙이 있습니다. 지파 구성원의 '숫자'와 땅의 '생산성'입니다. 일단 숫자가 많으면 넓은 땅을 차지해야 합니다. 그러나 땅의 넓이는 그곳에서 생산되는 농산물의 양으로 결정됩니다. 지금 여호수아는 이 두 가지 원칙을 고려하여 공평하게 제비를 뽑아서 땅을 분배하는 중입니다. 만일 요셉 자손의 말처럼 숫자가 월등히 많은데도 불구하고 분배받은 땅이 적다면 큰 문제이지요.

그러나 민수기에 기록된 두 번째 인구조사에 따르면 므낫세 자손의 숫자는 52,700명이고(민 26:34), 에브라임 자손의 숫자는 32,500명입니다(민 26:37). 단 자손의 64,400명보다 적습니다(민 26:43). 베냐민 자손의 숫자(45,600명)가 에브라임보다 더 많습니다(민 26:41). 그런데도 단 지파나 베냐민 지파와 비교해서 에브라임과 므낫세 지파가 훨씬 넓은 땅을 분배받았으니 그들의 주장은 아무런 설득력이 없습니다.

사실 그들이 땅을 적게 분배받은 것이 아니라, 그 안에 있는 가나안 족속을 쫓아내려고 하지 않았기 때문에 좁게 느껴진 것입니다.

> 그들이 게셀에 거주하는 가나안 족속을 쫓아내지 아니하였으므로 가나안 족속이 오늘까지 에브라임 가운데에 거주하며 노역하는 종이 되니라(수 16:10).

> 12그러나 므낫세 자손이 그 성읍들의 주민을 쫓아내지 못하매 가나안 족속이 결심하고 그 땅에 거주하였더니 13이스라엘 자손이 강성한 후에야 가나안 족속에게 노역을 시켰고 다 쫓아내지 아니하였더라(수 17:12-13).

에브라임 지파이든 므낫세 지파이든 가나안 족속을 쫓아내지 않았습니다. 이스라엘 자손이 강성하여 그들을 실효적으로 지배하게 된 것은 사실 다윗 시대의 일입니다. 그러니까 그때까지 쫓아낼 생각을 아예 하지도 못했던 것입니다.

그들에게 가나안 땅을 분배해 준 것은 그곳에 직접 들어가서 살면서 '약속의 땅'으로 만들라는 뜻입니다. 실제로 그들이 분배받은 땅에는 가나안에서 가장 비옥한 땅인 이스르엘 평원(the plain of Jezreel)이 포함되어 있습니다. 말하자면 노른자위 땅이 주어진 것입니다. 그런데 그들은 가나안 족속을 쫓아낼 생각은 하지 않고 들어가서 살 땅이 부족하다고 불평합니다.

문제는 여호수아가 그들의 요구를 무시할 수 없는 처지였다는 사실입니다. 여호수아도 에브라임 지파 출신이기 때문입니다. 아마도 그 점을 이용하여 이렇게 욕심을 부리고 있는지도 모릅니다. 여호수아는 몹시 난감한 처지에 빠졌습니다. 만일 요셉 자손의 요구를 들어준다면 다른 지파들이 그의 리더십을 따르지 않을 것입니다. 그렇지만 요셉 자손의 든든한 지지가 있어야 또한 이스라엘 백성을 이끌어갈 수 없습니다. 여호수아는 과연 어떻게 해야 할까요?

여호수아의 지혜

바로 이 대목에서 여호수아의 지혜로움이 빛을 발합니다. 그는 이렇게 대답합니다.

> 여호수아가 그들에게 이르되 네가 큰 민족이 되므로 에브라임 산지가 네게 너무 좁을진대 브리스 족속과 르바임 족속의 땅 삼림에 올라가서 스스로 개척하라 하니라 (수 17:15).

여호수아는 그들에게 브리스 족속과 르바임 족속의 땅 삼림(the forest)으로 올라가서 "스스로 개척하라"(clear ground for yourselves. ESV)고 제안합니다. 당시 이곳에는 거주민이 없었습니다. 그들이 할 일은 단지 울창한 숲에서 나무를 모두 베어내어 주거지로 만드는 것입니다. 물론 쉽지 않습니다. 어쩌면 평지에 있는 가나안 족속을 쫓아내는 것보다 더 힘든 일일지도 모릅니다. 요셉 자손은 혹 떼려고 하다가 혹을 더 붙인 꼴이 된 것입니다.

그제야 그들은 솔직하게 고백합니다.

> 요셉 자손이 이르되 그 산지는 우리에게 넉넉하지도 못하고 골짜기 땅에 거주하는 모든 가나안 족속에게는 벧스안과 그 마을들에 거주하는 자이든지 이스르엘 골짜기에 거주하는 자이든지 다 철 병거가 있나이다 하니…(수 17:16).

아하, 그랬군요! 땅이 부족했던 것이 아니라, 그 땅을 차지하고 있는 가나안 족속을 쫓아내지 못해서 그랬던 것입니다. 그들을 쫓아내지 못하는 이유는 바로 '철 병거' 때문이었습니다. 그들과 어떻게든 싸워볼 생각은 하지 않고 무조건 다른 땅을 더 내놓으라고 여호수아를 압박했던 것입니다. 여호수아는 비록 같은 지파 출신이지만 단호하게 말합니다.

> 17여호수아가 다시 요셉의 족속 곧 에브라임과 므낫세에게 말하여 이르되 너는 큰 민족이요 큰 권능이 있은즉 한 분깃만 가질 것이 아니라 18그 산지도 네 것이 되리니 비록 삼림이라도 네가 개척하라. 그 끝까지 네 것이 되리라. 가나안 족속이 비록 철 병거를 가졌고 강할지라도 네가 능히 그를 쫓아내리라 하였더라(수 17:17-18).

여호수아가 요셉 자손에게 제시한 옵션은 두 가지입니다. 산지로 올라가 삼림을 개척하던지 아니면 가나안 족속을 쫓아내는 것입니다. 만일 그들의 말처럼 정말 '큰 민족'이요 '큰 권능'이 있다면 그 일들을 수행함으로써 증명해 보라는 것입니다.

여호수아가 이렇게 당당하게 말할 수 있었던 것은 백발의 청년 갈렙의 모범을 이스라엘 지파들이 모두 알고 있기 때문입니다. 그는 '이 산지를 내게 주소서'라고 요구했습니다. 그리고 85세의 나이에도 불구하고 용기 있게 올라가서 아낙 사람들을 몰아내고 헤브론을 차지했습니다. 그렇다면 요셉 자손은 왜 그 일을 하지 못하겠습니까?

게다가 그들은 이미 북방 캠페인을 통해서 2만 대가 넘는 병거를 무력화시켜본 경험이 있습니다. '철 병거'라고 하지만, 그것 역시 말이 끌어야 움직일 수 있는 것입니다. 그렇다면 두려워할 일이 아니라 믿음으로 순종하여 나갈 일입니다. 장애물을 피해서 돌아갈 길을 찾을 것이 아니라 정면으로 한번 부딪쳐보아야 합니다.

길갈에서 집행되던 약속의 땅의 유산 분배는 바로 이 대목에서 갑작스럽게 중단되었습니다. 요셉 자손의 지나친 욕심이 악영향을 끼쳤던 것으로 보입니다. 이 일을 통해서 우리는 하나님의 백성이 약속의 땅에 들어가 그 지경을 넓히기 위해서는 두 가지 장애물을 넘어서야 한다는 사실을 깨닫습니다.

그 하나는 '특권의식'을 극복하는 것입니다. 요셉 자손은 이미 과분할 정도의 은혜를 받았습니다. 그것이 정당하든 정당하지 않든지 간에 야곱을 통해서 약속된 예언적 축복에 따라서 그들은 다른 지파들의 세 몫의 땅을 분배받았습니다. 그러나 그것은 당연히 받아야 할 그들의 '권리'가 아니라 하나님이 특별히 배려해주신 은혜입니다.

남들보다 더 많이 받은 '은혜'가 바로 '사명'입니다. 그런데 은혜를 사명으로 생각하지 않고 '권리'라고 생각하기 때문에 자꾸 문제가 생기는 것입니다. 무엇보다도 특권의식이 생겨납니다. 이미 넉넉히 받은 은혜를 가지고 마땅히 해야 할 책임을 감당하지는 않고 더 많은 것을 요구한다면, 그것은 결국 공동체의 일치에 치명적인 손상을 입히게 되는 것입니다.

두 번째는 '편애'를 극복하는 것입니다. 만일 이 대목에서 여호수아가 요셉 자손의 요구를 그대로 받아들였다면 어떻게 되었을까요? 이스라엘 백성은 가나안 땅에 정착하기도 전에 내부적인 큰 분열을 겪어야 했을 것입니다. '편애'는 지도자가 극복해야 할 가장 힘든 장애물입니다.

'편애'(favoritism)는 반드시 '차별'(discrimination)을 낳습니다. 같은 지파이기 때문에, 같은 지역 출신이기 때문에, 같은 학교 출신이기 때문에, 마음이 잘 통하는 사람이기 때문에 한쪽 편을 들어주기 시작하면 그때부터 공동체를 이끌어가는 리더십에 심각한 문제가 생깁니다.

지도자뿐만 아니라 공동체의 구성원도 역시 마찬가지입니다. 공동체에 만연해 있는 '끼리끼리의 문화'를 극복하지 않고서는 하나님이 우리에게 허락하신 약속의 땅에 들어갈 수 없습니다. 우리 각자에게 주어진 축복과 사명은 우리보다 연약한 사람들의 유익을 위해서 사용되어야 합니다. 그런데 오히려 자신의 더 큰 편안함을 위해서 다른 사람에게 불편과 부담을 모두 떠넘긴다면 그 공동체가 과연 어떻게 되겠습니까?

약속의 땅에 들어왔다고 이기심과 나태함의 유혹이 사라지는 것은 아닙니다. 우리가 이 세상에서 살아가는 동안 그 유혹은 계속될 것입니다. 그래서 주님은 시험에 들지 않도록 기도하라고 하셨습니다. 기도의 끈을 놓치는 순간 우리는 시험에 들 수밖에 없습니다.

묵상 질문: 내가 남들보다 더 많이 받은 은혜와 사명은 무엇인가?

오늘의 기도: 다른 사람보다 더 많이 받은 은혜가 바로 우리의 사명이라는 사실을 잊지 않게 하옵소서. 그것을 우리 자신의 편안함을 위해서가 아니라 불편하게 살아가는 다른 사람을 위해서 사용할 수 있게 하옵소서. 그리하여 우리의 삶의 자리를 하나님이 다스리는 약속의 땅으로 만들어가게 하옵소서. 예수님의 이름으로 기도합니다. 아멘.

유산 분배의 완성

읽을 말씀: 여호수아 18:1-19:51

새길 말씀: 제사장 엘르아살과 눈의 아들 여호수아와 이스라엘 자손의 지파의 족장들이
실로에 있는 회막문 여호와 앞에서 제비 뽑아 나눈 기업이 이러하니라. 이에
땅 나누는 일을 마쳤더라 (수 19:51).

여호수아가 하나님의 명령에 따라서 이스라엘 백성들에게 약속의 땅을
분배하는 일을 시도한 곳은 길갈이었습니다. 그 시작은 참으로 은혜로웠습니
다. 가장 나이가 많은 갈렙이 가장 정복하기 힘든 산지를 책임지겠다고 솔선
수범하여 나섬으로써 그 뒤를 따라 유다 지파와 요셉 자손(므낫세 지파와 에브
라임 지파)이 그 일에 자발적으로 동참하게 되었습니다. 이런 분위기로 진행된
다면 유산 분배 작업은 순조롭게 마칠 수 있을 것으로 보였습니다.

그러나 갑작스러운 변수가 생겼습니다. 요셉 자손이 자기들에게 할당된
지역의 비옥한 땅을 차지하고 있는 가나안 족속을 쫓아낼 생각은 하지 않고,
정착하기 쉬운 다른 땅을 요구하고 나선 것입니다. 그들은 이미 야곱의 유언
에 따라서 과분할 정도로 많은 땅을 분배받았습니다. 그런데도 더 많은 것을
요구하는 이들의 이기적인 태도는 다른 지파에게 큰 시험 거리가 되었습니다.

여호수아는 결국 유산 분배 작업을 일시 중단하지 않을 수 없었습니다. 그러고 나서 한동안의 시간이 흘렀습니다. 그러나 여호수아는 그 일을 포기하지 않았습니다. 아니, 포기할 수 없었습니다. 그것은 하나님의 명령이기 때문입니다. 만일 문제가 생긴다면 그 문제를 해결하면 되고, 장애를 만나면 그것을 극복하는 방법을 찾아내면 됩니다. 순종의 사람 여호수아에게 가장 중요한 것은 어떻게든 하나님의 말씀에 온전히 순종하는 것입니다.

두 번째 시도

잠시 중단되는 동안 여호수아는 두 번째 시도를 준비하고 있었습니다.

¹이스라엘 자손의 온 회중이 실로에 모여서 거기에 회막을 세웠으며 그 땅은 그들 앞에서 돌아와 정복되었더라. ²그러나 이스라엘 자손 중에 그 기업의 분배를 받지 못한 자가 아직도 일곱 지파라(수 18:1-2).

여호수아가 가장 먼저 한 일은 회막을 실로로 옮기는 것이었습니다. 실로는 '벧엘에서 세겜으로 올라가는 큰길 동쪽'에 있었는데(삿 21:19), 이곳은 마침 에브라임 지파가 분배받은 땅에 포함되어 있습니다. 그러니까 에브라임 지파가 먼저 이 지역을 정복한 후에 여호수아가 회막을 이곳으로 옮겨온 것입니다.

그런데 학자들은 실로라는 지명이 오늘 본문에서 처음으로 언급되는 이유를 설명하면서, 그 이전에는 이 장소에 이름이 없었을 것이라고 주장합니다. 여호수아가 이곳에 회막을 세우고 나서 실로라고 명명했다는 것이지요. 왜 하필 실로일까요? 우리는 야곱의 예언적인 축복을 묵상하면서 이 '실로'가 장차 오실 메시아를 가리킨다는 사실을 알게 되었습니다(창 49:10). 학자들은 그것과 어떤 상관관계가 있을 것으로 추정합니다.

이곳 실로에 세워진 회막은 엘리 제사장 때까지 계속 존재했고, 그러는 동안 매년 이스라엘 백성은 이곳에 와서 하나님께 예배하고 절기를 지켰습니다. 장기적으로 보아 가나안 땅의 변두리에 있는 길갈보다는 가나안 중심부에 있는 이곳 실로를 종교적인 중심지로 삼는 것이 약속의 백성으로서의 정체성을 지켜나가는 일에 훨씬 더 효과적이었을 것입니다.

그러나 여호수아의 당면한 과제는 약속의 땅을 분배하는 일입니다. 여호수아는 회막을 옮겨오면서 새로운 마음으로 그 일을 다시 시작하려고 합니다. 여호수아는 실로에 세워진 회막에서 예배를 드리기 위해서 이스라엘의 온 회중이 모인 자리에서 그동안 약속의 땅을 분배받는 일에 소극적인 모습을 보이던 나머지 일곱 지파를 강력하게 질책합니다.

여호수아가 이스라엘 자손에게 이르되 너희가 너희 조상의 하나님 여호와께서 너희에게 주신 땅을 점령하러 가기를 어느 때까지 지체하겠느냐(수 18:3).

여기에서 우리는 지난번 길갈에서 땅을 분배할 때 드러난 요셉 자손의 이기적인 태도로 인해서 나머지 일곱 지파의 마음이 무척 상했다는 사실을 짐작하게 됩니다. 물론 요셉 자손이 잘못했습니다. 그러나 약속의 땅에 들어가는 것은 요셉 자손의 잘잘못에 따라서 하거나 하지 않거나 선택할 수 있는 일이 아닙니다. 그것은 하나님의 명령입니다. 그들이 가나안 땅에 들어온 진정한 이유와 목적입니다. 마음이 상했다는 핑계로 그 일을 지체하거나 포기하면 안 됩니다.

그런데 실제로는 공동체 구성원의 잘못된 모습을 하나님의 말씀에 순종하지 않는 정당한 핑곗거리로 삼는 경우가 참 많이 있습니다. 다른 성도나 교회의 지도자에 실망한 사람들이 이른바 '시험'에 들었다는 이유로 신앙생활을 포기하는 경우가 바로 그것입니다. 물론 사람에게 실망할 수 있습니다. 그렇지만 교회는 의인들이 모인 곳이 아닙니다. 용서받은 죄인들이 모인 곳입니다.

우리가 하나님을 믿고 그 말씀에 따라 순종하면서 살아가는 이유가 무엇입니까? 다른 사람들이 완벽하기 때문입니까? 아닙니다. 그 누구도 완벽하지 않습니다. 그것은 우리 자신도 마찬가지입니다. 우리는 단지 우리를 죄에서 구원하신 하나님의 은혜로 인해 지금 신앙생활을 하고 있습니다. 우리는 하나님의 말씀에 순종할 뿐입니다.

새로운 방법

여호수아는 미리 마음속에 준비해 두었던 절차와 방법을 선포합니다.

> ⁴너희는 각 지파에 세 사람씩 선정하라. 내가 그들을 보내리니 그들은 일어나서 그 땅에 두루 다니며 그들의 기업에 따라 그 땅을 그려 가지고 내게로 돌아올 것이라. ⁵그들이 그 땅을 일곱 부분으로 나누되 유다는 남쪽 자기 지역에 있고 요셉의 족속은 북쪽에 있는 그들의 지역에 있으니 ⁶그 땅을 일곱 부분으로 그려서 이곳 내게로 가져오라. 그러면 내가 여기서 너희를 위하여 우리 하나님 여호와 앞에서 제비를 뽑으리라(수 18:4-6).

여호수아는 먼저 아직 유산을 분배받지 못한 지파 중에서 각각 세 사람씩 선정하라고 합니다. 그리고 그들을 아직 분배되지 않은 땅으로 보내서 그 땅을 자세히 그려서 가져오게 합니다. 가져오되 일곱 부분으로 나누어서 그려오라고 합니다. 그러면 여호수아가 하나님 앞에서 제비를 뽑아 결정하겠다는 것입니다.

이것은 가데스 바네아에서의 경험으로부터 나온 새로운 방법입니다. 당시에는 지파에서 한 명씩 대표를 뽑아서 정탐하게 했습니다. 그러나 지금은 정탐하러 가는 것이 아니라, 그 땅을 어떻게 분배할 것인지를 연구하러 가는 것입니다. 한 지파에서 세 사람씩 선정하게 한 것은 나중에 그들이 결정한 것을 각 지파에 돌아가서 증언하고 설득해야 하기 때문입니다.

게다가 지난번처럼 한 지파씩 나와서 차례대로 제비를 뽑는 것이 아니라, 일곱 지파가 한꺼번에 제비를 뽑게 합니다. 그러기 위해 각 지파의 대표들이 함께 자세히 땅을 관찰하고 그것을 일곱 지역으로 나눈 결과물을 가져오게 해야 합니다. 그러려면 각 지파의 대표들이 서로 잘 상의하지 않으면 안 됩니다. 그러고 난 후에 여호수아가 제비를 뽑아서 결정하는 방식입니다.

이렇게 하면 땅을 분배한 후에 지난번과 같은 부작용이 생겨날 수가 없습니다. 요셉 족속이 그랬던 것처럼 더 달라고 하거나 바꾸어달라고 요구할 수 없게 되는 것입니다. 이것은 가장 민주적인 절차를 밟으면서도 하나님의 권위에 온전히 순종하게 하는 참으로 지혜로운 방법이 아닐 수 없습니다.

그런데 이러한 지혜는 어디에서 온 것일까요? 물론 하나님에게서 온 것입니다. 유산 분배가 중단되어 있던 기간 동안 여호수아가 이 문제를 놓고 얼마나 하나님께 간절히 기도했을지 충분히 상상할 수 있습니다. 그렇습니다. 순종의 사람은 한번 실패했다는 이유로 포기하지 않습니다. 온전히 순종할 수 있을 때까지 하나님께 지혜를 구하고, 결국에는 실제로 그 일이 이루어지게 만듭니다. 여호수아가 바로 그런 사람이었습니다.

자, 그 결과가 어떻게 되었을까요?

> ⁹그 사람들이 가서 그 땅으로 두루 다니며 성읍들을 따라서 일곱 부분으로 책에 그려서 실로 진영에 돌아와 여호수아에게 나아오니 ¹⁰여호수아가 그들을 위하여 실로의 여호와 앞에서 제비를 뽑고 그가 거기서 이스라엘 자손의 분파대로 그 땅을 분배하였더라(수 18:9-10).

각 지파에서 선정한 세 사람씩 모두 21명을 보내기 전에 여호수아는 그들을 따로 불러 또다시 자세하게 지침을 말해줍니다. 그들은 여호수아가 일러준 대로 행하여 아직 분배받지 않은 땅을 일곱 등분하여 가져왔습니다. 1세기의 유대인 역사학자 요세퍼스(Josephus)의 기록에 따르면 이때 7개월 정도가 소요되었다고 합니다.

아무튼 여호수아는 그들이 가져온 것을 실로의 회막 앞에서 제비를 뽑아 각 지파대로 골고루 분배해주었습니다. 그 결과가 여호수아 18장 11절부터 19장 48절까지 자세하게 기록되어 있습니다.

이 중에서 몇 가지 특이한 사항만 언급하자면 우선 가장 적은 숫자의 '시므온 지파'는 이미 유다 자손이 분배받은 땅 중에서 유산을 상속받게 됩니다. 이는 '유다 자손의 분깃이 자기들에게 너무 많았기 때문'(수 19:9)이라고 합니다. 그래서 유다 지파 한가운데 시므온 지파가 자리 잡는 모양새가 된 것입니다. 이는 결국 시므온이 유다 지파에 흡수되는 결과를 낳고 말았는데, 이것 또한 야곱의 예언적 축복의 성취였습니다.

> 5시므온과 레위는 형제요 그들의 칼은 폭력의 도구로다. … 7그 노여움이 혹독하니 저주를 받을 것이요 분기가 맹렬하니 저주를 받을 것이라. 내가 그들을 야곱 중에서 나누며 이스라엘 중에서 흩으리로다(창 49:5-7).

야곱이 시므온과 레위를 이렇게 묶어서 저주하게 된 것은 그들이 여동생 디나(Dinah)가 세겜 족장의 아들에게 추행을 당한 것에 대해 복수한 사건 때문입니다(창 34). 그들이 '이스라엘 중에서 흩어질 것'이라는 야곱의 예언은 그대로 성취되어 시므온 지파는 유다 지파에 흡수됩니다. 그리고 레위 지파는 땅을 분배받지 못하고 각 지파에 흩어져서 살게 됩니다. 흩어지게 된 결과는 똑같지만, 실제 그 내용은 전혀 다릅니다. 시므온 지파는 진짜 저주로 임했지만, 레위 지파는 저주가 축복으로 바뀌었지요.

또 한 가지 특이한 사항은 단 지파입니다. 그들이 본래 분배받은 땅은 사실 단 지파의 숫자에 비해서 상대적으로 아주 작았습니다. 물론 그곳이 비옥했기 때문에 땅의 생산성은 높았지만, 이미 블레셋 사람들이 대부분 차지하고 있어서 정복하기 쉽지 않았습니다. 그래서 그들은 저 멀리 북쪽의 새로운 땅으로 눈을 돌리는데, 그곳이 바로 레셈(Leshem)이었습니다(수 19:47).

그곳을 정복하는 이야기는 사사기 18장에 자세히 기록되어 있습니다. 그들은 '레셈'을 정복하여 '단'으로 명명하고 이스라엘의 북쪽 변두리에 자리를 잡고 살았습니다. 그래서 삼손의 등장 이후에 단 지파는 이스라엘 역사에서 그렇게 눈에 띄지 않는 지파가 되고 말았습니다. 그것은 자업자득입니다. 본래 분배받은 땅에 어떻게 해서든 들어가려고 하지 않았던 결과입니다.

여하튼 이렇게 하여 요단 동쪽의 두 지파와 므낫세 반 지파, 요단 서쪽의 아홉 지파와 므낫세 반 지파의 땅 분배가 모두 끝나게 되었습니다.

여호수아의 유산

그런데 엄밀하게 말해서 아직 유산 분배가 완성된 것은 아닙니다. 이 모든 일을 주관한 여호수아에게 아직 유산이 분배되지 않았기 때문입니다.

> 49이스라엘 자손이 그들의 경계를 따라서 기업의 땅 나누기를 마치고 자기들 중에서 눈의 아들 여호수아에게 기업을 주었으니 50곧 여호와의 명령대로 여호수아가 요구한 성읍 에브라임 산지 딤낫 세라를 주매 여호수아가 그 성읍을 건설하고 거기 거주하였더라(수 19:49-50).

모든 지파 족속들의 땅 분배가 마친 후에 비로소 여호수아는 자신이 요구한 성읍을 분배받습니다. 갈렙이 그랬던 것처럼 산지를 달라고 요구합니다. 그렇게 해서 받은 땅이 딤낫 세라(Timnath-serah)인데, 여호수아는 거기에 들어가서 스스로 성읍을 건설하고 거주합니다. 이것이 진정한 지도자의 모습입니다. 이스라엘 백성이 여호수아의 권위를 존중하고 따랐던 데는 이와 같은 이유가 있었습니다.

오늘 말씀의 결론입니다.

제사장 엘르아살과 눈의 아들 여호수아와 이스라엘 자손의 지파의 족장들이 실로에 있는 회막 문 여호와 앞에서 제비 뽑아 나눈 기업이 이러하니라. 이에 땅 나누는 일을 마쳤더라(수 19:51).

하나님이 여호수아에게 명령하신 임무가 드디어 완성되었습니다. 약속의 땅을 나누는 일을 마친 것입니다. 여기까지 오기가 쉽지 않았습니다. 처음에는 아무도 나서지 않아서 힘들었습니다. 갈렙이 솔선수범하여 나섬으로써 그 물꼬가 터지나 싶었는데, 이내 요셉 족속들의 이기적인 태도로 인해 중단되고 말았습니다.

물론 여호수아는 최선을 다했습니다. 그러나 최선을 다한 것으로 만족하지 않았습니다. 어떻게든 하나님의 명령에 온전히 순종하기를 원했습니다. 그는 하나님께 기도했고 하나님은 그에게 지혜를 주셨습니다. 그는 회막을 가나안의 중심부로 옮기는 일을 결정합니다. 그러기 위해서 에브라임 지파가 먼저 그 땅을 점령해야 합니다. 회막을 옮겨 온 날 온 백성이 하나님께 예배하기 위해서 모인 자리에서 땅 나누는 일을 다시 시작합니다.

여호수아는 민주적인 절차를 존중했습니다. 그러나 하나님의 권위에 복종하는 것도 빠뜨리지 않았습니다. 과거의 실패에서 새로운 방법을 배웠습니다. 지난번과 같은 부작용이 생기지 않도록 철저하게 준비했습니다. 그리고 단호하게 실행했습니다. 서두르지 않고 기다렸습니다. 마침내 제비를 뽑아 모든 땅을 나누는 일을 마쳤습니다. 모든 지파의 족속들이 땅을 분배받기를 기다렸다가 남들이 가지 않는 산지를 선택하여 갑니다. 스스로 개척하고 성읍을 짓고 거기에 거주합니다.

여호수아는 하나님의 말씀에 온전히 순종하는 것이 무엇인지 우리에게 보여줍니다. 진정한 의미에서 최선(最善)이란 이렇게 실제로 일을 해내는 것입니다. 최선을 다했다고 말은 하면서 실제로는 일을 제대로 마무리 짓지 못하는 사람들이 대부분인데, 여호수아는 마침내 하나님의 말씀대로 잘 해냄으로써 정말 최선을 다했던 것입니다.

이 일이 가능했던 이유는 그에게 쉬지 않는 기도 생활이 있었기 때문입니다. 여호수아는 기도를 멈추는 순간 언제나 실패했습니다. 하나님과의 대화가 중단되는 순간 항상 잘못된 선택을 했습니다. 물론 그것을 덮어주시는 하나님의 은혜도 경험했지만, 여호수아의 위대함은 과거의 실패에서 언제나 새로운 것을 배우고 그것을 실천한다는 점입니다. 그리고 마침내 하나님의 말씀에 온전히 순종한다는 것입니다.

하나님의 말씀에 온전히 순종하기를 원한다면 우리도 여호수아의 본을 따라야 합니다. 최선을 다해서 기도해야 합니다.

묵상 질문: 나는 하나님의 말씀에 순종하기 위하여 기도하는가?

오늘의 기도: 우리는 소원 성취를 위해서 기도했지만, 하나님의 말씀에 순종하기 위해서 기도하지는 못했습니다. 그래서 하나님의 말씀에 순종하는 것이 늘 그렇게 힘들었습니다. 이제부터는 여호수아처럼 기도하는 사람이 되기를 원합니다. 십자가의 길에 순종하기 위해 간절히 기도했던 주님을 닮기를 원합니다. 그리하여 하나님의 말씀에 온전히 순종하는 인생이 되게 하옵소서. 예수님의 이름으로 기도합니다. 아멘.

약속의 땅과 도피성

읽을 말씀: 여호수아 20:1-9; 신명기 4:41-43

새길 말씀: ¹여호와께서 여호수아에게 말씀하여 이르시되 ²이스라엘 자손에게 말하여
이르기를 내가 모세를 통하여 너희에게 말한 도피성들을 너희를 위해 정하여
3부지중에 실수로 사람을 죽인 자를 그리로 도망하게 하라. 이는 너희를
위해 피의 보복자를 피할 곳이니라(수 20:1-3).

지금까지 여호수아 말씀을 묵상해오면서 깨닫게 되는 한 가지 메시지는,
약속의 땅이란 하나님의 약속을 붙잡고 그 말씀에 순종하여 살아가는 삶의
자리라는 사실입니다.

이스라엘 백성에게 약속의 땅은 물론 젖과 꿀이 흐르는 가나안 땅이었습
니다. 그들은 하나님의 약속을 붙잡고 가나안 땅에 들어가서 하나님의 말씀
에 순종하여 지난 6년 동안의 전쟁을 치르면서 지배권을 확보했습니다. 그러
나 그것이 전부가 아닙니다. 가나안 족속이 살던 '가나안 땅'을 약속의 자녀
가 살아가는 '약속의 땅'으로 만들려면, 실제로 들어가서 살아야 합니다.

그러기 위해서 그 땅을 12지파에게 각각 분배하여 주었던 것입니다. 이
일에 특히 갈렙과 여호수아의 역할이 중요했습니다. 갈렙은 물꼬를 텄고 여

호수아가 마무리했습니다. 당시 이스라엘 백성 중에서 가장 나이가 많은 두 사람의 헌신과 모범이 없었다면 땅을 분배하는 일이 완성되지 못했을 것입니다.

그러나 땅을 분배하는 일을 마쳤다고 해서 끝이 난 것은 아닙니다. 중요한 일이 하나 더 남았습니다.

도피성 제도

그것은 바로 '도피성'을 정하는 일입니다. 오늘 우리가 묵상할 말씀의 내용입니다.

> ¹여호와께서 여호수아에게 말씀하여 이르시되 ²이스라엘 자손에게 말하여 이르기를 내가 모세를 통하여 너희에게 말한 도피성들을 너희를 위해 정하여 ³부지중에 실수로 사람을 죽인 자를 그리로 도망하게 하라. 이는 너희를 위해 피의 보복자를 피할 곳이니라(수 20:1-3).

이 말씀에 의하면 도피성(the cities of refuge)이란 '부지중에 실수로 사람을 죽인 자가 피의 보복자(the avenger of blood)를 피해서 도망할 곳'이라고 합니다. 당시에는 이른바 '동해복수법'(lex talionis)이 보편적인 관례여서 누군가가 죽임을 당했을 경우 그 피해자의 가장 가까운 인척이 '피의 보복자'가 되어 가해자에게 사적으로 복수할 수 있었습니다. 하나님은 그 가해자가 도망갈 수 있는 도피성을 정하라고 여호수아에게 명령하시는 것입니다.

그런데 그것이 뭐 그리 중요한 일이라고 이렇게 땅의 분배가 끝나자마자 서둘러서 말씀하시는 것일까요? 도피성을 정하는 것은 단지 부지중에 살인한 사람이 억울하게 보복당하지 않도록 피난처를 만드는 정도의 의미가 아닙니다. 이것은 약속의 땅을 이 세상과 구별된 곳으로 만드는 가장 중요한 일입니다.

도피성 제도에 대한 하나님의 특별한 관심은 이미 오래전부터 시작되었습니다. 하나님께서 시내산에서 이스라엘 백성과 계약을 맺고 나서 여러 가지 율법을 가르쳐주셨는데, 그때 '동해복수법'(출 21:22-25)보다 더 먼저 '도피성'에 대한 계명(출 21:12-14)을 말씀합니다.

> 12사람을 쳐죽인 자는 반드시 죽일 것이나 13만일 사람이 고의적으로 한 것이 아니라 나 하나님이 사람을 그의 손에 넘긴 것이면 내가 그를 위하여 한곳을 정하리니 그 사람이 그리로 도망할 것이며 14사람이 그의 이웃을 고의로 죽였으면 너는 그를 내 제단에서라도 잡아내려 죽일지니라(출 21:12-14).

물론 고의로 살인한 사람은 그에 상응하는 벌을 받아야 합니다. 그러나 살인이라고 하더라도 모두 같은 동기를 가진 것은 아니지요. 고의성이 없었는데 사람을 죽이게 되는 경우도 얼마든지 생길 수 있습니다. '동해복수법'은 그 동기와 상관없이 똑같이 복수할 수 있었지만, 하나님의 관심은 달랐습니다. 만일 고의로 죽인 경우가 아니라면, 그것은 '하나님이 사람을 그의 손에 넘긴 것'입니다. 따라서 그 일로 인해서 복수를 당하지 않도록 '한곳'을 정해서 도망하게 하라는 것입니다.

이 명령에 따라서 모세는 실제로 요단 동편 땅을 르우벤과 갓과 므낫세 반 지파에게 분배한 후에 가장 먼저 도피성을 정하는 일부터 시행했습니다. 그 이야기가 신명기 4장에 나옵니다.

> 41그 때에 모세가 요단 이쪽 해 돋는 쪽에서 세 성읍을 구별하였으니 42이는 과거에 원한이 없이 부지중에 살인한 자가 그곳으로 도피하게 하기 위함이며 그중 한 성읍으로 도피한 자가 그의 생명을 보전하게 하기 위함이라(신 4:41-42).

과거의 원한으로 인해 살인했다면 그것은 고의적인 살인죄에 해당합니다. 그 경우에는 자신의 생명으로 죗값을 치러야 합니다. 그러나 과거의 원한

이 없이 단순 실수로 살인한 경우에는 도피성으로 피하여 생명을 보전하게 한 것입니다. 모세가 정한 요단 동쪽의 세 도피성과 함께 여호수아는 요단 서쪽의 세 도피성을 정합니다.

> 7이에 그들이 납달리 산지 갈릴리 게데스와 에브라임 산지의 세겜과 유다 산지의 기랏 아르바 곧 헤브론과 8여리고 동쪽 요단 저쪽 르우벤 지파 중에서 평지 광야의 베셀과 갓 지파 중에서 길르앗 라못과 므낫세 지파 중에서 바산 골란을 구별하였으니 9이는 곧 이스라엘 모든 자손과 그들 중에 거류하는 거류민을 위하여 선정된 성읍들로서 누구든지 부지중에 살인한 자가 그리로 도망하여 그가 회중 앞에 설 때까지 피의 보복자의 손에 죽지 아니하게 하기 위함이라(수 20:7-9).

도피성으로 선정된 곳을 지도로 확인해 보면, 요단 동쪽과 서쪽에 골고루 분포되어 있다는 사실을 알 수 있습니다. 또한 평지 광야의 베셀(Bezer)을 제외하고 나머지는 모두 높은 산지에 있어서 어디에서나 잘 보일 수 있게 했습니다. 그러니까 도피성이 너무 먼 곳에 있거나 어디에 있는지 알지 못해서 피의 보복자에게 생명을 빼앗기는 일이 생기지 않도록 하나님은 세심하게 배려해놓으신 것입니다.

게다가 도피성으로 도망할 수 있는 자격을 이스라엘 자손에게만 제한하지 않고, 그들 중에 거류하는 '거류민', 즉 '외국인'들까지 모두 포함할 수 있게 했습니다. 이것은 그 어디에서도 유래를 찾아볼 수 없는 일입니다. 이 모두는 도피성 제도에 대한 하나님의 특별한 관심을 보여줍니다. 하나님은 도피성 제도를 통해서 '약속의 땅'을 진정한 의미에서 '약속의 땅'으로 만드시려고 하셨던 것입니다. 따라서 도피성 없는 약속의 땅은 없습니다.

도피성 절차

그런데 아무나 도피성에 들어갈 수 있는 것은 아닙니다. 거기에는 엄격한 절차가 있습니다.

> **4이 성읍들 중의 하나에 도피하는 자는 그 성읍에 들어가는 문 어귀에 서서 그 성읍의 장로들의 귀에 자기의 사건을 말할 것이요 그들은 그를 성읍에 받아들여 한곳을 주어 자기들 중에 거주하게 하고 5피의 보복자가 그의 뒤를 따라온다 할지라도 그들은 그 살인자를 그의 손에 내주지 말지니 이는 본래 미워함이 없이 부지중에 그의 이웃을 죽였음이라(수 20:4-5).**

우선 도피하려는 사람은 도피성의 장로들에게 자기의 사건을 정확하게 진술해야 합니다. 특별히 고의성이 없었다는 점을 분명히 밝혀야 합니다. 그 진술의 신빙성이 인정되면 일단 그 사람을 성읍에 받아들여 거주하게 하고, '피의 보복자'가 와서 내어달라고 요구하더라도 결코 내주면 안 됩니다.

그런데 고의성이 없는 살인은 어떤 경우를 말하는 것일까요? 신명기 19장에 그 좋은 예가 기록되어 있습니다.

> **가령 사람이 그 이웃과 함께 벌목하러 삼림에 들어가서 손에 도끼를 들고 벌목하려고 찍을 때에 도끼가 자루에 빠져 그의 이웃을 맞춰 그를 죽게 함과 같은 것이라. 이런 사람은 그 성읍 중 하나로 도피하여 생명을 보존할 것이니라(신 19:5).**

도끼가 자루에서 빠져서 사람을 죽게 했다면, 그것은 불행한 사고이지 결코 의도적인 살인이라고 할 수 없습니다. 그러나 '동해복수법'에서는 똑같이 취급합니다. 결과만 보고 판단하기 때문입니다. 이 대목에서 우리는 "사람은 외모를 보지만 하나님은 중심을 보신다(삼상 16:7)는 말씀을 다시 한번 생각하게 됩니다. 사람들은 외모와 결과에 관심을 가지지만, 하나님의 관심은 그 사람의 중심에 있습니다. 즉, 동기를 더 중요하게 보신다는 것입니다.

물론 고의성이 없었는데도 결과만 보고 복수를 하겠다고 덤벼드는 것도 문제이지만, 도피성에 도피하기 위해서 가해자가 거짓말을 하는 것도 문제입니다. 그럴 때는 어떻게 해야 할까요? 그래서 정당한 재판이 필요합니다.

> 그 살인자는 회중 앞에 서서 재판을 받기까지 또는 그 당시 대제사장이 죽기까지 그 성읍에 거주하다가 그 후에 그 살인자는 그 성읍 곧 자기가 도망하여 나온 자기 성읍 자기 집으로 돌아갈지니라 하라 하시니라(수 20:6).

살인자의 일방적인 말로만 판단할 수는 없는 일입니다. 피해자의 이야기도 들어봐야 합니다. 그 피해자를 대변하는 사람이 바로 '피의 보복자'입니다. 그가 도피성의 장로들에게 공식 재판을 신청하면 그 자리에서 양쪽의 이야기를 모두 듣고 판단해야 합니다. 그래서 고의성이 입증되면 살인자는 피의 보복자에게 내어줍니다. 그러나 만일 고의성이 없었다는 것이 입증되면 그냥 석방하는 것이 아니라 반드시 도피성에 거주하게 해야 합니다. 아무리 고의성이 없었다고 하더라도, 부지중에 지은 죗값을 치러야 하기 때문입니다.

그런데 죗값을 치르기 위해서 도피성에 머물러야 하는 기간은 '그 당시 대제사장이 죽기까지'라고 되어 있습니다. 만일 도피성 거주를 결정한 대제사장의 나이가 많아서 일찍 죽게 된다면 집으로 돌아가는 시기가 앞당겨지겠지만, 대제사장의 나이가 젊어서 오래 살게 된다면 그때까지 계속 도피성에 머물러야 한다는 이야기입니다. 오늘날의 법 상식으로는 도무지 이해할 수 없는 제도입니다. 심지어 불공평해 보이기까지 합니다.

그러나 사람을 죽이고도 아직 생존해 있다는 것이 사실 불공평한 일입니다. 그는 일반적인 사회 통념상 반드시 죽어야 할 사람입니다. 만일 그가 다른 나라에서 살고 있었다면 피의 보복자를 피해서 평생 도망 다녀야 했을 것입니다. 보복자에게 잡히는 날이 바로 그의 제삿날입니다. 그러니 이렇게 도피성에 피해서 살 수 있다는 것 자체가 이미 불공평한 하나님의 은혜를 입고 있는 것이지요.

구원의 계획

게다가 도피성 제도에는 인류를 구원하시는 하나님의 놀라운 계획이 있습니다. 대제사장이 죽을 때까지 그 성읍에 거주해야 한다는 것은 대제사장의 죽음으로만 그의 죄가 대속될 수 있다는 뜻입니다. 이것은 장차 '멜기세덱의 반차'를 따라 영원한 대제사장으로 오실 예수 그리스도의 구원 사역을 예고하고 있는 말씀입니다(히 6:20).

아무 죄도 없으신 하나님의 아들 예수 그리스도께서 십자가에 달려 죽음으로 모든 인류의 죄를 대속해 주실 것을 이 도피성 제도를 통해서 미리 보여주신 것입니다. 이와 같은 놀라운 구원의 계획을 이해하고 받아들이기 전까지는 왜 도피성 제도를 하나님이 그렇게 중요하게 여기셨는지 결코 이해할 수 없을 것입니다.

'약속의 땅'은 단지 아브라함에게 말씀하신 약속이 이루어지는 땅이 아닙니다. 그곳은 이 세상의 모든 인류를 구원하시려는 하나님의 계획과 섭리가 펼쳐지는 땅입니다. 하나님은 지금도 하나님의 약속을 믿고 말씀에 순종하는 자들을 구원하셔서 약속의 땅으로 인도십니다. 단지 아브라함의 후손뿐만 아니라, 하나님을 믿는 모든 이방인까지도 구원하는 것이 하나님의 계획입니다. 그래서 도피성은 일부 특권층만이 아니라 모든 사람에게 열려있는 것입니다.

도피성 제도는 우리 인간의 연약함을 잘 아시는 하나님께서 마련해 놓으신 구원과 은혜의 통로입니다. 우리는 불완전한 사람이기 때문에 얼마든지 실수할 수 있습니다. 그런데 세상은 그 실수를 용납하지 않습니다. 한 번의 실수를 평생 '주홍글씨'처럼 가슴에 붙이고 살아가야 하는 것이 현실입니다.

사람들은 겉으로 드러난 결과를 보고 너무나 쉽게 그 사람을 판단하고 정죄합니다. 그래서 눈에 보이지 않는 '피의 보복자'에게 쫓기며 살아가는 사람들이 이 세상에 얼마나 많은지 모릅니다.

그러나 하나님은 우리가 죄의 종노릇 하며 살기를 원하지 않으십니다. 우리가 과거의 실수와 실패로 인해 평생 정죄의 대상이 되는 것을 원하지 않으십니다. 그래서 도피성 제도를 만드셨고, 영원한 대제사장 예수 그리스도를 보내셔서 십자가의 죽음을 통한 대속의 은혜를 우리에게 허락해주신 것입니다. 따라서 우리가 구원받을 수 있는 길은 단 하나입니다. 도피성으로 피하는 것입니다. 그리고 그 속에서 살아가는 것입니다.

구약시대의 도피성은 고의성이 없는 살인죄에 대해서만 구원의 길을 열어놓고 있지만, 신약시대의 도피성이신 예수 그리스도는 고의성이 있는 죄에 대해서도 구원의 길을 열어놓으셨습니다. 누구든지 자신의 죄를 시인하고 고백하고 용서를 구하면, 예수 그리스도 십자가의 보혈로 덮으시고 대속하셔서 구원해주시는 것입니다.

구약시대의 '약속의 땅'은 가나안이었지만, 오늘날의 '약속의 땅'은 구원의 약속을 믿고 그 말씀에 순종하여 살아가는 우리 삶의 자리입니다. 그리고 믿음의 공동체인 교회는 바로 도피성입니다. 과거에 지은 죄로 인해 죽을 수밖에 없던 사람들이 '피의 보복자'인 사탄의 집요한 정죄를 피하여 들어오는 곳이요, 그 안에서 죄의 문제가 해결되고 상처가 치유되어 하나님의 자녀로 새롭게 회복되는 곳이기 때문입니다.

도피성 안에 있는 동안 그 누구도 우리를 정죄할 수 없습니다. 그렇기에 우리는 대제사장이 죽기까지 도피성에 있어야 합니다. 우리를 구원하기 위해 오신 영원한 대제사장 예수 그리스도는 우리를 위해 이미 죽으셨고, 죽음에서 부활하여 다시 살아나셨습니다. 따라서 우리가 평생 있어야 할 곳은 바로 예수 그리스도 안입니다. 그 안에 있으면 그 누구도 우리를 정죄할 수 없습니다.

이 놀라운 비밀을 바울은 로마서에서 다음과 같이 선포했습니다.

¹그러므로 이제 그리스도 예수 안에 있는 자에게는 결코 정죄함이 없나니 ²이는 그리스도 예수 안에 있는 생명의 성령의 법이 죄와 사망의 법에서 너를 해방하였음이라 (롬 8:1-2).

그렇습니다. 이와 같은 놀라운 구원의 계획이 약속의 땅에서 도피성 제도를 통해서 이미 선포된 것입니다. 이 비밀을 깨달았다면 이제부터는 영원한 피난처 되시는 예수 그리스도 안에서 평생 살기로 해야 합니다. 그래야 피의 보복자인 사탄에게 쫓겨 다니지 않게 됩니다. 다시는 과거의 실수와 실패의 자리로 돌아가지 않게 됩니다.

묵상 질문: 나는 지금 영원한 피난처이신 예수 그리스도 안에서 살고 있는가?
오늘의 기도: 우리에게 도피성의 피난처를 허락해주신 하나님 아버지, 오늘 말씀 묵상을 통하여 우리의 대제사장이신 예수 그리스도 안에서 살아야 하는 이유를 깨닫게 하시니 감사합니다. 피의 보복자인 사탄에게 쫓겨 다니는 인생을 완전히 청산하게 하시고, 오직 예수 그리스도 안에서 참 자유를 누리는 인생으로 살게 하옵소서. 예수님의 이름으로 기도합니다. 아멘.

약속의 땅과 레위 지파

읽을 말씀: 여호수아 21:1-42; 민수기 35:1-3

새길 말씀: 이스라엘 자손이 여호와의 명령을 따라 자기의 기업에서 이 성읍들과 그 목초
지들을 레위 사람에게 주니라(수 21:3).

지난 6년간의 전쟁으로 가나안에 대한 지배력을 확보한 여호수아는 우여
곡절 끝에 지파별로 땅을 분배하여 나누어주었습니다. 유산 분배의 과정을
포함하면 가나안에 들어온 지 거의 7년 만의 일입니다. 그리고 앞 장에서
살펴본 대로 요단 동쪽과 서쪽에 각각 세 개씩의 도피성을 확정했습니다.
이 도피성 제도에는 예수 그리스도를 통해서 인류를 구원하시려는 하나님의
놀라운 계획이 있다는 사실을 우리는 알게 되었습니다.

레위 지파의 요구

이제 분배받은 땅에 들어가서 사는 일만 남은 것처럼 보입니다. 그런데
땅을 분배하는 일은 아직도 끝나지 않았습니다. 이번에는 레위 지파가 갑자
기 등장하여 자신들이 거주할 성읍을 정해달라고 요구하고 나선 것입니다.

¹그 때에 레위 사람의 족장들이 제사장 엘르아살과 눈의 아들 여호수아와 이스라엘 자손의 지파 족장들에게 나아와 ²가나안 땅 실로에서 그들에게 말하여 이르되 여호와께서 모세에게 명령하사 우리가 거주할 성읍들과 우리 가축을 위해 그 목초지들을 우리에게 주라 하셨나이다 하매 ³이스라엘 자손이 여호와의 명령을 따라 자기의 기업에서 이 성읍들과 그 목초지들을 레위 사람에게 주니라(수 21:1-3).

그런데 레위 지파가 성읍을 달라고 요구하는 것이나 이스라엘 자손이 그들의 요구대로 자기의 기업에서 선뜻 성읍을 내어주는 것이나 모두 우리에게는 아주 생소한 이야기입니다. 왜냐면 레위 지파는 다른 지파들과 달리 가나안 땅의 유산 분배에서 제외되었기 때문입니다. 모세가 요단 동편 땅을 분배할 때 분명히 레위 지파는 거기에서 제외되었습니다.

³²요단 동쪽 여리고 맞은편 모압 평지에서 모세가 분배한 기업이 이러하여도 ³³오직 레위 지파에게는 모세가 기업을 주지 아니하였으니 이는 그들에게 말씀하신 것과 같이 이스라엘의 하나님 여호와께서 그들의 기업이 되심이었더라(수 13:32-33).

다른 지파들은 땅을 기업으로 분배받았지만 레위 지파는 받지 못했습니다. 그 이유는 이스라엘의 하나님 여호와가 그들의 '기업', 즉 '유산'이 되셨기 때문입니다. 여기에서 우리는 물질적인 소유의 욕심을 내려놓고 오직 하나님만 섬기도록 운명 지어진 레위 지파의 이미지를 떠올리게 됩니다. 그런데 그 앞부분에 보면 이런 말씀도 있습니다.

오직 레위 지파에게는 여호수아가 기업으로 준 것이 없었으니 이는 그에게 말씀하신 것과 같이 이스라엘의 하나님 여호와께 드리는 화제물이 그들의 기업이 되었음이더라(수 13:14).

여호수아도 레위 지파에게 아무런 기업을 주지 않았다고 분명히 기록되어 있습니다. 그리고 "여호와께 드리는 화제물이 그들의 기업이 되었다"고 합니다. 다시 말해서 레위 지파 사람은 예배를 돕는 일을 했기에 하나님께 드려진 화제물을 사례비로 받아 생계를 유지했다는 뜻입니다. 일곱 지파의 유산을 분배하는 장면에서도 그와 비슷한 말씀을 찾아볼 수 있습니다.

> 레위 사람은 너희 중에 분깃이 없나니 여호와의 제사장 직분이 그들의 기업이 됨이며…(수 18:7a).

이와 같은 말씀을 종합해보면 레위 지파는 본래 땅을 분배받지 못하게 되어 있고, 단지 율법에 기록된 대로 제사장 직분이나 예배를 돕는 일을 감당하면서 그 몫으로 주어지는 것을 받아서 생활하게 되어 있습니다. 그러니까 다른 지파와 달리 레위 지파는 오직 하나님만을 섬기도록 선택된 특별한 사람들입니다.

그런데 모든 지파의 땅 분배가 다 마친 상황에 인제 와서 레위 지파 족장들이 자신들에게도 성읍을 달라고 요구하고 나섰으니 생소하게 느껴질 수밖에 없습니다. 게다가 '여호와께서 모세에게 명령하신 말씀'을 근거로 이렇게 주장하고 있으니 더욱 의아해집니다. 정말 하나님이 모세에게 그렇게 말씀하신 적이 있었던가요?

놀랍게도 그들의 주장은 사실입니다. 그 이야기가 민수기 35장에 나옵니다.

> ¹여호와께서 여리고 맞은편 요단 강 가 모압 평지에서 모세에게 말씀하여 이르시되 ²이스라엘 자손에게 명령하여 그들이 받은 기업에서 레위인에게 거주할 성읍들을 주게 하고 너희는 또 그 성읍들을 두르고 있는 초장을 레위인에게 주어서 ³성읍은 그들의 거처가 되게 하고 초장은 그들의 재산인 가축과 짐승들을 둘 곳이 되게 할 것이라(민 35:1-3).

정말 그랬군요. 하나님은 분명히 모세에게 "이스라엘 자손에게 명령하여 그들이 받은 기업에서 레위인에게 거주할 성읍을 주게 하라"고 말씀하셨습니다. 그렇다면 약속의 땅에서 레위 지파가 다른 지파들처럼 유산을 분배받지 못한 것도 사실이고, 레위 지파들이 거주할 성읍을 주게 한 것도 사실입니다. 이렇게 서로 상충하는 이야기를 우리는 어떻게 이해해야 할까요?

복잡하게 생각할 것 없습니다. 말 그대로입니다. 레위 지파는 다른 지파들과 같은 방식으로 약속의 땅을 분배받지 못했습니다. 다른 지파들은 어떻게 분배받았습니까? 그들의 숫자를 고려하여 함께 거주할 수 있을 만큼의 땅을 분배받았습니다. 그래서 그들은 모두 함께 모여서 살게 되었습니다. 그렇지만 레위 지파는 그렇게 모여 사는 것이 아니라, 다른 지파들 속에 흩어져서 살도록 명령받았습니다. 그러니 다른 지파의 방식처럼 유산을 분배받을 수 없었던 것이지요.

그러나 레위 지파도 거주할 성읍이 필요합니다. 비록 모두 함께 모여 살지는 않아도, 그들의 생활을 꾸려갈 집과 터전이 필요합니다. 그것을 각 지파가 레위 지파 사람에게 제공해야 한다고 하나님이 명령하셨습니다. 그리고 그 명령에 따라서 각 지파는 레위 지파 사람이 그들 가운데 들어와 살 수 있도록 성읍을 내어준 것이지요.

레위 사람의 성읍

오늘 본문은 그렇게 해서 레위 사람이 각 지파에 들어가서 살게 된 이른바 '레위 사람의 성읍' 48개의 리스트입니다. 물론 성읍 전체를 통째로 준 건 아닙니다. 그 성읍에 레위 사람을 위한 삶의 터전을 마련해 주었다는 뜻입니다. 여기에 언급된 모든 성읍을 일일이 살펴볼 필요는 없습니다. 지도를 통해서 전체적인 윤곽을 확인하는 것으로 충분합니다.

다만 몇 가지 언급해야 할 사항이 있습니다. 그것은 레위 지파가 모두 네 가족으로 구별된다는 점입니다. 본래 레위에게는 세 아들이 있었습니다. 그핫(Kohath)과 게르손(Gershon)과 므라리(Merari)가 그들인데, 여기에다 그핫 계열이었지만 아론(Aaron) 제사장의 자손들을 따로 구별하여 모두 네 가족으로 나누고 있는 것이지요.

48개라는 숫자는 법궤를 사방에서 호위할 때 최소한 4명이 필요하기에 그것을 12지파의 배수로 만든 결과로 보입니다. 물론 그렇다고 해서 레위 지파들의 성읍이 모든 지파에게 골고루 네 개씩 배분된 것은 아닙니다.

그리고 무엇보다 가장 중요한 것은 레위 사람의 성읍 중에 여섯 개의 도피성이 포함되고 있다는 사실입니다. 앞 장에서 살펴본 것처럼 도피성에는 반드시 '대제사장'이 있어야 합니다. 부지중에 살인한 자가 '그 당시 대제사장이 죽기까지'(수 20:6) 도피성에 거주할 수 있기 때문입니다. 대제사장이 있으려면 그곳에 레위 사람이 살고 있어야 합니다. 그래서 레위 사람의 성읍에 도피성이 포함되고 있는 것입니다.

자, 그런데 이 대목에서 우리는 또다시 근본적인 질문을 던지게 됩니다. 왜 레위 지파는 다른 지파들과 달리 이렇게 흩어져서 살게 된 것일까요? 그리고 왜 다른 지파들은 그들이 분배받은 땅 중에서 이처럼 레위 지파 사람들에게 선뜻 성읍들을 내주었던 것일까요? 그 해답을 찾는 과정에서 우리는 놀라운 비밀과 복음의 메시지를 발견하게 됩니다.

우선 레위 지파가 흩어지게 된 비밀의 답을 찾아보겠습니다. 그것은 이미 살펴본 것처럼 창세기 49장에 기록된 야곱의 예언적인 축복 속에 담겨 있습니다.

5시므온과 레위는 형제요 그들의 칼은 폭력의 도구로다. 6… 그들이 그들의 분노대로 사람을 죽이고 그들의 혈기대로 소의 발목 힘줄을 끊었음이로다. 7그 노여움이 혹독하니 저주를 받을 것이요 분기가 맹렬하니 저주를 받을 것이라. 내가 그들을 야곱 중에서 나누며 이스라엘 중에서 흩으리로다(창 49:5-7).

야곱이 시므온과 레위를 이렇게 묶어서 저주하게 된 것은 그들이 여동생 디나(Dinah)가 세겜 족장의 아들에게 추행을 당한 것에 대해 무자비하게 복수한 사건 때문이라고 했습니다(창 34). 그들이 '이스라엘 중에서 흩어질 것'이라는 야곱의 예언은 그대로 성취되어 시므온 지파는 유다 지파에 흡수되고 레위 지파는 땅을 분배받지 못하고 각 지파에 흩어져서 살게 된 것이지요.

그러나 흩어져서 살게 된 결과는 같았지만, 그 내용은 전혀 달랐지요. 시므온 지파는 진짜 저주가 되었고, 레위 지파는 저주가 축복으로 바뀌었습니다. 그 이유가 무엇일까요? 그것은 시내산에서 일어난 금송아지 숭배 사건 때문입니다.

> 26이에 모세가 진 문에 서서 이르되 누구든지 여호와의 편에 있는 자는 내게로 나아오라 하매 레위 자손이 다 모여 그에게로 가는지라. 27모세가 그들에게 이르되 이스라엘의 하나님 여호와께서 이렇게 말씀하시기를 너희는 각각 허리에 칼을 차고 진 이 문에서 저 문까지 왕래하며 각 사람이 그 형제를, 각 사람이 자기의 친구를, 각 사람이 자기의 이웃을 죽이라 하셨느니라. 28레위 자손이 모세의 말대로 행하매 이 날에 백성 중에 삼천 명가량이 죽임을 당하니라(출 32:26-28).

야곱의 말처럼 레위의 칼은 폭력의 도구였습니다. 그는 과거에 자신의 분노대로 세겜 사람들을 죽였습니다. 그러나 이번에는 '하나님의 편에 서서' 우상 숭배자들을 향한 심판의 도구가 되었던 것입니다. 그런데 사실 이처럼 형제와 친구와 이웃의 죄악을 대면하여 하나님의 심판을 집행하는 것은 결코 쉬운 일이 아닙니다. 그런데도 레위 사람은 하나님 편에 서기로 했던 것입니다. 바로 이 사건 이후에 하나님은 레위 사람을 성막에 봉사하는 자로 구별하여 세우셨습니다.

> 51성막을 운반할 때에는 레위인이 그것을 걷고 성막을 세울 때에는 레위인이 그것을

세울 것이요 외인이 가까이 오면 죽일지며… 53레위인은 증거의 성막 사방에 잠을 쳐서 이스라엘 자손의 회중에게 진노가 임하지 않게 할 것이라. 레위인은 증거의 성막에 대한 책임을 지킬지니라…(민 1:51, 53).

레위 사람은 성막에서 봉사하면서 동시에 성막을 거룩하게 지켜야 할 책임이 있습니다. 그 일을 위해서 필요하다면 칼을 사용하여 성막의 거룩함을 훼손하는 외인을 제거하도록 하나님이 허락해 주셨습니다. 이처럼 레위 사람은 언제라도 하나님의 명령에 따라서 칼을 들고 하나님의 심판을 집행할 수 있어야 합니다.

바로 이것으로 인해 한편으로는 야곱의 저주가 그대로 이루어져서 다른 지파들 속에 흩어져서 살게 되었지만, 동시에 그 저주가 축복으로 바뀐 것입니다. 그렇습니다. 우리의 못된 성품조차도 하나님의 편에 서면 얼마든지 하나님의 뜻을 이루는 축복의 도구로 사용될 수 있습니다. 이것이 레위 지파가 다른 지파들 속에 흩어져서 살게 된 비밀입니다.

초태생의 규례

레위 지파는 그렇다손 치더라도, 다른 지파 사람들은 왜 두말하지 않고 레위 사람이 거할 성읍을 선뜻 내어주었던 것일까요? 여기에는 또 다른 비밀이 숨어 있습니다.

11여호와께서 모세에게 말씀하여 이르시되 12보라 내가 이스라엘 자손 중에서 레위인을 택하여 이스라엘 자손 중에 태를 열어 태어난 모든 자를 대신하게 하였은즉 레위인은 내 것이라. 13처음 태어난 자는 다 내 것임은 내가 애굽 땅에서 그 처음 태어난 자를 다 죽이던 날에 이스라엘의 처음 태어난 자는 사람이나 짐승을 다 거룩하게 구별하였음이니 그들은 내 것이 될 것임이니라. 나는 여호와이니라(민 3:11-13).

초태생의 규례에 따르면 사람이나 짐승이나 처음으로 태를 열고 태어난 자는 모두 하나님께 바쳐야 합니다. 짐승은 제물로 바치면 되지만, 맏아들을 하나님께 바치고 나면 가정마다 여러 가지 어려움이 생기겠지요. 그래서 사람의 경우에는 짐승을 대신 바침으로써 '대속할 수 있도록' 하셨습니다(출 13:13).

그런데 이제 하나님은 레위 지파 사람을 모두 택하여 이스라엘 백성의 처음 태어난 자들을 대신하게 하겠다고 말씀하는 것입니다. 바로 그 때문에 레위 지파 사람은 다른 지파에 들어가서 함께 살아야 합니다. 그들의 장남을 대신하여 하나님께 드려진 사람들이기 때문입니다.

이와 같은 말씀들을 모두 종합하면 다음과 같은 결론을 내릴 수 있습니다. 우선 레위 지파 사람이 다른 지파들처럼 땅을 분배받지 못하고 흩어져서 살게 된 것은 저주를 축복으로 바꾸신 하나님의 은혜입니다. 물론 결정적인 순간에 그들이 하나님의 편에 섰기 때문에 그 일이 가능해졌습니다.

다른 지파의 처지에서는 자기 성읍에 거주하는 레위 사람은 그들의 장남을 대신하여 하나님께 드려진 사람들입니다. 말하자면 '대속 제물'처럼 그들이 직접 감당해야 할 헌신과 희생을 대신 감당하는 사람들입니다. 그러니 레위 사람에게 거주할 성읍을 내주는 것은 그들의 마땅한 의무입니다.

또한 레위 사람은 하나님의 심판과 은혜를 동시에 상징합니다. 그들은 언제라도 하나님을 위해서 심판의 도구로 사용될 수 있습니다. 그러나 그와 동시에 부지중에 지은 죄로 인해 도피성으로 피하면 목숨을 걸고 그들을 감싸주고 생명을 보호해주는 피난처요 대제사장이 되기도 합니다.

여기에 한 가지를 덧붙이자면, 각 지파에 흩어진 레위 사람은 이스라엘의 열두 지파가 하나님 백성으로서 정체성을 지켜나갈 수 있게 하는 연결고리가 되었습니다. 그들은 자신에게 할당된 지파 사람들과 함께 생활하면서 동시에 구별되어 있었습니다. 하나님의 뜻을 알려주는 일에는 단호했고, 약자와 억울한 사람들은 따뜻하게 품어주었습니다. 무엇보다도 그들은 하나님께 예배하는 일에 구심점이 되었습니다. 이들이 자신의 역할을 잘 감당하기만 한다면, 이스라엘 모든 지파가 하나님 백성으로 바르게 살아갈 수 있을 것입니다.

따라서 하나님의 약속을 붙잡고 그 말씀에 순종하여 살아가는 약속의 땅에서는 반드시 레위 지파 사람이 있어야 합니다. 오늘날에도 여전히 이 역할을 감당하는 사람들이 필요한 이유입니다. 한 가정을 하나님 앞에 바르게 세우기 위해서 레위 지파 사람처럼 구별된 사람이 있어야 합니다. 한 교회를 하나님의 백성으로 바르게 세우기 위해서도 역시 레위 지파 사람처럼 헌신하는 순종의 사람이 있어야 합니다.

우리가 그런 지도력을 발휘하는 사람이 되어야 합니다. 그럴 때 우리가 몸담고 살아가는 크고 작은 공동체와 모든 삶의 자리가 약속의 땅이 될 수 있습니다.

묵상 질문: 나는 레위 지파 사람처럼 구별되어 헌신하고 있는가?

오늘의 기도: 우리가 살아가는 곳이 약속의 땅이 되기를 원합니다. 그러기 위해서 먼저 믿는 우리가 하나님의 말씀에 순종하며 온전히 헌신하는 레위 지파 사람이 되게 하옵소서. 그리하여 우리의 가정과 믿음의 공동체를 약속의 땅으로 만들어가게 하옵소서. 예수님의 이름으로 기도합니다. 아멘.

여 호 수 아 묵 상 35

실패하지 않는 말씀

읽을 말씀: 여호수아 21:43-22:9

새길 말씀: 여호와께서 이스라엘 족속에게 말씀하신 선한 말씀이 하나도 남음이 없이
다 응하였더라(수 21:45).

여호수아와 광야 세대 이스라엘 백성이 약속의 땅에 들어와서 지금까지
지내 온 여정은 크게 두 부분으로 나누어집니다. 가나안 족속들과 치른 6년
간의 전쟁과 약속의 땅을 열두 지파에게 골고루 분배하는 것입니다. 유산을
분배하는 일도 전쟁만큼이나 쉽지 않았습니다. 이스라엘 지파들이 이 일에
적극적으로 나서지도 않았고, 땅을 분배하는 과정에서 그들의 감추어진 이기
심이 드러나기도 했습니다.

그러나 마침내 그 모든 일이 끝났습니다. 도피성과 레위 지파의 성읍을
정하는 일까지 잘 마무리되었습니다. 오늘 본문은 지금까지의 여정을 총정리
하는 중간 결론입니다.

하나님이 주신 안식

여호수아와 광야 세대 이스라엘 백성은 약속의 땅에서 비로소 안식을 누리게 됩니다.

> 43여호와께서 이스라엘의 조상들에게 맹세하사 주리라 하신 온 땅을 이와 같이 이스라엘에게 다 주셨으므로 그들이 그것을 차지하여 거기에 거주하였으니 44여호와께서 그들의 주위에 안식을 주셨으되 그 조상들에게 맹세하신 대로 하셨으므로 그들의 모든 원수들 중에 그들과 맞선 자가 하나도 없었으니 이는 여호와께서 그들의 모든 원수들을 그들의 손에 넘겨주셨음이니라(수 21:43-44).

"그것을 차지하여 거기에 거주하였다." 이 짧은 선언 속에 지난 6년여 가나안 생활의 모든 과정이 다 들어 있습니다. "그것을 차지하였다"(They took possession of it. NASB)라는 말은 전쟁을 통해 가나안 땅에 대한 실효적인 지배력을 확보했다는 뜻입니다. "거기에 거주하였다"(They lived in it. NASB)라는 말은 이스라엘 지파에게 땅을 분배하여 나누어주었고, 실제로 그 속에 들어가 살게 되었다는 뜻입니다. 우리가 살펴본 대로 전쟁에 승리하였다고 '가나안 땅'이 자동으로 약속의 땅이 되는 것은 아닙니다. 실제로 들어가 정주하며 살아야 약속의 땅이 되는 것입니다.

그러나 그 무엇보다도 이 모든 일을 이루신 분은 하나님이심을 기억해야 합니다. 하나님이 약속하셨고, 그 약속을 또한 이루셨습니다. 마침내 하나님이 그들의 주위에 안식을 주셨습니다. 이 말씀은 "그 땅에 전쟁이 그쳤다"(수 11:23)는 말과는 뉘앙스가 전혀 다릅니다. 그때는 이스라엘 백성이 그 땅에 직접 들어가 살아가는 일을 회피함으로 전쟁이 중단된 상태였지만, 지금은 유산 분배를 마치고 그 땅에 직접 들어가 살게 됨으로써 비로소 안식이 주어진 것입니다.

바로 이것이 하나님께서 주시는 진정한 의미의 안식입니다. 전쟁을 회피한다고 해서 안식을 얻게 되는 것은 아닙니다. 한국 전쟁은 이미 오래전에 벌어진 흘러간 역사입니다. 그렇지만 완전히 종전된 것은 아닙니다. 언제라도 다시 전쟁이 벌어질 수 있는 휴전 상태가 아직 계속되고 있습니다. 그 속에서 우리는 진정한 평화와 안식을 얻을 수는 없습니다. 영적으로도 마찬가지입니다. 바울의 말처럼 '선한 싸움을 싸우고 달려갈 길을 마치고 믿음을 지켜야 합니다'(딤후 4:7). 그럴 때 우리에게 진정한 안식이 주어지는 것입니다.

약속의 땅에 안식이 주어졌지만, 이스라엘을 대적하는 가나안 족속이나 블레셋 족속들이 완전히 사라지지는 않았습니다. 만일 이스라엘 백성에게 주어진 목표가 그 잔재들을 가나안 땅에서 완전히 몰아내는 것이라고 한다면, 아직 그 목표를 완성하지는 못한 상태입니다. 그러나 중요한 것은 하나님이 그 모든 원수를 이스라엘 백성의 손에 '넘겨주셨다'는 사실입니다. 앞으로 이스라엘 백성이 하나님의 약속을 붙잡고 말씀에 순종하여 약속의 땅의 지경을 계속 넓혀가는 한, 가나안의 잔재들은 문제가 되지 않을 것입니다.

약속의 성취

중간 결론의 하이라이트는 45절 말씀입니다.

여호와께서 이스라엘 족속에게 말씀하신 선한 말씀이 하나도 남음이 없이 다 응하였더라(수 21:45).

NIV 성경은 이 부분을 "이스라엘을 향한 하나님의 선한 약속들이 하나도 실패하지 않았다"(Not one of all the Lord's good promises to Israel failed)고 번역합니다. 하나님이 말씀하신 약속이 모두 성취되었다는 것입니다. 우리는 40여 년 전 출애굽 세대 이스라엘 백성의 실패를 잘 알고 있습니다. 광야 세대 이스라엘 백성도 때로 실패하여 비틀거리고 넘어지곤 했습니다. 그러나 하나님의 약속은 실패하지 않았습니다. 하나님의 말씀은 하나도 빠짐없이 다 이루어졌습니다.

믿음이란 하나님이 이루어 가시는 이러한 큰 그림을 볼 수 있는 능력입니다. 우리는 실패하지만, 하나님의 말씀은 절대로 실패하지 않습니다. 우리는 하나님과의 약속을 신실하게 지키지 못하지만, 하나님은 당신의 약속을 신실하게 지키시고 반드시 성취하십니다. 이 사실을 확실하게 붙잡는 것이 믿음입니다.

그런데 이와 함께 우리가 기억해야 할 것이 하나 더 있습니다. 하나님의 말씀은 절대로 실패하지 않지만, 우리의 불순종으로 인해 그 성취가 늦춰지기도 한다는 사실입니다. 이스라엘 백성이 이집트에서 탈출했을 때, 하나님의 본래 계획은 광야 생활 1년 후에 곧바로 약속의 땅에 들어가게 하는 것이었습니다. 만일 출애굽 세대 이스라엘 백성이 하나님의 말씀에 온전히 순종하였더라면, 불필요한 39년간의 광야 생활이 더해지지 않았을 것입니다.

출애굽 세대나 광야 세대가 직면하는 상황에 큰 차이는 없었습니다. 차이가 있다면 오직 한 가지, 그들의 믿음의 자세였습니다. '불순종'과 '순종'의 차이가 있었을 뿐입니다. 출애굽 세대는 불순종하여 약속의 땅에 들어가지 못했고, 광야 세대는 순종하여 들어갔을 뿐입니다. 그러나 어찌 되었든지 하나님의 말씀은 실패하지 않습니다. 출애굽 세대가 불순종한다고 해서 하나님의 말씀이 실패하는 것은 아닙니다. 잠시 미루셨다가 순종하는 광야 세대를 통해서 이루실 뿐입니다.

따라서 우리는 믿음의 세대, 순종의 세대가 되어야 합니다. 하나님의 말씀은 절대로 실패하지 않습니다. 우리가 하나님의 약속을 믿고, 그 말씀에 온전히 순종하기만 하면 우리의 삶의 자리를 통해서 약속의 땅이 계속 확장되어 나갈 것입니다. 이왕이면 그와 같은 은혜와 축복을 경험하는 순종의 세대, 축복의 주인공이 되어야 하지 않겠습니까?

동편 지파들의 충성

가나안 땅에 들어온 이후 모든 광야 세대가 다 수고했지만, 특별히 요단 동쪽에 이미 정착한 르우벤, 갓, 므낫세 반 지파의 수고를 기억해야 합니다. 그들은 가족들을 모두 요단 동쪽에 머물게 하고, 다른 지파들 보다 앞장서서 요단강을 건너 가나안 땅에 들어갔습니다. 그들이 가족과 떨어져 지낸 시간 이 한두 해가 아닙니다. 자그마치 6년 이상을 가족과 생이별하여 전쟁터에서 지내야 했습니다.

세 차례의 캠페인 이후에 전쟁이 그치고 유산 분배의 진행도 지지부진하고 있을 때, 이제는 그만 돌아가야겠다고 말할 법도 한데 그들은 조용히 지냈습니다. 그들은 모세와의 약속을 신실하게 지켰습니다. 그것이 하나님의 명령이라는 것을 잘 알고 있었기 때문입니다. 그러나 이제는 때가 되었습니다. 하나님의 말씀이 성취되었으니 이제 가족에게로 돌아갈 때가 된 것입니다. 그런데 그들은 여호수아가 그 이야기를 꺼낼 때까지 묵묵히 기다립니다.

> 1그 때에 여호수아가 르우벤 사람과 갓 사람과 므낫세 반 지파를 불러서 2그들에게 이르되 여호와의 종 모세가 너희에게 명령한 것을 너희가 다 지키며 또 내가 너희에게 명령한 모든 일에 너희가 내 말을 순종하여 3오늘까지 날이 오래도록 너희가 너희 형제를 떠나지 아니하고 오직 너희의 하나님 여호와께서 명령하신 그 책임을 지키도 다(수 22:1-3).

이것이 바로 충성입니다. 모세가 명령한 것을 다 지키며, 여호수아의 말에 순종하며, 끝까지 형제를 떠나지 않고 하나님이 명령하신 임무를 묵묵히 수행하는 것이 충성입니다. 마지막 순간까지 있어야 할 곳에 있으면서, 해야 할 일을 감당하는 것이 충성입니다. 물론 말처럼 쉽지 않습니다. '반짝 충성' 하는 사람들은 많이 있지만, '끝까지 충성'하는 사람들은 그리 많지 않은 이유도 바로 그 때문입니다.

특히 믿음의 형제에게 실망할 때 충성이 흔들릴 수 있습니다. 요셉 자손의 이기심을 보았을 때, 그들도 아마 같은 유혹을 받았을 것입니다. 그러나 충성은 하나님을 향한 것입니다. 우리가 이 자리에 있는 이유는 다른 사람들 때문이 아닙니다. 하나님이 우리에게 이 자리를 허락해 주셨고 사명을 맡겨 주셨기에 지금도 이 자리에 있는 것입니다. 만일 사람들로 인해 끝까지 충성하지 못한다면, 그것은 우리의 충성이 하나님이 아니라 사람을 향하고 있었다는 증거입니다.

여호수아는 요단 동편 지파들의 충성을 인정해주었습니다. 그리고 이제 가족이 기다리고 있는 곳으로 돌아가게 했습니다. 그러나 여기에는 한 가지 조건이 있습니다.

> 5오직 여호와의 종 모세가 너희에게 명령한 명령과 율법을 반드시 행하여 너희의 하나님 여호와를 사랑하고 그의 모든 길로 행하며 그의 계명을 지켜 그에게 친근히 하고 너희의 마음을 다하며 성품을 다하여 그를 섬길지니라 하고 6여호수아가 그들에게 축복하여 보내매 그들이 자기 장막으로 갔더라(수 22:5-6).

"오직 여호와의 종 모세가 너희에게 명령한 명령과 율법을 반드시 행하라!" 이것은 하나님께서 여호수아에게 소명을 주실 때 하신 바로 그 말씀입니다.

> 오직 강하고 극히 담대하여 나의 종 모세가 네게 명령한 그 율법을 다 지켜 행하고 우로나 좌로나 치우치지 말라. 그리하면 어디로 가든지 형통하리니…(수 1:7).

또한 다윗 왕이 그의 아들 솔로몬에게 마지막으로 남긴 유언이기도 합니다.

> 네 하나님 여호와의 명령을 지켜 그 길로 행하여 그 법률과 계명과 율례와 증거를 모세의 율법책에 기록된 대로 지키라. 그리하면 네가 무엇을 하든지 어디로 가든지

형통할지라(왕상 2:3).

이것은 그 말씀대로 살아본 사람만이 남겨줄 수 있는 말입니다. 하나님의 약속이 어떻게 성취되는지 실제로 체험해 본 사람만이 해줄 수 있는 말입니다. 하나님의 말씀이 실패하지 않고 그대로 이루어진다는 것을 직접 확인한 사람만이 당당하게 전할 수 있는 메시지입니다. 이것이 우리 자녀에게 남기는 바로 '그 메시지'가 되어야 할 것입니다.

그런데 여호수아가 분부한 말씀에서 우리가 눈여겨보아야 할 부분이 있습니다. "너희의 하나님 여호와를 사랑하고 그의 모든 길로 행하며 그의 계명을 지키라"(To love the LORD your God, to walk in obedience to him, to keep his commands... NIV). '하나님 사랑'이 '순종'이나 '계명 준수'보다 먼저입니다. 이 순서를 우리는 잊지 말아야 합니다.

하나님에 대한 '사랑'이 동기가 되지 않으면 우리가 하나님의 말씀에 '순종'하는 것과 그의 '계명'을 지키는 것이 단지 축복을 받기 위한 수단으로 전락할 수 있습니다. 이 순서를 염두에 두고 성경을 한번 주의 깊게 살펴보십시오. 언제나 하나님 사랑이 계명 준수보다 앞에 있다는 사실을 곳곳에서 확인할 수 있을 것입니다.

나를 사랑하고 내 계명을 지키는 자에게는 천 대까지 은혜를 베푸느니라(출 20:6).
주를 사랑하고 주의 계명을 지키는 자에게 언약을 지키시며 긍휼을 베푸시는 주여,
간구하나이다(느 1:5).

예수님도 언제나 이 말씀을 하셨습니다.

너희가 나를 사랑하면 나의 계명을 지키리라(요 14:15).
요한의 아들 시몬아 네가 나를 사랑하느냐… 이르시되 내 양을 치라…(요 21:16).

그렇습니다. 하나님 사랑이 먼저입니다. 사랑이 동기가 되지 않는 율법 준수는 '율법주의'의 함정에 빠지게 되거나 아니면 '기복주의'의 수단으로 전락하고 마는 것입니다. 하나님 사랑이 동기가 될 때 우리는 형식이나 걸치 레가 아니라 정말 '마음을 다하고 성품을 다하여'(5절) 하나님을 섬길 수 있게 되는 것입니다.

여기에서 '다하여'라는 말이 의미를 되새길 필요가 있습니다. '다하여'란 '마지막 한 방울까지', '마지막 한숨까지', '마지막 일 초까지'라는 뜻입니다. 그것이 바로 '충성'입니다. 앞에서 언급한 것처럼 요단 동편 지파들은 정말 충성을 다했습니다. 지금처럼 앞으로 그렇게 하나님을 섬기라고 여호수아는 그들에게 권면하고 있는 것입니다.

이 말씀은 우리에게도 꼭 필요한 메시지입니다. 만일 우리가 지금까지 하나님을 뜨겁게 사랑해왔고, 지금까지 충성스럽게 하나님을 섬겨왔다면, 하 나님이 우리에게 "할 만큼 했으니 이제는 그만해도 된다"라고 말씀하실 것을 기대하지 마십시오. 하나님을 사랑하기 시작했으면, 마지막까지 사랑해야 합 니다. 도중에 그만두는 사랑은 진정한 동기를 가진 사랑이 아닙니다. 하나님 을 섬기기 시작했으면 끝까지 섬겨야 합니다. 도중에 그만두는 섬김은 진정 한 동기를 가진 섬김이 아닙니다.

여호수아는 이렇게 권면하고 나서 그들을 가족에게 돌려보내는데, 빈손 으로 가지 않게 합니다.

> 말하여 이르되 너희는 많은 재산과 심히 많은 가축과 은과 금과 구리와 쇠와 심히 많은 의복을 가지고 너희의 장막으로 돌아가서 너희의 원수들에게서 탈취한 것을 너희의 형제와 나눌지니라 하매…(수 22:8).

보십시오. 하나님의 풍성함이 얼마나 크신지…. 하나님을 사랑하기 때문 에 언제나 하나님의 말씀에 순종하고, 계명을 지키면서 온 마음, 온 정성으로 하나님을 섬기는 자들이 빈손으로 돌아가게 하지 않으십니다. 하나님은 그들에게 물질의 복과 신령한 복과 영원한 생명의 복을 차고 넘치게 부어주십니다.

그러나 이러한 복이 순종의 동기가 되지 않도록 우리는 조심해야 합니다. 오직 사랑의 동기로 하나님께 순종하고 하나님의 계명을 지키는 자에게 이런 복이 덤으로 주어지는 것입니다. 하나님 사랑과 이웃 사랑의 동기 없이 봉사하는 사람들은 열심히 일하고 난 후에 어김없이 시험에 들어 낙심하여 넘어지게 되어 있습니다.

사랑이 먼저입니다. 열심을 품되 먼저 하나님을 사랑하는 열심을 품어야 합니다. 하나님을 사랑하기 때문에 순종해야 합니다. 하나님을 사랑하기 때문에 섬기고 봉사해야 합니다. 하나님을 사랑하는 자에게 하나님의 말씀은 절대로 실패하지 않습니다. 약속의 땅은 하나님을 사랑하는 자들에게 주어집니다.

바울은 말했습니다. "하나님을 사랑하는 자, 곧 그 뜻대로 부르심을 입은 자들에게는 모든 것이 합력하여 선을 이루느니라"(롬 8:28). 그렇습니다. 하나님을 사랑하기 때문에 하나님의 약속을 굳게 붙잡고, 하나님을 사랑하기 때문에 그 말씀에 절대 순종하고, 하나님을 사랑하기 때문에 끝까지 충성하는 하나님 백성에게 약속의 땅은 활짝 펼쳐집니다.

묵상 질문: 하나님의 말씀은 절대로 실패하지 않는다는 확신이 나에게 있는가?

오늘의 기도: 오직 하나님을 향한 사랑이 신앙생활의 동기가 되게 하옵소서. 하나님을 사랑하기에 말씀에 순종하고, 하나님을 사랑하기에 끝까지 충성하는 하나님 백성이 되게 하옵소서. 그리하여 우리가 살아가는 삶의 자리가 하나님이 온전히 다스리시는 약속의 땅으로 변하게 하여 주옵소서. 예수님의 이름으로 기도합니다. 아멘.

분열의 위기와 극복

읽을 말씀: 여호수아 22:10-34

새길 말씀: ¹¹이스라엘 자손이 들은즉 이르기를 르우벤 자손과 갓 자손과 므낫세 반 지파
가 가나안 땅의 맨 앞쪽 요단 언덕 가 이스라엘 자손에게 속한 쪽에 제단을
쌓았다 하는지라. ¹²이스라엘 자손이 이를 듣자 곧 이스라엘 자손의 온 회중
이 실로에 모여서 그들과 싸우러 가려 하니라(수 22:11-12).

　지금까지 우리는 여호수아와 광야 세대 이스라엘 백성이 하나님께서 약
속해주신 '가나안 땅'에 들어가서 그곳을 '약속의 땅'으로 만들어가는 이야기
를 살펴보았습니다. 가나안 족속들과의 대규모 전쟁도 치렀고, 땅을 분배하
는 일도 마쳤습니다. 6개의 도피성도 제정하였고, 레위 지파들이 살 48개의
성읍도 골고루 분배되었습니다. 이 모든 일은 하나님께서 말씀하시고 또한
하나님께서 이루신 것입니다. 이 과정을 통해서 하나님의 말씀은 순종하는
자에게 절대로 실패하지 않는다는 사실을 알게 되었습니다.

　하나님의 약속은 성취되었고, 이제 그 땅에 하나님이 주시는 안식이 찾아
왔습니다. 그동안 함께 지내왔던 르우벤, 갓, 므낫세 반 지파를 그들의 가족에
게로 돌려보내야 할 때가 되었습니다. 그들은 마지막 순간까지 모세와의 약

속을 지켜왔고, 여호수아에게 순종했고, 그들에게 주어진 임무를 정말 충성스럽게 수행해왔습니다. 여호수아는 그들의 수고를 인정하며, 많은 재산을 보상으로 얹어주면서 요단 동편의 가족에게 돌아가게 했습니다.

여기까지 보면 해피엔딩입니다. 이제 하나님이 허락하신 약속의 땅에서 오래오래 행복하게 사는 일만 남은 것입니다. 그런데 행복한 결말로 끝나야 할 바로 이 대목에서 이스라엘 공동체는 전혀 생각지도 못했던 일로 심각한 분열의 위기를 겪게 됩니다. 같은 형제, 같은 믿음의 식구들끼리 서로 칼부림을 벌여야 할지도 모르는 그런 문제를 만나게 된 것입니다.

요단강의 큰 제단

그 갈등을 제공한 사람들은 조금 전에 여호수아의 칭찬과 나머지 이스라엘 지파들의 대대적인 환송을 받고 헤어진 요단 동쪽 지파들이었습니다.

> 10르우벤 자손과 갓 자손과 므낫세 반 지파가 가나안 땅 요단 언덕 가에 이르자 거기서 요단 가에 제단을 쌓았는데 보기에 큰 제단이었더라. 11이스라엘 자손이 들은즉 이르기를 르우벤 자손과 갓 자손과 므낫세 반 지파가 가나안 땅의 맨 앞쪽 요단 언덕 가 이스라엘 자손에게 속한 쪽에 제단을 쌓았다 하는지라. 12이스라엘 자손이 이를 듣자 곧 이스라엘 자손의 온 회중이 실로에 모여서 그들과 싸우러 가려 하니라 (수 22:10-12).

요단 동편 지파들이 요단을 건너 자기들이 분배받은 지역으로 가기 직전에, 그러니까 가나안 쪽에 속한 요단 언덕에 큰 제단(a huge altar)을 쌓은 것입니다. 그 소식을 전해 듣자마자 이스라엘 자손들은 발끈하여 '그들과 싸우러 가려고'(to go to war against them) 했습니다. 서로 아쉬운 마음으로 석별의 정을 나누고 헤어진 지 얼마나 되었다고, 이제는 전쟁을 벌이겠다고 나서는 형편입니다.

요단 동편 지파들은 왜 그렇게 큰 제단을 쌓아야만 했을까요? 그리고 그 제단을 세운 것이 무슨 큰 잘못이라고 나머지 지파들은 전쟁을 불사하겠다고 예민하게 반응하고 있는 것일까요? 우선 나머지 지파들이 그렇게 분개하는 이유에 대해서 살펴볼 필요가 있습니다. 그들에게는 분명한 명분이 있었습니다. 그것은 모세를 통해서 주신 하나님의 명령 때문입니다.

신명기 12장에 보면 이스라엘 백성이 약속의 땅에 들어가서 반드시 지켜야 할 일이 하나 있었습니다. 그것은 가나안 족속들이 여기저기에 세워놓은 산당과 우상을 모두 정리해버리고, 오직 한곳에 예배 처소를 마련하고 그곳에서 하나님께 예배를 드리는 것입니다.

> 5오직 너희의 하나님 여호와께서 자기의 이름을 두시려고 너희 모든 지파 중에서 택하신 곳인 그 계실 곳으로 찾아 나아가서 6너희의 번제와 너희의 제물과 너희의 십일조를… 그리로 가져다가 드리고 7거기 곧 너희의 하나님 여호와 앞에서 먹고 너희의 하나님 여호와께서 너희의 손으로 수고한 일에 복 주심으로 말미암아 너희와 너희의 가족이 즐거워할지니라(신 12:5-7).

바로 이 명령에 따라서 그동안 이스라엘 백성은 길갈에 회막을 세우고 하나님께 예배했습니다. 그리고 가나안 땅을 어느 정도 장악한 이후에는 어느 지역에서든지 접근이 쉬운 실로로 회막을 옮겼습니다. 이처럼 예배 처소는 얼마든지 옮길 수 있지만, 두 군데 세 군데에 동시에 예배 처소를 세우는 것은 하나님의 명령에 분명히 어긋나는 일이었습니다.

그런데 요단 동편 지파들이 요단강 강둑에 자기들 나름대로 '제단'을 쌓은 것입니다. 그것도 마치 실로의 회막과 경쟁이라도 하듯이 아주 '큰 제단'을 세운 것입니다. 그러니 실로에서 하나님께 예배드리고 있는 나머지 지파들이 볼 때, 다른 곳에 예배 처소를 만들려고 하는 요단 동편 지파들의 행동을 용납할 수 없었습니다. 그것은 하나님의 명령에 대한 거역이요, 공동체의 일치를 깨뜨리는 도발로 보일 수밖에 없었습니다. 그들이 그렇게 분개했던 이유입니다.

그들은 즉시 제사장 엘르아살의 아들 비느하스와 각 지파의 지도자 열 명을 대표로 보내서 요단 동편 지파들에게 공식적으로 문제를 제기합니다.

> 여호와의 온 회중이 말하기를 너희가 어찌하여 이스라엘 하나님께 범죄하여 오늘 여 호와를 따르는 데서 돌아서서 너희를 위하여 제단을 쌓아 너희가 오늘 여호와께 거 역하고자 하느냐(수 22:16).

요단 동편 지파들이 그와 같이 다른 제단을 쌓은 것은 '이스라엘 하나님 께 범죄한 것'이라고 말합니다. 범죄를 NIV 성경은 '믿음을 깨뜨린 것'(break faith)이라고 표현합니다. 하나님에 대한 신앙을 파기한 것입니다. 또한 '여호 와를 따르는 데서 돌아선 것'(turn away from the LORD)이라고 합니다. 하나님 을 등지고 돌아섰다는 것입니다. 그리고 '여호와께 거역한 것'(rebellion against him)이라고 합니다. 하나님에 대해서 반역한 것입니다.

그런데 가만히 생각해보면 아무리 그렇더라도 이렇게까지 흥분하면서 화 를 낼 필요가 있을까 싶습니다. 만일 그들이 하나님에 대한 믿음을 깨뜨리고 하나님을 등지고 돌아서서 하나님을 반역한 것이 사실이라면, 하나님이 그냥 내버려 두지 않으실 겁니다. 하나님이 그들을 어떻게든 심판하실 것입니다. 그렇다면 그냥 하나님이 심판하도록 내버려 두면 되지 않을까요? 왜 다른 지파의 문제에 대해서 이렇게 시시콜콜 개입해야 할까요?

여기에는 아주 중요한 이슈가 놓여 있습니다. 요단 동쪽 지파들은 남이 아 닙니다. 만일 그들이 하나님 백성이라는 믿음의 공동체에 들어오지 않았다면 그렇게 간섭할 일이 아닙니다. 다른 신을 섬기든 말든 상관할 필요가 없습니다.

문제는 그들이 엄연히 하나님의 백성 '이스라엘'의 정식 구성원이라는 사실입니다. 그렇다면 이야기가 완전히 달라집니다. 왜냐면 공동체 안에서 일어난 한 사람의 범죄는 그 한 사람으로 끝나지 않는다는 사실을 그들은 경험해왔기 때문입니다.

오늘 너희가 돌이켜 여호와를 따르지 아니하려고 하느냐. 너희가 오늘 여호와를 배역하면 내일은 그가 이스라엘 온 회중에게 진노하시리라(수 22:18).

한 사람의 범죄는 그 한 사람에게 내리는 하나님의 진노로 끝나지 않습니다. 한 사람 때문에 이스라엘 온 회중이 하나님의 진노를 받게 됩니다. 한 사람이 잘못하면 그로 인해서 모든 공동체가 함께 책임을 져야 합니다. 그러니 이 문제에 대해서 모른 척하고 지나갈 수 없었던 것이지요.

그 예로 두 가지 사건을 언급합니다. 하나는 '브올의 사건'이고, 다른 하나는 '아간의 사건'입니다. 브올에서 몇몇 사람이 모압 여자들과 음행하고 우상에게 절했을 때 하나님께서 이스라엘 백성을 염병으로 심판하셨습니다. 그때 죽은 사람이 자그마치 이만사천 명이었습니다(민 25:9). 여리고성을 함락한 후에 아간이 하나님께 드린 것을 몰래 취함으로써 이스라엘 백성은 아이성 전투에서 크게 패하고 말았습니다(수 7:5).

따라서 한 사람의 범죄는 그 한 사람의 멸망으로 끝나지 않습니다. 그렇기에 우리는 믿음의 공동체 안에 들어오는 사람들을 신중하게 잘 살펴보아야 합니다. 그리고 일단 믿음의 공동체 안에 들어왔다면 그들의 영적인 상태에 대해서 늘 관심을 기울여야 합니다. 그것이 요단 동편 지파들의 범죄에 대해서 이렇게 나머지 지파들이 민감하게 반응하는 이유입니다.

요단 동편 지파의 해명

그런데 여전히 궁금한 것이 있습니다. 요단 동편 지파들이 오직 하나의 예배 처소에서 하나님께 예배를 드려야 한다는 하나님의 명령을 알지 못했을까요? 몰라서 그렇게 한 것일까요? 그럴 리는 없습니다. 그런데도 그들은 왜 굳이 다른 제단을 쌓아야 했던 것일까요? 이 문제에 관하여 뭐라고 변명하는지 한번 들어보아야 하겠습니다.

> 22... 이 일이 만일 여호와를 거역함이거나 범죄함이거든 주께서는 오늘 우리를 구원하지 마시옵소서. 23우리가 제단을 쌓은 것이 돌이켜 여호와를 따르지 아니하려 함이거나 또는 그 위에 번제나 소제를 드리려 함이거나 또는 화목제물을 드리려 함이거든 여호와는 친히 벌하시옵소서(수 22:22b-23).

그들이 제단을 쌓았던 것은 실로의 성소에 대항하는 다른 예배 처소를 세워서 그곳에서 예배를 드리려는 의도는 아니었다는 해명입니다. 만일 그것이 사실이라면 하나님께서 얼마든지 자신들을 벌하셔도 달게 받겠다는 것입니다. 그렇다면 왜 제단을 쌓았을까요? 그 목적이 무엇입니까? 계속해서 이렇게 말합니다.

> 24우리가 목적이 있어서 주의하고 이같이 하였노라. 곧 생각하기를 후일에 너희의 자손이 우리 자손에게 말하여 이르기를 너희가 이스라엘 하나님 여호와와 무슨 상관이 있느냐. 25너희 르우벤 자손 갓 자손아 여호와께서 우리와 너희 사이에 요단으로 경계를 삼으셨나니 너희는 여호와께 받을 분깃이 없느니라 하여 너희의 자손이 우리 자손에게 여호와 경외하기를 그치게 할까 하여...(수 22:24-25).

영어 속담에 "아웃 오브 사이트, 아웃 오브 마인드"(out of sight, out of mind)라는 말이 있지요. 지금은 비록 서로의 관계가 괜찮지만, 세월이 흐른 후에 서로 거리가 멀어져서 자기 후손들을 신앙공동체의 일원으로 받아들이지 않으면 어떻게 하나 걱정되어 이 제단을 쌓았다는 것입니다. 따라서 이 제단은 동서 지파들이 하나라는 증거(a witness)일 뿐이지, 절대로 따로 예배를 드리기 위한 목적으로 쌓은 것은 아니라는 겁니다.

이들의 적극적인 해명으로 결국 오해가 풀리기는 했지만, 사실 이런 식으로 또 다른 제단을 쌓는 것은 정말 불필요하고 어리석은 일이었습니다. 차라리 여호수아가 요단강을 건넌 후에 길갈에 기념 돌무더기를 쌓은 것처럼, 그렇게 소박하게 돌무더기의 기념비를 쌓았다면 오해를 사지는 않았을 겁니다. 그런데 아무리 모형(the copy of the altar)이라고는 하지만 제단을 쌓았으니, 누가 보더라도 실로의 성소에 대항하는 또 다른 예배 처소를 세운 것으로 생각할 수밖에 없습니다.

아무튼 이 모든 일이 오해에서 비롯되었다는 사실이 밝혀졌습니다. 요단 동쪽 지파들은 나머지 지파들이 자신의 후손을 공동체 일원으로 인정하지 않을 것이라 오해하여 제단을 쌓았고, 가나안에 정착한 지파들은 그것을 또 다른 예배 처소를 만든 것으로 오해하여 분개했습니다. 자칫 잘못했으면 같은 믿음의 형제끼리 분열하여 서로 싸움을 벌일 뻔한 것입니다. 오해를 풀고 나자 공동체 분열의 위기는 극복되었고, 그들은 하나님을 찬송하게 되었습니다. 진짜 '해피엔딩'을 맞이하게 된 것입니다.

> 그 일이 이스라엘 자손을 즐겁게 한지라. 이스라엘 자손이 하나님을 찬송하고 르우벤 자손과 갓 자손이 거주하는 땅에 가서 싸워 그것을 멸하자 하는 말을 다시는 하지 아니하였더라(수 22:33).

신앙적인 교훈

오늘 말씀을 묵상하면서 우리는 다음과 같은 몇 가지 신앙적인 교훈을 생각하게 됩니다. 그 첫 번째 교훈은 선한 동기를 가지고도 얼마든지 잘못된 선택을 할 수 있다는 것입니다. 사실 요단 동쪽 지파들이 요단 강가에 제단을 쌓은 것은 잘못된 동기에서 비롯된 것이라 말할 수는 없습니다. 그러나 지혜로운 선택이라고 말할 수도 없습니다. 그들이 조금 더 신중하게 생각하고 일을 처리했다면, 그런 식으로 하지는 않았을 것입니다.

그런데 그게 우리 인간의 솔직한 모습입니다. 좋은 의도로 시작하지만, 그 결과는 생각처럼 좋지 않게 되는 경우가 얼마나 많이 있습니까? 믿음의 공동체 안에서 일어나는 모든 갈등과 분열의 배경에는 이와 같은 우리의 부족함이 있다는 사실을 인정해야 합니다. 최선을 다하는 것이 물론 중요합니다. 선한 의도를 가지고 일을 하는 것이 필요합니다. 그러나 그것만으로는 충분하지 않습니다. 더욱더 지혜로워져야 합니다.

그 지혜는 오직 하나님에게서 옵니다. 만일 요단 동편 지파들이 제단을 쌓기 전에 먼저 하나님께 물어보았다면 그 결과가 달라졌을 것입니다. 하나님께 묻지 않고 선택하는 일은 아무리 선한 의도로 시작했다고 하더라도 좋은 결과를 기대할 수 없는 것입니다. 하나님의 지혜와 도움이 아니면 믿음의 공동체는 바로 설 수 없다는 사실을 우리는 기억해야 합니다.

두 번째 교훈은 성급한 판단이 오해와 싸움을 만든다는 사실입니다. 본문 12절에 "이스라엘 자손이 이를 듣자 곧 그들과 싸우러 가려 했다"고 합니다. 요단 동쪽 지파들이 큰 제단을 쌓았다는 소식을 듣자마자 곧바로 전쟁을 벌이려고 했던 것입니다. 물론 그들이 분개할만한 충분한 이유가 있었지만, 아무리 그렇다고 하더라도 자초지종을 알아보지 않고 단지 몇 마디 들은 것만 가지고 성급하게 판단하면 불필요한 싸움이 일어나게 되는 것입니다.

세 번째 교훈은 진솔한 대화를 통해서 오해를 풀어야 한다는 사실입니다. 참으로 다행스러운 것은 군사들을 보내서 전쟁부터 벌이지 않고 그전에 먼저 대표들을 보내서 요단 동쪽 지파들과 직접 대면(confrontation)하게 했다는 것입니다. 그렇게 대화하는 가운데 서로가 오해하고 있었다는 사실이 밝혀졌습니다. 오해는 말 그대로 오해입니다. 잘못 알고 있던 오해를 풀어버리면 서로를 이해하게 되고, 다른 문제가 생길 필요가 없게 되는 것입니다.

신앙공동체의 분열은 대부분 작은 오해의 씨앗으로부터 출발합니다. 좋은 의도로 시작했지만 잘못된 선택을 하고 그것이 오해를 만들어냅니다. 그리고 남에게 전해 들은 몇 마디 이야기로 그 오해가 더욱 크게 부풀려집니다. 그래서 파국으로 치닫게 되는 것입니다. 오늘 본문은 다행스럽게 해피엔딩으로 끝났지만, 그렇지 않은 경우도 많이 있다는 사실을 우리는 알아야 합니다.

약속의 땅에 들어가서 모든 중요한 일을 다 마쳐놓고 나서 이처럼 작은 오해로 인해 공동체가 분열되는 불행한 일이 생겨서는 안 될 것입니다. 그래서 우리 주님의 말씀처럼 시험에 들지 않도록 우리는 늘 깨어서 기도해야 합니다.

묵상 질문: 공동체의 분열을 막기 위해 나는 무엇을 해야 하는가?

오늘의 기도: 우리는 때때로 잘못된 선택을 합니다. 우리는 때때로 성급한 판단을 합니다. 그래서 믿음의 공동체 안에서 불필요한 갈등을 일으키고 다툼을 만들어내기도 합니다. 모두 우리의 부족함 때문에 일어나는 일입니다. 이 시간 하나님께 겸손하게 구하오니, 우리에게 지혜를 부어주옵소서. 아무리 작은 것일지라도 오해가 싹트지 않도록 성령님 우리의 삶을 온전히 다스려주옵소서. 예수님의 이름으로 기도합니다. 아멘.

여호수아 고별 설교 (1)

꽃무늬 장식

읽을 말씀: 여호수아 23:1-8; 고린도전서 5:6-8

새길 말씀: 그러므로 너희는 크게 힘써 모세의 율법 책에 기록된 것을 다 지켜 행하라.

그것을 떠나 우로나 좌로나 치우치지 말라(수 23:6).

　　한 사람의 인생을 마무리하는 마지막 시간은 평소의 시간과는 다른 무게
감을 가지고 있습니다. 특히 임종 직전에 보여준 고인(故人)의 일거수일투족
은 유가족들의 기억 속에 오래오래 남게 됩니다. 그것이 평소와 비슷한 행동
이었다고 하더라도 말입니다. 더욱이 마지막으로 남긴 몇 마디 말은 평생
잊지 못할 기억이 됩니다.

　　여호수아 23장은 순종의 사람 여호수아가 이스라엘 백성의 지도자들에게
남긴 마지막 말입니다. 임종 직전에 남긴 유언은 아니었지만, 그들은 여호수
아의 이 마지막 말을 오랫동안 기억해 왔습니다. 단지 여호수아가 위대한
지도자였기 때문이 아닙니다. 그의 말속에는 하나님의 말씀이 담겨 있었습니
다. 만일 그렇지 않았다면 이처럼 성경에 기록되지도 않았을 것입니다.

주신 땅과 주실 땅

평생 하나님의 말씀에 온전히 순종해왔던 '순종의 사람'답게 여호수아는 그의 유언을 통해서도 하나님의 말씀을 전합니다. 그래서 우리는 여호수아가 남긴 마지막 말을 '고별 설교'라고 부릅니다.

> [1]여호와께서 주위의 모든 원수들로부터 이스라엘을 쉬게 하신 지 오랜 후에 여호수아가 나이 많아 늙은지라. [2]여호수아가 온 이스라엘 곧 그들의 장로들과 수령들과 재판장들과 관리들을 불러다가 그들에게 이르되 나는 나이가 많아 늙었도다 (수 23:1-2).

여기에 보면 주변의 모든 원수를 물리치고 이스라엘에게 쉼을 주신지 '오랜 후'라고 합니다. 이것은 여호수아 21장에서 "여호와께서 그들의 주위에 안식을 주셨다"(수 21:44)고 한 바로 그때로부터 오랜 시간이 지나갔다는 뜻입니다. 그때는 이스라엘 백성이 가나안에 들어간 지 7년 정도가 되었을 시점입니다. 그렇다면 여호수아가 "나는 나이가 많아 늙었다"라고 고백하는 지금은 그때부터 얼마나 시간이 흘렀을까요?

여호수아가 임종할 때 그의 나이는 110세였습니다(수 24:29). 가나안 땅에서 벌어진 세 번의 캠페인이 끝나고 갈렙이 헤브론 산지를 유산으로 분배해 달라고 나섰을 때 갈렙의 나이가 85세였습니다(수 14:10). 여호수아는 갈렙보다 두세 살 정도 밑이라고 본다면, 오늘 본문은 하나님이 이스라엘 백성에게 안식을 주신 때로부터 최소한 25년쯤 지난 후의 일이라고 생각할 수 있습니다.

아무튼 자신의 임종이 그리 멀지 않다는 사실을 직감하고, 여호수아는 마땅히 해야 할 마지막 일을 시작합니다. 그 첫 번째 일은 이스라엘 백성의 지도자들, 즉 장로들과 수령과 재판장들과 관리들을 모아놓고 마지막 말을 남기는 것이었습니다. 여호수아의 고별 설교는 지난 세월 하나님이 행하신 일을 이야기하는 것으로 시작합니다.

> **너희의 하나님 여호와께서 너희를 위하여 이 모든 나라에 행하신 일을 너희가 다 보**
> **았거니와 너희의 하나님 여호와 그는 너희를 위하여 싸우신 이시니라**(수 23:3).

지금까지 하나님이 행하신 일을 한 문장으로 요약하면, "너희를 위하여 싸우신 분은 하나님이셨다"(It is the LORD your God who has fought for you. ESV)입니다. 여리고성 전투나 아이성 전투에서 하나님은 이스라엘 백성을 위해서 싸우셨습니다. 남방 캠페인에서 하나님은 우박을 내리심으로써 이스라엘 백성을 위해서 싸우셨습니다. 북방 캠페인에서 기습 공격할 시간과 방법을 가르쳐주심으로써 이스라엘 백성을 위해서 싸우셨습니다.

물론 그 모든 전쟁에서 광야 세대 이스라엘 백성도 열심히 싸웠지요. 그러나 그들의 역할은 단지 하나님이 명령하시는 대로 순종하는 것뿐이었습니다. 여호수아가 이렇게 "너희를 위하여 싸우신 분은 하나님이셨다"라는 사실을 힘주어 강조하는 이유가 있습니다. 그것은 약속의 땅에 들어와서 살게 된 것은 모두 하나님이 베풀어주신 특별한 은혜라는 사실을 절대로 잊어서는 안 된다는 뜻입니다.

그렇습니다. 약속의 땅은 하나님의 은혜를 기억하는 동안만 살아갈 수 있는 곳입니다. 하나님의 은혜를 잊어버리는 순간 그들은 약속의 땅에서 살아갈 자격을 잃어버리게 됩니다. 이처럼 하나님이 과거에 행하신 일을 기억할 때 또한 앞으로 행하실 일들에 대한 믿음이 생겨나는 것입니다.

> **너희의 하나님 여호와 그가 너희 앞에서 그들을 쫓아내사 너희 목전에서 그들을 떠**
> **나게 하시리니 너희의 하나님 여호와께서 너희에게 말씀하신 대로 너희가 그 땅을**
> **차지할 것이라**(수 23:5).

'그들을 쫓아내실 것', '그들을 떠나게 하실 것', '너희가 그 땅을 차지할 것'이라는 말에서 우리는 약속의 땅 분배가 완료된 후 한동안의 시간이 흘렀음에도 불구하고 아직도 이스라엘 지파가 자기들에게 분배된 땅에서 가나안 족속을 완전히 쫓아내지 못하고 있다는 사실을 알 수 있습니다.

따라서 그들의 현실은 '주신 땅'이라는 완료형과 '주실 땅'이라는 미완료형 사이의 긴장 속에 놓여 있습니다. 하나님의 약속은 완료형입니다. 하나님의 약속은 실패하지 않고 그대로 이루어질 것이 너무나도 확실하기 때문입니다. 반면 현실에서 볼 때 하나님의 약속은 미완료형입니다. 아직 완전히 이루어지지는 않았기 때문입니다. '약속'과 '현실' 사이에 존재하는 이 간격을 무엇으로 채워야 할까요? 그렇습니다. 우리의 '믿음'으로 채워야 합니다.

하나님이 과거에 행하신 일을 기억할 때 앞으로 행하실 일들에 대한 믿음이 생겨납니다. "너희를 위하여 싸우셨다"는 말씀은 하나님이 과거에 행하신 일입니다. 그렇다면 하나님이 앞으로 행하실 일은 무엇입니까? "너희 앞에서 그들을 쫓아내신다"(He will drive them out before you. NIV)는 말씀입니다. 과거에 이스라엘 백성을 위해 싸우신 것처럼, 앞으로도 이스라엘 백성 앞에서 그들을 쫓아내실 것입니다. 모두 하나님이 하시는 일입니다.

여호수아의 권면

자, 그렇다면 이제부터 이스라엘 백성이 해야 할 일은 무엇일까요? 어떻게 해야 약속의 땅을 온전히 차지하게 될까요? 여호수아는 오늘 본문에서 세 가지 권면을 하고 있습니다.

첫 번째는 "크게 힘써 말씀을 지켜 행하라"는 권면입니다.

> 그러므로 너희는 크게 힘써 모세의 율법책에 기록된 것을 다 지켜 행하라. 그것을 떠나 우로나 좌로나 치우치지 말라(수 23:6).

이 말씀은 여호수아가 하나님께 받았던 바로 그 말씀입니다.

오직 강하고 담대하여 나의 종 모세가 네게 명령한 그 율법을 다 지켜 행하고 우로 나 좌로나 치우치지 말라. 그리하면 어디로 가든지 형통하리니…(수 1:7).

달라질 것이 하나도 없습니다. 지금까지 여호수아가 해왔던 것처럼 오직 모세의 율법책에 기록된 하나님의 말씀을 지켜 행하면 됩니다. 물론 하나님의 말씀을 온전히 지켜 행하는 것은 결코 쉬운 일이 아닙니다. 그래서 하나님은 여호수아에게 "강하고 담대하라"(Be strong and very courageous)고 말씀하셨던 것입니다. 말씀에 순종하려면 강하고 담대해야 합니다.

여호수아도 하나님께 받았던 말씀을 이스라엘 백성의 지도자들에게 똑같이 남깁니다. "너희는 크게 힘써 모세의 율법책에 기록된 것을 다 지켜 행하라." 이 부분을 메시지 성경은 "모세의 계시의 책에 기록된 모든 것을 순종하는 마음으로 행하십시오. 작은 것 하나라도 빠뜨리지 마십시오"라고 풀이합니다. 특히 "작은 것 하나라도 빠뜨리지 말라"(Don't miss a detail. MSG)는 말씀이 아주 인상적입니다.

서양 격언에 "악마는 디테일에 있다"(The devil is in the detail)는 말이 있습니다. 작은 것 하나라도 쉽게 생각하고 대충 취급했다가는 큰코다친다는 뜻으로 사용됩니다. 정말 그렇습니다. 하나님의 말씀은 작은 것 하나라도 소홀하게 여기면 안 됩니다. 이 정도쯤이야 생각했다가는 큰일 납니다. 그래서 '크게 힘써야'(be very strong) 하는 겁니다. 그러지 않으면 하나님의 말씀을 온전히 지켜 행할 수 없고, 한눈을 팔기 시작하다가는 곁길로 빠지기에 십상입니다.

앞으로 가나안 땅에서 사노라면 세상의 관습과 풍조가 그들을 유혹하게 될 것입니다. 그럴듯하게 보이는 넓은 길, 다른 길, 좋은 길을 만나게 될 것입니다. 그래서 강해야 하고 담대해야 합니다. 어떤 일을 만나더라도 어떤 상황에 놓이더라도 오직 하나님의 말씀에 순종하기로 단단히 결심해야 합니다.

두 번째는 "우상 숭배하는 가나안 사람들과 구별되라"는 권면입니다.

너희 중에 남아 있는 이 민족들 중에 들어가지 말라. 그들의 신들의 이름을 부르지 말라.
그것들을 가리켜 맹세하지 말라. 또 그것을 섬겨서 그것들에게 절하지 말라(수 23:7).

하나님이 '진멸법'을 명령하신 것은 이스라엘 백성이 가나안 사람들과 섞여 살다가 혹시라도 그들이 섬기던 우상을 따르게 될까 봐 염려하셨기 때문입니다. 우상의 이름을 부르거나(invoke) 그것들을 가리켜 맹세하거나(swear) 그것을 섬기거나(serve) 절하게 될까 봐(bow down) 아예 가나안 족속을 진멸하라고 명령하신 것입니다. 그러나 실제로는 진멸법이 제대로 시행되지 못했습니다. 물론 일부 성읍에서는 시행되었지만, 그런 후에 다른 가나안 사람들이 대신 들어와서 그 자리를 채우곤 했습니다.

그렇다면 이제 어떻게 해야 할까요? 여호수아는 그 차선책으로 "너희 중에 남아 있는 이 민족들 중에 들어가지 말라"고 합니다. 아니, 들어가지 않으면서 어떻게 그들을 쫓아내고 그 땅을 차지할 수 있겠습니까? 여기에서 '들어가지 말라'는 말은 가나안 사람들이 사는 동네에는 아예 얼씬거릴 생각조차 하지 말라는 그런 뜻이 아닙니다.

새번역 성경은 "남아 있는 이 나라들과 사귀지 말라"고 풀이합니다. 메시지 성경은 "아직 주변에 남아 있는 나라들과 섞이는 일이 없게 하라"(Don't get mixed up with the nations)고 풀이합니다. 가나안 사람들과 어울리거나 얽히거나 섞이지 말라는 것입니다. 특히 우상 숭배와 관련해서 어떤 틈도 보이면 안 됩니다. 사회생활을 하다 보면 본의 아니게 우상의 제의에 참여할 때가 더러 있습니다. 그럴 때 구별된 모습을 보여야 한다는 것입니다.

마지막 세 번째는 "하나님을 꼭 붙들라"는 권면입니다.

오직 너희의 하나님 여호와께 가까이 하기를 오늘까지 행한 것 같이 하라(수 23:8).

"하나님께 가까이 하라"는 말씀을 NIV 성경은 "하나님을 꼭 붙잡으라"(hold fast to the LORD)고 번역합니다. AMP 성경은 아예 "하나님에게 들러붙어 있으라"(cling to the Lord)고 풀이합니다. 우스갯소리로 "걷는 놈 위에 뛰는 놈 있고, 뛰는 놈 위에 나는 놈 있고, 나는 놈 위에 붙어가는 놈 있다"고 하지요. 정말 그렇습니다. 우리가 '크게 힘써서' 해야 할 일은 하나님을 꼭 붙잡는 것입니다. 어떤 경우에도 하나님과 떨어지지 않도록 매달려있는 것입니다.

하나님은 이스라엘 백성을 시내산으로 인도하신 후에 다음과 같이 말씀하셨습니다.

> **내가 애굽 사람에게 어떻게 행하였음과 내가 어떻게 독수리 날개로 너희를 업어 내게로 인도하였음을 너희가 보았느니라**(출 19:4).

마치 독수리가 새끼를 날개로 업어 인도하듯이, 그렇게 하나님께서 이스라엘 백성을 인도하셨다는 말씀입니다. 새끼 독수리가 어미 독수리 날개에 잘 업혀있으려면 어떻게 해야 합니까? 그냥 꼭 붙어 있으면 됩니다. 우리가 아무리 힘을 쓴다고 더 빨리 날아갈 수는 없는 일입니다. 이리 가라, 저리 가라 요구할 수도 없습니다. 단지 하나님이 우리를 어디로 이끄시든지 믿고 단단히 붙어 있기만 하면 됩니다. 사실 그렇게 붙어 있을 때는 아무런 문제가 생기지 않습니다. 그러나 우리가 스스로 운전대를 잡으려고 할 때 반드시 문제가 생깁니다.

아이성의 실패를 보십시오. 여리고성을 함락한 후에 여호수아와 광야 세대 이스라엘 백성은 승리감에 도취하여 마치 그들 자신의 힘으로 여리고성을 함락하기라도 한 것처럼 착각하지 않았습니까? 그래서 하나님께 물어보지도 않고 아이성을 함락하려고 했습니다. 여호수아가 직접 올라가지도 않고 그저 삼천 명 정도의 군사들만 보냈습니다. 그랬다가 보기 좋게 실패한 것입니다.

자기 자랑의 함정

여호수아는 다음 세대 이스라엘 백성이 과거의 실패를 반복하지 않기를 간절히 원했습니다. 그래서 그들을 이끌어갈 지도자들에게 남기는 마지막 말에 이와 같은 말씀으로 고별 설교를 했던 것입니다. 이 세 가지 권면은 결국 "하나님의 은혜를 잊지 말라"는 말씀으로 귀결됩니다.

하나님의 은혜를 잊어버리면 하나님의 말씀을 소홀히 하게 되고, 그러다 보면 우상 숭배자들과 섞여서 살게 되고, 결국에는 하나님을 붙잡지 않고 제 마음대로 살게 되는 것입니다. 그러니 하나님 백성은 어떤 일이 있더라도 하나님의 은혜를 망각하면 안 되는 것입니다.

하늘을 날고 싶어 하던 개구리가 있었습니다. 어느 날 한 가지 기발한 방법을 생각해냈습니다. 물을 마시러 온 새에게 나뭇가지를 물고 날아달라고 부탁하는 겁니다. 그리고 자기도 그 나뭇가지의 다른 한쪽 끝을 무는 것이지요. 새는 흔쾌히 그 부탁을 들어주었고, 드디어 개구리는 하늘을 날 수 있게 되었습니다. 그 장면을 지켜보던 다른 개구리들은 크게 부러워하며 말했습니다. "누가 그런 멋진 생각을 했지?" 우쭐해진 마음에 개구리는 그만 입을 열고 말았습니다. "내가 했지!" 그 순간 하늘에서 뚝 떨어지고 말았다는 이야기입니다.

이 우화는 우리의 신앙생활에 큰 교훈으로 다가옵니다. 그 개구리가 잠시라도 하늘을 날 수 있었던 것은 누구 덕분입니까? 개구리의 부탁을 들어준 '새' 덕분입니다. 독수리 날개에 업혀서 구원받은 이스라엘 백성은 오직 하나님의 은혜를 자랑해야 합니다. 그런데 어리석은 개구리처럼 "내가 했지!" 하면서 자랑하고 싶을 때가 참 많이 있습니다. 특히 남들이 감히 생각하지 못하는 일을 생각해내고, 남들이 이루지 못한 일을 이루었을 때 자연스럽게 그런 마음이 생겨납니다. 조심해야 합니다. 자기 자랑은 신앙생활의 발목을 잡아 넘어뜨리는 아주 위험한 것입니다.

바울은 고린도전서 5장에서 이 문제를 심각하게 다룹니다.

6너희가 자랑하는 것이 옳지 아니하도다. 적은 누룩이 온 덩어리에 퍼지는 것을 알지 못하느냐. 7너희는 누룩 없는 자인데 새 덩어리가 되기 위하여 묵은 누룩을 내버리라. 우리의 유월절 양 곧 그리스도께서 희생되셨느니라. 8이러므로 우리가 명절을 지키되 묵은 누룩으로도 말고 악하고 악의에 찬 누룩으로도 말고 누룩이 없이 오직 순전함과 진실함의 떡으로 하자(고전 5:6-8).

여기에서 '너희'는 고린도 교회 성도들을 가리킵니다. 하나님의 은혜로 구원받은 그리스도인을 말합니다. 신약의 하나님 백성입니다. 세상 사람들은 몰라도 하나님의 백성은 어떤 경우에도 자신을 내세워 자랑하면 안 됩니다. 왜냐면 자기 자랑은 '옳지 않은 일'이기 때문입니다. 그냥 '부끄러운 일'이거나 '어울리지 않는 일' 정도가 아닙니다. '옳지 않은 일'입니다. 그 이유가 무엇일까요?

바울은 자랑을 누룩에 비유하여 설명합니다. 누룩은 적은 양으로 반죽 전체를 부풀리게 하지요. 자랑도 마찬가지입니다. 이 세상에 정직하게 자랑하는 사람은 없습니다. 무언가 부풀리고 과장해서 자랑합니다. 그렇게 함으로써 본래의 자기보다 더 근사하게 보이려고 애씁니다. 그래서 바울은 자랑을 '악한 누룩' 또는 '악의에 찬 누룩'이라고 표현합니다.

하나님 백성은 '무교병'이어야 합니다. '누룩을 넣어 부풀어 오른 빵'이 아니라, '누룩을 넣지 않은 납작한 빵' 말입니다. 단순하고 꾸밈없는 그 모습만으로도 우리는 얼마든지 하나님을 높여 자랑하며 살아가는 가치 있는 인생이 될 수 있습니다. 자기 자랑 속에는 하나님의 은혜가 들어설 자리가 없습니다. 하나님 백성이 해야 할 일은 '자기 자랑'이 아니라 '은혜 자랑'입니다. 하나님의 은혜를 빼놓으면 우리는 아무것도 아니기 때문입니다.

여호수아의 권면은 지금 우리에게 그대로 적용되어야 할 하나님의 말씀입니다. 우리의 신앙생활은 오직 하나님께 붙어 있기 위해서 모든 에너지를 쏟는 것이 되어야 합니다. 하나님이 우리를 위해서 싸우셨던 것을 기억하고, 하나님이 우리 앞에서 이루실 것을 기대하며, 크게 힘써 하나님의 말씀을 지켜 행하고, 우상 숭배자들과 구별되기를 힘쓰고, 무엇보다도 매 순간 하나님을 꼭 붙들어야 합니다. 그러면 우리가 살아가는 삶의 자리에 반드시 '약속의 땅'이 이루어질 것입니다.

묵상 질문: 나는 하나님의 은혜를 얼마나 많이 자랑하고 있는가?

오늘의 기도: 어떤 경우에도 하나님의 은혜를 잊지 않게 하옵소서. 엉뚱한 일에 우리의 영적인 에너지를 낭비하지 않게 하옵소서. 오직 하나님의 말씀을 지켜 행하기 위해서, 언제나 하나님의 은혜를 자랑하기 위해서 크게 힘쓰는 하나님 백성이 되게 하옵소서. 그리하여 우리 삶의 자리를 약속의 땅으로 만들어가게 하옵소서. 예수님의 이름으로 기도합니다. 아멘.

여호수아 고별 설교 (2)

읽을 말씀: 여호수아 23:9-16

새길 말씀: 보라. 나는 오늘 온 세상이 가는 길로 가려니와 너희의 하나님 여호와께서
너희에게 대하여 말씀하신 모든 선한 말씀이 하나도 틀리지 아니하고 다
너희에게 응하여 그중에 하나도 어김이 없음을 너희 모든 사람은 마음과
뜻으로 아는 바라(수 23:14).

우리는 지금 여호수아의 고별 설교를 묵상하고 있습니다. 앞 장에서 살펴
본 말씀에서 여호수아는 지금까지 하나님이 행하신 일과 앞으로 하나님께서
행하실 일을 이야기하고 나서 세 가지 권면의 말씀을 전했습니다. 오늘 우리
가 묵상할 말씀도 그와 비슷한 형식으로 되어 있습니다.

행하신 일, 행하실 일

우선 여호수아는 하나님이 행하신 일을 또다시 언급합니다.

이는 여호와께서 강대한 나라들을 너희의 앞에서 쫓아내셨으므로 오늘까지 너희에

게 맞선 자가 하나도 없었느니라(수 23:9).

앞에서는 "하나님께서 너희를 위하여 싸우셨다"(수 23:3)고 했는데, 여기에도 그와 비슷하게 "하나님께서 강대한 나라들을 너희 앞에서 쫓아내셨다"고 합니다. 그래서 지금까지 가나안 땅 안에서는 이스라엘 백성을 당할 사람이 없었다는 것입니다. 가나안 땅에 들어와서 얻은 승리와 성취를 그들의 능력이나 수고의 결과라고 생각하지 말라는 말씀입니다. 그 일을 이루신 분은 오직 여호와 하나님이십니다. 이스라엘 백성은 단지 앞서가시는 하나님을 순종하며 따랐을 뿐입니다.

약속의 땅이란 하나님의 은혜를 기억하는 동안만 살아갈 수 있는 곳이라고 했습니다. 하나님의 은혜를 잊어버리는 순간 약속의 땅에서 살아갈 자격을 잃어버리게 된다고 했습니다. 그렇다고 해서 당장에 쫓겨나는 것은 아니지만, 결과적으로는 쫓겨나게 됩니다. 그 이후의 이스라엘 역사는 하나님의 백성이 하나님의 은혜를 잊어버린 불행한 일들이 실제로 일어났다는 사실을 우리에게 알려줍니다. 그래서 그들은 결국 약속의 땅에서 쫓겨나고 말았던 것입니다.

이 말씀을 묵상하다가 문득 이솝의 우화가 생각이 났습니다. '신상을 운반하는 당나귀'라는 이야기인데요, 어느 당나귀가 유명한 조각가가 만든 신상을 운반하고 있었습니다. 숲과 들판을 지나 사람들이 많은 어느 마을을 지나게 되었는데, 사람들은 성스러운 조각상을 보자 모두 무릎을 꿇고 엎드려 절을 했습니다.

사람들이 자기에게 절을 한다고 생각한 당나귀는 갑자기 걸음을 멈추고 머리를 꼿꼿이 들고는 거드름을 피워 대기 시작했습니다. 그 모습을 보다 못한 마부가 채찍으로 당나귀의 엉덩이를 후려치며 말했답니다. "이런 멍청한 놈아! 사람들이 너에게 경배를 하는 게 아니고, 네 등에 있는 신께 경배하는 것이야!"

이 이야기는 또한 예수님이 나귀를 타고 예루살렘에 입성하시던 장면을 생각나게 합니다. 우리는 예수님이 타고 있던 나귀와 같습니다. 사람들이 종려 가지를 흔들면서 "호산나, 찬송하리로다!" 외친 것은 바로 예수님 때문이었습니다. 그런데 만일 이솝 우화의 당나귀처럼 사람들이 우리에게 그러는 줄 알고 거드름을 피운다면 어떻게 될까요?

순종의 사람은 아무리 위대한 일을 성취했다고 하더라도 그 일을 이루신 분은 하나님이심을 고백하면서 살아갑니다. 그것이 믿음의 변질을 막는 묘약입니다. 하나님이 과거에 행하신 일을 기억하는 것은 앞으로 행하실 일들에 대한 믿음과 기대를 품게 한다고 그랬습니다. 하나님은 과연 어떤 일을 행하실까요?

너희 중 한 사람이 천 명을 쫓으리니 이는 너희의 하나님 여호와 그가 너희에게 말씀하신 것 같이 너희를 위하여 싸우심이라(수 23:10).

일당백 정도가 아니라 일당천이 되게 해주시겠다는 것입니다. 그러나 여기에서도 이스라엘 백성이 자기의 힘으로 그렇게 할 수 있게 된다는 이야기가 아닙니다. 이미 약속하신 말씀처럼 "하나님이 그들을 위해서 싸워주시기 때문"(God fights for you, just as he promised. NIV)이라고 합니다. 물론 이 말씀은 이미 오래전에 땅을 분배받았으면서도 아직 들어가지 못하고 있는 지파들을 향한 도전과 격려의 메시지였습니다.

이 말씀은 지금 우리에게도 여전히 유효한 생명의 말씀입니다. 종교개혁자 마틴 루터의 일화입니다. 그가 불확실한 미래에 대한 불안과 두려움으로 낙심하며 지내던 때가 있었습니다. 그러나 루터는 자기를 대신하여 싸워주시는 장수(將帥)가 있다는 사실을 깨닫고, 다시금 용기를 내어 종교개혁을 끝까지 완수했습니다. 그 깨달음으로 만들어진 찬송이 바로 <내 주는 강한 성이요>(585장)입니다.

2절 가사는 다음과 같습니다.

내 힘만 의지할 때는 패할 수밖에 없도다. 힘 있는 장수 나와서 날 대신하여 싸우네. 이 장수 누군가. 주 예수 그리스도, 만군의 주로다. 당할 자 누구랴. 반드시 이기리로다.

그렇습니다. 주님이 나를 대신하여 싸워주시기에 나는 반드시 이길 수밖에 없습니다. 나는 비록 약하지만 얼마든지 '일당천'을 넉넉히 감당할 수 있게 되는 것입니다.

여호수아의 권면

계속해서 여호수아는 권면의 말씀을 이어갑니다.

그러므로 스스로 조심하여 너희의 하나님 여호와를 사랑하라(수 23:11).

25년 전에 요단 동쪽 지파들을 떠나보낼 때도 여호수아는 "하나님을 사랑하라"(수 22:5)는 권면을 했었습니다. 그 말씀을 묵상하면서 '하나님 사랑'이 '순종'이나 '계명 준수'보다 먼저라는 사실을 기억할 필요가 있다고 했습니다. 그렇습니다. 하나님 사랑이 먼저입니다. 사랑이 동기가 되지 않는 율법 준수는 '율법주의'의 함정에 빠지게 되거나 아니면 '기복주의'의 수단으로 전락하고 맙니다.

그런데 오늘 본문에서 우리가 주목해야 할 것은 '스스로 조심하여'라는 말씀입니다. 하나님을 사랑하되 '스스로 조심하여' 사랑해야 한다는 것입니다. 이 말씀을 AMP 성경은 "하나님을 사랑하는지 자신을 살피라"(Be very watchful of yourselves to love the LORD your God)고 번역합니다. 왜 우리는 정말 하나님을 사랑하고 있는지 조심해서 잘 살펴보아야 할까요? '신앙의 변질'은 바로 '사랑의 변질'에서부터 시작되기 때문입니다.

하나님을 사랑하는 동안 우리는 늘 기쁜 마음으로 하나님의 말씀에 순종합니다. 그러나 하나님에 대한 우리의 사랑에 문제가 생기면 그때부터 신앙 생활 여기저기서 삐거덕거리는 소리가 나기 시작합니다. 가장 흔하게 나타나는 현상은 우상 숭배자들에게 한눈을 파는 것입니다.

> ¹²너희가 만일 돌아서서 너희 중에 남아 있는 이 민족들을 가까이 하여 더불어 혼인하며 서로 왕래하면 ¹³확실히 알라. 너희의 하나님 여호와께서 이 민족들을 너희 목전에서 다시는 쫓아내지 아니하시리니 그들이 너희에게 올무가 되며 덫이 되며 너희의 옆구리에 채찍이 되며 너희의 눈에 가시가 되어서 너희가 마침내 너희의 하나님 여호와께서 너희에게 주신 이 아름다운 땅에서 멸하리라(수 23:12-13).

하나님을 사랑하는 동안에 우리의 시선은 늘 하나님을 향합니다. 그런데 그 사랑에 뭔가 문제가 생기면 우리의 시선이 다른 곳을 향하게 됩니다. 본문에서 '돌아서서'라는 말이 그 상태를 가장 잘 표현해주고 있습니다. 하나님께 등을 돌리면 무엇이 보일까요? 세상이 보입니다. 그들 가까이에 사는 다른 민족들이 보이게 될 것입니다. 그들과 어울려 살고, 혼인도 하고, 서로 가까이 지내다 보면 결국에는 그들이 섬기는 우상 숭배의 덫에 빠지게 되는 것이지요.

여호수아가 가장 염려하는 것이 바로 우상 숭배입니다. 왜냐면 하나님은 '질투하는 하나님'이기 때문입니다. 하나님은 자기 백성이 다른 신들을 섬기는 것을 참아내지 못하십니다. 그래서 심판하십니다. 아무리 특별하게 선택한 민족이라고 하더라도, 아무리 그들에게 약속의 땅을 선물로 주셨다고 하더라도 만일 하나님을 사랑하지 않는다면 '이 아름다운 땅에서' 추방하실 수밖에 없는 것입니다. 마치 이스라엘 백성 앞에서 추방했던 가나안 사람들처럼 말입니다.

따라서 그런 상태가 되지 않도록 '스스로 조심하여' 진심으로 하나님을 사랑하는지, 온 마음으로 사랑하는지 항상 살펴보아야 한다고 여호수아는 권면합니다. 우리도 이 말씀을 언제나 마음에 새기고 있어야 합니다. '사역'이 먼저가 아닙니다. 하나님을 '사랑'하는 게 먼저입니다. 하나님을 사랑한다면 사역이 아무리 힘들어도 기쁨으로 감당할 수 있습니다.

축복과 저주

이제 여호수아 고별 설교의 결론 부분(14-16절)에 다다랐습니다. 여기에서 여호수아는 하나님의 말씀이 실패하지 않는다는 사실이 축복의 메시지가 될 수도 있고, 저주의 메시지가 될 수도 있음을 강조합니다.

> **보라. 나는 오늘 온 세상이 가는 길로 가려니와 너희의 하나님 여호와께서 너희에게 대하여 말씀하신 모든 선한 말씀이 하나도 틀리지 아니하고 다 너희에게 응하여 그 중에 하나도 어김이 없음을 너희 모든 사람은 마음과 뜻으로 아는 바라**(수 23:14).

"모든 선한 말씀이 다 너희에게 응하여 그중에 하나도 어김이 없다"는 부분을 NIV 성경은 "모든 약속은 성취되었습니다. 하나도 실패하지 않았습니다"(Every promise has been fulfilled, not one has failed)라고 번역합니다. 이 말씀은 이미 여호수아 21장 끝부분에서 우리가 묵상한 내용입니다.

하나님의 말씀은 절대로 실패하지 않습니다. 나는 실패할 수 있지만, 그렇다고 하나님의 말씀이 실패하는 것은 아닙니다. 나의 불순종으로 약속의 성취가 연기될 수 있을지는 몰라도, 결코 하나님의 말씀은 실패하는 법이 없습니다. 그것을 어떻게 압니까? 지금까지 하나님께서 이루신 일들을 통해서 알 수 있습니다.

그러나 이 말씀은 양면성을 가지고 있습니다. '선한 말씀'도 실패하지 않지만, '불길한 말씀'도 역시 실패하지 않기 때문입니다.

15너희의 하나님 여호와께서 너희에게 말씀하신 모든 선한 말씀이 너희에게 임한 것 같이 여호와께서 모든 불길한 말씀도 너희에게 임하게 하사 너희의 하나님 여호와께서 너희에게 주신 이 아름다운 땅에서 너희를 멸절하기까지 하실 것이라. 16만일 너희가 너희의 하나님 여호와께서 너희에게 명령하신 언약을 범하고 가서 다른 신들을 섬겨 그들에게 절하면 여호와의 진노가 너희에게 미치리니 너희에게 주신 아름다운 땅에서 너희가 속히 멸망하리라 하니라(수 23:15-16).

'선한 말씀'은 하나님을 사랑하여 그 말씀에 순종하는 자에게 약속하신 축복입니다. 그러나 '불길한 말씀'은 하나님에 대한 첫사랑에서 떠나 말씀에 순종하지 않고 우상 숭배자와 연합한 자에게 약속하신 저주입니다.

여호수아는 여기에서 자세한 내용을 더는 언급하지 않지만, 이 말씀은 이미 모세를 통해서 이스라엘 백성에게 선포된 것입니다. 그 내용이 신명기 28장에 나옵니다. 먼저 축복에 대한 '선한 말씀'을 한 번 읽어보겠습니다.

1네가 네 하나님 여호와의 말씀을 삼가 듣고 내가 오늘 네게 명령하는 그의 모든 명령을 지켜 행하면 네 하나님 여호와께서 너를 세계 모든 민족 위에 뛰어나게 하실 것이라. 2네가 네 하나님 여호와의 말씀을 청종하면 이 모든 복이 네게 임하여 네게 이르리니 3성읍에서도 복을 받고 들에서도 복을 받을 것이며 4네 몸의 자녀와 네 토지의 소산과 네 짐승의 새끼와 소와 양의 새끼가 복을 받을 것이며 5네 광주리와 떡 반죽 그릇이 복을 받을 것이며 6네가 들어와도 복을 받고 나가도 복을 받을 것이라(신 28:1-6).

하나님의 말씀을 청종하는 자에게 주시는 축복의 말씀은 14절까지 계속 이어집니다. 그런데 15절부터는 정반대로 저주에 대한 '불길한 말씀'이 기록되어 있습니다.

¹⁵네가 만일 네 하나님 여호와의 말씀을 순종하지 아니하여 내가 오늘 네게 명령하는 그의 모든 명령과 규례를 지켜 행하지 아니하면 이 모든 저주가 네게 임하며 네게 이를 것이니 ¹⁶네가 성읍에서도 저주를 받으며 들에서도 저주를 받을 것이요 ¹⁷또 네 광주리와 떡 반죽 그릇이 저주를 받을 것이요 ¹⁸네 몸의 소생과 네 토지의 소산과 네 소와 양의 새끼가 저주를 받을 것이며 ¹⁹네가 들어와도 저주를 받고 나가도 저주를 받으리라(신 28:15-19).

하나님의 말씀에 순종하지 않는 자에게 임할 저주의 말씀은 68절까지 계속 이어집니다. 양으로 따지면 축복의 말씀과 비교가 되지 않을 정도로 깁니다. 저주의 말씀을 이렇게 길게 남겨놓은 이유는 절대로 저주의 대상이 되지 말라고 강하게 경고하기 위해서입니다.

이 정도로 길게 경고해놓았으니 하나님의 말씀에 불순종하는 일은 결코 없을 것이라고 모세는 생각했을지도 모릅니다. 그러나 이와 같은 경고에도 불구하고 이스라엘 백성은 불순종과 우상 숭배의 덫에 빠지고 말았습니다. 죄의 문제가 해결되기 전까지 하나님의 말씀에 온전히 순종하게 되는 것은 불가능한 일입니다. 그래서 예수 그리스도께서 직접 오셔야 했던 것입니다.

오늘 말씀 속에서 "스스로 조심하여 하나님을 사랑하라"는 말씀이 우리에게 무거운 메시지로 다가옵니다. 그렇습니다. 사랑이 먼저입니다. 하나님의 말씀에 순종하는 것도 하나님을 사랑할 때나 가능한 일입니다. 하나님을 사랑하지 않으면서 어떻게 하나님의 일을 해낼 수 있겠습니까? 설혹 어떻게 해낸다고 하더라도 그것이 과연 개인적으로나 공동체적으로 무슨 유익이 되겠습니까?

그런데 사랑은 우리 자신에게서 시작된 것이 아닙니다. 예수 그리스도의 십자가 사건을 통해서 보여주신 하나님의 사랑으로 말미암아 우리도 하나님을 사랑할 수 있게 되었습니다. 따라서 하나님이 맡기신 사역을 감당하기 전에 하나님의 사랑을 먼저 점검해야 합니다.

사랑은 여기 있으니 우리가 하나님을 사랑한 것이 아니요 하나님이 우리를 사랑하사 우리 죄를 속하기 위하여 화목 제물로 그 아들을 보내셨음이라(요일 4:10).

그러니까 사랑을 점검하라는 말씀은 우리 자신의 사랑을 점검하는 뜻이 아닙니다. 우리를 향한 하나님의 사랑을 재확인하라는 뜻입니다. 우리의 죄를 대속하기 위해 십자가의 수치와 고난을 달게 받으셨던 예수님의 사랑 앞에 다시 서라는 뜻입니다. 그럴 때마다 우리는 하나님을 향한 사랑이 회복되는 것을 느낄 수 있기 때문입니다.

오늘도 십자가 앞에 무릎을 꿇고 우리를 향한 하나님의 사랑을 확인하고, 하나님을 향한 우리의 사랑을 진심으로 고백하기를 원합니다. 그리고 이제부터 '스스로 조심하여' 하나님을 언제나 사랑할 수 있도록 성령님의 도우심을 간구해야 하겠습니다.

묵상 질문: 나는 하나님을 향하고 있는가 아니면 하나님을 등지고 있는가?
오늘의 기도: 이제부터 스스로 조심하여 하나님을 사랑하게 하옵소서. 선한 말씀이든 불길한 말씀이든 하나님의 말씀에는 실패가 없다 하셨사오니, 언제나 말씀을 청종하는 일에 소홀함이 없게 하옵소서. 하나님 등지고 세상을 바라보는 어리석은 자가 되지 않게 하시고, 오직 하나님만 바라보는 하늘 백성이 되게 하옵소서. 예수님의 이름으로 기도합니다. 아멘.

세겜 계약 갱신

읽을 말씀: 여호수아 24:1-28

새길 말씀: 만일 여호와를 섬기는 것이 너희에게 좋지 않게 보이거든 너희 조상들이 강
        저쪽에서 섬기던 신들이든지 또는 너희가 거주하는 땅에 있는 아모리 족속의
        신들이든지 너희가 섬길 자를 오늘 택하라. 오직 나와 내 집은 여호와를 섬기
        겠노라…(수 24:15).

여호수아의 고별 설교는 비공개적인 자리에서 이스라엘 지도자들에게 행
해진 것이었습니다. 아마도 여호수아가 분배받아 거주하고 있던 성읍, '딤낫
세라'에서 있었던 일로 보입니다(수19:50). "하나님을 꼭 붙잡아라"(수23:8)라
는 권면과 "스스로 조심하여 하나님을 사랑하라"(수23:11)라는 권면의 말씀이
가장 핵심적인 메시지였습니다.

계약의 갱신

오늘 우리는 여호수아의 또 다른 고별 설교를 묵상하려고 합니다. 이 설
교는 계약을 갱신하기 위해서 세겜에 소집된 공개적인 자리에서 이스라

모든 지파에게 행해진 것이었습니다. 세겜의 계약 갱신은 광야 세대 이스라엘 백성의 지도자로서 여호수아가 행한 마지막 사역이 되었습니다.

> **여호수아가 이스라엘 모든 지파를 세겜에 모으고 이스라엘 장로들과 그들의 수령들과 재판장들과 관리들을 부르매 그들이 하나님 앞에 나와 선지라**(수 24:1).

여호수아가 '이스라엘 모든 지파'를 불러 모았다고 하는데, 여기에는 가나안에 정착한 지파들 외에도 요단 동쪽에 정착한 르우벤, 갓, 므낫세 반 지파도 포함되었을 것입니다. 모든 지파가 이렇게 한자리에 모였던 가장 최근의 경우는 가나안 정복 초기 아이성을 점령한 후에 에발산에 제단을 쌓았을 때였습니다(수 8:30-35). 그 이후에 거의 30년 만에 처음으로 모든 지파가 한자리에 모이게 된 것입니다. 그 이유가 무엇이었을까요?

우선 이곳이 '세겜'이라는 사실과 상관이 있습니다. 당시 하나님께 예배하는 성소는 '실로'에 있었습니다. 길갈에서 실로로 회막을 옮긴 이후에(수 18:1) 회막은 늘 그 자리에 있었습니다. 그런데 오늘 본문은 "그들이 하나님 앞에 나와 섰다"고 합니다. 이것은 회막에 모여 예배할 때 주로 사용되는 표현인데, 이를 통해서 이곳 세겜으로 회막을 옮겨왔다는 사실을 알 수 있습니다. 이번 세겜에 소집된 계약 갱신의 특별한 모임을 위해서 회막을 임시로 옮겨온 것이지요.

세겜은 아브라함이 약속의 땅에서 최초로 제단을 쌓고 하나님께 예배했던 곳일 뿐 아니라, 이스라엘 백성이 약속의 땅에 들어와서 하나님께 제단을 쌓은 에발산이 있는 곳이기도 합니다. 특히 야곱이 밧단 아람에서 돌아온 이후에 가족들이 알게 모르게 가져온 우상을 제거하고 파묻은 곳입니다.

> ²야곱이 이에 자기 집안사람과 자기와 함께 한 모든 자에게 이르되 너희 중에 있는 이방 신상들을 버리고 자신을 청결하게 하고 너희들의 의복을 바꾸어 입으라. …

⁴그들이 자기 손에 있는 모든 이방 신상들과 자기 위에 있는 귀고리들을 야곱에게 주는지라. 야곱이 그것들을 세겜 근처 상수리나무 아래에 묻고…(창 35:2, 4).

이 말씀은 세겜 계약 갱신(the covenant renewal)의 성격을 이해하는데 아주 중요한 단서를 제공해줍니다. '계약 갱신'이란 하나님과 이스라엘 백성 사이에 맺은 계약을 '새롭게 고친다'(更新)는 뜻입니다. 갱신해야 할 계약은 물론 '시내산 계약'입니다. 그렇게 하나님과 이스라엘 백성의 관계를 새롭게 다지는 것이지요. 그런데 왜 관계를 새롭게 해야 할까요? 그것은 계약에 참여하는 당사자가 달라졌기 때문입니다.

시내산 계약의 당사자는 하나님과 '출애굽 세대' 이스라엘 백성이었습니다(출 24). 새로운 세대가 등장하면 계약이 갱신되어야 합니다. 그렇다면 '광야 세대' 이스라엘 백성은 언제 계약을 갱신했을까요? 그 일은 모세가 죽기 바로 직전에 모압 땅에서 있었습니다(신 29). 그러니까 출애굽 세대는 하나님과 계약을 맺은 후에 약속의 땅에 들어가지 못했지만, 광야 세대는 하나님과의 계약을 갱신한 후에 곧바로 약속의 땅에 들어갔던 것입니다.

가나안 땅에 살면서 한동안의 세월이 흘렀습니다. 그러면서 이스라엘 백성에게 또 다른 세대가 등장했습니다. 그들이 바로 '가나안 세대'입니다. 여호수아는 그들에게 계약 갱신이 필요하다는 사실을 잘 알고 있었습니다. 또한 그 일을 자신이 죽기 전에 반드시 해야 한다는 것도 잘 알았습니다. 이미 모세를 통해서 배웠기 때문입니다. 그리고 우상을 제거하고 오직 하나님만 섬기기로 약속하기에 세겜보다 더 좋은 장소는 없습니다.

하나님이 하신 일

실제로 계약을 갱신하는 일을 진행하기에 앞서서 여호수아는 지난 세월 하나님께서 이스라엘을 위해서 어떻게 일해 오셨는지를 돌이켜보며 길게 설명합니다.

> 여호수아가 모든 백성에게 이르되 이스라엘의 하나님 여호와께서 이같이 말씀하시기
> 를 옛적에 너희의 조상들 곧 아브라함의 아버지, 나홀의 아버지 데라가 강 저쪽에
> 거주하여 다른 신들을 섬겼으나…(수 24:2).

여호수아는 예언자들이 사용하던 전형적인 '사자 양식'(the messenger form) 으로 말을 시작합니다. "이스라엘의 하나님 여호와께서 이같이 말씀하시기 를…"(Thus says the LORD...). 지금 여호수아는 단지 정치적인 지도자로서가 아니라, 하나님의 대언자로서 이 말씀을 전하고 있다는 것을 알게 해주는 대목입니다.

그런데 여기에서 여호수아는 충격적인 사실을 공개합니다. 그들의 조상 아브라함이 하나님의 부르심을 받기 이전에 갈대아 우르 지방에서 여호와 하나님이 아닌 '다른 신들을 섬기던' 우상 숭배자 가문 출신이었다는 사실입니다. 이것은 그들의 조상 아브라함에 대한 막연한 자부심의 환상을 깨뜨리는 말입니다. 동시에 아브라함을 통해서 이루어진 자랑스러운 업적이 조금이라도 있다면, 그것은 오직 하나님의 은혜 때문임을 깨우쳐주는 말입니다.

여호수아는 계속해서 이른바 1인칭 문장(I sentence)을 사용하여 지금까지의 역사를 통해서 하나님이 모든 일을 행하셨다는 사실을 강조합니다.

> 내가 너희의 조상 아브라함을 강 저쪽에서 이끌어 내어 가나안 온 땅에 두루 행하게
> 하고 그의 씨를 번성하게 하려고 그에게 이삭을 주었으며…(수 24:3).

아브라함을 불러내신 분은 하나님이십니다. 만일 하나님께서 아브라함을 불러내지 않았더라면 이스라엘 백성은 존재하지도 않았을 것이고, 아직도 다른 우상 숭배자들처럼 그렇게 살고 있었을 것입니다.

내가 모세와 아론을 보내었고 또 애굽에 재앙을 내렸나니…(수 24:5).

모세와 아론을 보낸 분도 하나님이시고, 이집트에 재앙을 내리신 분도 하나님이십니다.

내가 너희의 조상들을 애굽에서 인도하여 내어 바다에 이르게 한즉…(수 24:6).

이스라엘 백성을 이집트에서 인도해내신 분도 하나님이시고, 홍해에 이르게 하신 분도 하나님이십니다.

내가 또 너희를 인도하여 요단 저쪽에 거주하는 아모리 족속의 땅으로 들어가게 하매 그들이 너희와 싸우기로 내가 그들을 너희 손에 넘겨주매 너희가 그 땅을 점령하였고 나는 그들을 너희 앞에서 멸절시켰으며…(수 24:8).

그리고 요단 동쪽으로 인도하신 분도 하나님이시고, 거기에 살던 아모리 족속을 이스라엘의 손에 넘겨주신 분도 하나님이십니다. 이와 같은 하나님의 역사는 다음 구절에서 그 절정에 다다릅니다.

11너희가 요단을 건너 여리고에 이른즉 여리고 주민들 곧 아모리 족속과 브리스 족속과 가나안 족속과 헷 족속과 기르가스 족속과 히위 족속과 여부스 족속이 너희와 싸우기로 내가 그들을 너희의 손에 넘겨 주었으며 12내가 왕벌을 너희 앞에 보내어 그 아모리 족속의 두 왕을 너희 앞에서 쫓아내게 하였나니 너희의 칼이나 너희의 활로써 이같이 한 것이 아니며…(수 24:11-12).

가나안 땅에서 벌어진 전쟁에서 이스라엘 백성이 승리한 것은 그들의 칼과 활로 이룬 업적이 아닙니다. 하나님이 왕벌을 앞서 보내어 쫓아내셨기 때문에 얻게 된 것입니다. 이스라엘 백성이 수고하지 아니한 땅을 차지하게 된 것도, 그들이 세우지 아니한 성읍에 살게 된 것도 모두 하나님의 은혜입니다. 이를 바울식으로 표현하면, "내가 나 된 것은 오직 하나님의 은혜"(고전 15:10)인 것입니다.

선택과 결정

그렇다면 하나님의 은혜를 받은 자로서 이스라엘 백성은 이제부터 어떻게 살아야 할까요? 바로 이 이야기를 하기 위해서 지금까지의 역사를 길게 말해온 것입니다.

> **그러므로 이제는 여호와를 경외하며 온전함과 진실함으로 그를 섬기라. 너희의 조상들이 강 저쪽과 애굽에서 섬기던 신들을 치워 버리고 여호와만 섬기라**(수 24:14).

결론은 분명합니다. 만일 하나님의 놀라운 은혜로 여기까지 온 것이 사실이라면, 이제부터는 하나님만 섬기며 살아가야 합니다. 그것이 마땅한 일입니다. 그리고 하나님을 온전하고 진실하게 섬기려면, 우상들을 치워 버리고 (throw away) 오직 여호와 하나님만을 섬겨야 합니다.

그러면서 여호수아는 '강 저쪽에서 섬기던 신들'과 '이집트에서 섬기던 신들'을 언급합니다. 당시 이스라엘 백성 중에 조상들이 살던 갈대아 우르 지방의 신들이나 이집트에서 섬기던 신들을 몰래 간직하고 있던 사람들도 있었다는 뜻입니다. 그것은 조만간 사실로 확인됩니다. 여호수아는 계속해서 말합니다.

> **만일 여호와를 섬기는 것이 너희에게 좋지 않게 보이거든 너희 조상들이 강 저쪽에서 섬기던 신들이든지 또는 너희가 거주하는 땅에 있는 아모리 족속의 신들이든지 너희가 섬길 자를 오늘 택하라. 오직 나와 내 집은 여호와를 섬기겠노라 하니…**(수 24:15).

세겜 설교의 절정입니다. 특히 "나와 내 집은 오직 여호와를 섬기겠노라"라는 여호수아의 단호한 선포는 독자의 결단을 촉구하는 강력한 메시지로 들립니다. 그런데 이 말씀은 흔히들 생각하는 것처럼 하나님을 섬기든지 아니면 다른 신들을 섬기든지 오직 하나만 선택하라는 그런 메시지가 아닙니다. 다시 말해서 하나님이든 다른 신들이든 이스라엘 백성의 '선택'에 달렸다는 그런 뜻이 아닙니다.

오히려 하나님을 섬기기로 결정하라는 요청입니다. 이스라엘 백성은 하나님 백성입니다. 하나님의 은혜로 구원을 받았고 하나님의 인도하심으로 약속의 땅에 들어왔습니다. 그렇다면 하나님을 섬기는 것이 마땅한 일입니다. 그러나 하나님을 섬기기로 확실하게 결정하지 않았기 때문에 자꾸 다른 신들을 기웃거리게 된다는 것입니다. 메시지 성경의 풀이가 이 메시지를 더 잘 드러냅니다.

> 여러분 생각에 하나님을 예배하는 것이 좋지 않다면, 여러분이 대신 섬길 신을 선택하십시오. 오늘 선택하십시오. 여러분의 조상들이 강 건너편 땅에서 예배하던 신들 가운데 하나를 택하든지, 아니면 여러분이 지금 살고 있는 땅 아모리 사람의 신들 가운데 하나를 택하십시오. 그러나 나와 내 가족은 하나님을 예배할 것입니다(수 24:15, 메시지).

'여러분 생각에'보다는 '만일 여러분이 결정한다면'(if you decide)으로 번역하는 것이 더 정확합니다. 만일 하나님을 예배하는 것을 좋지 않은 일(a bad thing)로 결정한다면, 그때는 하나님 대신 섬길 다른 신들을 선택해도 좋다는 것입니다. 하나님 백성에게 하나님은 사실 선택 사항이 아닙니다. 그런데 하나님만 섬기기로 결정하지 않았기 때문에 다른 신들에게 곁눈질하게 되는 것이지요.

따라서 하나님께 예배드리는 것이 과연 좋은 일인지 나쁜 일인지를 먼저 결정해야 합니다. 이집트 왕국의 학대에서 그들을 구원하여 약속의 땅으로 인도하신 하나님을 섬기는 것이 과연 좋은 일인지 나쁜 일인지를 결정해야 합니다. 이스라엘 백성의 힘으로는 도무지 정복할 수 없었던 가나안 땅을 선물로 주신 하나님의 말씀에 순종하는 것이 과연 좋은 일인지 나쁜 일인지를 결정해야 합니다. 그것도 오늘 당장에 해야 합니다. 그러고 나서 만일 나쁜 일이라고 결정한다면, 그다음에 가서 다른 신들을 선택하라는 겁니다.

그렇습니다. 하나님은 다른 여러 신 가운데 선택할 수 있는 하나의 옵션이 아닙니다. 그런데 사람들은 그런 식으로 생각합니다. 하나님을 자신의 필요에 따라 선택할 수 있는 옵션 중의 하나라고 생각합니다. 그것이 진짜 문제입니다. 그래서 교회를 다니는 분 중에 신앙생활을 자신의 선택이라고 생각하는 사람이 적지 않습니다. 교회나 교우나 목회자도 자신이 선택하려고 하고, 심지어 믿음의 대상까지 선택하려고 합니다. 예배할지 말지도 자신의 선택에 달렸다고 생각합니다.

그것이 바로 출애굽 세대의 모습이었습니다. 약속의 땅에 들어갈지 말지를 그들 자신의 선택이라고 생각하지 않았습니까? 그래서 불필요한 39년의 광야 생활로 허송세월하게 된 것입니다. 그것은 오직 하나님만 섬기기로 '결정'하지 않았기 때문입니다. 오직 하나님의 말씀에 순종하기로 '결정'하지 않았기 때문입니다.

여호수아는 자신의 결정을 먼저 밝힙니다. "오직 나와 내 집은 여호와를 섬기겠노라." 이 말은 하나님을 섬기기로 분명히 마음을 먹었기 때문에 다른 신들을 섬길 것인지는 고민할 문제가 전혀 아니라는 뜻입니다.

백성의 호언장담

이에 대해서 이스라엘 백성도 동의합니다.

16백성이 대답하여 이르되 우리가 결단코 여호와를 버리고 다른 신들을 섬기기를 하지 아니하오리니… 18여호와께서 또 모든 백성들과 이 땅에 거주하던 아모리 족속을 우리 앞에서 쫓아내셨음이라. 그러므로 우리도 여호와를 섬기리니 그는 우리 하나님이심이니이다 하니라(수 24:16, 18).

이 말만 들어보면 하나님만을 섬기면서 살겠다는 이스라엘 백성의 각오가 여호수아만큼이나 단호한 것처럼 느껴집니다. 그러나 여호수아는 그들의 호언장담이 단지 화려한 구호에 불과하다는 사실을 잘 알고 있었습니다. 그래서 다음과 같이 말합니다.

19여호수아가 백성에게 이르되 너희가 여호와를 능히 섬기지 못할 것은 그는 거룩하신 하나님이시요 질투하시는 하나님이시니 너희의 잘못과 죄들을 사하지 아니하실 것임이라. 20만일 너희가 여호와를 버리고 이방 신들을 섬기면 너희에게 복을 내리신 후에라도 돌이켜 너희에게 재앙을 내리시고 너희를 멸하시리라 하니(수 24:19-20).

여호수아는 왜 이스라엘 백성의 말을 믿지 못하고 오히려 '너희가 여호와를 능히 섬기지 못할 것'이라고 장담하는 것일까요? 그리고 이스라엘 백성이 무슨 잘못을 저질렀기에 하나님께서 그들의 죄를 용서하지 않을 것이라고 선언하는 것일까요? 여기에는 다 그럴만한 이유가 있습니다.

23여호수아가 이르되 그러면 이제 너희 중에 있는 이방 신들을 치워 버리고 너희의 마음을 이스라엘의 하나님 여호와께로 향하라 하니 24백성이 여호수아에게 말하되 우리 하나님 여호와를 우리가 섬기고 그의 목소리를 우리가 청종하리이다 하는지라(수 24:23-24).

아하, 그랬군요! 놀랍게도 당시 이스라엘 백성 중에 '이방 신들'을 몰래 간직하고 있던 사람들이 많이 있었습니다. 이집트에서 나온 것이 언제 일인데, 약속의 땅에 들어와 산 것이 얼마나 오래되었는데, 아직도 그들은 이집트에서 섬기던 신들을 몰래 간직하고 있었던 것입니다(수 24:14). 그러면서 하나님을 섬기겠다고 큰소리치고 있으니, 그 말을 어떻게 믿을 수 있겠습니까? 그들은 아직도 하나님을 섬기기로 '결정'하지 못했던 것입니다. 하나님을 그들이 선택할 수 있는 여러 가지 옵션 중의 하나로 생각했을 뿐입니다.

앞에서 야곱이 세겜에다 우상을 파묻었다는 사실을 언급하면서, 이것이 세겜에서의 계약 갱신의 성격을 이해하는데 아주 중요한 단서가 된다고 말한 것도 바로 이 때문입니다. 이날 실제로 '이방 신들'을 없앴는지는 알 수 없습니다. 그러나 우상을 제거하지 않고서는 하나님과의 계약을 갱신할 수 없습니다. 만일 세겜 계약 갱신이 성공적으로 끝났다면, 그것은 우상을 제거하는 일이 성공적으로 끝났다는 뜻입니다.

> 25그날에 여호수아가 세겜에서 백성과 더불어 언약을 맺고 그들을 위하여 율례와 법도를 제정하였더라. … 28백성을 보내어 각기 기업으로 돌아가게 하였더라(수 24:25, 28).

세겜에서의 계약 갱신은 잘 마무리되었습니다. 그리고 모두 자신의 기업으로 돌아갔습니다. 이로써 순종의 사람 여호수아에게 주어진 모든 사명이 완성되었습니다. 그러나 가나안 세대가 실제로 하나님과의 계약을 계속 잘 지켜나갈 것인지는 그 누구도 장담할 수 없습니다.

약속의 땅에 들어가는 일도 쉽지 않지만, 그곳에서 계속 살아가는 일 역시 쉽지 않습니다. 그러나 "오직 나와 내 집은 여호와를 섬기겠노라!" 결정한 여호수아처럼 그렇게 확실하게 결정하고 살아간다면 사실 그렇게 어려운 일도 아닙니다.

가나안 땅을 약속의 땅으로 만들어가는 것을 어렵게 생각하는 이유는 여전히 다른 선택지를 찾고 있기 때문입니다. 자꾸 다른 신들에게 시선을 돌리기 때문입니다. '계약 갱신'은 온 마음 다해서 오직 하나님 한 분만 섬기리라 확실하게 결정하는 것입니다. 그러면 이제 더는 주저하거나 방황하지 않고 우리에게 주어진 삶의 자리를 약속의 땅으로 만들어갈 수 있습니다.

여호수아 40일 묵상이 우리 모두에게 하나님과의 관계를 새롭게 정립하는 '계약 갱신'의 기회가 되기를 간절히 소원합니다.

묵상 질문: 나는 이제부터 하나님만 예배하며 살기로 확실히 '결정'했는가?

오늘의 기도: 우리 인생의 번민과 방황이 하나님 한 분으로 결정하지 못했기 때문임을 깨닫게 하시니 감사합니다. 우리의 선택권을 온전히 하나님께 드리게 하시고, 이제부터 오직 하나님만 섬기면서 살게 하옵소서. 하나님의 말씀에 순종하는 일에 조금도 주저함이 없게 하옵소서. 예수님의 이름으로 기도합니다. 아멘.

여호수아, 그 이후

읽을 말씀: 여호수아 24:29-33; 사사기 2:6-10

새길 말씀: 이스라엘이 여호수아가 사는 날 동안과 여호수아 뒤에 생존한 장로들 곧
여호와께서 이스라엘을 위하여 행하신 모든 일을 아는 자들이 사는 날 동안
여호와를 섬겼더라(수 24:31).

여호수아 묵상 마지막 시간입니다. 우리는 지난 40일 동안 성경이라는
'타임머신'을 타고 구약 시대로 거슬러 올라가서 긴 시간 여행을 하고 돌아왔
습니다. 우리가 다녀온 곳은 물론 약속의 땅이었습니다.

여호수아가 광야 세대 이스라엘 백성을 이끌고 그들에게 주어진 약속의
땅 가나안에 들어가던 그 구체적인 현장을 직접 따라다녔습니다. 그렇게 눈
으로 보고 귀로 듣고 피부로 느끼면서 거두게 된 가장 큰 수확이 있습니다.
그것은 '약속의 땅'은 지금 우리의 삶과 전혀 상관없는 오래전의 흘러간 역사
책에나 나오는 이야기가 아니라는 사실입니다.

그렇습니다. 약속의 땅에 들어간다는 것은 단순히 가나안 땅에 들어가는
것을 의미하지 않습니다. 하나님은 가나안 사람들이 살아가던 가나안 땅을
약속의 자녀가 살아가는 약속의 땅으로 만들어가도록 광야 세대 이스라엘

백성에게 기회를 주신 것입니다. 약속의 땅은 하나님의 약속을 붙잡고 그의 말씀에 온전히 순종하며 살아가는 삶의 자리를 의미합니다.

여호수아와 광야 세대 이스라엘 백성에게 주어진 약속의 땅은 팔레스타인이었지만, 우리 그리스도인에게 주어진 약속의 땅은 지금 우리가 매일 부딪히며 살아가는 삶의 현장입니다. 그 자리를 약속의 자녀가 살아가는 약속의 땅으로 만들라고 우리를 당신의 백성으로 불러주셨습니다. 그렇게 하나님은 계속 이어지는 믿음의 다음 세대를 통해서 약속의 땅의 지경을 넓혀가기를 원하시는 것입니다. 특히 앞장에서 세겜 계약 갱신의 말씀을 묵상하면서 우리는 몇 가지의 중요한 신앙적 교훈을 생각하게 되었습니다.

먼저 모든 세대마다 계약 갱신이 필요합니다. 믿음이 한 세대에서 끝나지 않고 그다음 세대로 계속 이어지려면, 계약 갱신을 통해서 믿음이 전수되어야 합니다. 자녀 세대가 부모 세대만큼 신앙생활을 잘하게 되는 것보다 더 큰 성공은 없습니다. 우리가 자녀에게 기회를 얻을 때마다 말씀을 잘 가르치고, 그들을 위해 쉬지 않고 기도해야 하는 이유가 바로 여기에 있습니다.

또한 계약 갱신을 위해서는 반드시 우상이 제거되어야 합니다. 옛날 이스라엘 백성처럼 눈에 보이는 우상들이 지금 우리에게 있지는 않습니다. 그러나 하나님보다 더 사랑하는 것을 우상이라고 한다면, 눈에 보이지 않는 우상들이 참 많이 있습니다. 현대인들에게 가장 큰 우상은 뭐니 뭐니해도 돈(money)입니다. '자녀'가 우상이 되는 가정도 적지 않습니다. '성공'과 '건강'과 '행복'을 우상으로 섬기는 사람도 많이 있습니다. 그런 우상들이 완전히 제거되지 않고서는 신앙의 진보를 기대할 수 없습니다.

마지막으로 삶의 자리를 약속의 땅으로 만들어가는 일은 오직 하나님만을 섬기기로 '결정'하는 것에 달려 있습니다. 하나님을 우리가 선택할 수 있는 여러 가지 옵션 중의 하나로 취급하는 동안 우리는 제대로 된 신앙생활을 할 수 없습니다. 상황이나 형편에 따라서 늘 세상과 하나님을 저울질하고 있는데 거기에서 무슨 좋은 열매를 기대할 수 있겠습니까? 약속의 땅에 들어가는 것이 전부가 아닙니다. 오직 하나님을 섬기기로 결정하지 않는다면 언젠가 결국 약속의 땅에서 쫓겨나고 맙니다.

여호와의 종

오늘 본문은 순종의 사람 여호수아의 생애 마지막 순간에 대한 기록입니다.

> 29이 일 후에 여호와의 종 눈의 아들 여호수아가 백십 세에 죽으매 30그들이 그를 그의 기업의 경내 딤낫 세라에 장사하였으니 딤낫 세라는 에브라임 산지 가아스 산 북쪽이었더라(수 24:29-30).

여기에서 '이 일'(these things)이란 23장과 24장에서 여호수아가 행한 두 번의 고별 설교를 가리킵니다. 하나는 이스라엘 백성의 지도자들에게 행한 비공식적인 모임에서의 설교였고, 다른 하나는 세겜에서 열린 계약 갱신 모임에서의 설교였습니다. '출애굽 세대'의 유일한 생존자였던 여호수아가 '광야 세대'에서 '가나안 세대'로 넘어가는 계약 갱신까지 집례할 수 있었다는 것은 정말 특별한 하나님의 은혜가 아닐 수 없습니다.

여호수아는 그렇게 자신에게 주어진 사명을 다 마치고, 백십 세의 나이로 죽음을 맞이하게 되었습니다. 그리고 "그의 기업의 경내에 장사하였다"(And they buried him in the land of his inheritance. NIV)고 합니다. 그가 약속의 땅에서 유산으로 분배받은 그의 거주지 '딤낫 세라'에 묻혔다는 것입니다. 이 또한 순종의 사람 여호수아에게 주신 특별한 은혜입니다.

아브라함은 그의 아내 사라가 죽었을 때 장사할 곳을 찾지 못해서 무척 애먹었습니다. 그때까지만 해도 아브라함에게 가나안 땅을 주시겠다고만 약속하셨지, 실제로는 아내를 장사지낼만한 땅 한 평도 소유하지 못했습니다. 그래서 헷 족속에게 사정하여 마므레(헤브론) 앞 막벨라에 있는 굴을 터무니

없이 비싼 값에 구매하여 매장지로 사용해야 했습니다(창 23). 위대한 지도자 모세도 약속의 땅에 들어오지 못하고 죽었습니다. 무덤이 어디에 있는지 아무도 모릅니다. 그런데 여호수아는 약속의 땅에 들어와서 살다 거기에서 죽어 장사 되었으니 이 얼마나 놀라운 축복입니까?

그러나 하나님이 여호수아에게 주신 가장 큰 축복은 그의 이름 앞에 당당하게 붙여주신 호칭이었습니다. '여호와의 종' 여호수아. 이보다 더 큰 축복은 없습니다. 하나님이 여호수아에게 소명을 주실 때만 해도 그는 '모세의 수종자'였습니다.

> ¹여호와의 종 모세가 죽은 후에 여호와께서 모세의 수종자 눈의 아들 여호수아에게 말씀하여 이르시되 ²내 종 모세가 죽었으니 이제 너는 이 모든 백성과 더불어 일어나 이 요단을 건너 내가 그들 곧 이스라엘 자손에게 주는 그 땅으로 가라(수 1:1-2).

모세는 여호와의 종이었지만, 여호수아는 모세의 수종자였습니다. 물론 모세의 수종자도 영광스러운 이름이었습니다. 이미 살펴본 대로 '하나님의 종 모세'라는 말과 '모세의 수종자 여호수아'라는 말은 '하나님의 명령을 따라 온전히 순종했다'는 의미에서 사실상 다른 뜻이 아니라고 그랬습니다(수 11:15).

그러나 어찌 된 일인지 모세가 죽은 이후에 여호수아에게 '여호와의 종'이라는 호칭이 붙여지지 않았습니다. 유산 분배를 끝내는 장면에서도 여호수아는 기껏해야 '눈의 아들'이었습니다(수 19:49). 그런데도 그는 하나님의 말씀에 끝까지 순종했습니다. 그에게 주어진 사명을 충성스럽게 감당했습니다. 그랬더니 마침내 여호수아의 죽음이 언급되는 마지막 장면에서 하나님은 그를 '여호와의 종'이라고 불러주신 것입니다.

그런 의미에서 '하나님의 종'이라는 호칭은 순종의 사람이 받을 수 있는 최고의 칭찬입니다. 한편으로는 조금 아쉽게 느껴지기는 합니다. 이왕이면 여호수아가 살아있을 동안에 그를 '하나님의 종'이라고 불러주셨다면 얼마나 더 좋았을까요? 그러나 진짜 '순종의 사람'은 그에게 붙여진 호칭과 상관없이 하나님께 순종합니다. 만일 신령 직분이나 다른 사람들이 불러주는 호칭에 따라서 순종의 자세가 달라진다면, 진정한 의미에서 '순종의 사람'도 아니고 '하나님의 종'도 아닐 것입니다.

불길한 예감

그런데 오늘 본문을 마무리하는 부분에서 우리는 여호수아의 죽음 이후에 일어날 불길한 예감을 갖게 됩니다.

> 이스라엘이 여호수아가 사는 날 동안과 여호수아 뒤에 생존한 장로들 곧 여호와께서 이스라엘을 위하여 행하신 모든 일을 아는 자들이 사는 날 동안 여호와를 섬겼더라(수 24:31).

여호수아는 마음을 다하고 뜻을 다하고 힘을 다하여 하나님을 섬겼던 진정한 '믿음의 거장'이었습니다. 여호수아가 사는 날 동안 이스라엘은 여호와를 섬겼습니다. 또한 여호수아 뒤에 생존한 장로들, 아마도 여호수아의 고별 설교를 들었던 지도자들이 사는 날 동안에도 이스라엘은 하나님을 섬겼습니다. 피상적으로만 읽으면 '해피엔딩'처럼 들립니다.

그러나 여호수아가 사는 날 동안 이스라엘 백성이 하나님을 섬겼다면, 그다음 세대는 과연 어떻게 되었을까요? 무언가 불길한 여운처럼 들리지 않습니까? 우리의 예감이 틀리지 않았다는 사실을 그다음 세대의 이야기를 읽어보면 알게 됩니다.

> 백성이 여호수아가 사는 날 동안과 여호수아 뒤에 생존한 장로들 곧 여호와께서 이스라엘을 위하여 행하신 모든 큰일을 본 자들이 사는 날 동안에 여호와를 섬겼더라(삿 2:7).

여기까지는 앞에서 읽은 여호수아 본문과 정확하게 일치합니다. 그러나 그다음이 문제입니다.

> 그 세대의 사람도 다 그 조상들에게로 돌아갔고 그 후에 일어난 다른 세대는 여호와를 알지 못하며 여호와께서 이스라엘을 위하여 행하신 일도 알지 못하였더라(삿 2:10).

'그 세대의 사람'이 다 죽었습니다. 다시 말해서 여호수아가 이끌던 광야 세대 이스라엘 백성이 다 그 조상들에게로 돌아간 것입니다. 광야 세대나 적어도 여호수아가 세겜에서 집례한 '계약 갱신'에 참여했던 가나안 1세대까지는 하나님을 잘 섬겼던 것으로 생각됩니다. 그다음이 문제입니다. '그 후에 일어난 다른 세대', 즉 가나안 2세대부터는 놀랍게도 하나님을 알지 못했다고 합니다. 하나님이 이스라엘을 위해서 행하신 일들도 알지 못했다는 것입니다.

도대체 무엇이 문제였을까요? 계약 갱신이 다음 세대로 이어지지 못했고, 따라서 하나님에 대한 신앙도 전수되지 못한 것입니다. 그런 일이 어떻게 가능할까요? 젖과 꿀이 흐르는 땅에서 풍요롭게 사느라고 너무 바빠서 약속의 땅을 주신 하나님을 잊어버린 것이지요. 게다가 후세들에게 신앙을 전하는 일을 책임 있게 감당해낼 만한 여호수아와 같은 믿음의 거장이 세워지지 않았습니다. 그래서 '다음 세대'가 그만 믿음이 '다른 세대'가 되고 말았던 것입니다.

하나님 백성의 생존을 위협하는 가장 심각한 문제는 기근이나 전쟁이나 종교적인 박해가 아닙니다. 어떤 이유로든 하나님을 잊어버리게 되는 것입니다. '약속의 땅'이란 하나님의 약속을 붙잡고 오직 그의 말씀에 순종하는 동안만 살 수 있는 곳입니다. 만일 하나님을 잊어버리고 하나님의 말씀을 청종하지 않는다면, 하나님께서 광야 세대 이스라엘 백성 앞에서 멸망시킨 가나안 족속들처럼 그들 자신도 약속의 땅에서 쫓겨날 수밖에 없는 것입니다.

이미 하나님은 모세를 통해서 이런 일이 벌어질 것을 경고하셨습니다.

¹⁸네 하나님 여호와를 기억하라. 그가 네게 재물 얻을 능력을 주셨음이라. 이같이 하심은 네 조상들에게 맹세하신 언약을 오늘과 같이 이루려 하심이니라. ¹⁹네가 만일 네 하나님 여호와를 잊어버리고 다른 신들을 따라 그들을 섬기며 그들에게 절하면 내가 너희에게 증거하노니 너희가 반드시 멸망할 것이라. ²⁰여호와께서 너희 앞에서 멸망시키신 민족들 같이 너희도 멸망하리니 이는 너희가 너희의 하나님 여호와의 소리를 청종하지 아니함이니라(신 8:18-20).

약속의 땅에 들어가는 일이나 약속의 땅에서 계속 살아가는 일이나 모두 하나님의 말씀에 어떻게 순종하느냐에 달려 있습니다. 하나님의 은혜를 얼마나 기억하느냐에 달려 있습니다. 하나님의 말씀은 절대로 실패하지 않습니다. '선한 말씀'이든 '불길한 말씀'이든 반드시 그대로 이루어집니다.

하나님 백성의 성공과 실패

하나님 백성 시리즈의 첫 번째 책인 '출애굽기'는 하나님 백성이 탄생하는 이야기입니다. 모세가 이끌던 출애굽 세대 이스라엘 백성은 이집트에서 탈출하는 일에는 성공했지만, 약속의 땅으로 들어가는 일에는 실패하고 말았습니다. 거기에는 하나님의 말씀에 대한 불순종과 불신앙이 자리 잡고 있었습니다. 이와 같은 출애굽 세대의 이야기는 『내 백성을 보내라!』(Let My People Go!)라는 제목으로 이미 출판되었습니다.

하나님 백성 시리즈의 두 번째 책인 '여호수아'는 여호수아가 이끌던 광야 세대 이스라엘 백성이 약속의 땅에 들어가는 일에 성공하는 이야기입니다. 물론 그들이 항상 성공한 것은 아니지요. 크고 작은 일에 실패를 경험하기도 했습니다. 그렇지만 그들은 대체로 하나님의 말씀에 순종했고, 마침내 약속의 땅을 유산으로 상속받게 되었습니다. 광야 세대의 이야기는 "약속의 땅으로 들어가라!"(Step into the Promised Land!)는 제목으로 만들어집니다.

하나님 백성 시리즈의 세 번째 책인 '사사기' 말씀은 그다음에 이어지는 가나안 세대 이스라엘 백성이 약속의 땅에서 계약 백성으로 살아가는 일에 실패하는 이야기입니다. 이 묵상은 앞으로 "계약 백성답게 살아가라!"(Live like the People of the Covenant!)라는 제목으로 만들어질 것입니다. 이처럼 하나님 백성의 초기 실험과정을 삼부작으로 살펴보는 것은 같은 하나님을 섬기는 우리의 신앙생활에 큰 도움이 될 것입니다.

약속의 땅은 오로지 정복하고 점령하기 위해 들어가는 곳이 아닙니다. 하나님 백성답게 살아가기 위해 들어가는 곳입니다. 약속의 땅은 오직 하나님 백성에게만 허락되는 땅입니다. 만일 하나님 백성의 정체성을 잃어버리면 그들이 쫓아냈던 가나안 족속들처럼 쫓겨나게 되어 있습니다. 계속되는 이스라엘 역사가 그것을 우리에게 증언해줍니다.

그 불길한 예감이 여호수아 말씀 마지막 부분에 기록되어 있는 것입니다.

이스라엘이 여호수아가 사는 날 동안 여호와를 섬겼더라(수 24:31).

여호수아는 분명히 성공했습니다. 하나님의 말씀에 온전히 순종했고 세겜 계약 갱신을 통해서 다음 세대에 믿음을 전수해주었습니다. 여호수아가 사는 날 동안에 이스라엘은 하나님을 잘 섬겼습니다. 그러나 그 뒤에 생존한 광야 세대 장로들은 세대 계승에 실패하고 말았습니다. 자신은 여호와를 잘 섬겼는지 모르지만, 그다음 세대에 믿음을 제대로 전수해주지 못했습니다. 그래서 하나님을 알지 못하는 가나안 세대가 등장하게 되었던 것입니다.

이와 같은 이스라엘의 역사는 오늘날의 그리스도인에게 매우 엄숙한 질문을 던집니다. 우리는 하나님의 말씀에 순종하며 나름대로 열심히 신앙생활을 했다고 자부할 수 있을지 모릅니다. 그렇지만 만일 우리의 자녀에게 믿음을 제대로 전해주지 못했다면 그것을 과연 성공한 신앙생활이라고 말할 수 있을까요? 그렇다면 우리의 자녀가 믿음의 다음 세대로 이어지기 위해서 지금 우리가 해야 할 일은 무엇일까요?

이것은 개인적인 차원에서만 접근할 문제가 아닙니다. 신앙공동체가 함께 노력해야 할 일입니다. 함께 깨어서 기도하고 언제나 말씀을 묵상하고 그 말씀대로 순종하며 살아가야 합니다. 하나님의 은혜를 잊어버리지 않도록 '스스로 조심하여' 하나님을 사랑해야 합니다. 무엇보다 믿음의 세대가 우리 자신에게서 끊어지지 않도록 자녀들을 잘 양육해야 합니다. 다음 세대가 하나님과의 계약을 갱신하고 바른 관계에 들어가도록 최선을 다해 도와주어야 합니다.

그것이 하나님께서 우리에게 허락해 주시는 약속의 땅입니다. 바로 그것이 우리를 하나님 백성으로 불러내신 이유입니다. 약속의 땅에 들어갔다고 해서 끝이 아닙니다. 하나님의 약속을 붙잡고 그 말씀에 순종하여 살아가는 영적인 선한 싸움은 주님께서 우리의 영혼에 안식을 주시는 순간까지 절대로 멈추면 안 됩니다. 오히려 마지막 때가 가까울수록 더욱 치열하게 우리에게 주어진 믿음의 경주를 달려가야 합니다. 그러면 우리를 위해서 싸워주시는 하나님께서 언제나 우리의 발걸음을 지켜주셔서, 우로나 좌로나 치우치지 않고 오직 말씀 따라 살아갈 수 있도록 그렇게 우리를 끝까지 인도해주실 것입니다.

묵상 질문: 나는 약속의 땅에서 지금 어떻게 살고 있는가?

오늘의 기도: 우리를 하나님의 백성으로 불러주시고 약속의 땅으로 인도하신 은혜를 진심으로 감사드립니다. 약속의 땅에 들어오기는 했지만, 우리 삶의 자리를 하나님이 다스리는 약속의 땅으로 온전히 만들지는 못했음을 고백합니다. 우리 자신의 영적인 씨름에 몰두하느라 자녀들에게 신앙을 전수하는 일에 소홀했음을 또한 고백합니다. 기회가 지나가기 전에 우리의 자녀를 믿음의 다음 세대로 세울 수 있게 하옵소서. 그리하여 우리가 사는 날 동안만이 아니라 그 이후에도 믿음의 대가 계속 이어지게 하옵소서. 예수님의 이름으로 기도합니다. 아멘.

약속의 땅으로 다녀온 시간 여행

주안에서 사랑하는 성도님들에게,

마침내 사순절 특새가 끝나고 오늘 드디어 부활의 아침을 맞이했습니다. 여기까지 오기가 정말 쉽지 않았습니다. 지금까지 우리 교회에서 진행한 열세 번의 특새 중에서 올해가 가장 힘들었다는 생각이 듭니다. 뭐니 뭐니 해도 오미크론 변이의 확산이 가장 큰 이유였습니다. 함께 말씀 묵상의 길을 출발했던 많은 성도님이 오미크론에 발목 잡혀 도중에 중단해야 했습니다.

점점 포위망이 가까이 좁혀오는데, 이러다가 만일 내가 감염되는 일이 벌어지면 어떻게 해야 할까 불안한 마음이 들기도 했습니다. 실제로 특새 마지막 주간 어느 날 밤에는 갑작스럽게 온몸이 으슬으슬 아프고 목이 잠겨서 소리가 나오지 않는 겁니다. 그렇게 밤새도록 끙끙 앓다가 깨어나 보니 다행스럽게 꿈이었습니다. 그동안 씩씩하고 담대하게 특새를 진행해왔지만, 제 마음 한구석에는 불안함이 늘 자리 잡고 있었던 것이지요.

어찌 되었든지 하나님은 올해도 끝까지 사순절 특새를 완주하게 하셨습니다. 힘들었지만 그만큼 더욱 큰 은혜를 체험할 수 있었습니다. 무엇보다 여호수아 말씀을 끝까지 묵상한 것이 너무나 감사한 일입니다. 지난해에는 출애굽기 묵상을 통해 하나님의 백성이 탄생하는 이야기를 살펴보았는데, 올해는 여호수아 묵상을 통해 하나님의 백성이 약속의 땅에 들어가는 이야기를 계속 이어갈 수 있었기 때문입니다.

지난 40일을 돌이켜보면 마치 '성경'이라는 '타임머신'을 타고 구약 시대로 거슬러 올라가는 긴 시간 여행을 하고 돌아온 느낌이 듭니다. 여호수아가 광야 세대 이스라엘 백성을 이끌고 약속의 땅에 들어가던 여정을 따라서 구석구석 살피고 다녔습니다. 언약궤를 멘 제사장들이 요단강 물속으로 들어가자 상류에서 흐르던 물이 멈추고 한곳에 쌓이는 장면도 목격했습니다. 요단강 바닥 12개의 돌로 요단강 한복판과 길갈에 각각 돌무더기를 세우는 모습도 지켜보았습니다.

이스라엘 백성과 함께 여리고성을 따라 돌면서 라합이 창문에 매달아 놓은 붉은 줄을 쳐다보기도 했습니다. 아이성에서 참패한 이후 제비를 뽑아서 아간의 죄를 밝혀내던 자리에도 있어 보았습니다. 그 후에 전열을 정비한 선발대와 함께 아이성 근처로 가서 숨죽이며 매복하기도 했습니다. 약속의 땅에서 아브라함이 가장 먼저 제단을 쌓았던 세겜으로 올라가서 여호수아가 제단을 쌓고 예배를 드릴 때 그 자리에도 있었습니다. 기브온 사람들이 남루한 행색으로 와서 평화조약을 맺자고 했을 때 여호수아와 같이 깜빡 속아 넘어가기도 했습니다.

가나안 남방 연합군과 전쟁을 할 때는 하나님께서 하늘에서 퍼부은 우박덩이에 도망가던 적군을 추격하기도 했고, 북방 연합군과 전쟁을 할 때는 새벽같이 기습 공격을 감행하여 그 많은 적군과 병거를 일시에 모두 무찌르는 짜릿한 승리를 맛보기도 했습니다. 영원한 백발의 청년 갈렙이 아무도 가지려고 하지 않는 헤브론 산지를 달라고 요청했을 때 크게 감동하기도 했고, 이미 노른자위 땅을 차지한 에브라임 지파와 므낫세 지파가 땅을 더 요구하는 모습을 보며 속으로 분개하기도 했습니다.

땅이 분배되고 난 후에 요단 동편 지파들을 돌려보냈는데, 그들이 요단강 강둑에 큰 제단을 쌓는 바람에 생긴 오해로 인해 동족 간의 전쟁이 벌어질 뻔한 위기에 가슴을 쓸어내리기도 했습니다. 그로부터 세월이 한참 흘러 여호수아 할아버지가 돌아가시기 직전에 세겜에 소집된 계약 갱신 예식에 참여하여 하나님을 향한 믿음과 순종의 헌신을 다시 한번 마음에 새기기도 했습니다. 그리고 여호수아의 죽음을 슬퍼하던 장례 행렬을 뒤따르기도 했습니다.

그렇게 지낸 40일의 긴 여행으로 몸과 마음은 많이 지쳤지만, 우리에게 주어진 삶의 자리가 바로 '약속의 땅'임을 알게 된 기쁨이 있었습니다. 이제 우리에게 남겨진 숙제는 약속의 땅의 지경을 넓혀가는 것입니다. 매 순간 하나님의 약속을 붙잡고 그의 말씀에 온전히 순종하면서 우리의 삶의 자리에서 하나씩 풀어내야 할 것입니다.

힘들고 어려운 상황이었지만 끝까지 포기하지 않고 어떤 식으로든 말씀 묵상의 길에 함께 참여해주신 모든 성도님에게 진심으로 감사의 마음을 전합니다. 올해도 예년처럼 설교 노트에 여호수아 묵상을 완주한 소감을 많이 남겨주셨습니다. 그중 일부 성도님의 글을 실어봅니다.

여호수아의 담대함과 용맹함 뒤에는 순종과 믿음이 자리하고 있었음을 알게 되어 감사합니다. 불순종의 출애굽 세대에서 순종의 광야세대가 될 수 있도록 함께 하신 하나님의 역사를 온전히 믿음으로 수행한 여호수아의 모습을 보면서 한 가정의 리더로서, 또한 한 회사의 리더로서 하나님의 말씀과 뜻에 순종할 수 있도록 기도해야 하겠다는 다짐을 해봅니다. _ 정OO 집사

묵상의 횟수를 거듭해 나갈수록 매번 하나님은 저를 향해 순종하라고, 선택 순종하지 말고 온전히 순종하라고 말씀하시는데, 그렇게 살지 못하는 제 모습을 보았습니다. 한편으론 맘이 무척 어렵고 힘든 시간이었지만 다시 한번 각오를 다져 봅니다. 또한, 우리 가정의 레위지파가 바로 저임을 깨닫게 하셨습니다. 저에게 맡기신 사명과 임무를 잘 감당하도록 말씀과 기도로 무장하겠습니다. _ 임OO 집사

하나님의 말씀에 온전히 순종하며 살아가는 삶의 자리가 바로 약속의 땅이라는 말씀을 새롭게 깨닫게 되었습니다. 제가 어머니로부터 신앙의 유산을 물려받았듯이 저도 자녀들에게 신앙의 유산을 물려주고 갈 수 있도록 주어진 사명 끝까지 잘 감당해가길 기도합니다. _ 김OO 권사

약속의 땅으로 들어가기만 하면 그것으로 끝인 줄 알았습니다. 말씀에 순종하여 기업으로 주신 그 땅을 약속의 땅으로 만들어 가야 함을 깨닫게 하시니 감사합니다. 하나님 말씀에 순종하여 오직 하나님만 의지하며 나의 삶의 자리에서 약속의 땅의 지경을 넓혀가겠습니다. _ 범OO 신천권사

약속의 땅에 들어가는 것도 약속의 땅에서 살아가는 것도 모두 하나님의 말씀에 순종하느냐에 달려 있음을 다시 한번 깨닫게 되었습니다. 하나님이 나에게 주신 약속의 땅을 잃어버리지 않도록 늘 말씀에 순종하며 살아가겠습니다. 우리 가정에 믿음의 세대가 대대로 이어지길 기도합니다. _ 이OO 권사

그동안 나에게 약속의 땅이란 그저 성경의 역사에만 등장하는 이야기였습니다. 그런데 나를 가다듬고 말씀 안에 순종하며 살아내야 할 삶의 자리라는 사실을 이제야 알게 되었습니다. 나는 온전히 죽어버리고, 이해할 수 없는 상황 속에서도 흔들림 없이 순종하며 살아가기를 간절히 소망하고 기도합니다. _ 이OO 집사

그 외에도 많은 성도님이 여호수아 묵상의 소감을 남겨주셨습니다. 여기에 모두 싣지 못하는 것이 참으로 아쉽습니다. 매년 경험하는 일이지만 정말 쉽지 않은 40일 말씀 묵상의 길입니다. 그렇지만 언제나 동행해주시는 믿음의 동반자들이 있어서 여기까지 올 수 있었습니다. 앞으로도 계속해서 그렇게 남아 주실 것을 기대합니다.

이제 하나님 백성 시리즈 삼부작의 마지막 책, "계약 백성답게 살아가라!"가 남았습니다. 그 또한 조만간 출판할 수 있기를 간절히 소망합니다.

2022년 4월 14일
여호수아 40일 묵상의 길을 마치며
그리스도의 종 한강중앙교회 담임목사 유요한